富媒体 智能化
"十四五"普通高等教育核心系列教材
高等院校教育教学改革融合创新型教材
高等院校应用技能型精品规划教材

行业会计比较

李 贺 ◎ 主编

COMPARISON OF PROFESSIONAL ACCOUNTING

应用 · 技能 · 案例 · 实训

上海财经大学出版社
SHANGHAI UNIVERSITY OF FINANCE & ECONOMICS PRESS
上海学术 · 经济学出版中心

图书在版编目(CIP)数据

行业会计比较：应用·技能·案例·实训／李贺主编. -- 上海：上海财经大学出版社, 2025. 9. -- (“十四五”普通高等教育核心系列教材)(高等院校教育教学改革融合创新型教材)(高等院校应用技能型精品规划教材). -- ISBN 978-7-5642-4698-3

Ⅰ. F235

中国国家版本馆 CIP 数据核字第 2025YL2184 号

□ 策划编辑　汝　涛
□ 责任编辑　石兴凤
□ 封面设计　贺加贝

行业会计比较

——应用·技能·案例·实训

李　贺　主编

上海财经大学出版社出版发行
(上海市中山北一路 369 号　邮编 200083)
网　　址：http://www.sufep.com
电子邮箱：webmaster@sufep.com
全国新华书店经销
上海新文印刷厂有限公司印刷装订
2025 年 9 月第 1 版　2025 年 9 月第 1 次印刷

787mm×1092mm　1/16　23.25 印张　641 千字
印数：0 001—3 000　　定价：59.00 元

前 言

在当今时代风云变幻的大背景下，会计行业正经历着全方位、深层次的变革与发展。中共二十大报告明确指出要加快构建新发展格局，着力推动高质量发展，这对会计工作在不同行业领域的精准性、适应性和创新性提出了前所未有的更高要求。本教材的编写，正是顺应这一时代潮流，以培养适应新时代需求的会计专业人才为目标，致力于为会计教育提供全面且实用的教学资源。《行业会计比较》作为会计专业教育的重要组成部分，肩负着让学生深入理解不同行业会计核算特点与差异的重要使命。通过对各行业会计实务进行系统且深入的剖析，能够将会计基本理论与具体行业实践紧密相连，为学生未来在不同行业领域从事会计工作筑牢坚实根基。

教育部积极推进教育"四个回归"以及高等院校应用技能型教育人才培养目标和培养模式的要求，促使编者在教材编写过程中立足我国现实国情，紧密围绕行业发展现状与趋势，在深入阐释会计核算方法的同时巧妙融入思政教育元素，致力于培养学生不仅要具备扎实的专业技能，更要拥有正确的价值观和社会责任感。编者密切关注国际会计最新发展动态，在介绍我国会计准则相关规定的基础上不拘泥于简单的准则解释，而是全面、系统地阐述各行业会计的基本理论与核算方法，注重吸收当前企业会计前沿成果，实现会计理论与会计实践的深度融合，着重提升学生发现问题、提出问题、分析问题以及解决问题的综合能力。

基于此，编者精心组织了一批"双师双能型"教师以及来自校企合作单位的资深注册会计师，充分结合高等教育和应用技能型院校的教学特色，以基于工作过程为导向，遵循"必需、够用"的原则，全力打造适用于会计初学者的富媒体·智能化数字教材。从教材内容的精心选取与整合来看，本教材实现了技能教育与产业发展的深度融合，高度重视专业教学内容与职业能力培养的精准对接。教材内容的难度适中，既满足了高等教育的理论深度，又兼顾了应用技能型院校的实践需求，确保学生能够循序渐进地掌握知识，并直接应用于实际工作场景。通过"双师双能型"教师的指导和真实案例的引入，学生能够在学习过程中逐步提升解决实际问题的能力。从教材的教学使用过程而言，达成了线下自主学习与线上互动交流的有机融合。学生可以在任何具备网络支持的地方自由自主地完成预习、知识巩固以及课后复习等学习环节，极大地提高了学习的灵活性与便捷性。这种线上线下相结合的教学模式，不仅提升了学习效率，而且为学生提供了丰富的学习资源和即时的互动支持，真正实现了"随时随地学习"的教育理念。

本教材将知识要素、技能要素、素质要素和思政要素巧妙地融入具体内容之中，全力实现课堂教学与企业岗位的无缝对接，同时兼顾"就业导向"和"生涯导向"；紧密围绕中国"经济发展新常态"下高等教育和应用技能型人才培养目标，严格依照"原理先行、实务跟进、案例同步、实践到位"的科学原则，全方位展开行业会计比较课程的丰富内涵；始终坚持创新创业教育与素质教育并重，充分体现新课程体系、新教学内容和新教学方法的优势，以全面提升学生整体素质为根本出发点，以能力培养为核心，兼顾知识传授、技能训练和素质养成，力求做到：从课程引导切入，巧妙提出问题，自然引入概念，精心设计教学情境，深入详尽解读专业知识。在教材结构安排上，每一章均设置了“知识目标”“技能目标”“素质目标”“思政目标”“学思践悟”“悟有所得”“学中做”“做中学”“解析”等特色板块；课后还精心编排了“应知考核”（包括单项选择题、多项选择题、判断题、思考题）、“应会考核”（包括观念应用、技能应用、案例分析）、“本章实训”等丰富内容。如此安排可使读者在学习每一章内容时都能明确“是什么、为什么、怎么做”，从而达成学习目标，有的放矢，显著增强学习效果。

依据高等院校教育教学改革融合创新以及应用技能型人才培养的迫切需要，本教材力求彰显以下特色：

（1）标准体系完善，结构科学合理。作为专业教科书，本书及时吸收最新企业会计准则和相关会计法规的全新规定，严格遵循理论与实务相互兼顾的编写原则；针对高等教育和应用技能型院校会计课程的独特特点，将繁杂的行业会计知识进行系统性梳理与呈现，通过图文并茂的形式，构建清晰明了的账务处理流转程序图，全力确保理论知识精炼且够用，体系严谨科学、规范有序，内容简洁实用，助力学生为今后从事会计工作筑牢根基。

（2）与时俱进创新，紧跟准则步伐。随着我国经济的快速发展，新型经济业务不断涌现，同时为保持与国际财务报告准则的持续趋同，收入、金融工具等准则相继修订，相关应用指南也陆续发布。这些变革促使我们必须及时对教材进行修订完善，持续吸收会计准则及相关税法等最新改革成果与学术前沿观点，采用符合现行税收政策的税率编写，确保学生所学知识与实际业务紧密相连，具有高度的时效性和实用性。

（3）突出应用导向，强化实操技能。本教材从高等教育和应用技能型院校的教学规律出发，紧密贴合实际业务场景，详细介绍最新的财务会计发展趋势、改革动态、理论知识以及丰富案例，在重视必要理论知识传授的同时，着重强调实际应用能力培养；重点引导学生“学中做”和“做中学”，以实践操作促进理论学习，实现做学深度融合，使学生在学习理论知识的同时能够即时将其应用于实际操作中，达成理论与实际应用的无缝衔接。

（4）栏目丰富多元，形式生动活泼。本教材的栏目设置丰富多样且独具匠心，每个项目均设有“知识目标”“技能目标”“素质目标”“思政目标”“学思践悟”“悟有所得”“做中学”“学中做”“提示”“解析”“注意”“应知考核”“应会考核”“本章实训”等精彩栏目，同时以二维码形式巧妙添加动漫视频等创新元素，充分彰显新时代互联网富媒体·数字化的鲜明特色，并遵循了从理论知识剖析到实践运用操作的逻辑顺序，极大地丰富了教材内容与知识体系。

（5）产教深度融合，书证相互融通。本教材能够充分满足读者对会计师专业技术资格考试基础知识学习的基本需求，为夯实学生可持续发展奠定坚实基础，积极鼓励院校学生在获取学历证书的同时，踊跃取得多类职业技能等级证书，切实拓展就业创业能力，有效缓解结构性就业矛盾。本教材与初级会计资格考试大纲精准衔接，真正做到“书证融通”的无缝对接，为学生的职业发展开辟广阔道路。

（6）岗课赛证联动，造就会计能手。本教材致力于实现“岗课赛证”的有机结合，旨在培养适应市场需求的高素质会计专业人才。编者紧密对接会计行业的最新岗位技能标准，以岗位需求为导向，设计教材内容，将理论与实务相结合，强化学生的实际操作能力。通过参与技能大赛，激发学生的学习热情，提升其专业技能和竞技水平，实现“以赛促学，以赛促教”，目的在于助力学生在会计职业道路上稳步前行，构建以学生为中心、以能力为本位的教育体系。

(7)理实一体教学，素能协同共育。本教材注重学生人文素养的全方位培养，在教材内容上寻求创新突破，在专注专业技能培养的同时巧妙地将社会主义核心价值观教育全面融入教材内容之中，贯穿课程思政全过程，积极营造全员育人的良好环境，全力提升学生的人文素质；通过精心设计教学内容与实际案例，着力培养和提高学生敏锐发现问题、深入分析问题以及高效解决问题的综合能力，从而进一步强化学生的职业道德素质，使学生成为德才兼备的高素质会计专业人才。

(8)教学资源丰富，构建多元体系。为使课堂教学实现多元立体化的卓越效果，编者齐心协力共同开发了一套完备的教学资源(涵盖教师课件、习题答案、教学大纲、学习指南、习题指导、模拟试卷、教师教案、课程标准等)；为助力学生熟练掌握专业技能，配备了以“主要的纸质教材为核心主体，线上学习平台为重要载体”，融合课件、学习任务、习题题库、教学视频、教学案例等多种教学资源的立体化教学资源体系，为师生提供全面、系统的学习资源。

本书由李贺主编。会计师事务所注册会计师张世国给予全书实践指导。王海涛、李虹、王玉春、李洪福、武岩等负责本书教学资源包制作。本教材适用于高等教育和应用技能型教育层次的财经类专业学生初学使用，也可作为企业会计人员的优质辅助教材。此外，本教材配有《基础会计》(第三版)、《财务管理学》(第二版)、《高级财务会计》《成本会计学》《审计学》《税务会计》(第二版)、《税法》(第三版)、《财务报表分析》(第二版)、《政府与非营利组织会计》(第二版)、《管理会计》(第二版)、《财经法规与会计职业道德》(第三版)、《财务报表分析》(第二版)等系列教材，共同构建起完整的会计专业教材体系，为学生提供全面、系统的学习资源。

本教材在编写过程中得到上海财经大学出版社、上海学术·经济学出版中心、会计师事务所及校企合作单位的大力支持，同时也受益于参考文献中各位作者的智慧贡献，谨此一并表示诚挚感谢！由于编写时间较为仓促，加之编者水平有限，本书难免存在一些不足之处，恳请专家、学者以及广大读者批评指正，以便在后续的更新、改进与完善工作中能够不断提升教材质量，为会计专业教育事业的发展贡献更大力量。

编　者

2025 年 5 月

目 录

绪　论

在经济全球化浪潮汹涌、信息技术日新月异的当下，我国经济格局正经历着深刻的变革与重塑。经济结构的优化升级持续推进，行业分工越发精细，各行业在国民经济体系中的角色与价值越发彰显。中共二十大报告明确提出，要坚定不移地以推动高质量发展为主题，全力加快现代化经济体系的建设步伐，推动经济在质量与数量层面实现双重突破。在此宏大背景下，会计作为经济管理领域的关键支撑，必须与时俱进，深度契合经济多元化发展的需求，为各行业的高质量发展筑牢根基。

一、行业会计比较的必要性与重要性

所谓行业，一般是指按生产同类产品或具有相同工艺过程，或提供同类劳动服务划分的经济活动类别。根据现行的《国民经济行业分类》(2019 年修订)，我国国民经济行业分为 20 个门类。我国对产业的划分明确而具体：第一产业主要包括农业，涵盖林业、牧业、渔业等多个领域；第二产业则涵盖了工业和建筑业，其中工业又包括采掘、制造以及自来水、电力、蒸汽、热水、煤气等生产行业；第三产业则是指除第一、第二产业以外的其他所有行业。行业会计比较作为会计学科中兼具深厚理论内涵与显著实践价值的重要分支，在经济发展的进程中扮演着举足轻重的角色。随着我国经济的高速发展，不同行业的经济活动展现出丰富多样且错综复杂的特性。各行业在生产技术、经营模式、资金流动等核心要素上存在着显著差异，这直接导致会计核算与管理在不同行业中呈现出截然不同的特点与要求。例如，商品流通企业会计核算的重点主要聚焦于商品的流转环节以及库存管理，企业需要精准把握商品的采购、销售、库存变动等信息，以实现成本控制与利润最大化。而金融保险业则更加关注资金运作过程中的风险与收益平衡，对于金融工具的计量、风险评估以及收益确认等方面有着严格且独特的要求。

深入开展行业会计比较，能够全面、深入地剖析各行业会计核算的共性与个性。共性在于，行业会计作为一种管理活动，要以《企业会计准则——基本准则》为共同的基本规范，因此其会计原理、会计核算方法都是相同的。个性则体现在，不同行业的生产技术特点和经营特点都有其特殊性。因此，行业会计又要结合各行业的特点，对各行业经济活动中的特殊业务采用特殊方法进行核算，只有这样，才能适应企业经济发展多元化的趋势，这不仅为会计人员提供了极具针对性的理论指导与实践操作方法，使其能够更加准确地处理各类会计业务，而且能显著提升会计信息的相关性与可靠性。高质量的会计信息对于企业的经营管理决策具有不可替代的重要性，能够帮助企业管理层清晰洞察企业的财务状况与经营成果，从而制定出科学、合理的发展战略。同时，准确的会计信息也是社会经济决策的重要依据，为政府部门制定宏观经济政策、引导资源合理配置提供了坚实的数据支撑。

中共二十届三中全会进一步强调了全面深化改革、推进中国式现代化的重要意义。在这一伟大征程中，会计行业作为经济信息的核心提供者，肩负着重大的责任与使命，必须持续优化自身的理论体系与实践方法，以适应经济体制改革的深入推进以及市场发展的全新需求。行业会计比较的深入研究与广泛应用，不仅有助于提升会计行业的整体专业水平，推动会计行业健康发展，而且能为国家宏观经济政策的制定提供更为精准、可靠的数据支持，助力国家在经济发展的道路上稳步前行。

二、行业会计比较的理论基础与发展历程

（一）理论基础

行业会计比较的理论根基源于会计学科本身所具有的多元性与实践性。会计作为一种重要的经济管理工具，其核心功能在于为各类经济活动提供及时、准确、全面的信息支持。然而，由于不同行业的经济活动性质、特点以及业务流程千差万别，会计核算方法与管理要求也必然存在相应的差异，这就要求会计理论在遵循统一会计准则框架的基础上充分考量各行业的特殊性，构建具有针对性的会计核算体系。

在国际上，许多发达国家或地区早已意识到行业会计比较的重要性，并在实践中形成了成熟的理论体系。例如，美国的财务会计准则委员会（FASB）针对不同行业制定了详细的会计准则，为企业的会计核算提供了明确的指导。我国在借鉴国际经验的基础上结合自身经济发展的实际情况，逐步形成了具有中国特色的行业会计比较体系。

（二）发展历程

在我国，行业会计比较的研究与发展经历了一个漫长而曲折的过程。20 世纪 60 年代，随着国外会计比较研究成果的引入，我国开始探索适合本国国情的行业会计比较方法，在早期阶段，主要是对国外先进的会计理论与方法进行学习与借鉴，并结合我国各行业的实际情况进行初步的应用与调整。

经过多年的不懈努力与实践探索，我国逐步构建起以企业会计准则为基础，结合各行业特点的会计核算体系。这一体系不仅涵盖了工业企业、商品流通企业、金融企业等传统行业的会计核算方法，而且针对新兴行业如物流、互联网金融等进行了相应的理论拓展与创新。例如，在物流行业，随着物流业务的不断发展与创新，会计核算也逐渐从传统的运输成本核算向供应链成本核算拓展，包括仓储成本、配送成本、库存成本等多个方面的核算与管理。

近年来，随着我国经济结构的深度调整与产业升级的加速推进，行业会计比较的研究更加注重与国际会计准则的接轨，同时充分兼顾我国经济发展的实际情况。在金融工具的会计核算方面，我国企业会计准则不断进行修订与完善，以适应金融市场快速发展的需求。例如，对于金融资产的分类与计量，从最初的简单分类逐步过渡到更加科学、合理的以公允价值计量且其变动计入当期损益、以摊余成本计量、以公允价值计量且其变动计入其他综合收益等分类方式，更加准确地反映了金融资产的经济实质与风险特征。这种既注重国际协调又兼顾本土特色的行业会计比较研究，为我国会计行业的国际化发展奠定了坚实的基础。

随着数字经济、绿色经济等新兴领域的崛起，行业会计比较的研究需要进一步拓展。例如，在绿色会计（即环境会计）领域，如何核算企业的环境成本和社会责任，将成为未来研究的重要方向。同时，随着大数据、人工智能等技术在会计领域的应用，行业会计比较也需要结合数字化转型，探索更加高效、精准的会计核算方法。

三、行业会计比较的主要内容与研究方法

（一）主要内容

1. 核算对象的比较

会计核算对象是各行业经济活动的核心载体，不同行业的经济活动性质与范围决定了其会计核算对象的显著差异。以金融保险业为例，其核算对象涵盖了保险收入、理赔支出、保险资金的再运用等多个方面。在保险收入的确认上，需要考虑保险合同的条款、风险的转移时间等因素；在理赔支出的核算中，要准确评估赔付金额与赔付时间。而商品流通企业的核算对象主要侧重于商品的采购、销售以及库存管理。在商品采购环节，需要核算采购成本、运输费用等；在销售环节，要确认销售收入与销售成本；在库存管理方面，要对库存商品的数量、价值进行准确计量与监控。

对不同行业核算对象的深入比较，能够精准把握各行业的经济特征，为会计核算提供清晰、明确的方向。例如，在农业企业中，生物资产是其重要的核算对象，包括消耗性生物资产、生产性生物资产和公益性生物资产。对于消耗性生物资产，如生长中的农作物，需要按照成本进行初始计量，并在收获或出售时结转成本；对于生产性生物资产，如奶牛，要考虑其折旧、减值等问题。了解这些核算对象的特点与核算要求，对于准确进行农业企业的会计核算至关重要。

2. 特殊业务的比较

各行业的特殊业务是行业会计比较的重点与难点内容。施工企业的周转材料和临时设施核算具有独特之处。周转材料如模板、脚手架等，其价值的摊销方法需要根据周转材料的使用次数、损耗程度等因素进行合理选择；临时设施如临时办公用房、临时仓库等，其搭建成本需要在一定期限内进行摊销。房地产开发企业的开发成本核算涉及多个方面，包括土地开发成本、建筑安装工程成本、配套设施成本等。在土地开发成本中，土地出让金的核算、土地开发费用的归集等都有严格的要求；建筑安装工程成本需要对施工过程中的各项费用进行准确核算与分摊。

金融保险企业的保险责任准备金计提及再保险业务核算也具有高度的专业性。保险责任准备金是保险公司为了承担未到期责任和处理未决赔款而从保险费收入中提存的一种资金准备，其计提方法需要考虑保险风险、赔付概率等多种因素；再保险业务是保险公司将其承担的保险业务部分转移给其他保险公司的业务，在会计核算上需要准确处理分保保费、分保赔款等业务。通过对这些特殊业务的深入比较分析，能够总结出各行业会计核算的独特特点，为会计人员提供极具针对性的处理方法，使其能够准确应对各行业特殊业务的会计核算需求。

3. 相关业务的比较

国民经济各部门之间存在着紧密的联系，各行业之间的经济业务相互依存、相互影响。以施工企业与房地产开发企业为例，施工企业的工程价款是房地产开发企业开发成本的重要组成部分。施工企业在确认工程价款收入时需要根据工程进度、合同约定等因素进行准确核算；而房地产开发企业在核算开发成本时，要将施工企业的工程价款以及土地开发成本、配套设施成本等进行合理归集与分摊。

制造业企业生产的产品通过商品流通企业进行销售。在这个过程中，制造业企业需要核算产品的生产成本、销售成本以及销售收入；而商品流通企业则需要核算商品的采购成本、销售成本以及销售收入。通过对这些相关业务的比较分析，能够更好地协调各行业之间的会计核算关系，确保会计信息的完整性与一致性，为跨行业的经济分析与决策提供有力支持。

（二）研究方法

1. 横向比较法

横向比较法主要是对不同行业会计中相同的会计要素进行同步比较，深入研究它们在会计核

算上的共性与个性特征，并对个性部分进行详细阐述。在研究固定资产折旧方法时，可以同时对比制造业、交通运输业、建筑业等不同行业对固定资产折旧的计算方法与政策选择。制造业可能根据生产设备的使用年限和预计产量来选择折旧方法；交通运输业对于运输车辆的折旧，可能会考虑行驶里程等因素；建筑业对于大型施工设备的折旧，可能会结合设备的使用频率和损耗程度。通过这种横向比较，能够清晰地了解不同行业在固定资产折旧核算上的差异及其原因，为会计人员在不同行业的会计核算中提供参考。

2. 纵向比较法

纵向比较法是将各行业特殊业务的会计核算进行逐一比较，深入挖掘每个行业会计核算的个性特点，并对这些个性部分进行深入分析与阐述。本书主要采用纵向比较法，将各行业会计核算中共性的部分视为已知内容进行省略，集中篇幅重点阐述各行业特殊业务的会计核算方法。以商品流通企业的售价核算为例，这是其区别于其他行业的特殊业务之一。通过纵向比较，详细阐述售价核算的原理、方法以及在实际应用中的注意事项，突出商品流通企业会计的特性。再如，研究金融企业的金融工具核算，通过纵向比较不同类型金融工具的核算方法，如股票投资、债券投资、衍生金融工具等，揭示金融企业会计核算的独特之处。

四、行业会计比较与国家经济发展战略的契合

（一）助力高质量发展

中共二十大报告明确指出，要坚持以人民为中心的发展思想，推动经济实现高质量发展。这一战略目标为我国经济改革与发展指明了方向，也为会计行业的发展提供了重要的理论依据与实践指南。行业会计比较作为会计学科的重要分支，必须紧密围绕国家经济发展战略，为推动高质量发展提供有力支持。

在推动企业高质量发展方面，行业会计比较能够帮助企业深入了解自身所处行业的会计核算特点与要求，准确把握企业的财务状况与经营成果。通过对同行业企业会计信息的比较分析，企业可以发现自身在成本控制、资金管理、利润获取等方面的优势与不足，从而有针对性地进行改进与优化。例如，在制造业企业中，通过行业会计比较，企业可以学习同行业先进企业的成本核算方法，优化自身的成本结构，提高生产效率，降低生产成本，从而提升企业的市场竞争力。在国际上，许多跨国企业通过行业会计比较，实现了全球范围内的资源优化配置和管理效率提升。我国企业可以借鉴国际经验，结合行业会计比较的研究成果，提升自身的国际化经营能力。

（二）服务新发展格局

习近平总书记在中共二十大报告中强调，要加快构建以国内大循环为主体、国内国际双循环相互促进的新发展格局。这一战略部署要求各行业在经济活动中更加注重资源配置的效率与质量，同时也对会计信息的质量与相关性提出了更高要求。

行业会计比较通过深入研究各行业的经济活动特点与会计核算方法，能够为企业的经营管理提供精准的决策支持，促进资源的优化配置。在国内大循环中，通过对不同行业会计信息的比较分析，企业可以更好地了解国内市场的需求与供给情况，合理安排生产与销售计划，实现资源在国内的高效流动与配置。在国内国际双循环中，行业会计比较有助于企业了解国际会计准则与国内会计准则的差异，更好地开展跨国经营活动，促进国内外资源的有效对接与整合。

（三）契合宏观经济政策

中共二十届三中全会进一步明确了全面深化改革的任务与目标，强调要完善社会主义市场经济体制，推动经济结构调整与产业升级。在这一背景下，行业会计比较的研究与应用需要更加注重与国家宏观经济政策的契合。

在金融领域，随着金融市场的不断开放与创新，金融工具的复杂性日益增加。行业会计比较需要重点研究金融工具的确认、计量与披露问题，以确保金融市场的稳定运行与健康发展。例如，对于新兴的金融衍生品，如期货、期权等，需要通过行业会计比较，准确把握其会计核算方法，及时、准确地披露相关信息，防范金融风险。在制造业领域，随着产业升级与智能制造的推进，行业会计比较需要关注企业成本核算与管理会计的创新，以支持企业的技术改造与转型升级。例如，在智能制造环境下，企业的成本结构发生了变化，研发成本、信息技术成本等占比增加，行业会计比较可以帮助企业探索新的成本核算方法，更好地进行成本控制与管理，推动制造业向高端化、智能化发展。

综上所述，行业会计比较在我国经济发展的进程中具有不可替代的重要作用。通过深入研究行业会计比较的必要性、理论基础、主要内容与方法，以及与国家经济发展战略的契合点，能够为会计学科的发展注入新的活力，为各行业的高质量发展提供有力的支持，为实现我国经济的持续繁荣与发展贡献力量。在未来的经济发展中，行业会计比较将继续发挥重要作用，特别是在数字化转型、绿色会计、跨行业融合等新兴领域，为会计行业的国际化发展和企业的高质量发展提供坚实的理论与实践基础。

第一章　商品流通企业会计

● **知识目标**

理解：商品流通企业的概念与范畴；商品流通企业的经营特点。

熟知：商品流通企业会计的核算特点；商品流通企业会计的重要性；商品购销的交接方式。

掌握：批发企业商品流转的核算；零售企业商品流转的核算；联营和网络销售的核算。

● **技能目标**

能够熟练掌握商品流通企业不同业务环节（购进、销售、储存）的账务处理方法；能够准确编制各类业务的会计分录；学会根据不同的商品交接方式（提货制、送货制、发货制）进行相应的账务处理；掌握批发企业、零售企业以及联营和网络销售模式下的账务处理，并能够对商品流通企业的财务数据进行分析，为企业的决策提供依据。

● **素质目标**

培养严谨、细致的工作态度，在财务核算过程中，避免因疏忽导致财务错误；提高问题解决能力，运用所学知识进行分析和解决，能够找到合理的解决方案；增强团队协作能力，共同完成企业的经营目标；提升自我学习和持续发展的能力，能够主动学习新的知识和技能，适应行业变化，锤炼创新思维，探索新的财务核算方法和管理模式。

● **思政目标**

树立正确的职业道德观，坚守诚实守信、廉洁奉公的原则，不做假账，不谋取私利；培养社会责任意识，明白企业的财务核算不仅关乎企业自身利益，也对国家经济统计和宏观经济决策产生影响；结合国家经济发展战略，激发为国家经济发展而努力学习和工作的热情；培养团队合作精神和集体主义观念，在财务工作中积极配合其他部门，共同推动企业发展。

● **课程引例**

解析“活力商城”：在复杂的业务中筑牢财务技能与思政根基

在电商蓬勃发展的当下，新兴电商企业“活力商城”主要从事各类时尚服装的网络销售业务，同时与多家知名服装品牌进行联营合作。企业在运营过程中面临着一系列财务核算问题。在与供应商的联营业务方面，“活力商城”收到供应商发来的一批价值50万元（销售价格）的新款服装；在商品入库时，财务人员需要根据联营协议进行正确的账务处理。在网络销售环节，“活力商城”通过某知名电商平台进行销售，该平台按销售额的3%收取手续费，同时企业为了推广新品，投入5万元的平台推广费。在销售过程中，部分客户因尺码不合适等申请退货，涉及含税金额3万元。此外，在会计期末，“活力商城”预计有8万元（含税）的销售收入可能因退货而减少。面对这些复杂的业务情况，“活力商城”的财务团队需要运用合理的财务核算方法进行准确处理，以确保企业财务数据的真实性和可靠性，为企业的决策提供有力支持。

● **引例反思**

从业务处理角度看，通过对“活力商城”案例的分析，我们可以发现电商企业在联营和网络销售模式下的财务核算具有复杂性和多样性。财务人员需要熟悉不同业务环节的账务处理方法，联营商品的入库、销售、结算和退货，以及网络销售中的收入确认、平台费用处理、销售退货与退款等。只有掌握了这些技能，才能准确记录企业的经济业务，为企业的财务管理提供基础数据。

从职业道德角度出发，“活力商城”的财务人员在处理各项业务时必须秉持诚实守信的原则，如实记录财务数据，不隐瞒或虚报收入、费用等信息，这不仅是对企业负责，而且是对社会和国家负责。在处理跨期业务时，对预计退货的合理估计体现了财务人员的谨慎性和职业道德，避免高估收入和资产，确保财务报表真实反映企业经营成果。

从社会责任角度考虑，“活力商城”作为电商企业，其财务核算数据对于国家经济统计具有重要意义。准确的财务核算能够为国家宏观经济决策提供可靠依据。企业应积极响应国家数字经济发展战略，通过规范财务核算，推动电商行业的健康发展，为国家经济发展贡献力量。

从团队协作角度而言，“活力商城”的财务部门需要与采购、销售等部门密切配合，在联营业务中，与采购部门协作确定商品的进价和销售价格；在网络销售中，与销售部门合作分析销售数据，评估推广效果。只有各部门协同合作，才能实现企业的整体目标。

第一节　商品流通企业会计概述

一、商品流通企业的概念与范畴

商品流通企业（commodity circulation enterprises），是指在社会经济活动中专门从事商品购销活动，通过低买高卖的方式实现商品从生产领域向消费领域转移，从而获取利润的经济组织。我国的商品流通企业包括：商业、粮食、物资、供销、外贸、医药业、石油业、烟草业、图书发行以及从事其他商品流通的企业。这类企业涵盖了众多的业态，包括批发商、零售商、代理商等。例如，大型连锁超市如盒马鲜生、比优特、山姆，它们从各类供应商处采购大量的商品，然后销售给终端消费者；再如，专业的服装批发商从服装生产厂家集中采购服装，分销给各个零售商。这些都属于典型的商品流通企业。

二、商品流通企业的经营特点

(一)流转环节多

商品从生产厂家到最终消费者手中,往往需要经过多个流通环节。以一部手机为例,要先从手机制造商到全国总代理商,再到省级代理商,接着到市级经销商,最后才到达零售门店卖给消费者。每个环节都涉及商品的购进、存储与销售,这使得商品流通企业的业务流程较为复杂。

(二)资金周转快

相较于生产制造企业,商品流通企业一般不需要大量的生产设备投入和长时间的产品生产周期。它们主要是在商品的买卖差价中获取利润,商品购入后能够较快地销售出去,回笼资金,资金周转速度相对较快。例如,一家小型的文具店,采购一批文具后,可能在几天到几周内就销售一空,实现资金的快速回笼。

(三)库存稳供求

由于商品种类繁多,且市场需求变化较快,库存管理对于商品流通企业至关重要,一方面,需要保证有足够的库存以满足市场需求,避免缺货导致销售机会丧失;另一方面,又要防止库存积压,占用过多资金,增加仓储成本和商品过时的风险。像季节性服装销售企业,必须精准把握市场需求,在季节来临前备好货,季节一过,则要及时清理库存。

三、商品流通企业会计的核算特点

由于商品流通企业的主要业务是商品流转,因此其会计核算除了具有一般企业会计的特征之外,还具有不同于其他行业的一些典型特点。

(一)重点核算商品流转

与生产制造企业会计着重核算生产过程中的成本不同,商品流通企业会计主要围绕商品的购进、销售、存储等环节进行核算。会计人员需要准确记录商品的采购成本、销售价格以及库存商品的数量和价值,以清晰反映商品在各个流通环节的价值变化。

(二)存货核算方法多样

商品流通企业通常采用进价金额核算法、售价金额核算法等多种方法来核算存货。进价金额核算法适用于经营鲜活商品的零售企业,如菜市场的摊位,因为这类商品价格变动频繁,难以按照售价进行核算。售价金额核算法则常用于零售企业,如百货商店,通过商品售价与进价的差额来核算商品进销差价,从而计算销售毛利。

(三)成本计算相对简单

生产制造企业的成本计算涉及原材料、人工、制造费用等多个方面,且需要在不同产品、不同生产步骤之间进行分配,计算过程复杂。而商品流通企业的成本主要就是商品的采购成本,加上少量的运输费、装卸费等,计算相对简单、直接。例如,一家贸易公司采购一批货物,其成本就是采购货物的价款加上运输这批货物所产生的运输费用。

四、商品流通企业会计的重要性

(一)为企业决策提供了依据

准确的会计核算能够提供关于企业财务状况、经营成果和现金流量的详细信息。企业管理者可以通过分析这些信息,做出诸如采购决策(何时采购、采购多少)、定价决策(如何制定商品售价以保证利润)、库存决策(是否需要补货或清理库存)等重要决策。

（二）保障企业合法合规运营

商品流通企业需要遵守各种财务法规和税收政策。会计人员通过规范的账务处理，确保企业的财务活动合法合规，按时足额缴纳税款，避免因财务违规而面临罚款、法律诉讼等风险。

（三）促进企业资源优化配置

通过对各项成本、费用和收入的核算分析，企业可以清晰了解哪些业务板块或商品品类盈利能力强、哪些较弱，从而将资源集中投入效益较好的领域，优化资源配置，提高企业整体经济效益。

五、商品流通企业会计核算要点

（一）核算对象

商品流通企业的核算对象主要分为批发和零售两种类型。

1. 批发企业

批发企业从生产企业或其他企业购入商品，然后供应给零售企业、其他批发企业用于转售，或提供给其他企业用于加工。它们处于商品流转的起始或中间环节，在城乡、地区间的商品流通中起着桥梁作用。例如，在城市中常见的专业批发公司，作为自主经营的经济实体以及贸易中心，无论是经济联合体还是独立体，都以开放式经营模式，开展自由购销和跨区经营，有效促进了商品的流通，提升了经济效益。此外，为了扩大批发商品的覆盖范围，基层批发企业应运而生，积极开展批发和代批业务，极大地方便了边远地区、小型零售企业以及个体经营者获取商品。

2. 零售企业

零售企业从批发企业或生产企业采购商品，将其销售给个人消费者，或者企事业单位用于生产和非生产消费。它们是直接服务于人民生活的基层商品流通企业。按照经营商品种类的多寡，零售企业可分为专业性零售商店和综合性零售商店。专业性零售商店专注于某一类或几类商品的经营，如钟表店、眼镜店等；综合性零售商店像常见的超市等，则经营品类繁多的商品。由于批发和零售业务差异显著，其会计核算也因对象类型不同而有所区别。

【提示】由于商品批发和零售业务有着较大的区别，因此，商品流通企业的会计核算也因核算对象类型的不同而有所不同。

商品流通企业会计核算对象如图1—1所示。

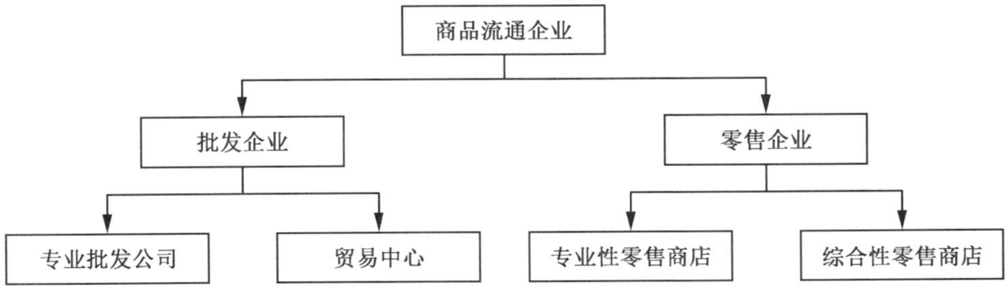

图1—1 商品流通企业会计核算对象

（二）核算内容

商品流通企业的核算内容以商品流转为核心，主要涵盖商品购进、商品销售和商品储存三个环节。

1. 商品购进

商品购进，是商品流通企业为销售或加工后销售货物，通过货币结算获取商品所有权的交易行为。它标志着商品流转的起点，在此过程中货币资金转化为商品资金。例如，一家服装零售商从服装批发商处采购一批新款服装，支付货款后取得服装的所有权，这一过程就是商品购进。

【注意】凡是不通过货币结算而收入的商品，或者不是为销售而购进的商品，都不属于商品购进的范围，如收回加工的商品、溢余的商品、收回销售退回的商品和购货单位拒收的商品、因财产交接而接受的商品和其他单位赠送的样品、为收取手续费替其他单位代购的商品以及购进专供本单位自用的商品等。

2. 商品销售

商品销售，即商品流通企业通过货币结算售出商品的交易行为，是商品流转的终点，此时商品资金转变为货币资金。比如，上述服装零售商将采购的服装销售给消费者，收到消费者支付的款项，完成了商品销售环节。

【注意】凡是不通过货币结算而发出的商品，则不属于商品销售的范围，如发出加工的商品、损耗和短缺的商品、进货退出的商品和退出拒收的商品、因财产交接而交出的商品和赠送其他单位的样品、采用代收手续费方式替其他单位代销的商品、虽已发出但仍属于本单位所有的委托代销商品和分期收款发出的商品等。

3. 商品储存

商品储存，是商品流通企业购进的商品在销售前于企业的停留状态以商品资金形态存在。它是商品购进和销售的中间环节，也是商品流转的关键环节。商品储存包括库存商品、受托代销商品、分期收款发出商品以及购货方拒收的代管商品等。例如，服装零售商采购的服装部分未能及时售出，存放在仓库中，这就形成了商品储存。

【提示】商品流转的这三个环节构成了商品流通企业会计核算的核心内容。

商品流通企业会计核算内容如图1—2所示。

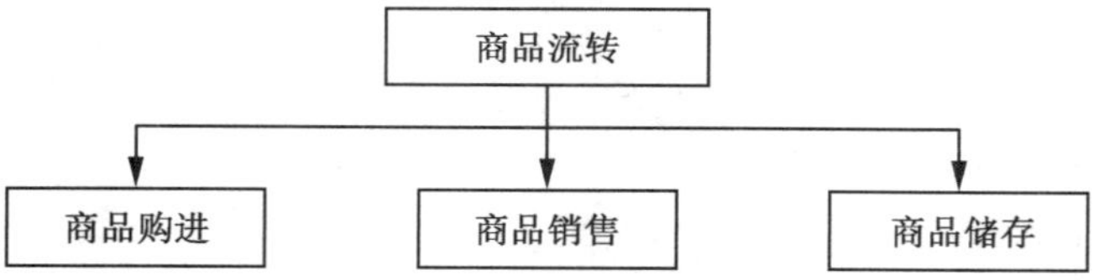

图1—2 商品流通企业会计核算内容

(三)核算方法

不同类型的商品流通企业依据自身的经营特点和管理需求，对商品流转的核算主要采用进价核算和售价核算两种方法，且每种方法又各自分为金额核算和数量金额核算两种。

1. 进价核算

(1)进价金额核算。库存商品总分类账和明细分类账都仅反映商品的进价金额，不体现实物数量。由于缺乏实物数量记录，需通过实地盘点库存商品，计算出期末结存金额后，倒轧出主营业务成本，因此也被称为“进价记账盘存计销”。这种核算方法记账手续简便，工作量小，但平时无法反映商品进、销、存的数量，且月末盘存计销时，主营业务成本、商品损耗和责任人的差错易混在一起，容易滋生弊端，难以发现企业经营管理中的问题。因此，该方法适用于经营鲜活商品的零售企业，如菜市场的摊位。

(2)数量进价金额核算。库存商品总分类账和明细分类账不仅按商品进价金额反映，明细分类账还需反映商品实物数量。采用这种方法，可根据已销商品的数量按进价结转主营业务成本。其优点是能按品名、规格反映和监督每种商品进、销、存的数量和进价金额的变动情况，有利于加强对库存商品的管理与控制；缺点是每笔销售业务都需填制销售凭证，并按商品的品名、规格登记商品明细账，记账工作量较大。因此，该方法适用于工业品批发公司、农副产品收购企业、部分专业性零售商店及贸易中心等。

2. 售价核算

（1）售价金额核算。库存商品总分类账和明细分类账都只反映商品的售价金额，不反映实物数量。采用此方法，库存商品的结存数量需通过实地盘点掌握，营业柜组或门市部对其经营的商品承担经济责任，财会部门通过商品的售价来控制营业柜组或门市部的商品，因其建立在实物负责制基础上，故被称为“售价金额核算实物负责制”。该方法控制了商品的售价，使记账较为简便，一般无需为每笔销售业务填制销售凭证，也不必登记大量的实物数量明细账。但由于明细分类核算不反映和控制商品的数量，平时不易察觉商品短缺，通常要定期盘点时才能发现，且难以分清溢缺商品的品种与数量，也不易分析溢缺的原因和责任。因此，这种方法适用于综合性零售商店和部分专业性零售商店。

（2）数量售价金额核算。库存商品总分类账和明细分类账除均按商品售价金额反映外，明细分类账还必须反映商品实物数量。采用该方法，需按商品的品名、规格设置明细账，以便随时掌握各种商品的结存数量。其优点是能按品名、规格反映和监督每种商品进、销、存的数量和售价金额的变动情况，便于加强对库存商品的管理与控制，且按售价记账，对主营业务收入的管理与控制也较为严密；缺点是进货时既要复核商品的进价，又要计算商品售价和进价的差价，每笔销售业务都要填制销售凭证或做好销售记录，并按商品的品名、规格登记商品明细账，记账工作量较大。因此，这种方法适用于基层批发企业和部分专业性零售商店，如金店、珠宝玉器店等。

商品流通企业会计核算方法如图1—3所示。

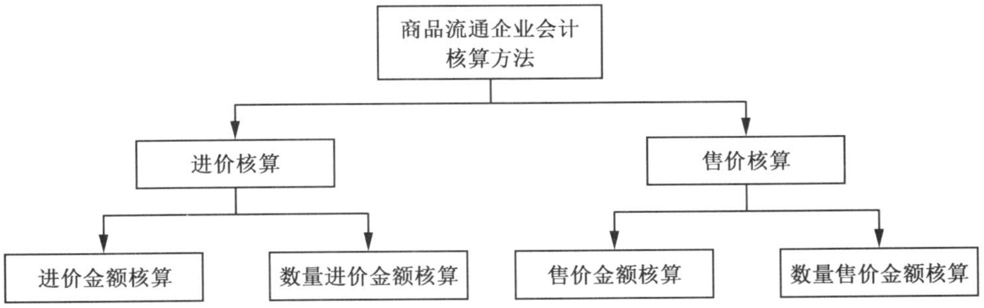

图1—3　商品流通企业会计核算方法

六、商品购销的交接方式

在商品流通企业的商品购销活动中，存在多种交接方式，这些方式在商品所有权转移的时间、地点以及责任划分等方面各有特点。

（一）提货制

提货制又称为取货制，是指购货方到供货方的仓库或指定地点提取商品的一种交接方式。在这种方式下，在购货方于供货方仓库验收商品后，商品的所有权和风险随即转移给购货方。购货方需要自行安排运输工具将商品运回。例如，一家小型零售商店向本地的批发商购买一批文具，双方约定采用提货制。购货方在批发商的仓库查看文具的数量、质量等情况，确认无误后，在仓库完成提货手续。此时，该批文具的所有权就归购货方所有，在运输过程中发生的任何损坏、丢失等风险也由购货方承担。

【提示】提货制一般适用于现货交易的同城商品购销业务。

在提货制下，对于供货方来说，当购货方在仓库提货并确认商品后，即可确认销售收入的实现。会计分录一般为：借记“应收账款”（如果购货方未立即付款）或“银行存款”（如果购货方当场付款），贷记“主营业务收入”和“应交税费——应交增值税（销项税额）”，同时，结转相应的销售成本，借记“主营业务成本”，贷记“库存商品”。对于购货方而言，在提货时，若已付款，借记“库存商品”和“应交税费——应交增值税（进项税额）”，贷记“银行存款”；若未付款，借记“库存商品”和“应交税费——应交增值税（进项税额）”，贷记“应付账款”。

（二）送货制

送货制是由供货方将商品送到购货方指定的地点进行交接的方式。在商品送达购货方指定地点并经购货方验收合格后，商品的所有权和风险才转移给购货方。例如，一家大型连锁超市向供应商采购一批食品，供应商按照合同约定，将食品送到超市的仓库。在超市仓库工作人员验收食品的品种、数量、质量等都符合要求后，该批食品的所有权才转移给超市。在运输过程中，商品的风险主要由供货方承担。

【提示】送货制一般适用于商品的销售对象比较固定的购销业务。

对于供货方，在商品发出时，由于商品所有权尚未转移，不能确认销售收入，应借记“发出商品”，贷记“库存商品”。当购货方验收商品后，确认销售收入，会计分录为：借记“应收账款”（如果购货方未立即付款）或“银行存款”（如果购货方当场付款），贷记“主营业务收入”和“应交税费——应交增值税（销项税额）”，同时结转销售成本，借记“主营业务成本”，贷记“发出商品”。购货方在验收商品后，如果已付款，借记“库存商品”和“应交税费——应交增值税（进项税额）”，贷记“银行存款”；如果未付款，借记“库存商品”和“应交税费——应交增值税（进项税额）”，贷记“应付账款”。

【学中做1—1】 阳光超市是一家大型综合零售企业，近期与美味食品厂签订了一份采购合同。合同约定阳光超市向美味食品厂采购一批零食，总价款为50 000元（不含税），增值税税率为13%，美味食品厂将按照送货制的方式将商品送到阳光超市的仓库。美味食品厂发出货物时，将该批货物的成本结转为30 000元。

学中做1-1

请问：

（1）美味食品厂在发出商品时应如何进行账务处理？

（2）当阳光超市收到货物并验收合格后，美味食品厂和阳光超市分别应如何进行账务处理？

（3）假设阳光超市在验收货物后未立即付款，而是约定在一个月后支付货款，美味食品厂和阳光超市又该如何进行账务处理？

（三）发货制

发货制是供货方根据合同规定，将商品委托运输部门发运到购货方所在地的车站、码头或指定地点的一种交接方式。通常以运输部门的提货单通知购货方提货为商品所有权和风险转移的标志。例如，一家外地的服装批发商向本地的零售商发货，批发商将服装交给运输公司发运。当服装到达本地车站后，运输公司通知零售商提货，从那时起，商品的所有权和风险就转移给零售商。

【提示】发货制一般适用于异地商品的购销业务。

对于供货方，在商品发运后，若符合收入确认条件（通常根据合同约定，如购货方已支付货款或已取得收取货款的权利等），则可确认销售收入，会计分录为：借记“应收账款”（如果购货方未立即付款)或"银行存款"(如果购货方当场付款),贷记"主营业务收入"和"应交税费——应交增值税(销项税额)",同时结转销售成本,借记"主营业务成本",贷记"库存商品"。购货方在收到运输部门的提货通知时,若已付款,借记"在途物资"和"应交税费——应交增值税(进项税额)",贷记"银行存款";若未付款,借记"在途物资"和"应交税费——应交增值税(进项税额)",贷记"应付账款"。当商品验收入库后,购货方借记"库存商品",贷记"在途物资"。

第二节　批发企业商品流转的核算

批发企业的主要业务是大宗商品购销,交易次数不像零售业那样频繁,但每次的成交额却比零售业大得多,因此,一般采用数量进价金额核算。在商品流通企业的运营中,批发商品流转的核算占据着举足轻重的地位,它贯穿于商品从采购、销售直至储存的全流程。精准且全面的核算工作,不仅为企业的财务管理筑牢根基,更是为企业的战略决策提供了有力支撑。

一、账户设置

(一)"库存商品"账户

"库存商品"属于资产类账户,主要用于核算企业外购或委托加工完成后验收入库,且可供销售的各类商品。其借方登记商品验收入库的增加金额,反映企业库存商品的增加情况;贷方登记商品销售出库等减少的金额,体现库存商品的减少;期末余额一般在借方,表示企业期末库存商品的实际成本或进价。该账户需按照商品的种类、品种和规格等进行明细分类核算,以便清晰掌握各类商品的库存状况,例如,企业购入一批电子产品验收入库,就借记"库存商品——电子产品"。

【提示】在实际操作中,企业可以根据商品的大类、品牌、规格型号等多种维度来设置"库存商品"账户的明细分类,以方便对不同类型商品的成本、销售情况进行监控和分析。例如,对于服装,可按男装、女装、童装等进行分类。对于易过时的商品,如电子产品或时尚类商品,企业可能需要考虑计提存货跌价准备。此时,"库存商品"账户的核算应结合"存货跌价准备"账户,以更准确地反映这些商品的可变现净值,避免高估资产价值。

(二)"在途物资"账户

"在途物资"属于资产类账户,专门用于核算企业已经购入但货款已付,然而商品尚未验收入库的在途物资的采购成本,借方登记企业购入在途物资的采购成本,表明在途物资的增加;贷方登记验收入库的在途物资的采购成本,意味着在途物资转为库存商品;期末余额在借方,反映企业在途物资的采购成本。当企业采购商品已付款但商品在运输途中时,借记"在途物资"。

(三)"应交税费——应交增值税"账户

"应交税费——应交增值税"属于负债类账户,用于核算企业应缴纳的增值税。其借方登记企业购进货物、接受应税劳务或应税行为支付的进项税额、实际已缴纳的增值税等;贷方登记企业销售货物、提供应税劳务或应税行为应缴纳的销项税额、出口货物退税、转出已支付或应分担的增值税等。期末借方余额,表示企业多缴或尚未抵扣的增值税;期末贷方余额,表示企业尚未缴纳的增值税。

【提示】在批发商品流转过程中,无论是采购环节的进项税额,还是销售环节的销项税额,都通过该账户进行核算。

(四)"主营业务收入"账户

"主营业务收入"属于损益类账户,用于核算企业确认的销售商品、提供劳务等主营业务的收入，贷方登记企业实现的主营业务收入，即企业销售商品或提供劳务等所获得的收入金额；借方登记期末转入“本年利润”账户的主营业务收入金额，期末结转后该账户无余额。例如，企业销售批发商品取得收入时，贷记“主营业务收入”。

（五）“主营业务成本”账户

“主营业务成本”属于损益类账户，用于核算企业确认销售商品、提供劳务等主营业务收入时应结转的成本，借方登记企业结转的主营业务成本，即销售商品的实际成本；贷方登记期末转入“本年利润”账户的主营业务成本金额，期末结转后该账户无余额。当企业销售商品并结转成本时，借记“主营业务成本”。

（六）“待处理财产损溢”账户

“待处理财产损溢”属于资产类账户，用于核算企业在清查财产过程中查明的各种财产盘盈、盘亏和毁损的价值。企业清查的各种财产损溢，应在期末结账前处理完毕，处理后该账户应无余额，借方登记财产物资的盘亏、毁损金额及盘盈的转销金额；贷方登记财产物资的盘盈金额及盘亏的转销金额。

对于固定资产的盘盈盘亏，其账务处理可能涉及“以前年度损益调整”账户或“固定资产清理”账户，而不像商品盘盈盘亏直接冲减或增加管理费用等。对于无形资产，盘盈盘亏的处理也有其特殊规定，企业应根据资产的性质和会计准则进行相应的处理，确保账务处理的准确性。

【注意】当企业盘点商品出现盘盈或盘亏时，先通过该账户进行过渡核算。

二、账务处理

（一）批发商品购进的账务处理

1. 单货同到

当企业采购商品且单货同时到达时，采购过程基本完成，可根据增值税专用发票信息进行账务处理。发票上的价款反映了商品的实际成本，应计入“库存商品”科目，而按照规定可抵扣的增值税税额则计入“应交税费——应交增值税（进项税额）”，支付的款项从“银行存款”等科目扣除。

【做中学 1—1】 甲批发企业从乙供应商处购入一批电子产品，取得的增值税专用发票上注明价款为 100 000 元，增值税税额为 13 000 元。企业以银行存款支付全部款项，商品同时验收入库。账务处理如下：

借：库存商品——电子产品	100 000	
应交税费——应交增值税（进项税额）	13 000	
贷：银行存款		113 000

【解析】在这个例子中，甲批发企业从乙供应商处购入电子产品，价款为 100 000 元，这是商品的采购成本，直接增加了库存商品的价值。增值税税额 13 000 元可在未来缴纳增值税时用于抵扣销项税额，通过“应交税费——应交增值税（进项税额）”核算。企业用银行存款支付了全部款项，所以贷记“银行存款”113 000 元，体现了资金的流出和商品成本及相关税费的确认。

2. 单到货未到

当企业支付了货款，但商品尚未到达时，为了反映企业已经拥有对这批商品的权利（尽管尚未实际拥有商品），先将采购成本计入“在途物资”科目，作为一种过渡性的核算。等商品到达，验收入库后，再将成本从“在途物资”转入“库存商品”科目，完成商品采购的账务处理。

【做中学 1—2】 甲企业从丙工厂采购一批服装，增值税专用发票显示价款 80 000 元，增值税税额 10 400 元，企业已通过银行转账支付款项，但商品在运输途中。账务处理如下：

借：在途物资——服装　　80 000

　应交税费——应交增值税（进项税额）　　10 400

　贷：银行存款　　90 400

【解析】甲企业从丙工厂采购服装，支付了价款和增值税税额，但由于商品在运输途中，将采购成本 80 000 元暂记在“在途物资”科目，表明企业已支付款项但尚未收到商品。

待商品验收入库时，账务处理如下：

借：库存商品——服装　　80 000

　贷：在途物资——服装　　80 000

【解析】此分录将在途物资的成本转入库存商品，意味着商品已到达企业仓库，成为企业可用于销售的存货，完成了商品采购的最终确认。

3. 货到单未到

为保证账实相符，在月末若商品已验收入库而发票账单未到，需暂估入账，暂估的价值是根据以往经验或合同价格估计的商品成本。次月月初需将暂估入账的分录红字冲回，以避免重复记账，待收到发票账单后，按正常程序进行账务处理。

【做中学 1—3】 假设甲企业收到丁公司发来的一批文具，已验收入库，但至月末仍未收到发票账单。该批文具暂估价值为 60 000 元。月末账务处理如下：

借：库存商品——文具　　60 000

　贷：应付账款——暂估应付账款　　60 000

【解析】甲企业收到丁公司的文具并验收入库，但未收到发票账单，暂估价值为 60 000 元，将其计入“库存商品”，同时增加“应付账款——暂估应付账款”，表示对供应商的一种暂估负债。下月初红字冲回。

下月初，用红字冲回上述分录：

借：库存商品——文具　　[60 000]

　贷：应付账款——暂估应付账款　　[60 000]

【解析】红字是为了冲销暂估的金额，使账目的数据准确。

待收到发票账单，注明价款 62 000 元，增值税税额 8 060 元，并以银行存款支付款项时，账务处理如下：

借：库存商品——文具　　62 000

　应交税费——应交增值税（进项税额）　　8 060

　贷：银行存款　　70 060

【解析】此分录根据发票信息将商品的实际成本和增值税税额计入相应科目，同时减少银行存款，完成正常的账务处理流程。

4. 运输途中的合理损耗

运输途中的合理损耗属于商品采购成本的一部分，不单独作为费用核算，而是通过提高单位成本的方式反映在库存商品的成本中，这样可以保证商品总成本不变，但由于实际入库数量减少，单位成本会相应提高。企业采购商品，若在商品尚未到达企业仓库的情况下，根据权责发生制和谨慎性原则，企业需要先将已发生的采购成本（包括商品的价款以及相关可抵扣的增值税税额）通过“在途物资”科目进行过渡性核算。这是因为，虽然企业已经支付了货款，但尚未实际拥有该商品的控制权(商品还在运输途中),所以不能直接计入"库存商品"科目。

【做中学1—4】 甲企业从戊供应商处购入一批水果,价款50 000元,增值税税额6 500元,货款已支付。运输途中发生合理损耗1 000元(按成本计算)。货物到达并验收入库。账务处理如下:

采购时:

借:在途物资——水果　　50 000

　应交税费——应交增值税(进项税额)　　6 500

　贷:银行存款　　56 500

【解析】"在途物资——水果　50 000",反映了企业为购买这批水果已经发生的商品成本支出,这是商品的采购成本,包含了商品的买价、运输费、装卸费等(本题仅涉及买价)。"应交税费——应交增值税(进项税额)6 500",根据增值税专用发票上注明的税额,这部分税额在符合条件的情况下可以在未来缴纳增值税时进行抵扣,因此单独计入"应交税费"科目。"银行存款　56 500",表示企业用银行存款支付了这批商品的价款及增值税税额,体现了资金的流出。

验收入库时(合理损耗计入成本,总成本不变,单位成本提高),账务处理如下:

借:库存商品——水果　　50 000

　贷:在途物资——水果　　50 000

【解析】当商品到达并验收入库时,将"在途物资"的成本转入"库存商品"。尽管运输途中发生了1 000元的合理损耗,但这1 000元的合理损耗是采购成本的一部分,并没有额外的费用化支出,所以采购总成本仍然是50 000元。由于发生了损耗,入库商品的数量会减少(假设原购入数量为5 000千克,发生1 000元损耗后,入库数量为4 000千克),原来的单位成本为10元/千克(50 000元÷5 000千克),现在的单位成本变为12.5元/千克(50 000元÷4 000千克),通过这种方式将合理损耗的成本分摊到剩余的商品中,提高了单位成本,而不是单独对损耗进行费用化处理。

【提示】若运输途中发生不合理损耗,则应将其视为一种损失,根据责任的认定,计入"其他应收款"(如运输商赔偿)或"营业外支出"(如不可归责于其他方)等账户,同时冲减相应的在途物资和进项税额,如借记"其他应收款"或"营业外支出",贷记"在途物资"和"应交税费——应交增值税(进项税额转出)"。

5. 采购退货

当发生采购退货时,企业需要冲减采购成本和相应的进项税额。如果款项尚未支付,则通过冲减应付账款或应收账款;如果已支付款项,则可能涉及银行存款的调整。退货会导致库存商品减少,相应的进项税额也需要转出。

【做中学1—5】 甲企业向乙供应商购入的电子产品中,发现有部分产品存在质量问题,与乙供应商协商后,决定退回价值20 000元的商品,对应的增值税税额为2 600元。乙供应商已开具红字增值税专用发票,款项尚未收到。账务处理如下:

借:应收账款——乙供应商　　22 600

　应交税费——应交增值税(进项税额)①　　[2 600]

　贷:库存商品——电子产品　　20 000

【解析】甲企业因电子产品质量问题退货20 000元,对应的增值税税额为2 600元。由于款项

① 在会计账务处理中,用方框内的数字通常代表红字冲销。红字冲销是一种会计更正方法,用于冲减之前的账务记录。当需要对已经入账的业务进行更正或调整时,采用红字冲销可以清晰地反映出对原记录的冲减,以保持账务记录的准确性和可追溯性。

尚未收到，冲减“应收账款——乙供应商”，同时减少库存商品和进项税额。若之前已支付款项，则可改为贷记“银行存款”或“应付账款”等科目，根据实际情况调整。

(二)批发商品销售的账务处理

1. 本地销售

本地销售时，当企业将商品销售给本地客户，在确认销售收入的同时，需要确认增值税销项税额，并将收到的款项存入银行。同时，要结转已售商品的成本，以反映销售行为对利润的影响。

【做中学 1-6】 甲批发企业向本地的戊零售商销售一批日用品，开具增值税专用发票，注明价款 50 000 元，增值税税额为 6 500 元，收到戊零售商开来的转账支票并存入银行。同时，该批日用品的销售成本为 40 000 元。账务处理如下：

确认销售收入：

借：银行存款	56 500	
贷：主营业务收入——日用品		50 000
应交税费——应交增值税(销项税额)		6 500

【解析】甲批发企业向戊零售商销售日用品，开具增值税专用发票注明价款 50 000 元，增值税税额 6 500 元，收到转账支票并存入银行，此分录确认了收入和销项税额，同时反映了银行存款的增加。

结转销售成本：

借：主营业务成本——日用品	40 000	
贷：库存商品——日用品		40 000

【解析】将该批日用品的销售成本 40 000 元从库存商品转出，计入主营业务成本，以实现收入与成本的配比，准确计算利润。

2. 异地销售

对于异地销售，由于可能涉及代垫运费等情况，企业先通过“应收账款”核算应收款项，包括商品价款、增值税税额和代垫运费；在办妥托收手续后，待收到款项时，再将“应收账款”转为“银行存款”，同时，也要结转销售成本。

【做中学 1-7】 甲企业向异地的己企业销售一批家电，增值税专用发票上注明价款 120 000 元，增值税税额 15 600 元。企业以银行存款代垫运费 2 000 元(不考虑运费的增值税)，并向银行办妥托收手续。该批家电的销售成本为 90 000 元。账务处理如下：

确认销售收入：

借：应收账款——己企业	137 600	
贷：主营业务收入——家电		120 000
应交税费——应交增值税(销项税额)		15 600
银行存款		2 000

【解析】甲企业向异地己企业销售家电，价款 120 000 元，增值税税额 15 600 元，代垫运费 2 000 元，通过“应收账款”记录企业应向己企业收取的全部款项，代垫运费通过“银行存款”支付，体现资金的暂时支出。

结转销售成本：

借：主营业务成本——家电	90 000	
贷：库存商品——家电		90 000

【解析】结转该批家电的销售成本 90 000 元，将成本从库存商品转出。

当收到己企业支付的款项时：

借：银行存款　　137 600

　　贷：应收账款——己企业　　137 600

【解析】收到款项后，将应收账款转为银行存款，反映资金的收回。

对于不同的运输方式（公路、铁路、航空等），其运费的核算可能存在细微差异，部分运费可能涉及增值税进项税额的抵扣。若运输公司提供了可抵扣的增值税专用发票，则企业在支付运费时可将可抵扣的进项税额单独计入“应交税费——应交增值税（进项税额）”，相应减少代垫运费的金额，以更准确地核算成本和费用。托收承付是一种结算方式，是指根据购销合同由收款人发货后委托银行向异地付款人收取款项，付款人向银行承认付款的结算方式。在使用这种结算方式时，企业需关注托收承付的时间限制和拒付风险，一旦出现付款人拒付，可能需要对已结转的销售收入和成本进行调整，同时对代垫运费等费用进行相应的处理。

3. 销售退货

（1）当月销售商品退回。当月销售商品退回，需冲减已确认的销售收入和销项税额，同时将退回商品重新入库并转回已结转的销售成本，以保证当月财务信息的准确性。

【做中学 1－8】 假设甲企业在销售给戊零售商日用品后的当月，戊零售商因部分商品质量问题退回价值 10 000 元的商品，该部分商品对应的增值税税额为 1 300 元，成本为 8 000 元。甲企业收到退货商品并验收入库，同时开具红字增值税专用发票。账务处理如下：

冲减销售收入：

借：主营业务收入——日用品　　10 000

　　应交税费——应交增值税（销项税额）　　1 300

　　贷：银行存款　　11 300

【解析】戊零售商因部分商品质量问题退回价值 10 000 元的商品，相应的增值税税额为 1 300 元，冲减销售收入和销项税额，同时将收到的退回款项退回银行存款。

转回销售成本：

借：库存商品——日用品　　8 000

　　贷：主营业务成本——日用品　　8 000

【解析】将退回商品重新入库，转回已结转的销售成本 8 000 元，使库存商品和主营业务成本恢复到销售前的状态。

（2）以前月份销售商品退回。对于以前月份销售商品的退回，处理方式与当月销售退回类似，但由于涉及不同会计期间，冲减的是“应收账款”，以调整之前的销售记录。

【做中学 1－9】 若甲企业销售给己企业的家电在销售后的次月，己企业因产品规格不符，退回价值 20 000 元的商品，对应的增值税税额为 2 600 元，成本为 15 000 元。甲企业同样开具红字增值税专用发票并接收退货商品。账务处理如下：

冲减销售收入：

借：主营业务收入——家电　　20 000

　　应交税费——应交增值税（销项税额）　　2 600

　　贷：应收账款——己企业　　22 600

【解析】己企业因产品规格不符退回价值 20 000 元的商品，冲减销售收入和销项税额，冲减应收账款，因为之前销售时可能形成了应收账款。

转回销售成本：

借：库存商品——家电　　15 000

　　贷：主营业务成本——家电　　15 000

【解析】 同样将退回商品重新入库，转回销售成本15 000元。

4. 销售折扣与折让

(1)现金折扣。现金折扣是为鼓励客户提前付款而给予的折扣，在销售实现时先按全额确认收入和应收账款，当客户在折扣期内付款时，将给予的折扣计入"财务费用"，不影响销售收入的确认金额，只影响实际收到的款项。

【做中学1—10】 甲企业销售给庚企业一批办公用品，价款为30 000元，增值税税额为3 900元，规定的现金折扣条件为"2/10，1/20，n/30"（假设计算折扣时不考虑增值税）。庚企业在10天内付款。账务处理如下：

销售实现时：

借：应收账款——庚企业　　33 900

　　贷：主营业务收入——办公用品　　30 000

　　　　应交税费——应交增值税（销项税额）　　3 900

【解析】 甲企业向庚企业销售办公用品，按全额确认收入和应收账款。

收到货款时：

现金折扣＝30 000×2%＝600（元）

借：银行存款　　33 300

　　财务费用　　600

　　贷：应收账款——庚企业　　33 900

【解析】 当庚企业在10天内付款，享受2%的现金折扣600元，实际收到款项33 300元，折扣部分计入财务费用，体现为企业的一项费用。

现金折扣的计算方法有总价法、净价法等，本教材采用的是总价法。不同方法会对企业的财务报表产生不同影响，如采用净价法，可能会在一定程度上影响应收账款的初始确认金额，进而影响资产负债表的应收账款余额。同时，不同的现金折扣政策可能会影响企业的资金周转和利润，企业在制定时需综合考虑。

(2)商业折扣。商业折扣是在销售时直接给予客户的价格折扣，应按折扣后的金额确认销售收入和计算增值税税额。

【做中学1—11】 甲企业为了促销，对辛企业销售一批体育用品，原价40 000元，给予10%的商业折扣，增值税税率为13%。账务处理如下：

实际销售金额＝40 000×(1－10%)＝36 000（元）

增值税税额＝36 000×13%＝4 680（元）

借：应收账款——辛企业　　40 680

　　贷：主营业务收入——体育用品　　36 000

　　　　应交税费——应交增值税（销项税额）　　4 680

【解析】 甲企业对辛企业销售体育用品，给予10%的商业折扣，按折扣后的实际销售金额36 000元确认收入和计算增值税税额，反映了企业实际的销售成果。

(3)销售折让。销售折让是因商品质量等给予客户的价格减让，需冲减已确认的销售收入和销项税额。

【注意】在实际业务中，存在多种商业折扣同时使用的情况，如同时有批量折扣和季节折扣，此时应按最终折扣后的净额确认收入和销项税额，计算时需注意不同折扣的先后顺序和计算依据，确保收入核算的准确性。

【做中学1—12】 甲企业销售给壬企业一批玩具，价款50 000元，增值税税额6 500元。销售后壬企业发现部分玩具存在瑕疵，经协商，甲企业给予壬企业5%的销售折让，并开具红字增值税专用发票。账务处理如下：

销售折让金额＝50 000×5%＝2 500(元)

折让的增值税税额＝2 500×13%＝325(元)

借：主营业务收入——玩具	2 500	
应交税费——应交增值税(销项税额)	325	
贷：应收账款——壬企业		2 825

【解析】甲企业给予壬企业5%的销售折让，冲减销售收入和销项税额，相应减少应收账款，反映了因商品瑕疵而对销售价格的调整。

5. 分期收款销售

分期收款销售是指商品已经交付，但款项分期收回的销售方式。在发出商品时，先将商品成本从"库存商品"转入"发出商品"，待收到每期款项时，按比例确认收入和结转成本。

【做中学1—13】 甲企业向癸企业销售一批机械设备，售价80 000元，增值税税额10 400元，合同约定分四期收款，每期收款20 000元及相应增值税2 600元。该批设备成本为60 000元。发出商品时账务处理如下：

借：发出商品——机械设备	60 000	
贷：库存商品——机械设备		60 000

【解析】甲企业向癸企业销售机械设备，发出商品时将成本从库存商品转入发出商品，此时不确认收入，因为商品风险尚未完全转移，同时也未收到全部款项。

第一期收款时：

借：银行存款	22 600	
贷：主营业务收入——机械设备		20 000
应交税费——应交增值税(销项税额)		2 600

【解析】收到第一期款项，确认部分收入和相应的销项税额。

同时，结转成本：

借：主营业务成本——机械设备	15 000(60 000÷4)	
贷：发出商品——机械设备		15 000

【解析】按发出商品成本的1/4(假设平均分摊)结转成本，后续每期收款的账务处理类似，以反映商品成本随着收款进度逐步结转。

当客户未能按时支付分期款项时，企业可能需要考虑计提坏账准备，根据预期信用损失法，对未收回的款项和相应的收入进行减值处理，如借记"信用减值损失"，贷记"坏账准备"，同时根据企业的收款政策和法律程序，对未收回的商品可能需要考虑是否进行资产保全或采取其他法律措施，并相应调整账务处理。

(三)批发商品储存的账务处理

1. 商品盘盈

商品盘盈是指在盘点时发现实际库存数量多于账面数量。当发生盘盈时，先将盘盈的商品按其成本计入“库存商品”，同时贷记“待处理财产损溢——待处理流动资产损溢”，表示发现了一笔待处理的资产增加。经查明原因后，将盘盈的商品价值从“待处理财产损溢”账户转出，通常冲减管理费用，因为盘盈多是由于计量或管理方面的原因，并非经营成果的增加，所以将其视为管理上的一种调整。

【做中学 1—14】 甲企业在期末盘点库存商品时发现盘盈某品牌洗发水 10 箱，每箱成本为 500 元。经查明，盘盈是由于入库时计量误差所致。账务处理如下：

发现盘盈时：

借：库存商品——洗发水　　5 000

　贷：待处理财产损溢——待处理流动资产损溢　　5 000

【解析】甲企业在期末盘点时发现盘盈某品牌洗发水 10 箱，每箱成本为 500 元，总盘盈金额为 5 000 元。这里将盘盈的商品价值计入“库存商品”，增加了企业的资产，同时通过“待处理财产损溢”账户来暂时存放这笔盘盈的资产，等待后续处理。

经批准处理时：

借：待处理财产损溢——待处理流动资产损溢　　5 000

　贷：管理费用　　5 000

【解析】经查明，盘盈是由于入库时计量误差所致，将盘盈的价值冲减管理费用。这是因为盘盈的原因并非业务上的正常盈利，而是管理上的误差，所以冲减管理费用，最终增加了当期利润，反映了企业在成本管理上的一种调整。

2. 商品盘亏

商品盘亏是指在盘点时发现实际库存数量少于账面数量。发生盘亏时，将盘亏的商品成本从“库存商品”转出，计入“待处理财产损溢——待处理流动资产损溢”，表示发现了一笔待处理的资产减少。经查明原因后，根据不同情况进行相应的处理。如果是由于责任人造成的损失，则将其计入“其他应收款”，等待责任人赔偿；如果是自然损耗或其他合理原因，则计入“管理费用”；如果是因自然灾害等非正常原因造成的损失，则计入“营业外支出”等。

【做中学 1—15】 假设甲企业在盘点时发现盘亏某品牌沐浴露 5 箱，每箱成本为 800 元。经查明，其中 2 箱是由于管理不善被盗，3 箱是由于自然损耗。被盗部分由责任人赔偿 500 元，其余损失计入管理费用。账务处理如下：

发现盘亏时：

借：待处理财产损溢——待处理流动资产损溢　　4 000

　贷：库存商品——沐浴露　　4 000

【解析】甲企业在盘点时发现盘亏某品牌沐浴露 5 箱，每箱成本为 800 元，总盘亏金额为 4 000 元。将盘亏的商品成本从“库存商品”转出，先计入“待处理财产损溢”，等待进一步处理。

经批准处理时：

借：其他应收款——责任人　　500

　　管理费用　　3 500

　贷：待处理财产损溢——待处理流动资产损溢　　4 000

【解析】经查明，其中 2 箱是由于管理不善被盗，将这部分损失的部分金额（2×800＝1 600 元）中的 500 元由责任人赔偿，所以计入“其他应收款——责任人”；剩下的 3 箱是由于自然损耗，这属于企业管理上的合理损失，将其计入“管理费用”（3×800＝2 400 元），共计 3 500 元。将待处理财产损溢的金额按不同原因进行分配，完成对盘亏的最终处理。

在发现商品盘盈盘亏后，企业需要组织专门人员进行调查，可通过查看库存记录、出入库单据、监控录像等方式确定原因。对于盘亏的商品，若是员工的失职，则可能涉及内部的纪律处分和赔偿；对于盘盈，需检查是不是前期记录错误，或者是否存在其他未入账的收货情况，以便准确进行账务处理和内部管理调整。若因地震、洪水等重大自然灾害造成商品盘亏，除了将损失计入"营业外支出"外，企业应及时向保险公司报案并索取赔偿。企业在处理账务时可根据保险理赔情况，如借记"其他应收款——保险公司"，贷记"待处理财产损溢——待处理流动资产损溢"，以反映保险赔偿的情况。

第三节　零售企业商品流转的核算

零售企业处于商品流通的终端，直接为消费者提供商品与服务。其经营品类广泛，交易频繁且单笔金额较小。基于这些特性，售价金额核算法成为零售企业商品流转核算的常用方法。该方法借助"商品进销差价"科目，清晰反映商品售价与进价的差额，为企业的成本控制、利润核算和经营决策提供有力支持。

一、账户设置

"商品进销差价"属于资产类账户，是"库存商品"的备抵调整账户，通过调整库存商品的账面价值，以反映商品的实际成本。这一账户专门用于核算商品售价与进价之间的差额，是零售企业售价金额核算法的核心账户之一。商品验收入库时，售价高于进价的差额贷记该账户。在后续核算销售成本和毛利时，该账户起着关键作用。贷方登记商品入库时形成的进销差价增加额，借方登记已销售商品应分摊的进销差价减少额，期末贷方余额表示企业库存商品尚未分摊的进销差价总额，为企业成本控制和利润分析提供重要依据。

二、账务处理

(一)零售商品购进的账务处理

1. 正常购进并验收入库

零售企业从供应商处采购商品，在支付货款后，商品顺利抵达企业并完成验收入库流程。

【做中学1－16】 某零售企业从供应商购入一批日用品，进价80 000元，增值税税额10 400元(税率为13%)，零售价格100 000元，款项通过银行存款支付，商品验收入库。账务处理如下：

采购时：

借：在途物资	80 000	
应交税费——应交增值税(进项税额)	10 400	
贷：银行存款		90 400

【解析】 采购时将商品进价计入"在途物资"，增值税进项税额计入相应科目，体现资金流出用于采购商品及支付税额。

验收入库时：

借：库存商品	100 000	
贷：在途物资		80 000
商品进销差价		20 000

【解析】 入库时按零售价格计入"库存商品"，进价从"在途物资"转出，售价与进价差额贷记"商品进销差价"，完成商品入库价值核算。

2. 购进发生运输途中损耗

商品在采购运输过程中出现了合理损耗。

【做中学 1—17】 购入一批食品，进价 50 000 元，增值税税额 6 500 元，运输途中发生 1 000 元（按进价计）合理损耗，零售价格 60 000 元，款项支付，商品验收入库。账务处理如下：

采购时：

借：在途物资　　50 000

　　应交税费——应交增值税（进项税额）　　6 500

　贷：银行存款　　56 500

【解析】 采购时按实际支付进价和增值税记录，合理损耗暂不单独核算，计入"在途物资"成本。

验收入库时：

借：库存商品　　60 000

　贷：在途物资　　50 000

　　　商品进销差价　　10 000

【解析】 售价金额核算法下，"库存商品"账户按商品的零售价格入账，该批食品零售价格为 60 000 元，因此借记"库存商品"60 000 元。商品的总成本（进价）并未因合理损耗而改变，仍然是 50 000 元，将"在途物资"的成本 50 000 元转出。售价 60 000 元与进价 50 000 元之间的差额 10 000 元，贷记"商品进销差价"。尽管有合理损耗，但总成本不变，按零售价格计入"库存商品"，调整"商品进销差价"，准确反映库存商品价值。

【注意】 合理损耗是指在正常的生产经营过程中，由于自然原因或正常的计量差异等不可避免的因素导致的损耗。其成本应包含在商品的总成本之中，因为这些损耗是为了使商品达到可使用或可销售状态而发生的必要支出。

【提示】 企业在判断合理损耗时可依据行业惯例、运输合同或相关法规规定，通常是指在正常运输条件下损耗率处于一定范围内。若损耗率超出正常范围，则可能涉及与供应商、运输商的协商和责任认定，账务处理也可能会因责任划分不同而有所调整。

3. 购进后发生退货

在零售企业商品购进业务中，购进后发生退货是较为常见的情况，这可能是由于商品质量问题、规格不符等原因导致。其账务处理会因商品是否已验收入库而有所不同。

（1）商品未入库时退货的账务处理。当企业发现购入的商品存在问题决定退货，且该商品尚未验收入库，此时需要冲减"在途物资"以及相应的进项税额。同时，将之前确认的售价与进价的差额从"商品进销差价"转出（若之前已预估差价）。

【做中学 1—18】 某零售企业从供应商购入一批日用品，进价为 10 000 元，增值税税额为 1 300 元（税率为 13%），零售价格为 12 500 元。款项通过银行存款支付，但在商品到达前发现质量问题，决定退货。账务处理如下：

采购时（假设尚未退货）：

借：在途物资　　10 000

　　应交税费——应交增值税（进项税额）　　1 300

　贷：银行存款　　11 300

【解析】 企业购入商品，进价 10 000 元，增值税税额 1 300 元（税率为 13%），款项通过银行存款支付，此时商品在途，所以借记"在途物资"和"应交税费——应交增值税（进项税额）"，贷记"银行存款”，反映了采购业务的资金流出和资产、负债的增加。

退货时：

借：银行存款　11 300

　贷：在途物资　10 000

　　应交税费——应交增值税(进项税额)　1 300

【解析】由于商品未入库即发生退货，直接冲减“在途物资”和“应交税费——应交增值税(进项税额)”，同时增加银行存款，反映企业收回的款项。这里没有涉及“商品进销差价”的调整，因为商品未入库，尚未形成进销差价。

(2)商品已入库时退货的账务处理。若商品已经验收入库，后续发现问题需要退货，账务处理则更为复杂，不仅要冲减“在途物资”、增值税进项税额以及商品进销差价，而且需用红字冲减“库存商品”科目，以准确反映库存商品的实际减少情况。同时，由于零售企业销售成本通常先按售价结转，退货时还需对已结转的销售成本进行相应调整。

【做中学 1—19】　承接【做中学 1—18】，假设该批日用品已经验收入库，之后发现质量问题需要退货。账务处理如下：

商品验收入库时(假设尚未退货)：

借：库存商品　12 500

　贷：在途物资　10 000

　　商品进销差价　2 500

【解析】商品验收入库，进价 10 000 元，零售价格 12 500 元，两者的差额 2 500 元确认为“商品进销差价”，同时将“在途物资”转为“库存商品”，反映库存商品的增加和进销差价的形成。

退货时：

借：银行存款　11 300

　商品进销差价　2 500

　贷：库存商品　12 500

　　应交税费——应交增值税(进项税额)　1 300

【解析】商品已入库后发生退货，需要用红字冲减“库存商品”科目，以反映库存商品实际数量的减少，同时，冲减之前确认的“商品进销差价”，并将“在途物资”和“应交税费——应交增值税(进项税额)”一并冲减。银行存款增加，反映企业收回的款项。

4. 购进取得现金折扣

在购进业务中，当企业向供应商采购商品时，供应商为了鼓励企业尽快支付货款，可能会提供现金折扣。

【做中学 1—20】　购入一批服装，进价 60 000 元，增值税税额 7 800 元，供应商给予“2/10，n/30”的现金折扣(不考虑增值税折扣)，企业 10 天内付款，零售价格假设为 80 000 元。账务处理如下：

采购时：

借：在途物资　60 000

　应交税费——应交增值税(进项税额)　7 800

贷：应付账款　　67 800

【解析】采购时按正常采购成本和进项税额确认应付账款。

付款时：

借：应付账款　　67 800

贷：银行存款　　66 600

财务费用　　1 200

【解析】供应商给予“2/10，n/30”的现金折扣条件，即企业在 10 天内付款可享受 2%的现金折扣(不考虑增值税折扣)。本例中，商品进价为 60 000 元，现金折扣金额=60 000×2%=1 200 元，所以企业实际付款金额=应付账款金额－现金折扣金额=67 800－1 200=66 600(元)，在账务处理上，借记“应付账款”67 800 元，冲销之前采购时形成的应付账款，贷记“银行存款”66 600 元，反映企业实际支付的款项；贷记“财务费用”1 200 元。将享受的现金折扣计入财务费用的贷方，这是因为现金折扣实际上是企业因提前付款而获得的一种理财收益，冲减了财务费用，使得企业的财务费用减少，利润相对增加。

在账务处理上，根据我国新企业会计准则规定，采用总价法，即将未扣除现金折扣的金额作为应收账款的入账价值。而另一种方法是净价法，是将扣除现金折扣后的金额作为应收账款的入账价值，这种方法更注重考虑资金的时间价值，但操作相对复杂，且需要预估客户是否会享受折扣。

验收入库时：

借：库存商品　　80 000

贷：在途物资　　60 000

商品进销差价　　20 000

【解析】当商品验收入库时，按照零售价格 80 000 元借记“库存商品”，这是因为库存商品应按照其预计的销售价格入账，以反映企业库存商品的价值。同时，将之前在途物资的进价 60 000 元贷记“在途物资”，将零售价格与进价之间的差额 20 000 元(80 000－60 000)贷记“商品进销差价”。

5. 购进附带赠品

在零售企业的采购活动中，有时供应商会为了促销或建立合作关系，在企业购入商品时额外赠送一些商品作为赠品。

【做中学 1－21】 某零售企业购入一批电器，进价为 150 000 元，增值税税额为 19 500 元，供应商额外赠送了价值 5 000 元(按进价计)的小电器作为赠品。该批电器的零售总价为 200 000 元(含赠品零售价值)。赠品的零售价值为 5 000 元，企业计划将赠品与正常商品一起销售，赠品的销售价格为 5 000 元。账务处理如下：

(1)采购时：企业支付货款并取得增值税发票，记录采购成本和进项税额。

借：在途物资　　150 000

应交税费——应交增值税(进项税额)　　19 500

贷：银行存款　　169 500

【解析】企业采购电器时，支付了 150 000 元的货款及 19 500 元的增值税。按照实际支付金额进行账务处理，将商品(不含赠品)的成本计入“在途物资”科目，增值税计入“应交税费——应交增值税(进项税额)”科目，以反映采购业务的资金流出及资产的增加。

(2)验收入库时：商品(正常商品)到达并验收入库，将正常商品的成本从“在途物资”科目转入“库存商品”科目。同时，赠品也到达并验收入库，但由于企业没有直接支付赠品成本，可以按照供应商提供的进价或合理估价入账。

借：库存商品——正常商品　　150 000
　　　　　——赠品　　5 000
　贷：在途物资　　150 000
　　　营业外收入　　5 000

【解析】商品和赠品到达企业并验收入库后，从“在途物资”科目转入“库存商品”科目。由于赠品是供应商无偿赠送，企业未付出对价，因此按照会计准则，将其价值5 000元确认为“营业外收入”，以准确反映企业的资产增加以及额外收益的来源。

(3)销售时：企业将正常商品和赠品一起销售，收到款项或形成应收账款。

借：银行存款/应收账款　　200 000
　贷：主营业务收入　　200 000

【解析】企业将正常商品和赠品一起销售，并按照销售总价确认主营业务收入。这反映了企业的销售业务实现的收入情况。

(4)结转成本：销售实现后，企业需要将已销售商品的成本进行结转，包括正常商品的成本和赠品的成本。

借：主营业务成本　　150 000
　贷：库存商品——正常商品　　150 000
借：主营业务成本　　5 000
　贷：库存商品——赠品　　5 000

【解析】销售实现后，企业需要将已销售商品的成本从“库存商品”科目结转到“主营业务成本”科目，这包括正常商品的成本150 000元和赠品的成本5 000元。通过结转成本，企业可以准确反映销售业务的成本情况，并使收入和成本相匹配。

(二)零售商品销售的账务处理

1. 现销商品

现销商品是零售企业在销售商品时当场收到全部货款的销售方式。这种销售方式是零售业务中最常见的一种，交易过程简单、直接，消费者在购买商品的同时支付现金或通过银行转账等即时支付方式完成交易。

【做中学1－22】 销售一批服装，售价30 000元(含税)，增值税税率13%，款项通过银行存款收到。账务处理如下：

确认销售收入：

不含税售价＝30 000÷(1＋13%)≈26 548.67(元)

增值税销项税额＝26 548.67×13%≈3 451.33(元)

【提示】在我国，商品的售价通常是含税价格，包含商品的价值和增值税，即价内税。由于会计核算中，收入需要按照不含税金额确认，所以要将含税售价换算为不含税售价。将含税售价换算为不含税售价，确认销售收入和增值税销项税额，银行存款增加，反映收款。

借：银行存款　　30 000
　贷：主营业务收入　　26 548.67
　　　应交税费——应交增值税(销项税额)　　3 451.33

【解析】“银行存款”增加30 000元，反映了企业收到全部销售服装的款项，这是资金的流入。“主营业务收入”确认26 548.67元，按照不含税售价记录企业的销售收入，这是企业经营成果的体现，遵循了会计准则中收入确认的原则。“应交税费——应交增值税(销项税额)”记录3 451.33

元，表示企业因销售商品而产生的向税务机关缴纳增值税的义务，体现了增值税的价外税性质，即企业只是代国家收取增值税，这部分税款最终要上缴给税务机关。

结转销售成本：

借：主营业务成本　　30 000

　贷：库存商品　　30 000

【解析】 零售企业采用售价金额核算法核算库存商品，库存商品账户是按售价记录的。当商品销售出去时，企业需要将库存商品的价值从账面上转出，所以按售价30 000元借记“主营业务成本”，贷记“库存商品”。这样做的目的是暂时将销售商品的成本从库存商品中扣除，以反映库存商品数量和价值的减少。不过，此时结转的销售成本是售价，不是商品的实际进价成本，后续还需要通过“商品进销差价”账户来调整为进价成本。

计算并结转已销商品的进销差价：

综合差价率＝(期初“商品进销差价”账户余额＋本期购进商品进销差价)÷[期初“库存商品”账户余额(售价)＋本期购进商品售价]×100%

【提示】 综合差价率反映了企业库存商品整体的进销差价水平。它是通过将期初和本期购进商品的进销差价总额与期初和本期购进商品的售价总额相比较得出的一个比例。这个比例可以用于分摊已销商品应承担的进销差价，以便将按售价结转的销售成本调整为进价成本。

假设期初“商品进销差价”账户余额为50 000元，“库存商品”账户余额为200 000元(售价)，本期购进商品进销差价30 000元，购进商品售价100 000元，则综合差价率为：

综合差价率＝(50 000＋30 000)÷(200 000＋100 000)×100%＝26.67%

【提示】 计算综合差价率，主要是用于确定已销商品应分摊的进销差价。

已销商品应分摊的进销差价＝80 000×26.67%＝21 336(元)

【解析】 计算已销商品应分摊的差价，以便调整销售成本。

账务处理为：

借：商品进销差价　　21 336

　贷：主营业务成本　　21 336

【解析】 将“商品进销差价”账户中的一部分金额(已销商品应分摊的进销差价)转出，贷记“主营业务成本”，从而冲减之前按售价结转的销售成本。主营业务成本从售价调整为进价成本，反映了销售商品的实际成本，符合会计核算中成本与收入相配比原则，使得企业利润核算更加准确。

2. 销售退回

【做中学1－23】 承接【做中学1－22】，假设上述服装部分因质量问题退回，退回售价5 000元(含税)，增值税税率为13%。账务处理如下：

冲减销售收入：

不含税退回售价＝5 000÷(1＋13%)≈4 424.78(元)

增值税销项税额＝4 424.78×13%≈575.22(元)

借：主营业务收入　　4 424.78

　　应交税费——应交增值税(销项税额)　　575.22

　贷：银行存款　　5 000

【解析】 在销售退回的业务场景下，为了精准冲减销售收入和对应的销项税额，首先要将含税退回售价换算为不含税金额。依据公式：不含税退回售价＝含税退回售价÷(1＋增值税税率)。在账务处理方面，通过借记“主营业务收入”账户，冲减已确认的销售收入；借记“应交税费——应交增值税(销项税额)”账户，冲减因销售退回而减少的增值税纳税义务；同时，贷记“银行存款”账户，反映企业因退款给客户，导致银行存款减少这一资金流动情况 。

冲减销售成本：

借：库存商品 5 000

贷：主营业务成本 5 000

【解析】零售企业广泛采用售价金额核算法进行库存商品的核算。在此方法下，库存商品账户按照商品的售价进行记账，相应地，在商品销售环节，销售成本也是按售价进行结转的。当发生商品退回时，为了如实恢复库存商品的数量与价值，企业需要按照退回商品的售价，借记“库存商品”账户，以增加库存商品的账面价值，同时，贷记“主营业务成本”账户，冲减之前因销售该商品而按售价结转的销售成本，以此确保库存商品和销售成本的账务记录能够准确反映实际业务状况 。

调整商品进销差价：

已退回商品应分摊的进销差价＝4 424.78×26.67％＝1 180.09(元)

借：主营业务成本 1 180.09

贷：商品进销差价 1 180.09

【解析】综合差价率是衡量零售企业库存商品整体进销差价水平的关键指标。在商品退回的情况下，利用综合差价率，能够确定退回商品应分摊的进销差价。具体计算方法为：已退回商品应分摊的进销差价＝不含税退回售价×综合差价率。在账务处理上，通过借记“主营业务成本”账户，贷记“商品进销差价”账户，将退回商品成本从之前按售价结转的金额调整为基于进价的实际成本金额。这一调整过程符合会计核算中成本与收入相配比原则，保证了企业成本核算的准确性与真实性，使财务数据能够更精确地反映企业的经营状况。

3. 销售折扣与折让

(1)现金折扣。现金折扣是一种鼓励购买者尽快支付货款的销售策略。销售方为了促使客户在规定的较短付款期限内付款，给予客户一定比例的价格优惠。

【做中学1—24】 销售一批电子产品，售价为40 000元(含税)，增值税税率为13％，“1/10，*n*/30”现金折扣(不考虑增值税折扣)，客户10天内付款。账务处理如下：

销售实现时：

不含税售价＝40 000÷(1＋13％)≈35 398.23(元)

增值税销项税额＝35 398.23×13％≈4 601.77(元)

借：应收账款 40 000

贷：主营业务收入 35 398.23

应交税费——应交增值税(销项税额) 4 601.77

【解析】按照增值税价外税的核算要求，先将含税售价40 000元换算为不含税售价35 398.23元，再计算出增值税销项税额4 601.77元。此时借记“应收账款”40 000元，体现企业拥有向客户收取这笔款项的权利；贷记“主营业务收入”35 398.23元确认收入，贷记“应交税费——应交增值税(销项税额)”4 601.77元核算增值税，符合会计准则和销售业务逻辑。

客户付款时：

现金折扣＝40 000×1％＝400(元)

实际收款＝40 000－400＝39 600(元)

借：银行存款 39 600

财务费用　　400

贷:应收账款　　40 000

【解析】客户在10天内付款,享受1%的现金折扣。现金折扣400元(40 000×1%)是企业为了鼓励客户提前付款而给予的优惠,这部分折扣计入"财务费用"的借方,意味着企业财务费用的增加。实际收款39 600元(40 000－400),借记"银行存款",同时贷记"应收账款"40 000元,冲销之前确认的应收账款,反映了收款和折扣处理的过程。

结转销售成本:

借:主营业务成本　　40 000

贷:库存商品　　40 000

【解析】在零售企业采用售价金额核算法时,销售时企业先按售价40 000元借记"主营业务成本",贷记"库存商品",后续再通过"商品进销差价"将销售成本调整为进价成本。

(2)商业折扣。商业折扣是指企业为促进商品销售而在商品标价上给予的价格扣除。这种折扣通常是基于批量购买、促销活动等商业因素而设定的。

【做中学1－25】 促销一批商品,原价为50 000元(含税),10%商业折扣,增值税税率为13%。账务处理如下:

实际销售金额＝50 000×(1－10%)＝45 000(元)(含税)

不含税售价＝45 000÷(1＋13%)≈39 823.01(元)

增值税销项税额＝39 823.01×13%≈5 177.99(元)

借:银行存款　　45 000

贷:主营业务收入　　39 823.01

应交税费——应交增值税(销项税额)　　5 177.99

【解析】企业给予10%的商业折扣后,实际销售金额变为45 000元(含税),先将其换算为不含税售价39 823.01元,计算出增值税销项税额5 177.99元。按实际收到的款项借记"银行存款"45 000元,按不含税售价贷记"主营业务收入"39 823.01元,贷记"应交税费——应交增值税(销项税额)"5 177.99元,反映了商业折扣后的销售情况及收入、税费的确认。

(3)销售折让。销售折让是指企业因售出商品的质量不合格等而在售价上给予的减让。它是在销售已经完成后,由于商品本身存在问题等因素,企业对购买者作出的价格让步。

【做中学1－26】 客户购买商品后因质量问题,给予售价5%的销售折让,商品原售价60 000元(含税),增值税税率为13%。

含税折让金额＝60 000×5%＝3 000(元)

不含税折让金额＝3 000÷(1＋13%)≈2 654.87(元)

折让的增值税税额＝2 654.87×13%≈345.13(元)

借:主营业务收入　　2 654.87

应交税费——应交增值税(销项税额)　　345.13

贷:应收账款/银行存款等　　3 000

【解析】因质量问题给予5%的销售折让,先算出含税折让金额3 000元(60 000×5%),再换算为不含税折让金额2 654.87元,同时算出折让对应的增值税税额345.13元,借记"主营业务收入"2 654.87元冲减收入,借记"应交税费——应交增值税(销项税额)"345.13元冲减销项税额,贷记"应收账款/银行存款等"3 000元,根据实际款项收付情况选择相应的科目,体现了销售折让对收入和税费的影响及账务处理。

(三)零售商品储存的账务处理

1. 库存商品盘点的账务处理

(1)商品盘盈。在库存商品盘点过程中,若发现实际库存数量多于账面记录,则发生商品盘盈。

【做中学 1—27】 某零售企业在盘点时发现盘盈某品牌洗发水 10 瓶,每瓶零售价格为 150 元,估计进价每瓶为 120 元。

发现盘盈时:

借:库存商品——洗发水　　1 500

　贷:待处理财产损溢——待处理流动资产损溢　　1 200

　　商品进销差价　　300

【解析】按零售价格将盘盈的商品计入"库存商品",增加了企业的库存资产。按估计进价贷记"待处理财产损溢——待处理流动资产损溢",反映了盘盈商品潜在的成本价值。差价贷记"商品进销差价",记录了售价与进价之间的差异,此时商品处于待处理状态。

经批准处理时:

借:待处理财产损溢——待处理流动资产损溢　　1 200

　贷:管理费用　　1 200

【解析】通常情况下,商品盘盈多是由于计量或管理方面的原因,并非经营成果的增加,所以将盘盈的价值冲减管理费用。这一处理增加了企业当期利润,体现了对盘盈资产的处理及对利润的影响,反映了企业在成本管理上的一种调整。

(2)商品盘亏。若盘点时发现实际库存数量少于账面记录,则为商品盘亏。

【做中学 1—28】 假设某零售企业盘点时发现盘亏某品牌沐浴露 5 瓶,每瓶零售价格为 200 元,根据差价率计算进价每瓶为 160 元。

发现盘亏时:

借:待处理财产损溢——待处理流动资产损溢　　800

　商品进销差价　　200

　贷:库存商品——沐浴露　　1 000

【解析】按进价计算的成本借记"待处理财产损溢——待处理流动资产损溢",表明企业资产的损失处于待处理状态。差价贷记"商品进销差价",冲减之前记录的差价。按零售价格贷记"库存商品——沐浴露",减少库存商品的账面价值,如实反映库存的实际情况。

经查明原因处理时:

若属于正常损耗,则:

借:管理费用　　800

　贷:待处理财产损溢——待处理流动资产损溢　　800

【解析】正常损耗通常计入管理费用,这一处理将待处理的资产损失确认为费用,影响企业当期利润,体现了对盘亏损失的处理。

若部分由责任人(王涛)赔偿,如赔偿 300 元,其余为正常损耗,则:

借:其他应收款——王涛　　300

　管理费用　　500

　贷:待处理财产损溢——待处理流动资产损溢　　800

【解析】由责任人赔偿的部分借记"其他应收款——王涛",表明企业拥有向责任人收取赔偿款的权利。剩余的正常损耗部分计入管理费用，合理分摊盘亏损失，反映盘亏损失的承担情况。

2. 商品调价的账务处理

(1)商品售价调高。当企业决定调高商品售价时，库存商品的价值相应增加。

【做中学1—29】 企业决定将某商品(北京二锅头)售价从每瓶50元调高到60元，库存共100瓶。

调整的差价＝(60－50)×100＝1 000(元)

借：库存商品——北京二锅头	1 000	
贷：商品进销差价		1 000

【解析】 按调高的差价借记“库存商品”，增加了库存商品的账面价值，以准确反映商品的新价值，相应地，贷记“商品进销差价”，增加进销差价金额，体现商品潜在盈利空间的增大，使财务数据准确反映商品价值的变动。

(2)商品售价调低。若企业调低商品售价，库存商品价值则降低。

【做中学1—30】 北京华联将某商品(SO洗发水)售价从每瓶80元调低到70元，库存共80瓶。

调整的差价＝(80－70)×80＝800(元)

借：商品进销差价	800	
贷：库存商品——SO洗发水		800

【解析】 按调低的差价借记“商品进销差价”，减少进销差价金额，贷记“库存商品——SO洗发水”，减少库存商品的账面价值，体现商品潜在盈利空间的减少，确保财务数据如实反映商品价值的下降。

三、鲜活商品的账务处理

(一)鲜活商品的特点

零售企业经营的商品，除工业品外，还有鱼、肉、蛋、禽、水果和蔬菜等鲜活商品。鲜活商品经营与工业品经营不同，主要有以下特点：

(1)鲜活商品质量变化大，变价次数多。如蔬菜上市后随其鲜嫩程度的不同，早晚价格也不同。

(2)鲜活商品一般都需要清选整理，分等分级，按质论价。如牛肉是分部位按不同的价格出售，水果分等级按不同的价格出售。

(3)鲜活商品经营损耗较大。如蔬菜脱帮掉叶、水果风干腐烂等，再加上交易零星以及顾客挑选翻动，损耗额大且难以掌握。

(4)鲜活商品上市季节性强，销售时间比较集中。如夏季西瓜上市、秋季北方过冬蔬菜上市等。

(二)鲜活商品的核算方法

由于鲜活商品经营具有上述特点，因此不宜采用售价金额法核算，一般采用“进价金额核算、盘存计销”的核算方法。具体做法是：

(1)商品购进后，财会部门根据有关凭证以原进价记入“库存商品”账户。按营业柜组或门市部设置的“库存商品”明细账也只记进价金额，不记数量。营业柜组或门市部负责人可根据需要设置备查簿，登记商品的收入、付出和结存数量。每日营业结束后，由营业柜组或门市部填制缴款单，连同销售货款一并送交财会部门或解存银行。财会部门根据现金缴款单或银行进账单，借记“银行存款”账户，贷记“主营业务收入”账户。平时不结转主营业务成本，不冲减库存商品，月末结算时再进行调整。

【注意】 商品在经营过程中发生损耗、升溢、等级变化或售价变化时，财会部门不作账务处理。若发生事故损失，则应查明原因待批准后进行处理。

(2)月末计算和结转主营业务成本时，采取实际盘点、以存计耗的方法，先按商品实有数量乘以进价，计算出期末库存商品进价总金额，再根据下面公式倒轧出本期已销商品成本：

本期商品销售成本＝期初库存商品金额＋本期购进商品总金额－期末库存商品进价总金额

期末库存商品进价总金额＝期末盘点结存数量×实际进价(或最后进价)

【做中学 1－31】 旅顺百货商店食品组 10 月初库存鲜活商品 2 300 元，10 月份进货 38 600 元，增值税税额 5 018 元，货款以银行存款支付。10 月份，销售收入为 48 250 元(含税)，销货款已存入银行。10 月 31 日，盘点库存商品为 1 800 元。

对上述业务，财会部门应作如下账务处理：

购进商品时：

借：商品采购　　38 600

　　应交税费——应交增值税(进项税额)　　5 018

　　贷：银行存款　　43 618

【解析】 借"商品采购"记录购进商品的进价成本，这是后续核算库存商品成本的基础。"应交税费——应交增值税(进项税额)"记录购进商品时可以抵扣的增值税额，体现企业在税收上的权益。贷记"银行存款"是因为用银行存款支付了商品的进价和增值税，反映资金的实际流出。

同时，采购商品入库：

借：库存商品——食品组　　38 600

　　贷：商品采购　　38 600

【解析】 商品入库，借记"库存商品——食品组"，是将购进的商品计入库存，明确商品所属的组。贷记"商品采购"，是将之前在"商品采购"科目中记录的成本金额转移到"库存商品"科目，表明商品从采购环节进入库存环节。

取得销售收入时：

借：银行存款　　48 250

　　贷：主营业务收入——食品组　　42 699.12 [48 250÷(1＋13％)]

　　　　应交税费——应交增值税(销项税额)　　5 550.88

【解析】 当企业销售商品收到款项时，款项存入银行，所以银行存款增加，该分录记录了企业销售商品后资金流入银行账户的情况，金额为 48 250 元，反映了销售业务的资金流入。我国的增值税是价外税，在会计核算中，销售收入需要按照不含税金额确认。这里将含税销售收入 48 250 元换算为不含税收入，即 48 250÷(1＋13％)≈42 699.12 元，记入主营业务收入，这反映了企业销售商品取得的实际收入，不包含增值税部分，是企业经营成果的体现。根据不含税收入 42 699.12 元乘以增值税税率 13％得出的税额，表明企业因销售商品而产生的向税务机关缴纳增值税的义务，是企业在销售环节需要缴纳的增值税，体现了增值税的价外税性质。

月末根据库存盘点结果，倒轧出本期销售成本 39 100 元(2 300＋38 600－1 800)：

借：主营业务成本——食品组　　39 100

　　贷：库存商品——食品组　　39 100

【解析】 对于鲜活商品采用"进价金额核算、盘存计销"的核算方法，由于其经营特点，平时不结转成本，月末通过倒轧来确定销售成本。这里根据公式计算出本期销售成本为 39 100 元(期初库存 2 300 元十本期购进 38 600 元一期末库存 1 800 元)，将其记入主营业务成本，是为了准确核算销售该批鲜活商品所发生的成本，这是计算利润时需要扣除的重要部分。因为销售出去的商品已经不在库存中，所以要从库存商品中扣除相应的成本。该分录将已销售商品的成本从“库存商品”账户转出，以保证库存商品的账面价值准确反映实际库存情况，体现了资产的减少。

采用这种核算方法，虽然可以简化手续，平时也可以随时调整商品售价，利于销售，但是由于期末是倒轧销售成本，对平时发生的损耗或责任事故无法控制，容易造成成本不实。因此，这种核算方法只适用于鲜活商品的核算，其他商品不宜采用。

第四节　联营和网络销售的核算

随着商品流通企业经营模式的不断创新与拓展，联营和网络销售这两种新兴的销售方式逐渐崭露头角，成为企业不可或缺的重要组成部分。

一、账户设置

(一)“受托代销商品”账户

“受托代销商品”属于资产类账户，用于核算企业接受其他单位委托代销的商品。借方登记收到代销商品的成本，反映企业受托代销商品的增加；贷方登记代销商品销售后结转的成本或退回委托方的商品成本；期末借方余额，表示企业尚未销售的受托代销商品的成本。该账户应按委托单位进行明细核算，清晰掌握不同委托方商品的代销情况。例如，企业接受甲公司委托代销一批电子产品，收到商品时，借记“受托代销商品——甲公司电子产品”。

【提示】在实际操作中，企业对于受托代销商品的成本计量方式可能有所不同，有的企业会按委托方提供的成本入账，有的则按约定的售价入账。按委托方提供成本入账能更准确地反映商品的实际成本，但按售价入账则便于核算商品的销售金额和后续的利润分配。两种计量方式各有优、缺点，企业可根据自身情况和管理需求进行选择。

(二)“受托代销商品款”账户

“受托代销商品款”属于负债类账户，核算企业接受代销商品的价款。贷方登记收到代销商品的价款；借方登记代销商品销售后按合同约定支付给委托方的款项；期末贷方余额，表示企业尚未支付给委托方的代销商品价款。与“受托代销商品”账户相对应，同样按委托单位设置明细科目。

【注意】在与委托方结算时，“受托代销商品款”账户余额应与委托方的记录相符，如有不符，可能是由于已售未结算或退货等原因，需要及时核对并调整，确保双方数据一致，以维护良好的商业合作关系。

(三)“其他货币资金——第三方支付平台存款”账户

“其他货币资金”属于资产类账户，专门用于核算企业存放在第三方支付平台(如支付宝、微信支付等)的款项。借方登记企业收到客户通过第三方支付平台支付的款项，反映该账户资金的增加；贷方登记企业从第三方支付平台提现或支付相关费用等导致的资金减少；期末借方余额，反映企业在第三方支付平台的存款余额。通过该账户，企业能清晰管理网络销售中的资金流动。

【注意】随着第三方支付平台的使用，企业需要关注平台的资金安全风险，包括资金冻结、平台运营风险等，在核算该账户时，对于资金的异常变动要及时与平台沟通和处理，确保资金的安全性和可收回性。此外，由于不同第三方支付平台可能有不同的结算周期和规则，不同平台的结算周期会影响该账户的资金流入流出时间，因此企业需要根据平台的结算规则合理安排资金预算和预测现金流量。

（四）“销售费用——网络营销费用”账户

“销售费用”属于损益类账户，归集企业为开展网络销售而发生的各类营销费用，如平台推广费、广告投放费、促销活动费等。借方登记发生的各项网络营销费用；期末将该账户余额转入“本年利润”账户，结转后无余额。设置此账户，便于企业分析网络营销成本，评估营销活动的效益。

【提示】该账户可进一步细化核算的网络营销费用，除了平台推广费、广告投放费、促销活动费，还包括平台会员费等常见费用。企业可通过比较投入网络营销费用前后的销售收入、利润、市场份额等指标，来评估不同营销活动的有效性，以便优化费用支出结构，提高营销费用的投资回报率。

（五）“其他应收款——平台手续费”账户

“其他应收款”属于资产类账户，核算企业在网络销售过程中因使用第三方平台销售商品，被平台按规定扣除的手续费。借方登记应收取但尚未收到的平台手续费；贷方登记实际收到手续费或因特殊情况冲减的手续费金额；期末借方余额，表示企业尚未收回的平台手续费。

二、账务处理

（一）联营的账务处理

1. 联营商品入库

企业收到联营商品时，虽然商品的所有权仍归供应商，但需在账务上进行记录，以便后续管理。

借：受托代销商品——[供应商名称][商品名称]（按约定的销售价格入账）

　　贷：受托代销商品款——[供应商名称]（按约定的销售价格入账）

【做中学1－32】 企业与乙供应商联营销售服装，收到价值80 000元（销售价格）的服装，账务处理如下：

借：受托代销商品——乙供应商——服装	80 000	
贷：受托代销商品款——乙供应商		80 000

【解析】在联营模式下，企业收到联营商品时，商品所有权并未转移至企业，企业只是代为销售。通过借记“受托代销商品”，可以反映企业收到了供应商委托代销的商品，增加了企业受托管理的资产；贷记“受托代销商品款”，则体现了企业对供应商的一项负债，即企业有义务在销售商品后按照约定与供应商结算。

在联营商品入库时，如果存在一些前期费用，如运输费、装卸费等，可根据联营协议决定账务处理。若由企业先行垫付，则可根据联营协议决定如何处理，如这些费用由委托方承担，企业可先暂记为其他应收款，待与供应商结算时从结算款中扣除，账务处理为：借：其他应收款，贷：银行存款；若协议约定这些费用直接计入企业的销售费用，则可进行如下账务处理，借：销售费用，贷：银行存款。

2. 联营商品销售

当联营商品实现销售时，企业需确认销售收入，并计算增值税销项税额。

借：银行存款/应收账款（实际收到或应收的销售款项，含增值税）

　　贷：主营业务收入（不含税销售金额）

　　　　应交税费——应交增值税（销项税额）（按不含税销售额乘以适用税率计算）

同时，按销售价格冲减“受托代销商品”和“受托代销商品款”账户。

借:受托代销商品款——[供应商名称](销售商品的销售价格)

　贷:受托代销商品——[供应商名称][商品名称](销售商品的销售价格)

【做中学 1－33】 承接【做中学 1－32】,假设企业销售上述乙供应商的服装,取得含税销售收入 90 400 元,增值税税率为 13%,账务处理如下:

不含税销售额＝90 400÷(1＋13%)＝80 000(元)

增值税销项税额＝80 000×13%＝10 400(元)

借:银行存款	90 400	
贷:主营业务收入		80 000
应交税费——应交增值税(销项税额)		10 400
借:受托代销商品款——乙供应商	80 000	
贷:受托代销商品——乙供应商——服装		80 000

【解析】 企业收到含税销售收入 90 400 元,借记"银行存款",体现资金流入。经计算,不含税销售额 80 000 元贷记"主营业务收入",反映经营成果增加。增值税销项税额 10 400 元,贷记"应交税费——应交增值税(销项税额)",明确纳税义务,便于后续纳税核算。同时,因商品已销售,借记"受托代销商品款——乙供应商"80 000 元,冲减对供应商的负债;贷记"受托代销商品——乙供应商——服装"80 000 元,冲减受托代销商品记录。

在不同的联营协议下,结算方式可能对账务处理产生影响。例如,有的联营协议可能按销售数量结算,有的按销售利润分成。若按销售利润分成,企业在计算分成时,则需要考虑扣除相关成本和费用,以确保结算金额的准确性,且会涉及更多的中间计算和账务调整过程。

3. 与供应商结算

企业与供应商按照联营协议约定的分成比例进行结算,支付供应商应得款项。

【做中学 1－34】 承接【做中学 1－32】,假设联营协议约定按销售收入的 60% 支付给供应商,对于上述 80 000 元的销售收入,应支付给乙供应商 48 000 元(80 000×60%)。账务处理如下:

借:主营业务成本	48 000	
贷:银行存款		48 000

【解析】 借记"主营业务成本"48 000 元,是因在联营模式下支付给供应商的分成(按销售收入的 60%计算)属销售联营商品的成本,以准确反映实际成本,为利润计算提供依据;贷记"银行存款"48 000 元,表示企业资金流出,用于支付给供应商。

4. 联营商品退货

若发生联营商品退货,企业则需冲减销售收入和增值税销项税额,并将商品退回供应商。

借:主营业务收入(不含税退货金额)

　应交税费——应交增值税(销项税额)(按不含税退货金额乘以适用税率计算)

　贷:银行存款/应收账款(含税退货金额)

同时,将退回商品重新登记在"受托代销商品"和"受托代销商品款"账户。

借:受托代销商品——[供应商名称][商品名称](退货商品的销售价格)

　贷:受托代销商品款——[供应商名称](退货商品的销售价格)

【做中学 1－35】 承接【做中学 1－34】,假设上述销售的服装中有价值 10 000 元(含税)的商品被退回,增值税税率为 13%,账务处理如下:

不含税退货金额＝10 000÷(1＋13%)≈8 850(元)

增值税销项税额＝8 850×13%≈1 150(元)

借:主营业务收入　　8 850
　应交税费——应交增值税(销项税额)　　1 150
　　贷:银行存款　　10 000

借:受托代销商品——乙供应商——服装　　8 850
　　贷:受托代销商品款——乙供应商　　8 850

【解析】 因商品退货,不符合收入确认条件,故借记“主营业务收入”8 850 元冲减原收入,以准确反映经营成果;借记“应交税费——应交增值税(销项税额)”1 150 元,以调整因退货而减少的纳税义务;贷记“银行存款”10 000 元,体现向客户退款的资金流出。同时,退货商品重新纳入企业,借记“受托代销商品——乙供应商——服装”8 850 元恢复商品记录,贷记“受托代销商品款——乙供应商”8 850 元调整对供应商的负债。

在退货时,如果涉及退货商品的损坏、折旧等情况,企业需与供应商协商确定赔偿金额。若双方约定由企业承担相应的损失,则可能涉及冲减应付给供应商的款项,账务处理为:借:受托代销商品款——[供应商名称],贷:银行存款;或者从其他应付款中扣除相应的金额,账务处理为:借:其他应付款,贷:银行存款。

(二)网络销售的账务处理

1. 商品发出与收入确认

当企业开展网络销售业务时,商品发出是指将商品从企业的仓库或存储地点发送给客户的过程。这一过程在电商环境下通常由物流合作伙伴协助完成。例如,在淘宝、京东、快手、抖音等电商平台上,商家接到订单后,会安排快递公司来取货并发货。收入确认是指在满足一定的条件下,将销售商品或提供劳务的收入计入企业当期的营业收入中。对于网络销售而言,并不是商品一经发出就可以确认收入。根据会计准则,企业应当在履行了合同中的履约义务,即在客户取得相关商品或服务控制权时确认收入。在网络销售下,客户取得商品控制权意味着商品已经被客户签收,或者在某些情况下,根据交易习惯和合同约定,即使客户尚未签收,但商品已经到达客户指定地点且风险和报酬已经转移给客户等情况。

(1)商品发出但不满足收入确认条件。企业将商品发出,但由于客户未签收、退货期未满等原因,尚不满足收入确认条件时,将商品成本从“库存商品”转入“发出商品”。

借:发出商品——[商品名称](商品的成本价)
　　贷:库存商品——[商品名称](商品的成本价)

【做中学 1－36】 企业向客户发出一批电子产品,成本为 30 000 元,因客户未签收,不满足收入确认条件,账务处理为:

借:发出商品——电子产品　　30 000
　　贷:库存商品——电子产品　　30 000

【解析】 企业向客户发出成本 30 000 元的电子产品,因客户未签收不满足收入确认条件,故账务处理为:借“发出商品——电子产品”30 000、贷“库存商品——电子产品”30 000。能够准确反映商品状态与企业资产情况,发出商品借方记录暂转成本,库存商品贷方体现其减少,存货项目内部结构调整,总资产不变,且遵循收入确认原则。

对于不同的销售平台,其具体发货模式会对该账务处理产生影响。在一些平台是先发货后收款,而在一些平台是先收款后发货,不同模式下对“发出商品”和“库存商品”的处理细节有所不同。例如,对于先收款后发货的平台,在收到款项时可先将款项暂记为预收账款,当商品发出不满足收入确认条件时，将商品从库存商品转入发出商品，同时根据平台规定，可能需要考虑何时确认预收账款转为销售收入的条件。

(2)满足收入确认条件时。当商品满足收入确认条件，如客户已签收且无退货风险等时，企业确认销售收入、增值税销项税额，并结转销售成本。

借：应收账款/其他货币资金——第三方支付平台存款（实际收到或应收的销售款项，含增值税）

贷：主营业务收入（不含税销售金额）

应交税费——应交增值税(销项税额)(按不含税销售额乘以适用税率计算)

借：主营业务成本（已销售商品的成本）

贷：发出商品——[商品名称]（已销售商品的成本）

【做中学1—37】 承接【做中学1—36】，假设上述电子产品含税售价为45 200元，增值税税率为13%，账务处理如下：

不含税销售额＝45 200÷(1＋13%)＝40 000(元)

增值税销项税额＝40 000×13%＝5 200(元)

借：其他货币资金——第三方支付平台存款	45 200	
贷：主营业务收入		40 000
应交税费——应交增值税(销项税额)		5 200
借：主营业务成本	30 000	
贷：发出商品——电子产品		30 000

【解析】 根据电子产品含税售价45 200元及13%的增值税税率，计算出不含税销售额40 000元和销项税额5 200元，将收到的第三方支付平台存款45 200元确认为企业的经济利益流入，同时确认主营业务收入40 000元并核算销项税额5 200元；发出商品的成本30 000元从“发出商品”结转到“主营业务成本”，实现了成本与收入的配比。

在满足收入确认条件时，对于不同的销售模式(如普通销售、预售、团购等)，收入确认的条件可能会有所不同。对于预售商品，在商品发货并满足客户约定的条件(如达到一定数量或时间)后确认收入；对于团购，可能要在团购结束且商品全部发货后才确认收入，其账务处理需根据具体情况调整。

2. 网络平台费用处理

(1)手续费。企业使用第三方平台销售商品，平台会按销售额的一定比例收取平台手续费。企业在收到平台结算款项时，扣除手续费后确认实际收到的款项，并将手续费计入销售费用。

借：其他货币资金——第三方支付平台存款（扣除手续费后的实际收款金额）

销售费用——平台手续费（按销售额乘以手续费比例计算）

贷：应收账款/其他货币资金——第三方支付平台存款（销售款项总额，含增值税）

【做中学1—38】 大华企业销售额为50 000元(含税)，平台手续费率为5%，增值税税率为13%，账务处理如下：

不含税销售额＝50 000÷(1＋13%)≈44 248(元)

增值税销项税额＝44 248×13%≈5 752(元)

平台手续费＝50 000×5%＝2 500(元)

实际收款金额＝50 000－2 500＝47 500(元)

借：其他货币资金——第三方支付平台存款	47 500	

销售费用——平台手续费 2 500

贷:应收账款 50 000

【解析】企业通过第三方平台销售商品,平台会按一定比例收取手续费。此费用计入销售费用,直接影响利润,企业在定价和选择平台时需考虑。将含税销售额换算为不含税销售额以准确计算销项税额,实际收款扣除手续费后存入第三方支付平台存款,同时冲减之前确认的应收账款或第三方支付平台存款。使用"其他货币资金——第三方支付平台存款"账户可清晰核算平台资金流,方便与平台对账。

【提示】部分平台可能会根据企业的销售额进行分段收取不同比例的手续费,如销售额在10万元以下收取5%,超过10万元部分收取3%。企业需要准确计算不同段的手续费,并分别计入销售费用。

(2)平台推广费。企业为提高商品销量,在平台上进行广告投放等推广活动,支付的推广费用计入销售费用。

借:销售费用——网络营销费用——平台推广费(实际支付的推广费用金额)

贷:银行存款/其他货币资金——第三方支付平台存款(支付的推广费用金额)

【做中学1-39】 企业用银行存款支付平台直通车推广费用3 000元,账务处理为:

借:销售费用——网络营销费用——平台推广费 3 000

贷:银行存款 3 000

【解析】企业为提升销量进行平台推广支付的费用计入销售费用相应明细科目,方便企业对销售费用分类核算。支付推广费用会导致资金流出,通过银行存款或第三方支付平台存款支付,贷记相应科目。合理的推广投入可能提升销量,但要权衡投入产出比,避免过度投入,影响利润。

企业在进行平台推广时可根据平台提供的推广效果数据,如广告点击量、商品转化率等,评估推广活动的效果,并将这些指标与推广费用进行关联分析,以更好地管理和优化销售费用。

3. 销售退货与退款

当客户申请退货并经企业同意时,企业需冲减销售收入、增值税销项税额,将商品重新入库,并退还客户款项。

借:主营业务收入(不含税退货金额)

应交税费——应交增值税(销项税额)(按不含税退货金额乘以适用税率计算)

贷:应收账款/其他货币资金——第三方支付平台存款(含税退货金额)

借:库存商品——[商品名称](退货商品的成本价)

贷:主营业务成本(退货商品的成本价)

【做中学1-40】 企业销售的某商品因质量问题被客户退货,退货金额为8 000元(含税),该商品的成本为5 000元,增值税税率为13%。账务处理如下:

不含税退货金额=8 000÷(1+13%)≈7 080(元)

增值税销项税额=7 080×13%≈920(元)

借:主营业务收入 7 080

应交税费——应交增值税(销项税额) 920

贷:其他货币资金——第三方支付平台存款 8 000

借:库存商品 5 000

贷:主营业务成本 5 000

【解析】 客户退货时，企业要冲减原确认的收入和销项税额，根据款项支付渠道退还客户资金，同时将退货商品重新入库并冲减已结转成本，确保财务信息准确。退货会影响销售收入、成本，进而影响毛利率、净利率等指标，企业应关注退货率，以评估产品质量和销售策略。

在处理销售退货与退款时，如果退货的物流费用由企业承担，则可将其计入销售费用；若由客户承担，则可能涉及退款金额的调整或其他处理方式，需要根据具体情况进行相应的账务处理。

4. 跨期业务处理

在会计期末，对于已发货但不满足收入确认条件的商品，企业需在资产负债表中列示为"发出商品"；同时，对于预计可能发生的退货，根据谨慎性原则，进行合理估计并调整收入和应收账款。

借：应收账款（预计无法收回的款项，负数）
　　贷：主营业务收入（预计退货的收入，负数）
　　　　应交税费——应交增值税（销项税额）（预计退货的税额，负数）

【做中学 1－41】 近期，我司在期末财务审查中发现，由于客户对产品不满意或其他原因，预计将有 10 000 元（含税）的销售收入可能因退货而减少。为了准确反映这一业务变化，并遵守相关税法规定，特进行以下账务处理。账务处理如下：

不含税预计退货收入＝10 000÷（1＋13％）≈8 850（元）

预计退货的增值税税额＝8 850×13％ ≈1 150（元）

借：应收账款　　－10 000
　　贷：主营业务收入　　－8 850
　　　　应交税费——应交增值税（销项税额）　　－1 150

【解析】 跨期业务处理遵循谨慎性原则，避免高估收入和资产。对可能的退货进行预计并调整，可使财务报表更准确地反映经营成果和财务状况，尤其对于销售周期长或退货期长的企业至关重要，有助于报表的真实性和可比性，保障利益相关者对企业的正确判断。

电商浪潮下财务核算的新思路与践行

【学思践悟】

在当今数字化经济蓬勃发展的时代，商品流通企业的联营和网络销售模式越发普遍，其核算方式的精准性对企业运营起着关键作用。党的二十大报告强调要加快发展数字经济，促进数字经济和实体经济深度融合，这无疑为电商行业的发展注入了强大动力，也使得相关财务核算的重要性更为凸显。

从账户设置来看，像"受托代销商品""受托代销商品款"等账户的精细化管理，能清晰呈现企业与委托方的合作关系。在联营业务中，商品入库、销售、结算以及退货等环节的账务处理，直接反映了企业在合作模式下的经济往来，这不仅关乎企业自身的财务状况，更影响与供应商的合作稳定性；而在网络销售中，"其他货币资金——第三方支付平台存款""销售费用——网络营销费用"等账户，紧密贴合了电商运营的资金流与营销成本管理需求。

结合二十届二中、三中全会对经济高质量发展的要求，企业在进行联营和网络销售核算时要注重数据的准确性与及时性。准确的财务核算数据能够为企业决策提供有力支撑，帮助企业在竞争激烈的电商市场中优化资源配置，合理规划网络营销费用，根据推广效果数据精准投放广告，提高营销费用的投资回报率，从而推动企业高质量发展。

【悟有所得】

深刻认识到在电商浪潮下企业必须紧跟时代步伐,精准把握财务核算要点。如今,电商平台的手续费、推广费等费用结构复杂多样,企业需要仔细分析这些费用对利润的影响,以制定更为合理的销售策略。同时,跨期业务处理中的谨慎性原则至关重要,对预计退货的合理估计,能有效避免企业高估收入和资产,确保财务报表真实反映企业的经营成果。

从宏观角度看,党的相关会议精神为企业指明了方向。企业在开展联营和网络销售业务时应将自身发展与国家经济发展战略相结合。一方面,利用数字经济发展机遇,拓展销售渠道,提升企业竞争力;另一方面,通过规范、准确的财务核算,为国家经济统计提供可靠数据,助力国家宏观经济决策。企业只有不断优化联营和网络销售的核算流程,加强财务管理,才能在数字经济的浪潮中稳健前行,实现经济效益与社会效益的双赢。

应知考核

一、单项选择题

1. 以下企业中,不属于商品流通企业的是(　　)。

A. 服装批发商　B. 汽车制造工厂　C. 连锁便利店　D. 海鲜零售商

2. 某商品流通企业采用售价金额核算法,“库存商品”账户主要反映(　　)。

A. 商品进价金额　B. 商品数量　C. 商品售价金额　D. 商品进销差价

3. 批发企业采购商品时,在单到货未到的情况下,应先将采购成本计入(　　)。

A. 库存商品　B. 在途物资　C. 原材料　D. 待处理财产损溢

4. 零售企业购进商品时,商品验收入库按售价借记的账户是(　　)。

A.“库存商品”　B.“商品进销差价”　C.“在途物资”　D.“主营业务成本”

5. 鲜活商品核算时,月末计算和结转主营业务成本采用的方法是(　　)。

A. 先进先出法　B. 加权平均法　C. 实际盘点、以存计耗　D. 移动平均法

二、多项选择题

1. 商品流通企业的经营特点包括(　　)。

A. 流转环节多　B. 资金周转快　C. 库存稳供求　D. 生产工艺复杂

2. 以下属于商品流通企业会计核算特点的有(　　)。

A. 重点核算商品流转　B. 存货核算方法单一

C. 成本计算相对简单　D. 主要核算生产过程成本

3. 商品购销的交接方式有(　　)。

A. 提货制　B. 送货制　C. 发货制　D. 托运制

4. 商品流通企业库存商品盘盈时,可能涉及的账务处理有(　　)。

A. 借记“库存商品”　B. 贷记“待处理财产损溢”

C. 经批准后贷记“管理费用”　D. 经批准后借记“营业外收入”

5. 网络销售中,商品满足收入确认条件时,企业的账务处理包括(　　)。

A. 确认销售收入　B. 计算增值税销项税额

C. 结转销售成本　D. 确认应收账款或其他货币资金

三、判断题

1. 零售企业购进商品时,“商品进销差价”账户用于核算商品售价与进价之间的差额。( )
2. 企业给予客户的商业折扣,应按折扣后的金额确认销售收入和计算增值税税额。( )
3. 商品流通企业库存商品盘亏时,经查明原因后,全部计入管理费用。( )
4. 联营业务中,企业收到联营商品时,商品所有权归企业所有。( )
5. 商品流通企业对于网络平台的手续费,应计入财务费用。( )

应会考核

■ 观念应用

【背景资料】

资金周转困境下的会计破局:小周潮流服饰店的启示

小周怀揣着创业梦想,开了一家潮流服饰店。凭借独特的选品眼光和有效的营销手段,店里的服装销量火爆,常常刚上架不久就被抢购一空,资金回笼速度很快。然而,随着业务的快速发展,小周在财务核算方面遇到了诸多难题。

难题1:每次到了换季时期,服装价格波动明显。就拿夏季服装来说,新款短袖刚上市时,能以较高价格售出,但随着时间推移,市场上同类产品增多,价格就会逐渐下降。小周在核算成本时,由于业务繁忙,常常未能及时处理,这就导致他无法准确知晓每一批次服装在不同销售阶段的实际利润。比如,某一批次的短袖,前期以较高价格销售了一部分,后期降价处理了剩余库存,但由于成本核算滞后,小周无法分清前后销售的利润差异,这对他后续对采购成本的把控以及定价策略的制定产生了很大影响。

难题2:在存货计价方面,小周没有深入了解各种计价方法的差异,一直随意采用一种不太适合的方式。随着服装成本因原材料价格上涨、运输费用增加等因素不断上升,他却没有意识到存货计价方法的问题。这使得他计算出的销售成本与实际市场成本严重不符,利润数据也出现偏差。例如,在计算某款持续补货的牛仔裤利润时,由于存货计价错误,导致利润虚增,小周误以为这款牛仔裤利润空间很大,从而大量采购,结果造成库存积压。

难题3:店里每天的销售交易众多,小周却没有使用专业的财务软件,仅靠手工记录销售收入和成本,这使得收入与成本的确认常常延迟,财务数据混乱不堪。他无法清晰地知道每天到底盈利多少、哪些款式的服装利润贡献最大。在制定采购决策时,由于缺乏准确的财务数据支持,他无法合理安排采购资金,要么采购过多导致资金紧张,要么采购不足错失销售良机,同时也难以对库存进行有效的管理,无法优化产品结构。

【考核要求】

请结合小周潮流服饰店遇到的这些财务核算问题,分析资金周转快对其会计核算的影响,并给出在存货计价和收入成本确认方面的合理建议,以帮助小周改善财务核算状况。

■ 技能应用

实战演练:批发与零售企业账务处理实操大揭秘

(1)甲批发企业从乙供应商处购入一批电器,取得的增值税专用发票上注明价款为50 000元,增值税税额为6 500元。企业以银行存款支付全部款项,但商品在运输途中。10天后商品到达并验收入库,请写出完整的账务处理过程。

(2)某零售企业销售一批服装,售价为35 000元(含税),增值税税率为13%。该批服装进价为20 000元,商品进销差价率为30%。请进行销售及成本结转的账务处理。

【技能要求】

请结合上述内容,分别进行账务处理。

■ 案例分析

【情景与背景】

商业运营中的财务风云:批发与零售企业的独特挑战与应对

(1)甲批发企业在期末盘点库存商品时发现盘盈某品牌保温杯 20 个,每个成本为 100 元。经查明,盘盈是由于入库时计量误差所致。同时,发现盘亏某品牌运动水壶 15 个,每个成本为 80 元。经查明,其中 5 个是由于管理不善被盗,10 个是由于自然损耗。被盗部分由责任人赔偿 300 元,其余损失计入管理费用。

(2)某零售企业通过电商平台销售商品,与客户签订了一笔订单,商品成本为 15 000 元,含税售价为 22 600 元,增值税税率为 13%。企业先将商品发出,客户在收到商品 3 天后签收。该电商平台按销售额的 3%收取手续费。

【分析要求】

请根据上述(1)情景与背景,进行相应的账务处理,并分析该企业在库存管理中可能存在的问题及改进措施。

请根据上述(2)情景与背景,写出该企业在商品发出、客户签收确认收入、支付平台手续费时的账务处理,并分析网络销售对企业财务核算的影响。

本章实训

【实训内容】

商品流通企业会计

【实训情境】

你受雇于一家中型商品流通企业——大连星辰商贸有限公司。该公司主要从事电子产品的批发与零售业务,与众多供应商和零售商建立了长期合作关系。近期,公司业务规模不断扩大,财务部门面临着会计核算准确性和效率提升的挑战。公司财务经理希望通过此次实训,让你熟悉并掌握商品流通企业会计核算的各个环节,以更好地应对工作中的实际问题。

【实训任务】

任务一:批发业务会计核算

(1)商品购进核算。大连星辰商贸有限公司从供应商处购入一批智能手机,取得的增值税专用发票上注明价款为 800 000 元,增值税税额为 104 000 元。公司以银行存款支付了 50% 的款项,剩余款项约定在 30 天内支付。同时,支付运输费用 5 000 元(取得增值税专用发票,税率为 9%),商品已验收入库。请完成相关账务处理。

(2)商品销售核算。公司将上述部分智能手机销售给零售商,开具的增值税专用发票上注明价款为 1 000 000 元,增值税税额为 130 000 元。收到零售商支付的银行承兑汇票一张。该批手机的成本为 600 000 元。请进行销售及成本结转的账务处理。

(3)期末存货计价核算。期末,公司对库存智能手机进行盘点,发现市场价格下跌,预计可变现净值为 750 000 元。该批手机的账面成本为 805 000 元。请进行存货跌价准备的计提账务处理。

任务二:零售业务会计核算

(1)商品购进与入库核算。大连星辰商贸有限公司从另一供应商处购入一批智能手表,商品进价为 300 000 元,增值税税额为 39 000 元。公司支付了全部款项。该批智能手表的含税售价为

452 000 元，商品已验收入库。请采用售价金额核算法进行账务处理。

(2)商品销售与成本结转核算。公司在零售门店销售了部分智能手表，含税销售额为 226 000 元，款项已存入银行。请进行销售及成本结转的账务处理(按售价金额核算法)。

(3)零售业务促销活动核算。为了吸引顾客，公司举办了一场促销活动，对部分智能手表进行打折销售。原价为 1 200 元(含税)的智能手表，现打八折销售。该手表的进价为 800 元。假设共销售了 50 块，请进行相关的账务处理。

《商品流通企业会计》实训报告		
实训班级：	实训小组：	实训组成员：
实训时间：　年　月　日	实训地点：	实训成绩：
实训目的：		
实训步骤：		
实训结果：		
实训感言：		

第二章　施工企业会计

● 知识目标

理解：施工企业的概念与范畴；施工企业的经营特点；施工企业会计的核算任务与要求。

熟知：施工企业会计的概念与特性；施工企业会计的核算对象。

掌握：周转材料的核算；临时设施的核算；工程成本的核算；工程价款结算的核算。

● 技能目标

能够熟练运用各种会计账户进行施工企业日常经济业务的账务处理；掌握不同成本核算方法的应用，能根据实际情况准确计算和进行账务处理；学会根据不同的工程价款结算方式编制相应的账务处理分录；能够根据施工企业的特点和新收入准则的要求，准确进行相应的账务处理；具备对间接成本和机械作业成本进行合理分配的能力，使用合适的分配标准，确保各工程项目成本核算的准确性。

● 素质目标

培养严谨、细致的工作态度，确保每一笔账务处理的数据准确性，避免因粗心大意导致成本核算、收入确认等方面的错误，保证数据的精确性；提高逻辑思维能力，理解施工企业业务流程与会计核算之间的内在逻辑，有条不紊地进行会计处理；增强问题解决能力，能根据会计准则和企业实际情况，找到合理的解决方案；培养信息整合能力，准确核算成本和收入，为企业提供完整、可靠的财务信息。

● 思政目标

树立诚信意识，严格遵守会计准则和会计制度，确保会计信息真实、可靠，避免因利益驱动而进行不当的账务处理；培养责任感，认识到施工企业会计工作对工程项目的重要性，关乎企业的生存和发展，以及各利益相关者的权益，认真对待每一项核算任务；培养法治观念，遵守法律法规和合同约定，依法依规处理各项经济业务，在处理分包商违约、工程价款纠纷等问题时通过合法途径解决争议。

● 课程引例

施工企业会计:桥梁建设项目的财务之旅

一家大型施工企业中标了一项城市高架桥建设项目,预计工期为3年。该项目位于城市中心区域,施工场地有限,且需在繁忙交通中进行施工,对施工进度和成本控制提出了极高要求。

项目启动后,企业面临诸多财务核算和管理问题。首先,施工场地的临时设施建设成为首要任务,包括搭建预制梁场、搅拌站和临时围挡等。这些设施部分由企业自行建造,涉及钢材、混凝土等材料成本以及人工费用;部分则从外部租赁,需明确租赁期限和租金支付方式。在施工过程中,材料采购成为关键环节。高架桥建设需要大量钢材、水泥和预制构件,市场价格波动频繁,财务人员需精准把控每一批次材料的采购成本,并将运输、装卸和保险费用纳入核算范畴。同时,材料领用阶段需根据施工图纸和进度,将成本准确分配到各个施工部位,如桥墩、桥面等。人工成本核算同样复杂。项目涉及多种工种,如钢筋工、混凝土工和吊车司机等,不同工种的工资标准差异较大,且受施工进度和加班情况影响。财务人员需详细记录工时和补贴,确保人工成本核算的准确性。此外,机械使用费在项目成本中占比很高。企业自有和租赁的大型机械设备,如吊车、混凝土搅拌车等,其使用成本核算需综合考虑租赁费用、燃油消耗和设备维护等。财务人员需根据设备使用记录,将费用合理分摊到各个分项工程中。在成本控制方面,企业还面临其他直接费用和间接费用的核算问题,如交通疏导费、噪声监测费以及项目部管理人员工资等。这些费用需按照合理标准分摊到整个项目中,以确保成本核算的完整性和准确性。

● 引例反思

从成本核算与控制的视角来看,施工企业会计的核心在于精细化管理。临时设施的多样化获取途径要求财务人员精准区分不同成本构成及核算方法。无论是自行建造还是租赁,都需明确成本核算范围和归属。材料成本核算需建立动态机制,应对市场价格波动,并加强对采购环节的管理,降低采购成本对项目整体成本的影响。人工成本核算需关注工种差异、工时变化等因素,确保真实反映实际用工情况,为成本控制提供依据。

从成本核算的视角来看,机械使用费核算需综合考虑设备租赁与自有设备的成本差异,合理选择折旧方法和费用分摊方式,避免成本核算不准确。其他直接费用和间接费用的核算则需明确费用归属,选择科学、合理的分配标准,确保成本核算的完整性和准确性。

从成本控制的角度来看,施工企业需建立完善的成本管理体系,通过预算控制、成本分析和差异调整等手段,确保项目成本在可控范围内。例如,通过对比预算成本与实际成本,分析差异原因,及时调整施工方案和成本控制策略。同时,财务人员需与工程部门紧密协作,确保成本核算与施工进度的一致性,为项目管理提供精准的财务信息支持。

从风险管理的视角来看,施工企业还需关注成本核算与控制过程中潜在的风险因素。例如,材料价格波动可能导致成本超支,设备租赁可能面临设备故障或租赁费用调整的风险。财务人员应通过建立风险预警机制,提前识别和应对这些风险,确保项目成本管理的稳健性。

总之,施工企业会计不仅需要精准的成本核算,而且需通过精细化管理实现有效的成本控制,同时关注风险因素,为项目的顺利实施提供坚实的财务保障。

第一节 施工企业会计概述

一、施工企业的概念与范畴

施工企业(Construction Enterprise)又称建筑安装企业，是指专门从事各类土木工程、建筑安装工程和设备安装工程等施工生产活动的经济组织，是建筑行业的核心主体。其业务范畴广泛，涵盖从住宅、商业建筑到桥梁、道路、水利设施等基础设施建设的各个领域。例如，在城市中拔地而起的摩天大楼、连接城市与乡村的高速公路，以及保障城市供水的大型水利枢纽，这些宏伟的建筑成果背后都离不开施工企业的辛勤劳作。

二、施工企业的经营特点

(一)生产地点的流动性

施工企业的项目分布极为广泛，其作业地点常常随项目的承接而变动。以大型建筑集团为例，它们可能同时在国内多个省份开展项目，甚至涉足国际工程。像中国建筑集团，不仅在国内各大城市参与地标性建筑的建设，而且在海外积极参与基础设施建设项目，施工团队需要频繁地在不同地区间转移，相应的施工设备、材料以及人员都要随之流动。

(二)生产周期的长期性

建筑工程项目通常规模庞大且结构复杂，从项目的规划设计、地基施工到主体结构建设以及最后的装修装饰和设备安装，整个过程需要经历漫长的时间。一般小型住宅项目可能需要数月到一年时间，而大型商业综合体或基础设施项目，如大型国际机场的建设，往往需要3—5年甚至更长时间才能竣工交付。

(三)产品的内在独特性

每个建筑工程项目都具有独特的设计要求和施工标准，即使是同一类型的建筑，也会因地理位置、周边环境、使用功能等因素而存在差异。例如，同样是高层住宅，位于市中心的项目可能需要考虑更多的城市景观和交通因素，而位于郊区的项目则更侧重于周边自然环境的融合，在建筑设计、施工工艺上都会有所不同。

三、施工企业会计的概念与特性

施工企业会计是以货币为主要计量单位，运用专门的会计方法，对施工企业的经济活动进行全面、系统、连续的核算和监督，为企业内部管理和外部利益相关者提供准确、可靠的财务信息。施工企业会计的特性紧密围绕施工企业的经营特点展开。

1. 分级核算体系

鉴于施工生产的流动性和分散性，施工企业通常采用分级核算的方式。企业总部负责整体的财务管控和战略决策，而各个施工项目部则作为独立的核算单元，对本项目的成本、收入、费用等进行明细核算。例如，在一个大型跨海大桥桥梁建设项目中，项目部会单独核算工程材料的采购、施工人员的薪酬支出以及机械设备的租赁费用等，定期向企业总部报送财务报表，总部再进行汇总和分析，以全面掌握企业的财务状况。

2. 单项工程成本核算

由于建筑产品的独特性，施工企业必须针对每一项工程单独进行成本核算。从工程开工前的前期准备费用，到施工过程中的材料采购、人工投入、设备使用成本，再到工程竣工后的收尾费用，都要精确地归集到具体的工程项目中。以某写字楼建设项目为例，会计人员需要详细记录每一批钢材、水泥的采购成本，以及不同施工阶段的人工工时和费用，确保准确计算该写字楼的建造成本。

3. 多样化的价款结算方式

施工企业的工程价款结算方式丰富多样，常见的有按月结算、分段结算和竣工后一次结算等。对于工期较短、造价较低的小型项目，如小型房屋修缮工程，可能采用竣工后一次结算的方式；而对于工期较长、规模较大的工程项目，如大型住宅小区建设，一般采用按月结算或分段结算，根据工程进度节点支付相应的工程款项，确保施工企业的资金周转和项目顺利推进。

4. 工程成本核算的中间性

施工过程中，已完工程成本的计算并非等到整个工程竣工，而是按照一定的工程进度或结算周期进行阶段性核算。比如每月末施工企业会对当月已完成的分部分项工程进行成本核算，以便及时掌握成本动态，为成本控制和调整提供依据。这与一般工业企业产品完工后才计算成本有明显区别。

5. 成本核算与价款结算的关联性

施工企业的成本核算与工程价款结算紧密相关。工程价款的结算依据往往是已完工程的工作量和合同约定的计价方式，而成本核算则是对完成这些工作量所耗费资源的计量。例如，当施工企业按照工程进度与发包方进行价款结算时，相应地对已完工程成本也需要准确核算，以确定该阶段的经营成果。

6. 财务风险的复杂性

施工企业面临的财务风险较为复杂。一方面，由于项目周期长，在施工过程中可能面临原材料价格波动、人工成本上升等成本风险，如在建设期间钢材价格大幅上涨，会直接增加工程成本；另一方面，工程款回收风险也较高，若发包方资金出现问题，则可能导致工程款拖欠，影响企业资金周转。此外，因合同条款不完善等面临法律风险，这些都对施工企业会计核算提出了更高要求，需要准确评估和反映潜在风险。

四、施工企业会计的核算对象

施工企业会计的核算对象是施工企业在施工生产经营过程中的资金运动，具体包括资金的筹集、运用和分配三个阶段。

（一）资金筹集

施工企业为了开展项目建设，需要通过多种渠道筹集资金。常见的资金来源有投资者投入的资本，如企业股东的出资；从银行等金融机构借入的资金，以满足项目建设的资金需求；以及在结算过程中形成的债务，如应付供应商的材料款等。例如，某施工企业为了承接一个大型商业广场项目，通过向银行申请项目贷款获得了大部分建设资金，同时吸引了新的投资者入股，充实了企业的资本实力。

（二）资金运用

在施工生产过程中，资金不断地转化为各种资产和费用。企业用筹集到的资金购买建筑材料，形成存货；购置施工设备，构成固定资产；支付施工人员的薪酬，形成工程成本。例如，在一个道路建设项目中，企业购买了大量的水泥、砂石等材料，这些材料成为存货；同时租赁了大型的摊铺机、压路机等施工设备，支付的租金和设备购置费用构成了项目的成本。

（三）资金分配

施工企业在完成项目建设并取得收入后，需要对资金进行分配，一部分资金用于偿还债务，如归还银行贷款；一部分用于缴纳税费，履行企业的纳税义务；还有一部分用于向投资者分配利润，回报股东的投资。例如，某施工企业在项目竣工结算后首先偿还了银行的贷款本息，然后按照税法规定缴纳了企业所得税，最后将剩余的利润按照股东的持股比例进行了分配。

五、施工企业会计的核算任务与核算要求

(一)施工企业会计的核算任务

施工企业会计的核算任务包括：精准核算施工企业的各项资产、负债和所有者权益，如实反映企业的财务状况；准确计算工程成本和经营成果，为企业的成本控制和效益分析提供有力依据；及时、全面地提供财务信息，满足企业内部管理决策以及外部利益相关者，如投资者、债权人、税务机关等的信息需求。

(二)施工企业会计的核算要求

施工企业会计的核算要求包括：严格遵循国家统一的会计准则和会计制度，确保会计信息的规范性、准确性和可比性；强化成本核算与管理，建立科学的成本核算体系，准确归集和分配成本费用，提高成本核算的精度；加强内部控制与监督，完善财务管理制度，防范财务风险，保障企业资产的安全与完整。

第二节　周转材料的核算

一、周转材料的概念与特征

周转材料是指施工企业在施工过程中能够多次使用，并可基本保持原来的形态而逐渐转移其价值的材料。这类材料在建筑施工中起着不可或缺的作用，其特征鲜明。第一，具有可多次使用性，区别于一次性消耗的原材料，如模板在不同施工阶段可反复使用；第二，在使用过程中基本保持原有实物形态，虽价值随使用逐渐转移，但形态相对稳定，像脚手架在搭建和拆除过程中结构形式不变。

二、周转材料的分类

周转材料按其在施工中的用途，可分为以下几类：

(1)模板。模板是用于混凝土浇筑成型的模型，包括平面模板、阴阳角模板、阳角模板等。不同类型的模板适用于不同建筑结构部位，如平面模板用于楼板、墙体等大面积混凝土施工，阴阳角模板用于建筑物的阴阳角部位，确保混凝土结构的形状和尺寸准确。

(2)挡板。挡板主要用于土方工程中，防止土壁坍塌。在基坑开挖过程中，将挡板垂直或水平放置在坑壁，起到支护作用，保障施工安全，其材质多为木材或钢材。

(3)架料。架料涵盖脚手架、跳板等。脚手架是为施工人员提供操作平台和安全防护的设施，按构造形式可分为扣件式钢管脚手架、门式脚手架等；跳板则用于施工人员在不同作业面之间通行和操作，一般采用木质或钢质材料。

(4)其他周转材料。如塔吊使用的配重块、施工用的安全网等。配重块用于平衡塔吊的起吊重量，保证塔吊在吊运过程中的稳定性；安全网则用于防止人员或物体坠落，保障施工现场的安全。

三、账户设置

(一)“周转材料”账户

“周转材料”属于资产类账户，核算企业周转材料的计划成本或实际成本，包括包装物、低值易

耗品，以及企业(建造承包商)的钢模板、木模板、脚手架等。该账户借方登记企业取得周转材料的成本，无论是通过购入、自制、委托加工完成等方式获得周转材料，都按相应的成本计入该账户的借方。贷方登记周转材料的减少，主要包括领用、出售、报废等情况。期末借方余额，表示企业期末结存周转材料的成本。该余额反映了企业在某一时点拥有的周转材料的价值。为了更细致地管理和核算周转材料，该账户可按周转材料的种类，分别设置"在库""在用"和"摊销"进行明细核算。

(1)"在库"明细科目，用于核算企业库存周转材料的成本。当企业购入周转材料但尚未投入使用时，将其成本计入该明细科目的借方；当领用库存周转材料时，从该明细科目贷方转出。

(2)"在用"明细科目，专门用于记录已经领用但尚未报废或摊销完毕的周转材料的成本。当周转材料从库存中领出投入使用时，将其成本从"在库"明细科目转入"在用"明细科目的借方。

(3)"摊销"明细科目(采用分次摊销法、五五摊销法等摊销方法时设置)，用于核算周转材料在使用过程中按照一定方法摊销的金额。每次摊销时，根据摊销方法计算出的摊销额，借记"合同履约成本——工程施工"等科目，贷记"周转材料——周转材料摊销——[具体种类]"科目。

周转材料业务核算的流程如图 2-1 所示。(1)企业购入、自制、委托外单位加工完成并验收入库的周转材料，可比照"原材料"的核算方法，在"在库周转材料"明细账户核算。(2)领用的周转材料，应分不同情况进行处理：采用一次摊销方法的周转材料，领用时应将其价值一次全部计入成本，借记"合同履约成本——工程施工"等账户，贷记"周转材料——在库周转材料"账户；采用其他摊销方法的周转材料，领用时按计划成本或实际成本，借记"周转材料——在用周转材料"账户，贷记"周转材料——在库周转材料"账户。(3)按规定方法计提在用周转材料的摊销额时，借记"合同履约成本——工程施工"等账户，贷记"周转材料——周转材料摊销"账户。(4)周转材料报废、短缺时，按已提摊销额，借记"周转材料——周转材料摊销"账户，按入库残料价值，借记"原材料"账户，按应补提的摊销额，借记"合同履约成本——工程施工"等账户，按计划成本或实际成本，贷记"周转材料——在用周转材料"账户。

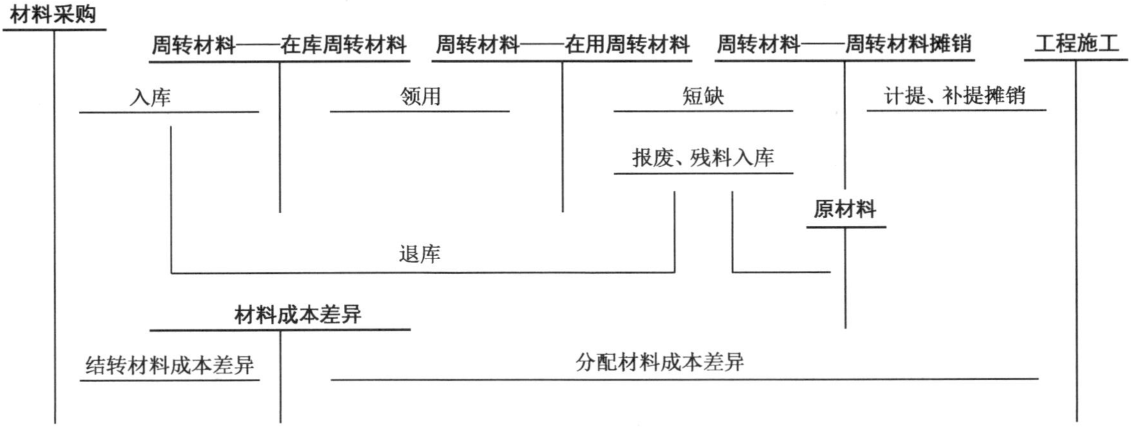

图 2-1 周转材料业务核算的流程

(二)"材料成本差异"账户

"材料成本差异"属于资产类账户(在资产负债表中，材料成本差异作为存货的调整项目，其性质与存货相关，可视为资产类的调整账户)，采用计划成本核算时设置，核算企业采用计划成本进行日常核算的材料计划成本与实际成本的差额。周转材料的成本差异，应在月度终了时计算分摊，将计划成本调整为实际成本。该账户借方登记实际成本大于计划成本的超支差异，贷方登记实际成本小于计划成本的节约差异，以及发出材料应负担的成本差异(超支差异用蓝字，节约差异用红字)。如果是节约差异，分摊差异时则贷记“材料成本差异”，用红字表示。期末借方余额，反映企业库存材料等的实际成本大于计划成本的差异；期末贷方余额，反映企业库存材料等的实际成本小于计划成本的差异。

【注意】企业在计算材料成本差异率时要确保期初结存材料和本期购入材料的计划成本与实际成本的准确性，以及计算口径的一致性，避免因数据错误导致成本差异分摊不准确。

(三)“合同履约成本”账户

“合同履约成本”属于成本类账户，用于核算企业为履行当前或预期取得的合同所发生的、不属于其他企业会计准则规定范围且按照本准则应当确认为一项资产的成本。在周转材料核算中，当周转材料用于特定合同项目施工时，其摊销额等相关成本可计入合同履约成本。该账户借方登记企业为履行合同发生的各项成本，如周转材料的摊销额、人工费用、直接材料费用、制造费用等合理支出，贷方登记完工时结转至主营业务成本等科目的金额，期末借方余额，反映企业尚未完工的合同履约成本，表示企业正在进行的合同项目中已经发生但尚未结转的成本。

四、账务处理

(一)实际成本法下的账务处理

1. 购入周转材料

企业购入周转材料时，按实际成本入账，借记“周转材料——[具体种类]”“应交税费——应交增值税(进项税额)”，贷记“银行存款”“应付账款”等科目。

【做中学 2—1】 某施工企业购入一批模板，价款为 50 000 元，增值税税额为 6 500 元，款项以银行存款支付。账务处理如下：

借：周转材料——模板　　50 000
　　应交税费——应交增值税(进项税额)　　6 500
　贷：银行存款　　56 500

【解析】借方的“周转材料——模板”反映了模板这一资产的增加，金额为实际成本 50 000 元；“应交税费——应交增值税(进项税额)”记录了可抵扣的增值税额 6 500 元，贷方的“银行存款”则表示企业以银行存款支付了该笔款项，资金减少 56 500 元。

2. 领用周转材料

(1)一次转销法

对于价值较低、使用期限较短的周转材料，可采用一次转销法。领用时，将其全部价值一次计入合同履约成本，借记“合同履约成本——工程施工”，贷记“周转材料——[具体种类]”。

【做中学 2—2】 如领用一批价值 2 000 元的跳板用于施工项目，账务处理如下：

借：合同履约成本——工程施工　　2 000
　贷：周转材料——跳板　　2 000

【解析】在一次转销法下，领用跳板时直接将其价值 2 000 元全部计入工程施工成本，借记“合同履约成本——工程施工”，表示该项目成本增加；同时贷记“周转材料——跳板”，将跳板这一资产从账面上转出，因为其价值已一次性计入成本，账面上不再反映该跳板的价值。

(2)分次摊销法

分次摊销法，指将低值易耗品的价值按其使用期限的长短或价值的大小分月摊入成本、费用的方法。摊销期限在一年以内的，转作待摊费用分月摊销；摊销期限超过一年的，转作递延资产分月摊销。对于价值较高、使用期限较长的周转材料，通常采用分次摊销法。领用时，将周转材料从“在库”转为“在用”，借记“周转材料——在用——［具体种类］”，贷记“周转材料——在库——［具体种类］”；每次摊销时，借记“合同履约成本——工程施工”，贷记“周转材料——摊销——［具体种类］”（若设置了“周转材料摊销”账户）或“周转材料——［具体种类］”（若未设置“周转材料摊销”账户）。

【做中学2－3】 假设某企业领用一套价值10 000元的脚手架，预计使用5次。账务处理如下：

领用时：

借：周转材料——在用——脚手架　　10 000

　　贷：周转材料——在库——脚手架　　10 000

【解析】 领用脚手架时，将其从库存状态转为使用状态，通过借记“周转材料——在用——脚手架”和贷记“周转材料——在库——脚手架”，只是周转材料在不同明细科目之间的转换，资产总额不变，反映了企业对周转材料的使用情况进行跟踪管理。

每次摊销时［假设每次摊销额＝10 000÷5＝2 000(元)］：

借：合同履约成本——工程施工　　2 000

　　贷：周转材料——周转材料摊销——脚手架

　　　　2 000（若设置了“周转材料摊销”账户）

或

借：合同履约成本——工程施工　　2 000

　　贷：周转材料——脚手架　　2 000（若未设置“周转材料摊销”账户）

【解析】 每次摊销时，将脚手架的部分价值计入工程施工成本，借记“合同履约成本——工程施工”，若设置了“周转材料摊销”账户，贷记“周转材料——周转材料摊销——脚手架”，可以清晰地反映出周转材料的累计摊销情况；若未设置该账户，直接贷记“周转材料——脚手架”，则是减少了在用周转材料的账面价值，两种方式都体现了周转材料价值的逐步转移。

(3)分期摊销法

分期摊销法是指领用低值易耗品时，将其价值按其使用次数或预计使用期限，分次或分期记入相关费用的一种摊销方法。此法适用于一次领用数额较大或使用期限较长、单位价值较高的低值易耗品减少的核算，根据周转材料预计使用的期限，按月或按季等分期平均摊销其成本。领用时，同样将周转材料从“在库”转为“在用”，借记“周转材料——在用——［具体种类］”，贷记“周转材料——在库——［具体种类］”；每期摊销时，借记“合同履约成本——工程施工”，贷记“周转材料——周转材料摊销——［具体种类］”（若设置了“周转材料摊销”账户）或“周转材料——［具体种类］”（若未设置“周转材料摊销”账户）。

【做中学2－4】 某企业领用一批价值12 000元的安全网，预计使用期限为12个月。账务处理如下：

领用时：

借：周转材料——在用——安全网　　12 000

　　贷：周转材料——在库——安全网　　12 000

【解析】 与分次摊销法领用时的原理相同，将安全网从库存转为使用状态，进行账务记录，以便后续跟踪管理。

每月摊销时［每月摊销额＝12 000÷12＝1 000(元)］：

借:合同履约成本——工程施工　　1 000

　　贷:周转材料——周转材料摊销——安全网

　　　　1 000(若设置了“周转材料摊销”账户)

或

借:合同履约成本——工程施工　　1 000

　　贷:周转材料——安全网　　1 000(若未设置“周转材料摊销”账户)

【解析】每月按照固定金额摊销安全网的成本,将其计入工程施工成本,反映了周转材料价值随着时间推移而逐渐转移到工程成本中的过程。若设置了“周转材料摊销”账户,则能更清晰地体现累计摊销情况;若未设置,则直接冲减在用周转材料的账面价值。

(4)定额摊销法

定额摊销法是工业企业按照产品定额耗用量的比例,分配某些要素费用和产品成本的一种方法。定额摊销法一般适用于:①几种产品所共同耗用的材料费用在各产品间进行分配;②将按品种归集的产品成本在完工产品和在产品之间进行划分;③将按类归集的产品成本在同类各种产品间进行分配。

企业根据实际完成的工程量和规定的单位工程量周转材料消耗定额,计算本期摊销额,领用时,将周转材料从“在库”转为“在用”,借记“周转材料——在用——[具体种类]”,贷记“周转材料——在库——[具体种类]”;每期根据计算出的摊销额,借记“合同履约成本——工程施工”,贷记“周转材料——周转材料摊销——[具体种类]”(若设置了“周转材料摊销”账户)或“周转材料——[具体种类]”(若未设置“周转材料摊销”账户)。

【做中学 2—5】 某施工项目领用一批价值 8 000 元的挡板,规定每完成 100 立方米土方工程,挡板摊销额为 200 元。本期该项目完成土方工程量为 300 立方米。账务处理如下:

领用时:

借:周转材料——在用——挡板　　8 000

　　贷:周转材料——在库——挡板　　8 000

【解析】领用挡板时的账务处理与前面几种方法相同,将挡板从库存转为使用状态,进行记录和管理。

本期摊销额=(300÷100)×200=600(元)

摊销时:

借:合同履约成本——工程施工　　600

　　贷:周转材料——周转材料摊销——挡板　600(若设置了“周转材料摊销”账户)

或

借:合同履约成本——工程施工　　600

　　贷:周转材料——挡板　　600(若未设置“周转材料摊销”账户)

【解析】根据实际完成的工程量和规定的摊销定额,计算出本期挡板的摊销额为 600 元,并将其计入工程施工成本。这种方法将周转材料的摊销与实际施工进度和工程量紧密结合,更能准确地反映成本与工程进度的匹配关系。

(5)五五摊销法

五五摊销法是指在低值易耗品领用时摊销其价值的 50%,在报废时再摊销其价值的 50%,并注销其总成本的一种摊销方法。领用时,借记“周转材料——在用——[具体种类]”,贷记“周转材料——在库——[具体种类]”;同时摊销 50%的价值,借记“合同履约成本——工程施工”,贷记“周转材料——周转材料摊销——[具体种类]”(若设置了“周转材料摊销”账户)或“周转材料——[具体种类]”(若未设置“周转材料摊销”账户);报废时,摊销剩余50%的价值,并进行相应的残料处理等账务处理(与分次摊销法报废时类似)。

【做中学2—6】 企业领用一批价值6 000元的低值易耗品。账务处理如下:

领用时:

借:周转材料——在用——低值易耗品 6 000

贷:周转材料——在库——低值易耗品 6 000

同时摊销50%:

借:合同履约成本——工程施工 3 000

贷:周转材料——周转材料摊销——低值易耗品

3 000(若设置了“周转材料摊销”账户)

或

借:合同履约成本——工程施工 3 000

贷:周转材料————在用低值易耗品 3 000(若未设置“周转材料摊销”账户)

【解析】领用低值易耗品时,先将其从库存转为使用状态,同时按照五五摊销法的规则,摊销其价值的50%,即3 000元,计入工程施工成本。这种方法在领用和报废时各摊销一半价值,简化了核算过程,同时也能在一定程度上反映周转材料的价值消耗情况。

假设该低值易耗品报废时,残料价值为500元。

报废时摊销剩余50%:

借:合同履约成本——工程施工 3 000

贷:周转材料——周转材料摊销——低值易耗品

3 000(若设置了“周转材料摊销”账户)

或

借:合同履约成本——工程施工 3 000

贷:周转材料——在用——低值易耗品 3 000(若未设置“周转材料摊销”账户)

同时处理残料:

借:原材料 500

周转材料——周转材料摊销——低值易耗品

6 000(若设置了“周转材料摊销”账户)

贷:周转材料——在用——低值易耗品 6 000

周转材料——周转材料摊销——低值易耗品 500

或

借:原材料 500

周转材料——低值易耗品 3 000(若未设置“周转材料摊销”账户)

贷:周转材料——在用——低值易耗品 3 000

合同履约成本——工程施工 500

【解析】报废时,先摊销剩余的50%价值,然后对残料进行账务处理。若设置了“周转材料摊销”账户,将累计摊销额与在用周转材料账面价值对冲,并将残料价值借记“原材料”,贷记“合同履约成本——工程施工”,调整工程成本;若未设置该账户,直接冲减在用周转材料的账面价值和工程施工成本,同时记录残料价值。

3. 周转材料报废

(1)一次转销法

若采用一次转销法,周转材料报废时无需再进行特殊的账务处理,因为其价值已在领用当期全部计入成本。

(2)分次摊销法

当周转材料报废时,先将累计摊销额与周转材料账面价值对冲,借记“周转材料——摊销——[具体种类]”,贷记“周转材料——在用——[具体种类]”。如有残料价值,按残料价值借记“原材料”等科目,贷记“合同履约成本——工程施工”。

【做中学 2—7】 承接【做中学 2—3】,上述脚手架报废时,残料价值为 500 元。账务处理如下:

会计分录为:

借:原材料	500	
周转材料——脚手架(摊销)	10 000	
贷:周转材料——脚手架		10 000
合同履约成本——工程施工		500

【解析】 报废时,将之前累计摊销的 10 000 元通过借记“周转材料——脚手架(摊销)”进行冲销,同时贷记“周转材料——脚手架”,将在用的脚手架账面价值转出。残料价值 500 元借记“原材料”,表示企业获得了这部分残料资产,同时贷记“合同履约成本——工程施工”,冲减之前因使用脚手架而计入的工程成本,因为残料具有一定价值,相当于减少了实际的成本支出。

(3)分期摊销法、定额摊销法、五五摊销法

这三种方法下周转材料报废的账务处理与分次摊销法类似,都是先将累计摊销额与账面价值对冲,然后处理残料价值等。

(二)计划成本法下的账务处理

1. 购入周转材料

企业购入周转材料时按计划成本入账,借记“周转材料——[具体种类]”,按实际成本与计划成本的差额借记或贷记“材料成本差异”“应交税费——应交增值税(进项税额)”,贷记“银行存款”“应付账款”等科目。

【做中学 2—8】 购入一批计划成本为 30 000 元的架料,实际成本为 32 000 元,增值税税额为 4 160 元,款项以银行存款支付。账务处理如下:

会计分录为:

借:周转材料——架料	30 000	
材料成本差异	2 000	
应交税费——应交增值税(进项税额)	4 160	
贷:银行存款		36 160

【解析】 借方的“周转材料——架料”按计划成本 30 000 元入账,实际成本 32 000 元与计划成本的差额 2 000 元借记“材料成本差异”,表示材料实际成本高于计划成本,形成超支差异;“应交税费——应交增值税(进项税额)”记录可抵扣的增值税额 4 160 元,贷方的“银行存款”反映了企业支付的总款项 36 160 元。

2. 领用周转材料

领用时按计划成本结转,借记“合同履约成本——工程施工”,贷记“周转材料——[具体种类]”;同时,按照材料成本差异率计算应分摊的成本差异,借记或贷记“合同履约成本——工程施

工”，贷记或借记“材料成本差异”。

【做中学 2－9】　承接【做中学 2－8】，假设领用上述架料，材料成本差异率为 5%。账务处理如下：

领用时：

借：合同履约成本——工程施工　　30 000

　　贷：周转材料——架料　　30 000

同时分摊成本差异：

应分摊的成本差异＝30 000×5%＝1 500 元（超支差异，应借记“合同履约成本——工程施工”）

借：合同履约成本——工程施工　　1 500

　　贷：材料成本差异　　1 500

【解析】 企业领用时先按计划成本 30 000 元将架料从库存结转到工程施工成本，然后根据材料成本差异率计算出应分摊的超支差异 1 500 元，借记“合同履约成本——工程施工”，表示实际成本高于计划成本，应增加合同履约成本；贷记“材料成本差异”，冲减之前记录的超支差异。通过这样的账务处理，将计划成本调整为实际成本，准确核算工程成本。

3. 周转材料报废

报废时，先按计划成本注销周转材料，借记“周转材料——摊销——[具体种类]”，贷记“周转材料——在用——[具体种类]”；再分摊材料成本差异，方法同领用时的分摊方式；处理残料价值等与实际成本法类似。

【做中学 2－10】　承接【做中学 2－9】，假设上述架料报废，残料价值为 1 000 元。账务处理如下：

先按计划成本注销：

借：周转材料——摊销——架料　　30 000

　　贷：周转材料——在用——架料　　30 000

分摊成本差异（假设差异率仍为 5%）：

应分摊的成本差异＝30 000×5%＝1 500（元）

借：合同履约成本——工程施工　　1 500

　　贷：材料成本差异　　1 500

处理残料：

借：原材料　　1 000

　　贷：合同履约成本——工程施工　　1 000

【解析】 报废时，首先按计划成本将在用架料的账面价值转出，其次按照领用时分摊成本差异的方法，计算并分摊报废架料应负担的成本差异，最后对残料进行账务处理，将残料价值借记“原材料”，贷记“合同履约成本——工程施工”，冲减工程成本，确保成本核算的准确性和完整性。

五、周转材料核算的注意事项

（一）准确判断周转材料的使用期限和摊销方法

企业应根据周转材料的实际使用情况，合理确定其使用期限和摊销方法。使用期限估计不准确会导致摊销金额不合理，影响成本核算的准确性。例如，对于一些易损耗的周转材料，如某些类型的模板，如果估计的使用期限过长，则会导致每期摊销额过低、成本核算不准确，可能影响企业对项目成本的控制和利润的计算。

（二）加强对周转材料的实物管理

建立健全周转材料的收发、保管制度，定期进行盘点，确保账实相符。对于丢失、损坏的周转材料，要及时查明原因，进行相应的账务处理。比如，在盘点过程中发现周转材料丢失，应及时按照规定的程序和方法进行账务处理，借记“待处理财产损溢”等科目，贷记“周转材料”等科目，待查明原因后再进行进一步的处理，避免账实不符影响财务信息的真实性和可靠性。

（三）及时调整材料成本差异

在计划成本法下，要定期计算和调整材料成本差异，确保周转材料的实际成本准确反映在成本核算中，避免因材料成本差异的累积导致成本核算失真。例如，每月末或季末，企业应根据材料成本差异率，对领用和库存的周转材料进行成本差异的分摊和调整，使工程成本和库存材料成本更接近实际情况，为企业的成本分析和决策提供准确的数据支持。

【学中做 2－1】 某施工企业采用实际成本法核算周转材料。2025 年 5 月发生以下业务：

（1）5 月 5 日，购入一批新的木模板，价款 80 000 元，增值税税额 10 400 元，款项尚未支付。

学中做2-1

（2）5 月 10 日，领用该批木模板中的一半用于一项住宅项目施工，该批模板预计使用 8 次。

（3）5 月 31 日，本月该住宅项目使用该模板 2 次。

（4）6 月，该批模板在使用过程中部分损坏，经评估，剩余价值为 20 000 元，残料变卖收入 1 000 元。

要求：根据上述业务编制相关的会计分录。

第三节　临时设施的核算

一、临时设施的概念与特征

临时设施是指施工企业为保证施工和管理的正常进行而建造的各种临时性生产、生活设施。这些设施是施工项目的重要辅助部分，具有以下显著特征：

（一）临时性

临时设施是为了满足施工期间的特定需求而搭建或建造的，其使用期限与工程项目的施工周期紧密相关。例如，在一个预计工期为两年的建筑项目中，为工人搭建的临时宿舍、办公室以及材料堆放的临时仓库等，都是为了保障施工期间的工作和生活需要而存在的，一旦项目完工，这些设施通常会被拆除或处置。

（二）可移动性或可拆除性

部分临时设施可以移动或拆除，以便在不同的施工项目之间重复使用，具有一定的灵活性和可重复利用性。比如，一些装配式的临时活动板房，在一个项目结束后，可以拆卸并运输到另一个施工地点重新组装使用；而有些临时道路、临时水电管线等，虽然可能不便于整体移动，但可以拆除部分材料进行再利用。

（三）种类多样性

临时设施涵盖了多种类型，包括但不限于临时办公用房、临时生活用房（如宿舍、食堂、浴室等）、临时道路、临时仓库、临时加工场、临时给排水设施、临时供电设施、施工用的临时围墙和大门等。不同的临时设施在施工过程中发挥着不同的功能，共同为施工活动提供便利和支持。

二、临时设施的核算原则

（一）成本确认原则

临时设施的成本应当包括建造过程中发生的各项直接成本和间接成本。直接成本包括建造临时设施所需的材料、人工、机械使用费等；间接成本可能包括为组织和管理临时设施建造而发生的费用，如临时设施项目管理人员的薪酬、为建造临时设施而发生的水电费等。例如，为建造一个临时仓库，购买建筑材料花费 50 000 元，支付工人工资 20 000 元，使用机械设备的费用 5 000 元，同时为该项目管理支付管理人员工资 3 000 元，则该临时仓库成本应为 50 000＋20 000＋5 000＋3 000＝78 000(元)。

（二）资产确认与计量原则

根据新会计准则，施工企业应首先判断临时设施是否符合固定资产的确认条件，即与该临时设施有关的经济利益很可能流入企业，且该临时设施的成本能够可靠地计量。如果符合固定资产确认条件，则应按照固定资产的核算方法进行处理；如果不符合固定资产确认条件，但预计使用期限较长、价值较高且可多次使用，则可将其确认为周转材料；若预计使用期限较短、价值较低，则可在购入或建造时直接计入当期损益。

（三）折旧或摊销原则

对于确认为固定资产的临时设施，应按照固定资产的折旧政策计提折旧，折旧方法一般可采用年限平均法、工作量法等，折旧年限应根据临时设施的预计使用年限合理确定。对于确认为周转材料的临时设施，应根据其预计使用次数或预计使用期限等，采用合理的摊销方法，如一次转销法、五五摊销法、分次摊销法等进行摊销。当月增加的临时设施，当月不摊销，从下月起开始摊销；当月减少的临时设施，当月继续摊销，从下月起停止摊销。

（四）后续支出原则

对于临时设施使用过程中的后续支出，如果能够延长其使用期限或提高其使用效能，则应将其资本化，增加临时设施的账面价值(对于固定资产，增加固定资产原值；对于周转材料，增加周转材料的账面价值)；若只是日常维护或修理等支出，则应在发生时计入当期损益，如计入管理费用或工程施工成本中的间接费用等。

三、账户设置

（一）“固定资产——临时设施”账户

“固定资产——临时设施”属于资产类账户，用于核算施工企业符合固定资产确认条件的临时设施的原始价值。该账户借方登记企业购置或建造符合固定资产确认条件的临时设施发生的实际成本，贷方登记处置符合固定资产确认条件的临时设施时转出的原始价值。当临时办公用房在项目结束后拆除或处置时，从该账户转出其原始价值。期末借方余额表示企业期末尚未处置的符合固定资产确认条件的临时设施的原始价值。

（二）“累计折旧——临时设施”账户

“累计折旧——临时设施”属于“固定资产——临时设施”账户的备抵账户，用于核算施工企业对符合固定资产确认条件的临时设施计提的累计折旧额。该账户借方登记在处置符合固定资产确认条件的临时设施时，将已计提的累计折旧额从该账户转出，贷方登记按照一定折旧方法计算的符合固定资产确认条件的临时设施的折旧额，期末贷方余额表示符合固定资产确认条件的临时设施已累计计提的折旧额。

（三）“周转材料——临时设施”账户

“周转材料——临时设施”属于资产类账户，用于核算施工企业不符合固定资产确认条件但确认为周转材料的临时设施的成本。该账户借方登记企业购入或建造不符合固定资产确认条件但确认为周转材料的临时设施的成本，贷方登记领用、摊销或处置不符合固定资产确认条件但确认为周转材料的临时设施时转出的成本，期末借方余额表示企业期末尚未领用、摊销或处置的不符合固定资产确认条件但确认为周转材料的临时设施的成本。

（四）“周转材料——摊销——临时设施”账户

“周转材料——摊销——临时设施”属于“周转材料——临时设施”账户的备抵账户，核算周转材料性质的临时设施在使用过程中的累计摊销额。借方登记在处置周转材料性质的临时设施时将已计提的累计摊销额从该账户转出，贷方登记按照一定摊销方法计算的周转材料性质的临时设施的摊销额，期末贷方余额表示周转材料性质的临时设施已累计的摊销额。

（五）“固定资产清理——临时设施清理”账户

“固定资产清理——临时设施清理”属于资产类账户，用来核算企业因出售拆除、报废和毁损等而转入清理的临时设施成本以及发生的清理费用和取得的清理收入。其借方登记出售、拆除、报废和毁损临时设施的净值以及发生的清理费用；贷方登记收回出售临时设施的价款和清理过程中取得的残料价值或变价收入；期末借方余额反映临时设施清理后的净损失，若为贷方余额，则反映临时设施清理后的净收益。临时设施清理工作结束后，应将净损失或净收益分别转入“营业外支出”和“营业外收入”账户。期末余额，反映尚未清理完毕临时设施的价值以及清理净收入（清理收入减去清理费用）。本账户应按被清理的临时设施名称设置明细账，进行明细核算。

四、账务处理

（一）临时设施的取得核算

1. 符合固定资产确认条件的临时设施取得核算

企业购置临时设施发生的各项支出，若满足固定资产确认条件，借记“固定资产——临时设施”账户，相应的增值税进项税额借记“应交税费——应交增值税（进项税额）”账户，贷记“银行存款”等账户。

【做中学 2—11】 企业为某施工项目购置一套临时供电设施，价款为 100 000 元，增值税税额为 13 000 元，款项以银行存款支付，该临时供电设施符合固定资产确认条件，账务处理如下：

借：固定资产——临时设施（临时供电设施）	100 000	
应交税费——应交增值税（进项税额）	13 000	
贷：银行存款		113 000

【解析】 通过将购买价款计入“固定资产——临时设施（临时供电设施）”并确认相应的增值税进项税额，反映了企业资产的增加及可抵扣的进项税额。

【提示】 需要通过建筑安装才能完成的临时设施，发生的各项费用，先通过“在建工程”账户核算，工程达到预定可使用状态时，再从“在建工程”账户转入“固定资产——临时设施”账户。

【做中学 2—12】 企业自行建造一个临时仓库，领用材料计划成本 30 000 元，材料成本差异率为 2%，发生人工费用 10 000 元，以银行存款支付其他费用 5 000 元，账务处理如下：

借：在建工程——临时设施（临时仓库）	45 600	
贷：原材料		30 000
材料成本差异		600

应付职工薪酬 10 000

银行存款 5 000

建造完工交付使用时：

借：固定资产——临时设施（临时仓库） 45 600

贷：在建工程——临时设施（临时仓库） 45 600

【解析】将建造临时仓库的各项成本先通过“在建工程——临时设施（临时仓库）”进行归集，是因为在建造过程中这些成本尚未达到预定可使用状态，通过“在建工程”账户可以准确核算其成本的累积过程。材料成本差异的处理考虑了实际成本与计划成本的差异调整，使得成本核算更精确。最终在完工交付使用时，将在建工程的累计成本转入“固定资产——临时设施（临时仓库）”，完成资产的确认，将其从建造过程过渡到可使用的固定资产状态。

2. 不符合固定资产确认条件但确认为周转材料的临时设施取得核算

企业购入不符合固定资产确认条件但确认为周转材料的临时设施，按购入时的实际成本，借记“周转材料——临时设施——在库”账户，贷记“银行存款”等账户。

【做中学 2－13】 企业购入一批价值 30 000 元的临时围栏，作为周转材料核算，账务处理如下：

借：周转材料——临时设施（临时围栏）——在库 30 000

贷：银行存款 30 000

【解析】对于购入不符合固定资产确认条件但确认为周转材料的临时围栏，将其成本计入“周转材料——临时设施（临时围栏）——在库”，反映了周转材料的初始入账处理。在这种情况下，周转材料被视为一种特殊的存货。

对于通过建筑安装活动建造完成的不符合固定资产确认条件但确认为周转材料的临时设施，在建造过程中发生的各种支出，先通过“在建工程”账户核算，即发生费用时，借记“在建工程”账户，贷记“原材料”“应付职工薪酬”等账户；建造完工交付使用时，按建造期间发生的实际成本，借记“周转材料——临时设施——在库”账户，贷记“在建工程”账户。

（二）临时设施的折旧或摊销核算

1. 符合固定资产确认条件的临时设施折旧核算

企业应按照固定资产的折旧政策对符合固定资产确认条件的临时设施计提折旧，借记“合同履约成本——工程施工——间接费用”等账户，贷记“累计折旧——临时设施”账户。

【做中学 2－14】 承接【做中学 2－11】，购置的临时供电设施，假设采用年限平均法计提折旧，预计使用年限为 5 年，无残值，则每月计提折旧额＝100 000÷(5×12)≈1 666.67(元)，每月计提折旧的账务处理如下：

借：合同履约成本——工程施工——间接费用 1 666.67

贷：累计折旧——临时设施（临时供电设施） 1 666.67

【解析】对符合固定资产确认条件的临时供电设施按照年限平均法计提折旧。每月将折旧费用计入“合同履约成本——工程施工——间接费用”，合理地将折旧费用分摊到工程项目的间接成本中，符合将固定资产的折旧费用在受益期间进行合理分配的原则，以便更准确地核算工程项目的成本，同时，贷记“累计折旧——临时设施（临时供电设施）”，反映了累计折旧的增加，符合对固定资产折旧核算的规定。

2. 不符合固定资产确认条件但确认为周转材料的临时设施摊销核算

企业各种不符合固定资产确认条件但确认为周转材料的临时设施，应当在工程建设期间按照选定的摊销方法进行摊销。摊销方法可以采用一次转销法、五五摊销法、分次摊销法等。

（1）一次转销法。企业在领用临时设施时将其价值一次性计入当期成本费用。

【做中学 2—15】 承接【做中学 2—13】，企业领用上述临时围栏用于某施工项目，采用一次转销法，账务处理如下：

借：合同履约成本——工程施工——间接费用　　30 000

　　贷：周转材料——临时设施（临时围栏）——在库　　30 000

【解析】 采用一次转销法对周转材料性质的临时围栏进行处理，在领用时将其全部价值一次性计入“合同履约成本——工程施工——间接费用”，是因为周转材料的一次转销法在领用时将其成本全部转移到当期成本费用中，符合周转材料使用期限短或价值低，一次性计入成本更符合成本效益原则和重要性原则，有助于简化核算。

（2）五五摊销法。企业在领用临时设施时先摊销其价值的一半，在报废时再摊销另一半。

【做中学 2—16】 企业领用一批价值 20 000 元的临时活动板房，采用五五摊销法，账务处理如下：

领用时：

借：周转材料——临时设施（临时活动板房）——在用　　20 000

　　贷：周转材料——临时设施（临时活动板房）——在库　　20 000

借：合同履约成本——工程施工——间接费用　　10 000

　　贷：周转材料——摊销——临时设施（临时活动板房）　　10 000

报废时：

借：合同履约成本——工程施工——间接费用　　10 000

　　贷：周转材料——摊销——临时设施（临时活动板房）　　10 000

借：周转材料——摊销——临时设施（临时活动板房）　　20 000

　　贷：周转材料——临时设施（临时活动板房）——在用　　20 000

【解析】 对于采用五五摊销法的临时活动板房，领用时分录将在库转为在用，同时摊销一半价值，体现了五五摊销法的特点，即先将一半价值计入当期成本费用，通过“周转材料——摊销——临时设施（临时活动板房）”账户反映已摊销部分，以便于对周转材料的使用和价值消耗进行后续跟踪；在报废时，再将另一半价值计入成本费用，并将已摊销部分和在用部分冲销，完成整个摊销过程。

（3）分次摊销法。企业根据临时设施的预计使用次数或预计使用期限等，计算每次摊销额进行摊销。

【做中学 2—17】 企业领用一批价值 30 000 元的临时模板，预计可使用 10 次，每次摊销额＝30 000÷10＝3 000（元），每次使用时的账务处理如下：

借：合同履约成本——工程施工——间接费用　　3 000

　　贷：周转材料——临时设施（临时模板）——摊销　　3 000

【解析】 分次摊销法适用于预计使用次数或使用期限明确的周转材料。企业每次使用时将一定比例的价值计入“合同履约成本——工程施工——间接费用”，通过“周转材料——临时设施（临时模板）——摊销”账户来记录累计摊销额，合理地将周转材料的成本在其预计使用次数或期限内进行分摊，使成本核算更准确和合理。

（三）临时设施的后续支出核算

1. 符合固定资产确认条件的临时设施后续支出核算

对于符合固定资产确认条件的临时设施的后续支出，如果能够延长其使用期限或提高其使用效能，应将其资本化，增加固定资产的账面价值。

【做中学 2—18】 承接【做中学 2—12】，对上述临时仓库进行加固改造，发生支出 10 000 元，使仓库预计使用年限延长 2 年，账务处理如下：

借：固定资产——临时设施（临时仓库）　　10 000

　　贷：银行存款等　　10 000

【解析】 对于符合固定资产确认条件的临时仓库的后续支出资本化处理，将支出直接增加固定资产的账面价值，是因为该支出能够延长其使用期限，符合后续支出资本化的原则，有助于正确反映固定资产的经济利益流入企业的持续能力和价值提升。

【提示】 若只是日常维护或修理等支出，应在发生时计入当期损益，如借记"管理费用"或"合同履约成本——工程施工——间接费用"等账户，贷记"银行存款"等账户。

2. 不符合固定资产确认条件但确认为周转材料的临时设施后续支出核算

对于不符合固定资产确认条件但确认为周转材料的临时设施的后续支出，如果能够延长其使用期限或提高其使用效能，则应将其资本化，增加周转材料的账面价值。

【做中学 2—19】 企业对已领用的临时活动板房进行维修，支出 5 000 元，预计可延长使用期限，账务处理如下：

借：周转材料——临时设施（临时活动板房）——在库　　5 000

　　贷：银行存款等　　5 000

【解析】 对周转材料的后续支出资本化处理，将支出计入"周转材料——临时设施（临时活动板房）——在库"，增加了周转材料的账面价值，这是因为该支出能延长周转材料的使用期限或提高使用效能，遵循了后续支出资本化的原则，确保准确反映资产价值。

【提示】 若只是日常维护或修理等支出，应在发生时计入当期损益，如借记"合同履约成本——工程施工——间接费用"等账户，贷记"银行存款"等账户。

（四）临时设施的处置核算

1. 符合固定资产确认条件的临时设施处置核算

企业出售、拆除、报废不需用或不能使用的符合固定资产确认条件的临时设施，应转入清理。转入清理的临时设施，按临时设施账面净值，借记"固定资产清理"账户，按已提折旧额，借记"累计折旧——临时设施"账户，按其账面原值，贷记"固定资产——临时设施"账户；出售、拆除过程中发生的变价收入和残料价值，借记"银行存款""原材料"账户，贷记"固定资产清理"账户；发生的清理费用，借记"固定资产清理"账户，贷记"银行存款"等账户；清理后若发生净损失，则借记"资产处置损溢"或"营业外支出"账户，贷记"固定资产清理"账户，若发生净收益，则借记"固定资产清理"账户，贷记"资产处置损溢"或"营业外收入"账户。

【做中学 2—20】 承接【做中学 2—11】，企业将临时供电设施出售，出售价款为 30 000 元，已计提折旧 60 000 元，出售过程中发生清理费用 2 000 元，账务处理如下：

借：固定资产清理　　40 000

　　累计折旧——临时设施（临时供电设施）　　60 000

　　贷：固定资产——临时设施（临时供电设施）　　100 000

借：银行存款　　30 000

　　贷：固定资产清理　　30 000

借：固定资产清理　　2 000

　　贷：银行存款　　2 000

借：资产处置损溢　　12 000

　　贷：固定资产清理　　12 000

【解析】 首先，将临时供电设施的账面净值（即原值减去已提折旧）转入“固定资产清理”账户，这一步骤将资产从正常使用状态转移到清理状态，以便后续核算处置过程中的收支和最终的损益。其次，记录出售价款和清理费用，分别反映了处置过程中的资金流入和流出。最后，将净损益结转到“资产处置损溢”或“营业外支出/收入”账户，体现了处置该固定资产的最终财务影响。当将临时设施转入清理时，“固定资产清理”账户的借方金额 40 000 元（100 000－60 000）是临时供电设施的账面净值，代表该资产在处置时的剩余账面价值。收到的出售价款 30 000 元贷记“固定资产清理”账户，减少了清理过程中的损失。支付的清理费用 2 000 元增加了处置成本，进一步减少了处置收益。最终产生的净损失 12 000 元（40 000－30 000＋2 000）通过“资产处置损溢”账户计入当期损益，反映了该临时设施处置的最终经济后果。

2. 不符合固定资产确认条件但确认为周转材料的临时设施处置核算

企业出售、拆除、报废不符合固定资产确认条件但确认为周转材料的临时设施，若采用一次转销法，在处置时无需进行特殊账务处理，因为其价值已在领用当期全部计入成本费用；若采用五五摊销法或分次摊销法，在处置时，应将周转材料的账面价值扣除残料价值和应收赔款后的余额计入当期损益。

【做中学 2－21】 企业将采用五五摊销法核算的已领用的临时活动板房报废，残料作价 2 000 元入库，该临时活动板房账面原值为 20 000 元，已摊销 10 000 元，账务处理如下：

借：原材料　　2 000

　　周转材料——摊销——临时设施（临时活动板房）　　10 000

　　贷：周转材料——临时设施（临时活动板房）——在用　　10 000

　　　　合同履约成本——工程施工——间接费用　　2 000

若残料作价 3 000 元入库，则会计分录为：

借：原材料　　3 000

　　周转材料——摊销——临时设施（临时活动板房）　　10 000

　　贷：周转材料——临时设施（临时活动板房）——在用　　10 000

　　　　合同履约成本——工程施工——间接费用　　3 000

【解析】 当临时活动板房报废时，残料作价入库，通过“原材料”账户反映了可回收的部分价值。“周转材料——摊销——临时设施（临时活动板房）”账户的 10 000 元为之前已摊销的部分，在此处进行冲销。“周转材料——临时设施（临时活动板房）——在用”账户的 10 000 元转出，表示将在用的临时活动板房的账面记录冲销。最终将残料价值扣除已确认的摊销额后的余额计入“合同履约成本——工程施工——间接费用”账户，作为处置的最终影响。如果残料作价更高（如 3 000 元），则计入“合同履约成本——工程施工——间接费用”的金额相应调整，这是因为处置产生的净损失或收益不同。这样的处理确保了周转材料在报废时其剩余价值得到恰当的核算，既反映了资产的处置回收情况，又调整了相应的成本费用，反映了该周转材料在整个使用过程中的成本效益。

五、临时设施核算的注意事项

（一）成本核算的准确性

企业要确保临时设施成本核算的完整性和准确性，避免遗漏相关成本，包括直接成本和间接成本。准确的成本核算有助于合理评估项目成本和企业的资产状况。

（二）摊销方法的合理性

企业应选择合适的摊销方法对临时设施的成本进行分摊，要根据临时设施的实际使用情况和预计使用期限或预计使用项目次数等因素综合考虑。不同的摊销方法会影响各期的成本分摊，进而影响项目的成本核算和利润计算。

（三）后续支出的判断

对于临时设施的后续支出，企业要准确判断是应资本化还是费用化，避免错误的会计处理影响财务报表的准确性。错误的资本化可能导致资产虚增，而错误的费用化可能影响当期利润的正确反映。

第四节　工程成本的核算

一、工程成本的概念与构成要素

（一）工程成本的概念

工程成本是指施工企业在进行建筑安装工程施工过程中所发生的各项费用支出的总和。这些费用是为了完成工程项目而发生的，是施工企业成本核算的核心内容。它反映了施工企业为取得工程价款收入而付出的代价，是衡量施工企业经济效益的重要指标。

（二）工程成本的构成要素

1. 直接成本

（1）直接材料。直接材料是指施工过程中直接构成工程实体或有助于工程形成的各种材料费用，如建造一栋大楼所需的水泥、钢材、砖块、木材等建筑材料的费用。这些材料在施工过程中被直接消耗，其成本可以根据材料的实际使用量和单价精确计算。例如，在一个桥梁建设项目中，混凝土是直接材料，根据使用的混凝土方量和每立方米混凝土的价格，就能确定直接材料成本。企业在计算混凝土成本时，通常会考虑不同强度等级混凝土的单价，根据设计要求使用的方量，通过公式来计算其成本：

直接材料成本＝混凝土单价×混凝土方量

（2）直接人工。直接人工是指直接从事建筑安装工程施工的生产工人开支的各项费用，包括工人的基本工资、奖金、津贴、补贴、职工福利费等。施工企业需要记录施工人员的工时和工资标准，计算出完成该工程所支付的人工成本。比如，在某道路施工项目中，施工人员的日工资乘以工作天数，再加上各种福利补贴，就是该项目的直接人工成本。对于不同工种的工人，其工资标准可能不同，比如技术工人的日工资会高于普通工人，企业在计算人工成本时需根据不同工种的工时和工资标准分别计算后汇总。

（3）机械使用费。机械使用费是指施工过程中使用施工机械作业所发生的机械使用费以及机械安拆费和场外运费等，包括使用起重机、挖掘机、搅拌机等机械设备的租赁费用、燃料动力费、机械操作人员的人工费用、机械的折旧和修理费等。以使用挖掘机为例，其租赁费、每日的燃料消耗费用以及维修保养费等都属于机械使用费。其中，租赁费用通常根据租赁合同约定的租金和租赁期限计算；燃料消耗费可根据机械的燃油消耗量和燃油单价计算；维修保养费则根据实际发生的维修保养项目和费用明细进行核算。

(4)其他直接费。其他直接费是指施工企业在施工生产过程中发生的除上述三项直接费用以外的有关设计和技术援助费用、施工现场材料的二次搬运费、环境保护费、文明施工费、安全施工费、夜间施工增加费、生产工具和用具使用费、检验试验费、工程定位复测费、工程点交费用、场地清理费用、临时设施摊销费用、施工排水降水费、已完工程及设备保护费等。同材料费、人工费、机械使用费相比，其他直接费具有较大的弹性。就具体的单位工程来说，其他直接费可能发生也可能不发生，需要根据现场具体施工条件加以确定。例如，环境保护费可能会根据施工项目对周边环境的影响程度，按照相关环保法规或当地政府的要求，以一定的计算标准(如按工程总造价的一定比例)来确定；安全施工费可根据施工过程中的安全防护设施投入、安全培训费用等综合计算；而夜间施工增加费通常会根据夜间施工的时间、施工人员和机械的夜间施工额外补贴等因素确定。对于设计和技术援助费用，根据与设计或技术服务提供商签订的合同金额来核算；临时设施摊销费用可根据临时设施的成本及预计使用次数或使用期限，采用合适的摊销方法(如分次摊销法、五五摊销法等)进行计算；检验试验费可能按照检验试验的次数、检验项目的类型和复杂程度以及相应的收费标准进行核算。

2. 间接成本

间接成本是指施工间接费用，即施工企业下属的施工单位(如施工队、项目部等)为组织和管理施工生产活动所发生的各项费用，难以直接归属于某个具体工程对象的成本。它涵盖了管理人员的薪酬、办公费、差旅费、劳动保护费、固定资产使用费、工具用具使用费、检验试验费等，例如，施工项目部管理人员的工资、办公室的水电费、为施工人员购买的劳保用品费用等。在确定间接成本时，管理人员的薪酬可以根据管理人员的工资表和福利政策计算；办公费可以根据办公场所的水电费、办公用品的采购发票等统计；固定资产使用费可以根据使用的办公设备、施工设备的折旧和维护费用等来核算。

二、工程成本核算的原则

(一)权责发生制原则

按照权利和责任的发生来确定费用的归属期间，即属于当期的成本费用，不论款项是否支付，都应计入当期工程成本；不属于当期的成本费用，即使款项已经支付，也不能计入当期工程成本。例如，某工程在本月发生了一笔材料采购费用，但款项尚未支付，根据权责发生制，该材料成本应计入本月的工程成本；反之，如果本月支付了一笔下季度的设备租赁费，该费用不应计入本月工程成本，而应在租赁设备实际使用的期间分摊计入成本。又如，对于一个跨年度的大型工程项目，在年末时，即使部分施工材料已经采购入库但尚未使用，根据合同约定其归属下一年度的施工阶段，那么这些材料的成本不能计入本年度的工程成本，而应在次年使用时计入相应的工程成本。

(二)成本与收入配比原则

施工企业应将为取得收入而发生的成本与相应的收入相匹配，以准确反映工程的盈利情况。比如，对于一个分阶段结算的工程项目，施工企业在确认某阶段的工程收入时要将该阶段相应的工程成本进行确认和结转，确保成本与收入在同一期间确认，避免出现收入和成本确认期间不一致而导致利润计算不准确的情况。例如，对于一个分阶段验收的建筑项目，当完成基础工程并确认基础工程部分的收入时，相应的基础工程成本(包括基础部分的材料成本、人工成本、机械使用成本及间接成本等)应同时进行确认和结转。不同阶段的成本和收入的确认要根据具体的工程进度和结算条款进行，确保成本和收入的合理配比，避免提前或滞后确认成本或收入。

（三）划分收益性支出与资本性支出原则

对于施工企业的支出，需要判断是收益性支出还是资本性支出。收益性支出如日常的材料消耗、工人工资等，在发生时计入当期成本费用；而资本性支出，如购置施工设备等，其支出要在多个会计期间通过折旧等方式分摊计入成本。例如，购买一台施工用的塔吊属于资本性支出，其成本要在塔吊的使用年限内通过计提折旧逐步计入工程成本，可根据直线法或其他折旧方法计算每期的折旧额并计入相应的工程成本；而购买施工用的安全帽则属于收益性支出，在购买时直接计入当期成本。再如，购置施工用的运输车辆属于资本性支出，其成本会通过折旧逐年分摊，而购买施工用的临时工具（如扳手、螺丝刀等）属于收益性支出，购买时直接作为当期成本列支。

三、账户设置

（一）"合同履约成本"账户

"合同履约成本"属于成本类账户，用于核算企业为履行当前或预期取得的合同所发生的、不属于其他企业会计准则规范范围且按照本准则应当确认为一项资产的成本。在施工企业中，该账户主要用于核算施工过程中的各项成本，包括直接成本和间接成本。借方登记施工企业在施工过程中发生的各项直接成本和间接成本，包括直接材料、直接人工、机械使用费和施工间接费用等。例如，发生材料费用时，借记"合同履约成本——工程施工——直接材料"；支付施工人员工资时，借记"合同履约成本——工程施工——直接人工"；发生施工间接费用时，借记"合同履约成本——工程施工——施工间接费用"，贷方登记工程竣工后结转至"主营业务成本"的成本金额。期末借方余额反映企业尚未完工的合同履约成本，表示企业正在进行的合同项目中已经发生但尚未结转的成本。该账户可按具体工程项目进行明细核算，以便准确核算每个工程项目的成本，例如，可设置"合同履约成本——工程施工——直接材料""合同履约成本——工程施工——直接人工"等明细科目。对于同时进行多个工程项目的施工企业，每个项目的成本都可以清晰地在该账户下的不同明细科目中反映，便于分别核算和管理，也有利于对不同项目进行成本控制和成本分析。

（二）"机械作业"账户

"机械作业"属于成本类账户，核算施工企业及其内部独立核算的施工单位、机械站和运输队使用自有施工机械和运输设备进行机械作业（包括机械化施工和运输作业等）所发生的各项费用。该账户借方登记发生的各项机械作业成本，如机械操作人员的工资、燃料费、修理费等，按不同的成本项目进行明细核算。例如，对于一台混凝土搅拌机，其发生的操作人员工资可以根据工资发放记录计入该账户的相应明细科目，燃料费可根据加油发票和燃料消耗记录核算，修理费根据维修记录和维修发票登记。贷方登记按受益对象分配转入"合同履约成本"等账户的机械作业成本。分配时可以根据不同的标准，如机械工时、机械作业量、施工工程量等，将机械作业成本合理分配到相应的工程项目。期末一般无余额，当有未分配完的机械作业成本时，余额在借方，表示尚未分配的机械作业成本。当有多个工程项目同时使用同一批施工机械时，需要根据合理的分配标准将机械作业成本准确分配到各个项目，以确保每个项目的成本核算准确，比如根据不同项目使用机械的工时比例来分配燃料费、修理费等成本。

四、账务处理

（一）直接成本的核算

1. 直接材料成本

（1）实际成本法

【做中学 2－22】 企业为某工程项目采购钢材一批，价款 50 000 元，增值税税额 6 500 元，款项已支付，材料已验收入库并投入使用。账务处理如下：

借：合同履约成本——工程施工——直接材料　　50 000

　　应交税费——应交增值税（进项税额）　　6 500

　贷：银行存款　　56 500

【解析】该分录将采购钢材的实际成本50 000元计入该工程项目的直接材料成本，同时确认可抵扣的增值税进项税额。通过“合同履约成本”账户下的明细科目，明确了该材料成本是工程施工项目发生的。

（2）计划成本法

【做中学2—23】 企业采购一批木材，计划成本为30 000元，实际成本为32 000元，增值税税额为4 160元，款项已支付。账务处理如下：

借：原材料　　30 000

　　材料成本差异　　2 000

　　应交税费——应交增值税（进项税额）　　4 160

　贷：银行存款　　36 160

在领用该批木材用于工程项目时，假设材料成本差异率为一定比例，根据领用数量计算出应分摊的成本差异，将计划成本调整为实际成本计入工程成本：

借：合同履约成本——工程施工——直接材料　　32 000

　贷：原材料　　30 000

　　　材料成本差异　　2 000

【解析】购入材料时按计划成本和材料成本差异分别入账；在领用材料时，根据材料成本差异率将计划成本调整为实际成本，确保工程成本核算的准确性。

2. 直接人工成本

【做中学2—24】 企业发放本月施工人员工资共计80 000元，账务处理如下：

借：合同履约成本——工程施工——直接人工　　80 000

　贷：应付职工薪酬　　80 000

【解析】将发放的施工人员工资计入该工程项目的直接人工成本，反映了人工成本的发生。

3. 机械使用费

【做中学2—25】 企业支付施工机械的燃料费3 000元，账务处理如下：

借：合同履约成本——工程施工——机械使用费　　3 000

　贷：银行存款　　3 000

【解析】支付的燃料费作为机械使用费的一部分，直接计入工程项目的机械使用费成本，反映了机械使用过程中的费用发生。

（二）间接成本的核算

1. 发生施工间接费用

【做中学2—26】 施工项目部发生办公费2 000元，账务处理如下：

借：合同履约成本——工程施工——施工间接费用　　2 000

　贷：银行存款　　2 000

【解析】将项目部的办公费计入该工程项目的间接成本，体现了施工间接费用的发生和归集。

2. 间接成本的分配

施工间接费用在期末需要在各工程项目间进行分配，通常采用一定的分配标准，如直接人工成本比例、直接材料成本比例、直接成本比例或其他合理的分配标准。假设采用直接人工成本比例进行分配，首先计算出间接费用分配率，再将间接费用分配到各工程项目。

【做中学 2—27】 假设某施工企业有两个工程项目 A 和 B，本月发生施工间接费用共计 10 000 元，项目 A 的直接人工成本为 40 000 元，项目 B 的直接人工成本为 60 000 元，分配率＝10 000/(40 000＋60 000)＝0.1。

项目 A 应分配的间接费用＝40 000×0.1＝4 000(元)，项目 B 应分配的间接费用＝60 000×0.1＝6 000(元)。账务处理如下：

借：合同履约成本——项目 A——施工间接费用	4 000	
——项目 B——施工间接费用	6 000	
贷：合同履约成本——施工间接费用		10 000

【解析】 将施工间接费用按照合理的分配标准分配到不同的工程项目，使得各工程项目的成本核算更加准确，避免了间接成本全部由一个项目承担而导致成本核算失真。

(三)机械作业成本的核算与分配

1. 发生机械作业成本

【做中学 2—28】 企业自有施工机械发生本月燃料费 5 000 元、修理费 3 000 元，账务处理如下：

借：机械作业——燃料费	5 000	
——修理费	3 000	
贷：银行存款		8 000

【解析】 将机械作业的成本先在“机械作业”账户中归集，以便后续进行分配。

2. 分配机械作业成本

【做中学 2—29】 假设将机械作业成本分配给工程项目 A 和 B，根据一定的分配标准(如机械工时等)，假设分配给项目 A 的成本为 4 000 元，分配给项目 B 的成本为 4 000 元，账务处理如下：

借：合同履约成本——项目 A——机械使用费	4 000	
——项目 B——机械使用费	4 000	
贷：机械作业——燃料费		5 000
——修理费		3 000

【解析】 将“机械作业”账户中归集的成本按照合理的分配标准分配到不同的工程项目，保证每个项目的成本都能准确反映使用机械作业的代价。

(四)工程成本的计算与结转

1. 计算工程成本

在施工过程中，施工企业需要定期(如每月、每季或年末)计算已完工程的成本。已完工程成本是指已完成预算定额规定的全部工序或部分工序，可以向建设单位办理结算的工程成本。

对于已完工程成本的计算，可采用一定的计算方法，如约当产量法、定额比例法等，企业可根据不同的工程类型和施工进度选择合适的方法。例如，在建造多栋相同规格的住宅楼时，如果部分楼层已完成主体结构施工，则可根据已完成主体结构的比例和预算成本，计算已完工程的成本。

已完工程成本＝期初未完工程成本＋本期发生的工程成本－期末未完工程成本

【做中学 2－30】 某工程项目期初未完工程成本为 20 000 元，本期发生的直接成本和间接成本共计 80 000 元，期末未完工程成本为 10 000 元，则已完工程成本＝20 000＋80 000－10 000＝90 000(元)。

2. 结转工程成本

当工程竣工或达到结算节点时，将已完工程成本从“合同履约成本”账户结转至“主营业务成本”账户。

【做中学 2－31】 某工程项目竣工，已完工程成本为 150 000 元，账务处理如下：

借：主营业务成本　　150 000

　　贷：合同履约成本——工程施工　　150 000

【解析】将已完工程成本从“合同履约成本”账户转出，结转到“主营业务成本”账户，以便与工程结算收入相配比，准确核算工程项目的利润。

五、工程成本核算的注意事项

(一)成本数据的准确性

企业要确保各项成本数据的来源真实、可靠，原始凭证完整，如材料的采购发票、人员的工时记录、机械的使用记录等，避免因数据错误导致成本核算偏差。

(二)分配标准的合理性

对于间接成本和机械作业成本的分配，企业要选择合理的分配标准，确保分配结果能准确反映各工程项目的实际负担情况。不合理的分配标准可能导致成本核算不准确，影响企业对工程项目效益的评估。

(三)成本核算的及时性

企业应及时进行成本核算，特别是对于跨年度的工程项目，避免成本核算的滞后影响财务报表的编制和企业决策。及时进行核算成本可以为企业提供最新的成本信息，以便调整施工策略和成本控制措施。

第五节　工程价款结算的核算

一、工程价款结算的概念

工程价款结算是指施工企业按照建造合同的约定，向建设单位收取工程价款的过程。它是施工企业收入确认和资金回笼的重要环节，对于施工企业的资金周转和经营成果的实现具有重要意义。工程价款结算的准确核算有助于反映施工企业在工程项目上的经济效益，同时也为企业的财务报表提供了重要的数据支持。

施工企业的工程结算收入，即合同收入，涵盖合同既定的工程造价，以及因合同变更、索赔、奖励等额外形成的收入。在合同变更方面，若变更增加了可明确区分的商品及合同价款，且新增部分能体现其单独售价，则应将其视作一份独立合同进行会计处理，进而确认相应的收入。对于索赔收入，施工企业需具备确凿证据，以证明符合索赔条件且金额能够可靠计量。对于奖励收入，企业则要求合同完成情况达到既定标准等条件，方可予以确认。

二、工程价款结算的方式

（一）按月结算

按月结算是一种常见的结算方式，即施工企业每月根据已完成的工程量，向建设单位办理工程价款结算。施工企业需要在每月月末根据当月实际完成的工程量，按照合同约定的计价方法（如合同的单价乘以完成的工程量）计算出应结算的工程价款，向建设单位提交“工程价款结算账单”，建设单位审核后予以支付。例如，在一项房屋建筑工程中，施工企业每月根据当月完成的基础施工、主体结构施工等不同部分的工程量，按照合同约定的每立方米混凝土浇筑价格、每平方米墙体砌筑价格等计算出当月应结算的价款。

（二）分段结算

企业根据工程的不同阶段或施工进度，将工程划分为若干个段落或部分，在完成某一阶段或部分的施工后进行相应的价款结算。例如，对于一个大型桥梁工程，可以划分为基础工程、桥墩工程、桥面工程等几个阶段，当基础工程完成后，对基础工程部分进行结算；当桥墩工程完成后，再对桥墩工程部分进行结算。这种结算方式有助于施工企业及时回收部分资金，也便于建设单位根据工程进度控制资金支付。

（三）工程竣工后一次结算

对于一些工期较短、造价较低的工程项目，通常采用竣工后一次结算的方式。施工企业在工程竣工后将整个工程的价款进行一次性结算。这种方式相对简单，但施工企业需要在施工期间自行垫付较多的资金，对企业的资金实力有一定要求。

（四）按期（月或季）结算

按期（月或季）结算，即实行期中预支、期末结算、竣工后清算的办法。企业采取按期结算工程价款办法时，应按各期实际完成的工程数量，并按照工程预算定额中的工程造价、施工管理费定额、计划利润率、税率等计算已完工程的预算造价；同时，根据有关资料和实地盘点结果计算实际完工的工程数量，编制“已完工程月报表”和“工程价款结算单”，送发包单位，据以办理结算。

三、账户设置

（一）“应收账款”账户

“应收账款”属于资产类账户，用于核算施工企业因销售商品、提供劳务等经营活动应向建设单位收取的款项。该账户借方登记当施工企业向建设单位提交“工程价款结算单”并确认工程价款时，将应收取的款项借记“应收账款”账户，表明企业的债权增加；贷方登记待建设单位支付款项时，将收到的金额贷记“应收账款”账户，表示企业的债权减少。期末余额一般在借方，反映施工企业尚未收回的工程价款。期末借方余额表示企业还有多少工程款未从建设单位处收回，是企业在资产负债表中流动资产的一部分，体现了企业的债权情况。

【提示】在工程价款结算中，当施工企业向建设单位提交“工程价款结算单”并确认工程价款时，应借记“应收账款”账户，贷记“合同结算”账户。待建设单位支付款项时，借记“银行存款”账户，贷记“应收账款”账户。

（二）“合同结算”账户

“合同结算”用于核算同一合同下属于在某一时段内履行履约义务涉及与客户结算对价的合同资产或合同负债，可设置“合同结算——价款结算”和“合同结算——收入结转”两个明细账户，其中，“合同结算——价款结算”反映定期与客户进行结算的金额；“合同结算——收入结转”科目反映按照履约进度结转的收入金额。

【提示】当确认的收入大于结算金额时，则“合同结算”表现为合同资产；当确认的收入小于结算金额时，“合同结算”表现为合同负债。在新收入准则下，“合同结算”账户的使用需结合企业的具体会计政策和核算习惯，部分企业可能直接通过“主营业务收入”账户确认收入，而不单独使用“合同结算”账户。

（三）“应付账款——应付分包单位款”账户

“应付账款——应付分包单位款”属于负债类账户，当涉及分包工程时，用于核算施工企业应付给分包商的工程款项。该账户借方登记当施工企业向分包商支付款项时，借记该账户，表示企业对分包商的债务减少；贷方登记发生分包工程时，根据与分包商签订的合同和分包工程的进度或完成情况，将应支付给分包商的款项。期末余额一般在贷方，反映施工企业尚未支付给分包商的工程款项。期末贷方余额表示企业欠分包商的工程款，是企业在资产负债表中负债的一部分，体现了企业对分包商的债务情况。

（四）“预付账款——预付分包单位款”账户

“预付账款——预付分包单位款”属于资产类账户，当施工企业出于各种原因（如确保分包商能及时采购材料、组织人员进场施工等）需要向分包商预付部分工程款时，便会用到该账户。该账户借方登记施工企业向分包商预付工程款的金额，这表明企业资产的一种占用形式，即资金提前流出用于保障分包工程的顺利开展；贷方登记当分包商完成相应工程进度，施工企业确认相应分包工程成本，将预付账款转入应付账款或直接冲减预付账款的金额。期末余额一般在借方，反映施工企业预付给分包商但尚未因工程进度结转或冲减的款项金额，体现了企业在分包工程预付款项方面的资产状况。

四、账务处理

（一）按月结算的账务处理

【做中学 2—32】 假设某施工企业承建一项建筑工程，采用按月结算方式，本月根据已完成的工程量计算出应结算的工程价款为 80 000 元，向建设单位提交“工程价款结算单”，账务处理如下：

借：应收账款	80 000	
贷：合同结算——价款结算		80 000

【解析】此分录确认了施工企业本月应向建设单位收取的工程价款，并将其计入“合同结算——价款结算”账户，同时反映在“应收账款”账户中，表明企业拥有了向建设单位收取该款项的权利。

当建设单位支付该笔款项时，账务处理如下：

借：银行存款	80 000	
贷：应收账款		80 000

【解析】此分录反映了施工企业收到建设单位支付的工程价款，将款项存入银行，减少了企业的应收账款，增加了银行存款。

（二）分段结算的账务处理

【做中学 2—33】 某大型水利工程采用分段结算方式，当完成第一段的大坝基础工程时，计算出该段应结算的工程价款为 150 000 元，账务处理如下：

借：应收账款	150 000	

贷:合同结算——价款结算 150 000

【解析】当完成某一施工段的工程后,施工企业将该段的工程价款确认为应收账款,并在"合同结算——价款结算"账户中进行记录,以便后续的结算和财务核算。

当收到建设单位支付的该段工程价款时:

借:银行存款 150 000

贷:应收账款 150 000

【解析】企业收到建设单位支付的该段工程价款后,将款项存入银行,冲减应收账款。

(三)竣工后一次结算的账务处理

【做中学 2—34】 某小型装饰工程采用竣工后一次结算方式,工程竣工后,确定工程总价款为200 000元,账务处理如下:

借:应收账款 200 000

贷:合同结算——价款结算 200 000

【解析】在工程竣工后,将全部工程价款确认为应收账款,并在"合同结算——价款结算"账户中反映,以便与后续的成本结转和收入确认进行核算。

当收到建设单位支付的全部工程价款时,账务处理如下:

借:银行存款 200 000

贷:应收账款 200 000

【解析】收到全部款项后,增加银行存款,冲减应收账款。

(四)分包工程结算的账务处理

【做中学 2—35】 假设施工企业将部分工程分包给另一家企业,在分包工程完成一定进度或竣工时,需要进行结算。

(1)假设根据分包合同和已完成的分包工程量,确定本月应结算给分包商的价款为30 000元,账务处理如下:

借:合同履约成本——工程施工——分包工程成本 30 000

贷:应付账款——应付分包单位款 30 000

【解析】将应支付给分包商的款项先计入"合同履约成本——工程施工——分包工程成本"账户,同时确认应付账款,反映了分包工程成本的发生和对分包商的债务。

(2)当支付该笔分包工程款时:

借:应付账款——应付分包单位款 30 000

贷:银行存款 30 000

【解析】支付款项时,冲减应付账款,减少银行存款,完成对分包商的款项支付。

(3)当涉及预付分包工程款时,如上述"预付账款——预付分包单位款"账户的使用。

【做中学 2—36】 假设施工企业在分包工程开工前,根据合同约定预付分包商20 000元。此时,由于尚未开始提供分包服务,因此预付账款应单独列示,不计入合同成本。账务处理如下:

借:预付账款——预付分包单位款 20 000

贷:银行存款 20 000

【解析】在施工企业与分包商的合同中,如果约定在分包工程开工前预付一定金额给分包商,那么当实际支付这笔预付款时,由于分包服务尚未开始提供,因此这笔款项不能计入合同成本中,根据会计处理规范,应当单独列示这笔预付款。在本例中,施工企业预付给分包商20 000元,这笔款项在会计账务处理上，应借记“预付账款——预付分包单位款”科目，表示企业已经预付但尚未得到相应服务的款项；同时，贷记“银行存款”科目，表示企业银行存款的减少。

(4)假设分包商完成部分工程，经确认该部分工程成本为30 000元，且此前预付的20 000元尚不足以覆盖该成本。账务处理如下：

借：合同履约成本——工程施工——分包工程成本　30 000

　贷：预付账款——预付分包单位款　20 000

　　应付账款——应付分包单位款　10 000

【解析】 将预付账款冲减，同时确认剩余的应付账款，确保分包工程成本的准确核算。

（五）考虑工程结算收入及税费的账务处理

在新收入准则下，收入的确认应基于与客户之间的合同，且需要满足5个确认条件。当施工企业向业主开出工程价款结算单并办理结算时，如果满足收入确认条件(例如，控制权已转移给客户、收入金额能够可靠计量等)，则应按结算单所列金额确认收入，同时，应计算并确认相应的增值税销项税额。

【做中学2—37】 假设开出工程价款结算单金额为500 000元，增值税税率为9%，且满足收入确认条件。账务处理如下：

借：应收账款　545 000

　贷：主营业务收入　500 000

　　应交税费——应交增值税(销项税额)　45 000

【解析】 在新收入准则下，“合同结算”账户通常用于记录已收取或应收取客户对价而应向客户转让商品的义务。然而，在实际操作中，企业可能会根据具体情况选择使用“主营业务收入”等账户直接确认收入。

（六）确认合同收入和费用的账务处理

在新收入准则下，当企业按照履约进度确认收入时，企业应同时确认相应的成本，并计算合同毛利。

【注意】 合同毛利通过“主营业务收入”与“合同履约成本”的差额体现，在新收入准则下，不再单独使用“工程施工——合同毛利”账户。

【做中学2—38】 假设当期确认合同费用为300 000元，合同收入为400 000元，账务处理为：

(1)确认合同收入：

借：合同资产(或应收账款)　400 000

　贷：主营业务收入　400 000

【解析】 当满足收入确认条件时，将预期能够收回的合同价款确认为合同资产(如果合同的履行存在不确定性，尚未取得无条件收款权)或应收账款(如果已取得无条件收款权)，同时确认相应的主营业务收入。

(2)确认合同成本：

借：合同履约成本　300 000

　贷：银行存款/原材料/应付账款等　300 000

【解析】 在履行合同过程中发生的成本，先通过合同履约成本进行归集，根据实际发生的成本来源(可能是支付的银行存款、消耗的原材料或形成的应付账款)，将这些成本归集到合同履约成本账户。

(3)结转合同成本至主营业务成本：

借:主营业务成本　　300 000

　　贷:合同履约成本　　300 000

【解析】当确认收入时,将与该收入相关的已发生的合同履约成本结转到主营业务成本,以实现收入和成本的配比。

(七)工程竣工时的账务处理

在新收入准则下,当工程施工合同完工后,企业需要进行一系列账务处理,包括对冲合同结算与合同履约成本、确认合同毛利、转销合同预计损失准备等。

对于合同履约成本的核算,在新收入准则下,"合同履约成本——工程施工"主要用于归集工程施工过程中发生的各项直接成本和间接成本。对于合同毛利的核算,通过"主营业务收入"与"合同履约成本"之间的差额体现,不再单独使用"工程施工——合同毛利"账户。

对于工程价款结算的账务处理,工程竣工对冲"合同结算"与"合同履约成本——工程施工"时,若"合同结算"余额大于"合同履约成本——工程施工"余额,差额贷记"主营业务收入",表明工程实现盈利;反之,则借记"主营业务成本",表示工程存在亏损。

对于合同预计损失准备的处理,如果在合同履行过程中预计亏损并计提了"合同预计损失准备",在工程竣工时,需根据实际情况进行转销或冲回。如果实际亏损与预计相符或小于预计亏损,则应将预计损失准备转销为成本;如果实际盈利,则需将预计损失准备转回为收入或冲减成本。

对于收入确认的合规性,在新收入准则下,收入确认需满足以下条件:合同各方已批准该合同并承诺将履行各自的义务;合同明确了各方的权利和义务;合同有明确的支付条款;合同具有商业实质;企业因向客户转让商品而有权取得的对价很可能收回。施工企业在确认收入时需确保满足这些条件。

【做中学 2-39】 假设工程完工时,"合同结算"账户贷方余额为 800 000 元(表示已结算但尚未完工的部分减少,即已收款或应收款),"合同履约成本——工程施工"账户借方余额为 700 000 元(表示已发生的合同成本),"合同预计损失准备"借方余额为 20 000 元(假设之前预计亏损并计提了准备)。账务处理如下:

(1)对冲合同结算与合同履约成本,并确认合同毛利:

借:合同结算　　800 000

　　贷:合同履约成本——工程施工　　700 000

　　　　主营业务收入　　100 000

【解析】此分录表示工程已完工,之前已结算的款项与已发生的成本进行对冲,并确认合同实现的毛利。合同毛利是合同收入减去合同成本后的净额。在这个例子中,由于合同结算的贷方余额(800 000 元)大于合同履约成本的借方余额(700 000 元),因此可以确认 100 000 元的合同毛利。合同毛利直接通过"主营业务收入"体现。

(2)转销合同预计损失准备(如果之前计提了预计亏损准备):

如果之前计提的预计亏损准备与实际亏损相符或小于实际亏损,则应将准备全额或部分转销为成本:

借:合同预计损失准备　　20 000

　　贷:主营业务成本　　20 000

【解析】第一笔分录完成了工程竣工后合同结算与合同履约成本的对冲,并确认合同毛利;第二笔分录转销合同预计损失准备,将其调整为主营业务成本。

五、工程价款结算的注意事项

（一）结算依据的准确性

施工企业在办理工程价款结算时必须确保结算依据的准确性。结算依据通常包括已完成的工程量清单、工程变更单、签证单、合同约定的计价方法等，要对工程量进行准确计量，避免因计量错误导致结算金额不准确，影响企业的收入和利润。例如，对于隐蔽工程的结算，要依据相关的验收记录和签证资料；对于工程变更，要根据变更通知单和变更后的工程量重新计算价款。

（二）合同条款的遵循

严格遵循合同约定的结算条款，包括结算的时间、结算的方式、计价方法、付款条件等。合同是工程价款结算的重要依据，任何违背合同条款的结算行为都可能引发纠纷，影响企业的经济利益。比如，若合同约定了工程价款的调整条件（如材料价格波动达到一定幅度时调整价款），在结算时需检查是否满足调整条件并进行相应的处理。

（三）与成本核算的关联

工程价款结算要与工程成本核算相匹配，遵循成本与收入配比原则。企业在确认工程价款收入时，应确保相应的工程成本已经核算或即将核算完成，避免出现收入和成本不匹配的情况。例如，在按月结算时，确认当月工程价款收入的同时，要关注该月已发生的成本是否已经准确计入“合同履约成本”账户；在竣工结算时，要确保整个工程的成本已经全部结转至“主营业务成本”账户，以便准确计算工程利润。

六、与工程价款结算相关的其他问题

（一）工程价款的调整

在工程施工过程中，可能会因各种因素导致工程价款的调整，如工程变更、物价波动、法律法规变更等。对于工程变更，施工企业应根据变更的工程量和合同约定的计价方法调整工程价款。例如，建设单位要求增加某项工程内容，施工企业根据变更后的工程量和原合同单价计算出增加的价款，调整“合同结算”账户和“应收账款”账户。对于物价波动，若合同约定采用价格调整公式（如采用调价公式调整材料价格波动带来的影响），施工企业则需根据实际情况计算调整金额，并相应调整工程价款结算。

（二）质保金的处理

建设单位通常会扣留一定比例的工程价款作为质保金，待质保期结束后再支付给施工企业。施工企业在结算工程价款时应将质保金部分单独核算。

【做中学 2－40】 在结算工程价款时，假设工程价款为 100 000 元，质保金比例为 5%，账务处理如下：

借：应收账款	95 000	
应收账款——质保金	5 000	
贷：合同结算		100 000

在质保期结束后，若建设单位支付质保金：

借：银行存款	5 000	
贷：应收账款——质保金		5 000

【解析】 质保金的处理需要单独记录，确保施工企业对质保金的核算清晰，便于后续跟踪和管理。当质保期结束且施工企业已经履行了其维修和保养义务后，建设单位会支付扣留的质保金。此时，施工企业需要将之前记录的质保金从应收账款中冲销，并确认收到的银行存款。

（三）分包工程的特殊考虑

1. 分包合同的管理

在施工企业的分包工程管理中，对分包合同的管理至关重要。施工企业需严格管理分包合同，明确分包工程的范围、计价方式、结算方式、质量标准、付款条件等条款，确保分包合同与主合同衔接，避免因分包合同纠纷影响主合同的履行和工程价款结算。例如，分包工程的计价方式需明确是采用固定总价合同还是单价合同。若采用固定总价合同，需详细界定合同涵盖的工作内容和范围，避免因工作内容模糊导致价款争议；若采用单价合同，则要明确单价包含的具体工作事项、计量方式及工程量变更的处理方式。同时，付款条件应明确规定付款的时间节点和支付比例，以防止因付款时间不清晰引发资金周转问题。此外，质量标准和验收程序也需明确，分包工程质量必须达到国家现行的工程质量验收规范标准，并针对项目的特殊要求，对关键部位、关键工艺的质量标准进行细化，如规定混凝土的抗压强度需达到特定数值，钢筋的锚固长度必须符合设计要求等。验收程序应明确规定分包商完成工程后需先进行自检，自检合格后提交验收申请，由施工企业组织相关人员进行验收，验收过程需形成详细的验收记录，对于不合格项要明确整改要求和期限。

2. 分包工程的进度管理

在分包工程的进度管理方面，施工企业应与分包商在合同中明确工程进度计划，包括各阶段的开工时间、完工时间以及关键节点的完成时间，并建立有效的进度跟踪机制，定期对分包工程的实际进度与计划进度进行对比分析。例如，每周或每月召开工程进度协调会，要求分包商汇报工程进展情况，及时发现进度偏差并采取相应措施。若分包工程进度滞后，施工企业则应与分包商共同分析原因，如是否因劳动力不足、材料供应不及时或施工工艺问题导致。对于因分包商自身造成的进度延误，应按照合同约定追究其违约责任，如扣除一定比例的工程款作为违约金，并要求其采取赶工措施，增加人员、设备投入等，确保工程整体进度不受影响。

3. 分包工程的风险应对

分包工程的风险应对也是施工企业需要重视的环节。除了分包商违约风险外，施工企业还可能面临其他风险，如分包商破产风险。一旦分包商出现财务危机甚至破产，可能导致分包工程中断，影响整个项目进度。因此，施工企业应在合同中约定相应的应对措施，例如，要求分包商提供履约担保，包括银行保函、履约保证金等。当分包商出现破产迹象时，施工企业可及时启用担保措施，保障工程的顺利进行。此外，对于不可抗力等不可预见、不可避免的风险，施工企业和分包商应在合同中明确双方的责任和义务。例如，因不可抗力导致工程延误或损失，双方应按照公平、合理的原则分担损失，并共同采取措施，减少损失扩大。

4. 分包工程的沟通与协调

施工企业与分包商之间的沟通与协调同样至关重要。良好的沟通与协调能够有效提升工程效率和质量。施工企业应建立畅通的沟通渠道，例如，设立专门的项目联络人，负责双方之间的信息传递。对于工程中出现的问题，应及时进行沟通协商解决。例如，在施工过程中，若发现设计图纸存在问题，施工企业则应及时与分包商、建设单位、设计单位进行沟通，共同商讨解决方案，避免因信息不畅导致工程变更延误或质量问题。此外，施工企业还应定期组织分包商与自身的施工团队进行技术交流和经验分享，促进双方在施工过程中进行协作，提高工程的整体质量和效率。

七、工程价款结算与财务报表的关系

（一）对资产负债表的影响

在资产负债表方面，工程价款结算会影响多个项目。例如，“应收账款”账户余额会在资产负债表中列示为流动资产，反映施工企业尚未收回的工程价款，体现企业的债权情况。“合同结算”账户余额通常作为“存货”或“合同资产”的抵减项目列示，具体取决于企业的会计政策，总体上反映了合同结算的进度和未完工工程的结算情况。“应付账款——应付分包单位款”账户余额在资产负债表中作为负债列示，反映施工企业对分包商的债务情况；而“预付账款——预付分包单位款”账户余额在资产负债表中作为资产列示，反映施工企业预付给分包商的款项情况。随着工程进度的推进，该账户余额会随着与分包商的结算逐步减少。

（二）对利润表的影响

在利润表方面，工程价款结算涉及收入和成本的确认，进而影响利润表的表现。当施工企业确认工程价款收入时，通常会同时确认相应的工程成本。收入确认方式的不同会对利润表产生不同的影响。例如，按月结算会在每月确认部分收入，分段结算在各阶段确认收入，而竣工后一次结算则在竣工时一次性确认收入。此外，分包工程成本会影响营业成本。分包工程成本通过“合同履约成本”科目归集，并最终结转至“主营业务成本”。这一过程会影响营业成本的金额，进而影响利润表中的净利润。

以会计之力助施工企业逐浪经济新征程

【学思践悟】

党的二十大报告强调要加快构建新发展格局，着力推动高质量发展。高质量发展是全面建设社会主义现代化国家的首要任务，二十届二中、三中全会则围绕经济体制改革、现代化产业体系建设等作出系列部署。这要求施工企业会计深刻认识到，会计工作不再局限于传统的记账、算账、报账，而是要深度融入企业战略规划与运营管理，为推动企业高质量发展提供有力支撑。

从宏观经济环境来看，随着经济增速换挡、结构调整加速，施工企业面临着市场竞争加剧、资金压力增大等挑战。会计人员需学习宏观经济政策，理解财政政策、货币政策对企业资金成本、融资难度的影响，从而在资金管理、预算编制等工作中提前谋划。例如，在积极的财政政策下，政府可能加大基础设施建设投入，施工企业迎来更多项目机会，但同时也需应对项目周期长、资金回笼慢等问题。会计人员要思考如何优化项目成本核算，合理安排资金，确保企业在项目推进过程中稳定资金链。

习近平总书记强调创新驱动发展战略，施工企业会计也应在工作中创新思维。在收入确认方面，新收入准则的实施要求会计人员准确把握履约进度，合理确认收入，这就需要创新核算方法，利用信息化手段更精准地跟踪项目进度；同时，在成本管理上，不能仅依赖传统的成本控制方法，要思考如何引入作业成本法、战略成本管理等新理念，挖掘成本降低潜力，提升企业效益。

在实践中，施工企业会计要将所学所思转化为实际行动，在项目成本控制方面，严格执行成本预算，对每一笔材料采购、人工支出进行精细化核算。通过建立成本预警机制，当实际成本接近或超出预算时及时发出警报，以便企业管理层调整施工方案、优化资源配置。例如，在某大型商业综合体建设项目中，会计人员通过对各施工阶段成本数据的实时分析，发现外墙装饰材料采购成本过高，经与采购部门、施工部门沟通，优化采购渠道，选择性价比更高的材料，有效降低了项目成本，在资金管理上，积极拓宽融资渠道，根据企业项目进度和资金需求，合理安排融资规模和期限；同时，加强应收账款管理，及时与建设单位沟通，确保工程款按时回收。在参与企业决策方面，会计人员凭借专业的财务分析能力，为企业项目投标、投资决策提供数据支持。通过对不同项目的盈利能力、风险水平进行评估，帮助企业筛选优质项目，避免盲目投资。

【悟有所得】

从行业发展趋势来看，数字化转型是必然方向。随着大数据、人工智能、区块链等技术在会计领域的应用，施工企业会计要积极拥抱变化，掌握新技术，实现会计工作的智能化、自动化。例如，利用区块链技术确保财务数据的真实性和不可篡改性，通过大数据分析挖掘潜在的财务风险和业务机会。

在服务国家战略方面，施工企业会计可以助力企业参与“一带一路”建设等重大项目。在这些项目中，要充分考虑国际会计准则差异、汇率风险等因素，做好财务风险管理和税务筹划。通过参与国际项目，提升企业国际竞争力，为国家经济合作与发展贡献力量。

施工企业会计工作者也应意识到自身在企业社会责任履行中的角色。准确的财务信息披露，有助于投资者、债权人等利益相关者了解企业经营状况，促进市场公平有序。同时，通过合理的会计核算，推动企业节能减排、绿色施工，为实现碳达峰、碳中和目标贡献力量。

在新时代经济发展浪潮中，施工企业会计唯有不断学思践悟，紧跟政策导向，立足岗位实践，把握发展趋势，才能在助力企业发展的同时实现自身价值的升华，为经济高质量发展添砖加瓦。

应知考核

一、单项选择题

1. 施工企业自行建造一个临时仓库，发生的各项费用先通过(　　)账户核算，工程达到预定可使用状态时，再转入“固定资产——临时设施”账户。

A.“固定资产——临时设施”　　B.“在建工程”

C.“周转材料——临时设施”　　D.“合同履约成本——工程施工”

2. 在新收入准则下，当施工企业按照履约进度确认收入的同时确认相应的成本，合同毛利通过(　　)的差额体现。

A.“主营业务收入”与“合同履约成本”

B.“工程施工——合同毛利”与“合同履约成本”

C.“主营业务收入”与“工程施工——合同毛利”

D.“主营业务收入”与“主营业务成本”

3. 施工企业将部分工程分包给另一家企业，在分包工程完成一定进度或竣工时，根据分包合同和已完成的分包工程量确定应结算给分包商的价款，应将该价款先计入(　　)账户。

A.“合同履约成本——工程施工——分包工程成本”

B.“应付账款——应付分包单位款”

C.“预付账款——预付分包单位款”

D.“主营业务成本”

4. 对于施工企业的工程成本核算，以下属于直接成本的是(　　)。

A. 项目部管理人员的工资　　B. 施工机械的租赁费用

C. 办公室的水电费　　D. 为施工人员购买的劳保用品费用

5. 施工企业采用竣工后一次结算方式，在工程竣工后，确定工程总价款为 200 000 元，账务处理时应贷记(　　)账户。

A.“应收账款”　　B.“合同结算——价款结算”

C.“主营业务收入”　　D.“银行存款”

二、多项选择题

1. 施工企业的经营特点包括(　　)。

A. 生产地点的流动性　　B. 生产周期的长期性

C. 产品的内在独特性　　D. 成本核算的简单性

2. 施工企业的工程成本构成要素中,直接成本包括(　　)。

A. 直接材料　　B. 直接人工

C. 机械使用费　　D. 其他直接费

3. 施工企业采用分次摊销法核算周转材料时,以下说法正确的是(　　)。

A. 领用时将周转材料从“在库”转为“在用”

B. 每次摊销时,借记“合同履约成本——工程施工”,贷记“周转材料——摊销”

C. 报废时,无须处理

D. 报废时,将累计摊销额与周转材料账面价值对冲,处理残料价值

4. 以下属于施工企业间接成本的是(　　)。

A. 管理人员薪酬　　B. 办公费

C. 差旅费　　D. 机械使用费

5. 在施工企业核算临时设施时,以下哪些情况会将其确认为周转材料?(　　)

A. 不符合固定资产确认条件

B. 预计使用期限较长、价值较高且可多次使用

C. 预计使用期限较短,价值较低

D. 可移动且可重复利用

三、判断题

1. 施工企业在计划成本法下购入周转材料时,按计划成本入账,实际成本与计划成本的差额计入“材料成本差异”账户,超支差异记贷方,节约差异记借方。(　　)

2. 对于符合固定资产确认条件的临时设施,当月增加当月开始计提折旧,当月减少当月停止计提折旧。(　　)

3.“合同履约成本”账户是资产类账户,核算企业为履行合同发生的各项成本,期末无余额。(　　)

4. 工程竣工时,若“合同结算”账户贷方余额小于“合同履约成本——工程施工”账户借方余额,表明工程存在亏损。(　　)

5. 施工企业会计核算通常采用分级核算的方式,是因为施工生产具有流动性和分散性。(　　)

应会考核

■ 观念应用

【背景资料】

施工企业会计核算的三重考量:原则、成本与结算

某施工企业中标了一项大型商业综合体建设项目,预计工期为两年。项目包括多个施工阶段,如基础工程、主体结构、装饰装修等。在项目实施过程中,企业需要采购大量建筑材料、搭建临时设施、管理多个施工队伍,并处理分包工程和工程变更等问题。根据新收入准则,企业需要在履约进

度上确认收入，并合理核算成本。

【考核要求】

(1)说明施工企业会计核算中如何体现权责发生制原则和成本与收入配比原则。

(2)讨论施工企业如何通过会计核算支持项目成本控制和效益评估。

(3)分析工程价款结算方式对施工企业资金流和利润的影响。

■ 技能应用

多场景下施工企业会计技能实战：以桥梁项目为例

(1)某施工企业承接了一项桥梁建设项目，预计工期为两年。项目初期，企业采购了价值100 000元的钢材，增值税税额为13 000元，款项已支付。同时，企业自行搭建了临时办公室和仓库，领用材料计划成本为30 000元，材料成本差异率为2%，人工费用为10 000元，其他费用为5 000元。

要求：进行成本核算，并编制相应的会计分录。

(2)某桥梁建设项目采用按月结算方式，每月末根据完成的工程量结算部分价款。假设某月完成工程量对应的价款为50 000元，增值税率为9%。此外，项目在桥墩完工时进行分段结算，结算价款为100 000元，增值税率为9%。

要求：按月结算和分段结算，编制相应的会计分录。

(3)某施工企业将桥梁项目中的部分混凝土浇筑工作分包给一家专业分包商。分包工程完成一定进度后，确定应支付给分包商价款30 000元。企业预付分包商20 000元，剩余款项在工程完工后支付。请根据背景，编制相应的会计分录。

(4)某施工企业在桥梁建设过程中因钢材价格波动导致材料成本增加。同时，因设计变更，桥墩施工高度增加，导致工程量和成本增加。

要求：提出风险防控措施。

(5)某施工企业在桥梁建设项目中，截至12月末，应收账款余额为150 000元，“固定资产——临时设施”余额为45 600元，“应付账款”余额为30 000元，“预付账款”余额为20 000元。本月确认收入100 000元、成本80 000元。

要求：根据施工企业的会计核算结果，编制资产负债表和利润表。

【技能要求】

请结合所学的知识，分别按照上述要求对内容做出账务处理。

■ 案例分析

【情景与背景】

施工企业桥梁项目全流程：会计核算与风险防控策略

某施工企业承接了一项大型桥梁建设项目，预计工期为3年。项目初期，企业需要采购大量钢材、水泥等材料，并搭建临时设施，包括临时办公室、仓库和施工平台。在施工过程中，企业将部分工程分包给其他企业，并面临工程变更和材料价格波动等问题。项目采用按月结算和分段结算相结合的方式，每月末根据完成的工程量结算部分价款，关键节点如桥墩完工、桥梁合龙时进行专项结算。

【分析要求】

请根据上述背景，从以下方面进行分析：

(1)分析施工企业在项目初期如何进行材料采购和临时设施搭建的会计核算。

(2)讨论施工企业在处理分包工程和工程变更时的会计处理方法。

(3)说明施工企业在按月结算和分段结算方式下的收入确认和成本核算方法。

(4)分析施工企业在项目施工过程中如何应对材料价格波动、工程变更等风险,并提出成本控制的建议。

本章实训

【实训内容】

施工企业会计

【实训情境】

假设你是一家大型建筑施工企业的会计人员,正在负责一个综合性的大型建筑项目的会计工作。该项目是一个集商业、住宅、办公为一体的城市综合体建设项目,预计建设周期为3年。在项目初期,你需要采购各种建筑材料,包括大量的钢材、水泥、木材等,同时要搭建临时设施,如临时办公室、宿舍、仓库和施工所需的临时水电设施。施工过程中会涉及多个施工队伍和施工机械的调配,还会使用各种周转材料,如脚手架、模板、挡板等。你将面临不同的工程价款结算方式,可能是按月结算部分工程款,部分工程也会采用分段结算,而且还可能将部分工程分包给其他企业。随着工程的推进,需要对不同阶段的成本进行核算,包括直接成本(如直接材料、直接人工、机械使用费等)和间接成本(如项目部管理人员费用、办公费等)。在项目进行中,可能会发生工程变更、索赔、奖励等事项,这将影响合同收入的确认。最后,工程竣工时,要进行最终的结算和账务处理,考虑合同预计损失准备等情况。

【实训任务】

任务一:会计处理方法的影响

在该大型建筑工程项目中,不同的会计处理方法和决策对企业财务状况会产生怎样的影响?选择两种不同的会计处理方法(如成本核算方法、收入确认方法)进行对比分析。撰写一份简短的分析报告(不少于500字),说明不同方法对财务状况的影响,并提出建议。

任务二:成本核算与收入确认的准确性

如何确保在项目各阶段都能准确核算成本,合理确认收入,保证财务报表真实反映项目的经营成果?根据项目初期、中期和后期的特点,设计一套成本核算和收入确认的流程。以一个具体的施工阶段为例,列出直接成本和间接成本的具体项目,并计算其金额。撰写一份操作指南(不少于800字),详细说明如何在各阶段确保成本核算和收入确认的准确性。

任务三:复杂情况的处理

遇到各种复杂情况(如工程变更、分包商问题、材料价格波动)时,如何依据会计准则和相关法规进行妥善处理?选择以下三种复杂情况中的两种进行分析:工程变更导致成本增加和收入调整、分包商延迟交付或质量问题导致索赔、主要材料价格波动对成本的影响。对每种情况,列出具体的会计处理步骤,并编制相应的会计分录。引用相关会计准则和法规条款,说明处理的依据。撰写一份案例分析报告(不少于1 000字),总结处理复杂情况的经验和建议。

《施工企业会计》实训报告		
实训班级：	实训小组：	实训组成员：
实训时间： 年 月 日	实训地点：	实训成绩：
实训目的：		
实训步骤：		
实训结果：		
实训感言：		

第三章 房地产开发企业会计

● 知识目标

理解：房地产开发企业的概念与特点。
熟知：房地产开发企业会计的概念与特点；房地产开发企业会计的核算任务。
掌握：房地产开发成本的核算；房地产开发产品的核算。

● 技能目标

能够熟练运用房地产开发企业会计核算方法，准确进行各类经济业务的账务处理，包括土地开发、房屋建设、配套设施开发、代建工程开发等成本的核算，以及开发产品销售、出租、自用等业务的会计处理。在面对一个具体的房地产开发项目时，能根据项目的实际情况，正确确定成本核算对象，选择合适的成本核算方法，准确计算开发成本，并按照会计准则进行账务记录。

● 素质目标

培养严谨、细致的工作态度和高度的责任心，提升团队协作能力和沟通能力，增强创新思维和解决问题的能力。随着房地产市场的不断变化和政策法规的日益完善，房地产开发企业会计工作面临着新的挑战和机遇，需要会计人员具备创新思维，探索新的会计处理方法和财务管理模式，具备较强的解决问题的能力，通过分析问题的本质，提出有效的解决方案。

● 思政目标

树立正确的职业道德观和价值观，遵守诚实守信、廉洁奉公的职业道德准则，维护企业和社会的利益；培养社会责任意识，房地产行业与民生息息相关，房地产开发企业在追求经济效益的同时也需要承担社会责任；增强法治观念和合规意识，房地产开发企业涉及的法律法规众多，会计人员要熟悉并遵守相关法律法规，确保企业的财务活动合法合规。

● 课程引例

从源泉房地产企业的兴衰看会计核算的关键作用

源泉房地产开发公司是一家在当地颇具规模的企业，成立初期，凭借敏锐的市场洞察力和高效的项目运作，在房地产市场上崭露头角。该公司承接了多个住宅和商业项目，业务发展迅速。

在项目开发过程中，公司注重成本控制和销售策略的制定。在会计核算方面，公司起初也较为规范，能够准确核算开发成本和收入，合理安排资金。例如，在一个住宅项目中，会计人员严格按照成本核算方法，将土地征用及拆迁补偿费、建筑安装工程费等各项成本准确归集到项目成本中，为项目的定价和利润核算提供了可靠依据；同时，通过合理的资金筹集和使用管理，确保了项目的顺利推进，该项目最终取得了良好的经济效益，为公司赢得了口碑和市场份额。

然而，随着公司业务的不断扩张，管理层开始忽视会计核算的重要性，在成本核算方面，出现了成本核算对象划分不清晰、成本费用归集不准确的问题，例如，在一个大型商业综合体项目中，将多个不同功能区域的成本混合核算，导致无法准确评估每个区域的盈利情况，也影响了项目的整体定价策略；在收入确认方面，为了追求短期业绩、提前确认收入，违反了会计准则的规定；此外，在资金管理上，盲目投资，过度依赖银行贷款，导致资产负债率过高、资金链紧张。

随着市场环境的变化，房地产市场进入调整期，公司的问题逐渐暴露。由于成本核算不准确，项目定价不合理，销售不畅，库存积压严重；收入确认违规，受到监管部门的调查和处罚；资金链紧张，无法按时偿还贷款，面临巨大的财务风险。最终，公司陷入困境，不得不进行资产重组和业务调整。

● 引例反思

从会计核算角度看，准确的成本核算和合理的收入确认是企业经营决策的重要依据。如果会计核算出现偏差，则会导致企业对项目的盈利能力和市场竞争力判断失误，进而影响企业的战略决策。在实际工作中，房地产开发企业会计人员必须严格按照会计准则和企业会计制度的要求，准确划分成本核算对象，合理归集成本费用，按照收入确认条件确认收入，确保财务信息的真实性和可靠性。

资金管理对于房地产开发企业至关重要。企业要根据项目的开发进度和资金需求，合理安排资金来源，优化资金结构，避免过度依赖单一融资渠道，降低资金成本和财务风险，同时，要加强资金的使用管理，确保资金的安全和有效利用。在课程学习中，我们要重点掌握资金筹集和使用管理的方法和技巧，学会运用财务指标分析企业的资金状况和财务风险，为企业的资金管理提供决策支持。

企业管理层的重视和支持是会计工作顺利开展的重要保障。管理层要认识到会计核算和财务管理在企业经营中的核心地位，建立健全内部控制制度，加强对会计工作的监督和管理。同时，会计人员也要积极参与企业的经营管理，为管理层提供准确的财务信息和决策建议，共同推动企业的健康发展。在学习过程中，我们要培养自己的沟通能力和团队协作能力，以便更好地与管理层和其他部门进行沟通和协作。

法律法规是企业经营的底线，房地产开发企业必须严格遵守相关法律法规，依法纳税，合规经营。会计人员要熟悉并掌握与房地产开发企业相关的法律法规，如税法、会计准则等，确保企业的财务活动合法合规。在课程学习中，我们要加强对法律法规知识的学习，增强法治观念和合规意识，防范法律风险。

第一节 房地产开发企业会计概述

一、房地产开发企业的概念与特点

（一）房地产开发企业的概念

房地产开发企业（Property Development Enterprise）是指从事房地产开发和经营的企业，主要业务包括土地开发、房屋建设、房地产销售、出租以及物业管理等一系列与房地产相关的经营活动。它们通过对土地、资金、人力和技术等资源的整合，将生地转化为熟地，并在其上进行房屋等建筑物的建设，最终将开发完成的房地产推向市场，以满足社会对居住、商业、办公等空间的需求。这些企业在整个房地产产业链中处于核心地位，其经营活动涉及多个环节，从前期的项目策划、土地获取到中期的建设施工，再到后期的销售和服务，形成了一个完整且复杂的经济活动过程。

（二）房地产开发企业的特点

1. 开发经营的计划性

房地产开发项目通常需要遵循国家和地方的规划，并且具有明确的开发计划。从项目立项开始，房地产开发企业就要依据规划部门的要求，对开发项目的规模、用途、建设周期等进行规划。例如，一个住宅小区的开发，需要在规划阶段确定其建筑密度、容积率、绿化率等指标，同时要根据市场需求制订销售计划，包括分阶段推出房源的数量、价格等。开发企业要根据这些计划进行资金安排、资源调配和施工进度安排，以确保项目的顺利推进。

2. 开发产品的固定性和单件性

开发的房地产产品，无论是住宅、商业写字楼还是工业厂房，一旦建成便具有固定性，不能像一般商品一样随意移动，并且每个开发项目都具有单件性，即使是同一小区的不同住宅单元，也会因户型、朝向、楼层等因素存在差异。这就导致在会计核算中每一个开发项目往往都需要单独核算成本和收入，不能简单地采用一般企业的批量核算方法。

3. 开发经营的复杂性

（1）资金来源多元化。房地产开发所需资金量巨大，仅靠企业自有资金难以满足，因此需要广泛的资金来源。除了自有资金，还会涉及银行贷款、预售款、信托资金、股权融资等多种渠道。例如，在项目开发初期，企业可能会向银行申请开发贷款，待取得预售许可证后，又会通过预售房屋收取预售款，这些资金来源的性质和成本不同，对会计核算和财务管理提出了更高的要求。

（2）业务流程多环节。房地产开发涉及土地征用及拆迁补偿、前期工程、基础设施建设、建筑安装工程、公共配套设施建设、开发产品销售等多个环节。每个环节都有其独特的经济业务和会计处理方式，如土地征用及拆迁补偿环节涉及土地出让金、拆迁补偿费的支付和核算；建筑安装工程环节涉及建筑合同的签订、工程款的结算等。

（3）开发的周期较长。从土地获取到项目竣工交付使用，通常需要较长的时间，可能是几年甚至更长时间。此期间，还会受到市场环境、政策法规、施工进度等多种因素的影响，这增加了经营管理和会计核算的难度。例如，一个大型商业综合体的开发可能需要3—5年的时间，其间可能面临原材料价格波动、劳动力成本上升、政策调整等诸多不确定性。

二、房地产开发企业会计的概念与特点

（一）房地产开发企业会计的概念

房地产开发企业会计是应用于房地产开发企业的一种专业会计，是对房地产开发企业的经济

活动进行核算和监督的会计。它以货币为主要计量单位，运用专门的会计方法，对房地产开发企业的资金运动过程及其结果进行连续、系统、全面、综合的反映和监督，旨在为企业内部管理和外部投资者、债权人等提供准确的财务信息。

（二）房地产开发企业会计的特点

1. 成本核算的特殊性

（1）成本构成复杂。房地产开发成本包括土地征用及拆迁补偿费、前期工程费、建筑安装工程费、基础设施费、公共配套设施费、开发间接费用等多个部分。这些成本项目之间既相互独立又相互关联，且不同项目的成本构成比例可能差异较大。例如，在城市中心开发的商业地产项目，土地成本可能占总成本的比重较高；而在郊区开发的住宅项目，建筑安装工程费可能占比较大。

（2）成本核算对象的确定。为了准确核算成本，企业需要根据开发项目的特点确定成本核算对象，一般可以按照开发项目的功能、开发项目的建设地点、开发项目的开发期、开发产品的结构等因素来确定。例如，对于一个大型综合社区，可能会将不同的楼栋或不同的开发期作为不同的成本核算对象。

（3）成本核算的阶段和方法。成本核算贯穿于整个开发过程，需要分阶段核算，如土地开发成本、房屋开发成本等。同时，根据开发产品的不同用途和特点，企业可以采用不同的成本核算方法，如开发完成产品成本法、分期收款开发产品成本法等。

2. 收入确认的复杂性

（1）收入确认的条件。房地产开发企业的收入确认不能简单地依据产品交付或销售合同签订来确定。一般情况下，只有当满足一定的条件，如开发产品的建造已达到预定可使用状态、已签订不可撤销的销售合同且收到款项或取得收取款项的权利，并且满足相关经济利益很可能流入企业等条件时，才能确认收入。例如，对于期房销售，不能在签订预售合同时就全部确认收入，而要根据建造进度和收款情况逐步确认。

（2）销售收入的类型。销售收入包括土地转让收入、商品房销售收入、配套设施销售收入等，不同类型的收入确认方法和时点可能有所不同。比如，土地转让收入可能在土地使用权出让手续办理完毕且款项收到时确认；而商品房销售收入要综合考虑上述多个条件，还要考虑精装修房和毛坯房的不同情况。

3. 资金管理的重要性

（1）资金筹集和使用管理。鉴于房地产开发的资金密集性，企业需要对资金的筹集和使用进行精细管理，要合理安排资金来源，确保项目资金的持续供应，同时避免资金闲置造成的成本增加或资金链断裂风险。在资金使用方面，企业要根据开发进度合理安排资金的支付，如按照施工进度支付工程款，根据销售进度安排营销费用等。

（2）资金的时间价值管理。由于开发周期长，资金的时间价值显得尤为重要。开发企业需要考虑不同资金来源的成本和资金占用的时间，进行有效的资金成本核算和融资决策。例如，对于长期贷款和短期贷款的选择，企业要考虑利息支出和还款期限对项目成本和利润的影响。

【学中做3－1】 房地产开发企业会计的实践

华宇房地产开发公司是一家专注于住宅和商业地产开发的企业。公司计划开发一个综合社区项目，包括住宅楼、商业店铺和公共配套设施（如幼儿园、社区中心等）。项目位于城市郊区，旨在满足当地居民的居住和商业需求。

学中做3-1

请问：

（1）华宇公司需要核算整个项目的开发成本，包括土地征用、建筑安装、公共配套设施等。请根据房地产开发企业会计的特点,说明如何确定成本核算对象,并分阶段核算成本。

(2)项目中的商业店铺计划以预售方式销售,住宅楼则在竣工后销售。请说明如何根据收入确认的条件,合理确认销售收入。

(3)项目预计开发周期为3年,需要大量的资金投入。请说明如何进行资金筹集和使用管理,确保项目顺利推进。

三、房地产开发企业会计的核算任务

(一)反映和监督开发项目的资金运动

通过对房地产开发企业资金的筹集、使用、周转和分配的核算,清晰地反映资金的来龙去脉。例如,在资金筹集阶段,记录从银行贷款、预售房屋收取预售款等资金流入;在开发过程中,监督资金的使用,确保资金用于预定的开发项目,如支付工程款、购买建筑材料等;在项目完成后,对利润进行分配时,准确核算利润的分配去向,是留存企业用于再开发,还是向股东分配股利等。

(二)准确核算开发成本和开发产品价值

房地产开发企业通过精确计算每个开发项目的成本,包括直接成本和间接成本,确定开发产品的入账价值;同时,要对开发产品在不同阶段的价值进行评估和核算,如在建阶段的开发成本、完工后的开发产品价值,为后续的销售定价和成本控制提供依据。

(三)合理确认和计量收入与利润

根据相关会计准则和企业的实际情况,房地产开发企业需合理确定收入的确认时点和金额,正确核算利润;要避免过早或过晚确认收入,确保利润的核算符合经济实质,为企业的经营决策和外部信息使用者提供可靠的利润信息。

(四)加强资金管理和风险防范

房地产开发企业需合理安排资金的筹集和使用,保证开发项目的资金需求,同时通过会计核算和分析,评估开发过程中的风险,如资金链断裂风险、市场风险等,例如,通过分析资产负债率、流动比率等指标,评估企业的财务风险,提前做好应对措施,保障企业的健康发展。

房地产开发企业会计在新时代经济格局中的使命与担当

【学思践悟】

党的二十大报告明确提出,要坚持以推动高质量发展为主题,加快构建现代化经济体系,推动经济实现质的有效提升和量的合理增长。在这一背景下,房地产开发企业作为国民经济的重要组成部分,肩负着推动城市化进程、改善居民居住条件、促进经济增长的重要使命。房地产开发企业会计作为企业经济活动的重要反应和监督工具,必须深刻理解和践行党的二十大精神,结合当前经济发展态势,为企业的高质量发展提供有力支持。

党的二十大强调了经济高质量发展的重要性,要求企业更加注重经济效益和社会效益的统一。房地产开发企业作为资金密集型和资源密集型行业,其会计核算不仅要准确反映企业的财务状况和经营成果,还要在资源配置、成本控制、风险防范等方面发挥积极作用。通过精准的成本核算和收入确认,企业可以更好地优化资金使用效率,降低开发成本,提升项目盈利能力,从而推动企业的可持续发展。

当前,我国经济正处于结构调整和转型升级的关键时期,房地产市场也面临着新的机遇和挑战。一方面,城市化进程的持续推进和居民对高品质居住环境的需求,为房地产开发企业提供了广阔的市场空间;另一方面,政策调控、市场竞争加剧以及资金成本上升等因素,也对企业的经营管理提出了更高要求。房地产开发企业会计必须与时俱进，不断提升专业水平，通过科学的会计核算方法和财务分析工具，为企业决策提供准确、及时的信息支持。

党的二十届二中、三中全会进一步明确了全面深化改革的任务与目标，强调要完善社会主义市场经济体制，推动经济结构调整与产业升级。房地产开发企业会计应积极响应国家政策，结合企业实际情况，探索创新的会计核算模式和财务管理方法。例如，在成本核算方面，可以引入先进的信息技术手段，实现成本的精细化管理和动态监控；在资金管理方面，可以通过优化融资结构和资金使用计划，降低资金成本，提高资金使用效率。

房地产开发项目具有周期长、资金投入大、市场不确定性高的特点。企业面临诸多风险，如资金链断裂、市场波动、政策调整等。房地产开发企业会计应充分发挥监督和预警功能，通过建立完善的财务风险评估体系，及时发现并化解潜在风险。同时，企业应坚持"房住不炒"定位，因城施策，支持刚性和改善性住房需求，落实保交楼、保民生、保稳定任务，促进房地产市场平稳、健康发展，推动建立房地产业发展新模式。

【悟有所得】

通过党的二十大，二十届二中、三中全会精神，结合当前经济发展态势，要深刻认识到房地产开发企业会计在新时代的重要使命。房地产开发企业会计不仅是企业经济活动的记录者和反映者，更是企业高质量发展的推动者和保障者。在未来的实践中，房地产开发企业会计应：(1)深化理论学习，深刻领会党的二十大精神，将高质量发展要求贯穿于会计核算和财务管理的全过程。(2)提升专业能力，结合当前经济发展态势，不断探索创新的会计核算方法和财务管理工具，为企业决策提供有力支持。(3)强化风险意识，通过建立健全财务风险评估体系，及时发现和化解潜在风险，保障企业的稳健发展。(4)服务国家战略，积极响应国家政策号召，通过科学的会计核算和财务管理，推动房地产开发企业更好地服务于城市化进程和提升居民的生活品质。

房地产开发企业会计在新时代的使命重大，责任艰巨。我们应以党的二十大精神为指引，不断提升自身专业水平，为企业的高质量发展和国家经济的繁荣稳定贡献自己的力量。

第二节　房地产开发成本的核算

一、房地产开发成本的构成

房地产开发企业的开发成本，按其开发项目种类可分为如下四类：(1)土地开发成本。它是指房地产开发企业开发土地(即建设场地)所发生的各项费用支出。(2)房屋开发成本。它是指房地产开发企业开发各种房屋(包括商品房、出租房、周转房、代建房等)所发生的各项费用支出。(3)配套设施开发成本。它是指房地产开发企业根据城市建设规划的要求或项目建设设计规划的要求，为满足居住的需要而与开发项目配套建设的各种服务性设施所发生的各项费用支出。(4)代建工程开发成本。它是指房地产开发企业接受有关单位的委托，代为开发建设的工程，或参加委托单位招标，经过投标中标后承建的开发项目所发生的各项费用支出。

以上四类开发成本，在核算上将其费用分为如下6个成本项目：

1. 土地征用及拆迁补偿费

土地征用及拆迁补偿费是房地产开发成本的重要组成部分，包括为取得土地使用权而支付的各种费用以及因土地征用和拆迁所发生的补偿费用，主要包括：

(1)土地出让金。土地出让金是指房地产开发企业通过出让方式取得土地使用权时按照土地出让合同向政府或土地出让方支付的款项。例如，企业参与土地拍卖，最终以一定的价格竞得一块土地，该价格即为土地出让金，是企业为获得土地开发权所付出的主要成本。

(2)土地征用费。在国家征收土地的情况下，企业需要支付的土地征用费，如征收耕地的开垦费、新菜地开发建设基金等。

(3)拆迁补偿费。对原土地上的建筑物、附着物及住户进行拆迁时支付的补偿费用，包括货币补偿、实物补偿的成本，例如，对居民的拆迁补偿款、对企业的搬迁补偿费用，以及对拆迁房屋的评估价值补偿等。

(4)其他土地费用。如土地转让费、土地变更用途和超面积补交的地价及相关税费等。

【提示】一般来说，在不同地区和不同类型的房地产开发项目中，土地征用及拆迁补偿费可能占总成本的20%—50%，其占比的大小取决于土地的位置、开发项目的性质以及当地的政策法规等因素。例如，在城市中心区域开发商业地产项目，由于土地资源稀缺，该部分成本可能会接近总成本的50%；而在一些郊区开发的普通住宅项目，其占比可能相对较低，为20%—30%。

2. 前期工程费

前期工程费指在项目正式开工建设前为项目开发所做的各项准备工作而发生的费用，包括：

(1)项目规划、设计费。为项目进行规划设计所聘请专业机构支付的费用，涵盖规划方案的设计、建筑设计、景观设计等费用。例如，支付给建筑设计公司的建筑方案设计费，根据项目的规模和复杂程度，费用可能从几十万元到数百万元不等。

(2)项目可行性研究费。对项目的技术、经济、环境等方面进行可行性研究而发生的费用，包括市场调研、项目评估等费用，以确保项目在技术上可行、经济上合理。

(3)水文地质勘察、测绘费。对开发项目所在地的水文地质条件进行勘察，以及对土地进行测绘等所需费用，为项目的基础设计和施工提供数据支持。

(4)场地平整费。对土地进行平整，使其达到施工所需的基本条件而发生的费用，包括土方的开挖、运输和回填等费用。

【提示】在整个开发成本中，前期工程费通常占比较小，大概为2%—5%。不过，对于一些特殊项目，如地形复杂的山地开发项目，可能需要进行大量的地质勘察和地形改造工作，前期工程费的占比会有所上升。

3. 建筑安装工程费

建筑安装工程费是房地产开发项目在施工过程中发生的建筑工程和安装工程的费用，主要包括：

(1)建筑工程费。建筑工程费指各类建筑物的建造费用，包括基础工程、主体结构工程、装饰工程等费用。例如，主体建筑的砖石工程、混凝土工程、钢结构工程等的费用，根据建筑的结构和面积，按照建筑工程定额进行计算。

(2)安装工程费。安装工程费包括给排水、电气、消防、电梯、空调、智能化等设备的安装费用。例如，为高层住宅安装电梯的费用，以及为整个小区安装消防系统的费用，这些费用通常根据设备的品牌、规格、安装难度和工程量进行计算。

【提示】建筑安装工程费是房地产开发成本的重要组成部分，其占总成本的比例通常为30%—40%。不同类型的建筑，如高层住宅、商业写字楼或工业厂房，其建筑安装工程费的占比会有所差异，且会受到建筑结构、装修标准以及当地人工和材料成本的影响。

4. 基础设施费

基础设施费是指开发项目内为满足项目正常使用所需的各项基础设施建设而发生的费用，主要包括：

(1)道路、供水、供电、供气、排污、排洪、通信、照明等设施的建设费用。如铺设小区内的道路、连接市政供水供电管网、安装路灯等费用。这些设施是保证开发项目正常使用的基本条件，其建设费用根据工程量和工程单价计算。

(2)绿化、环卫设施建设费用。建设小区内的绿化景观，包括种植树木、草坪，以及设置垃圾桶、环卫设施等的费用，为居民提供舒适的居住环境。

【提示】在开发成本中，基础设施费一般占5%—10%，它与开发项目的规模和档次有关。高档住宅小区可能会在绿化和环卫设施等方面投入更多资金，使该部分成本占比稍高。

5. 公共配套设施费

为满足居民生活或商业经营需要而建设的配套设施的费用，且这些设施不能有偿转让或属于开发项目的一部分，包括：

(1)幼儿园、学校、医院、居委会、派出所等配套设施的建设费用。在大型社区开发中，若需建设配套的幼儿园或社区卫生服务中心，其建设成本需计入公共配套设施费。

(2)公共厕所、停车场、文体设施等的建设费用：建设停车场、露天健身器材、公共厕所等，为居民提供便利和服务的设施费用。

6. 开发间接费用

开发间接费用是指房地产开发企业所属的开发项目内部独立核算单位在开发现场组织管理开发产品而发生的各项间接费用，主要包括：

(1)现场管理人员的薪酬。现场管理人员的薪酬包括项目现场的项目经理、施工员、质检员等管理人员的工资、奖金、津贴、福利等费用。

(2)办公费。开发项目部在现场办公所发生的费用，如办公用品的采购费用、水电费、通信费等。

(3)固定资产折旧及修理费。开发项目部使用的固定资产，如办公设备、运输车辆等的折旧及修理费用。

(4)劳动保护费。为保障现场施工人员的安全，购置安全帽、安全绳等劳动保护用品的费用。

(5)周转房摊销。企业为安置拆迁居民而搭建的周转房的摊销费用，将周转房的成本按一定期限进行摊销，计入开发间接费用。

二、账户设置

(一)“开发成本”账户

“开发成本”属于成本类账户，用以核算企业在开发产品的过程中所发生的各项费用。该账户不仅包括土地成本、建筑安装工程费、基础设施费、公共配套设施费等直接成本，还包括按合理方法分配的开发间接费用。该账户借方登记各成本核算对象所发生的各项费用；贷方登记结转完工开发产品的实际成本；期末余额通常为借方余额，反映企业在建开发项目的实际成本。本账户按成本核算对象(如土地开发、房屋开发、配套设施开发等)设置明细账，进行明细核算，以便准确反映各项目的成本构成。

【提示】企业对出租房进行装饰及增补室内设施而发生的出租房工程支出，也在本账户内核算。

【注意】企业行政管理部门(总部)为组织和管理生产经营活动而发生的管理费用，不在本账户内核算,而应计入"管理费用"账户。

(二)"开发间接费用"账户

"开发间接费用"属于成本类账户,用以核算开发企业在开发过程中发生的、不能直接归属于某一具体开发项目的间接费用。这些费用通常包括开发项目管理部门的人员工资、办公费、差旅费、折旧费、工程监理费、临时设施摊销等。该账户借方登记发生的各项间接费用;贷方登记期末分配结转的间接费用;期末无余额。本账户应按企业内部不同单位、部门设置多栏式明细账,进行明细核算,以便合理分配间接费用到各开发项目中。

三、账务处理

企业发生各项开发直接费用支出时,借记"开发成本"等账户,贷记"银行存款""应付账款"等账户;发生开发间接费用支出时,借记"开发间接费用"等账户,贷记"应付职工薪酬""累计折旧""周转房"等账户;期末应将开发间接费用按一定的分配标准进行分配,借记"开发成本"账户,贷记"开发间接费用"账户。

房地产开发企业可以根据企业管理的要求,将成本类账户合并或分解。如对间接费用较少的企业,可将"开发成本"和"开发间接费用"账户合并为"开发费用"账户;对规模较大、开发项目类型较多的企业,可将"开发成本"账户分解为"土地开发""配套设施开发""房屋开发"和"代建工程开发"四个账户。由于不同房地产开发项目的成本核算具有各自的特殊性,下面按开发项目种类介绍开发成本的核算。

(一)土地开发成本的核算

土地开发是房地产开发企业的主要业务之一,其开发产品为建设场地。城市用于建设的土地,由地方政府统一审批、统一征用和统一管理,由房地产开发企业进行土地开发。土地开发的目的与用途有两个:一是为销售或有偿转让而开发商品性建设场地;二是直接为本企业兴建商品房和其他经营性房屋而开发自用建设场地。

土地开发的直接费用,如土地征用及拆迁补偿费、前期工程费、基础设施费等,在费用发生时,根据有关凭证直接记入"开发成本——土地开发"等账户。发生的开发间接费用,先记入"开发间接费用"账户的借方;期末按一定标准分配结转应由土地开发成本负担的开发间接费用,借记"开发成本——土地开发"账户,贷记"开发间接费用"账户,结转开发完工建设场地成本时,贷记"开发成本——土地开发"账户;商品性建设用地,借记"开发产品"账户,自用建设场地,借记"开发成本——房屋开发"账户;期末"开发成本——土地开发"账户的余额表示正在开发土地的成本。

【提示】企业开发自用建设场地的费用支出,如果能够分清费用负担对象,则应直接计入有关房屋的开发成本;如果涉及两个或两个以上成本核算对象,则其开发费用支出计入土地开发成本,待建设场地开发完工后,按一定的标准分摊计入有关的成本核算对象。企业开发商品性建设场地的支出,全部在土地开发成本中核算。

【做中学 3—1】 方达房地产开发公司为增值税一般纳税人,适用增值税税率为 9%。公司准备开发长兴路建设用地 5 000 平方米,计划 25%作为商品性建设用地对外销售,75%作为本企业商品房开发用地,用银行存款支付征用土地拆迁费、耕地占用税、劳动力安置费等 1 500 000 元。账务处理如下:

借:开发成本——土地开发　　1 500 000

　贷:银行存款　　1 500 000

【解析】此笔分录记录了企业为开发长兴路建设用地支付的土地征用拆迁费等费用,将其计入

"开发成本——土地开发"账户，增加了土地开发成本，同时减少了银行存款，反映了资金的流出。该笔业务会使企业的资产(开发成本)增加，同时资产(银行存款)减少。在资产负债表中，开发成本作为存货的一部分，其金额会相应增加，而银行存款的金额会相应减少。对于利润表，由于此笔业务仅涉及资产的一增一减，并未涉及收入和费用，所以不会对当期利润产生影响。

【做中学 3—2】 方达房地产开发公司结算应付承包单位长兴路建设用地"三通一平"费用 54 500 元，取得增值税专用发票注明价款 50 000 元，增值税税额为 4 500 元。账务处理如下：

借：开发成本——土地开发	50 000	
应交税费——应交增值税(进项税额)	4 500	
贷：应付账款——××单位		54 500

【解析】此分录记录了企业应付给承包单位的长兴路建设用地"三通一平"费用，其中价款部分计入土地开发成本，而增值税税额作为进项税额，可在未来计算应纳增值税时进行抵扣。从财务报表角度看，开发成本的增加会使资产(存货)增加，应交税费(进项税额)的增加会减少未来应纳增值税，而应付账款的增加表示企业负债的增加。在资产负债表中，存货和应交税费项目会发生相应变动，而利润表暂不受影响。

【做中学 3—3】 期末分配结转开发间接费用，长兴路建设用地应负担 15 000 元，账务处理如下：

借：开发成本——土地开发	15 000	
贷：开发间接费用		15 000

【解析】此分录将开发间接费用分配到土地开发成本中，增加了土地开发成本，同时减少了开发间接费用。在资产负债表中，存货(开发成本)金额增加，开发间接费用账户的余额减少，最终反映在存货的成本结构调整上，利润表不受直接影响。

【做中学 3—4】 长兴路土地开发工程完工并验收合格，其中 1 250 平方米直接对外销售、3 750 平方米用于企业开发商品房，结转其成本，账务处理如下：

(1)计算各成本核算对象应分摊的土地开发成本：

土地开发总成本＝1 500 000＋50 000＋15 000＝1 565 000(元)

对外销售土地应分摊额＝1 565 000×25%＝391 250(元)

自用土地应分摊额＝1 565 000×75%＝1 173 750(元)

(2)结转土地开发成本：

借：开发产品——土地	391 250	
开发成本——房屋开发	1 173 750	
贷：开发成本——土地开发		1 565 000

【解析】该笔分录将已完工的土地开发成本在商品性建设用地和自用建设场地之间进行分配和结转。将土地开发成本结转到"开发产品——土地"和"开发成本——房屋开发"账户，体现了成本从开发过程向完工产品或自用项目的转移。在资产负债表中，"开发成本"账户余额减少，"开发产品"账户余额增加，同时对于自用部分，将其计入"开发成本——房屋开发"，作为后续房屋开发成本的一部分，最终会影响存货的构成。对于利润表，由于未涉及收入和费用的确认，暂不影响当期利润。

(二)配套设施开发成本的核算

房地产开发企业开发的配套设施可分为如下两类：第一类是开发小区内开发的不能有偿转让的公共配套设施，如居委会、派出所、幼托所、消防设施、锅炉房、水塔、自行车棚、公厕等。第二类是开发能有偿转让的城市规划中规定的大型配套设施项目，包括：(1)开发小区内营业性公共配套设施，如商店、银行、邮局等；(2)开发小区内非营业性配套设施，如中小学、文化站、医院等；(3)开发项目外为居民服务的给排水、供电、供气的增容增压设施及交通道路等。

1. 配套设施开发成本核算的范围与原则

属于配套设施开发成本核算的公共配套设施工程包括两部分：一是不能有偿转让的公共配套设施工程，在开发小区以内不能有偿转让，应直接计入开发项目成本，但是由于不能同受益开发项目同步建设或虽可同步建设但有两个或者两个以上受益对象的公共配套设施工程；二是能有偿转让的公共配套设施工程，需单独核算并最终转入开发产品成本。

【注意】城市建设规划中的大型配套设施项目，不得计入商品房成本；不能有偿转让的开发小区内公共配套设施发生的支出，应计入开发项目成本。

【做中学 3—5】 正大房地产开发公司为增值税一般纳税人，适用增值税税率 9%。公司开发建设住宅小区配套的商店和自行车车棚工程，用银行存款支付工程款 73 030 元，取得增值税专用发票注明价款 67 000 元，增值税税额 6 030 元，账务处理如下：

借：开发成本——配套设施开发　　67 000
　　应交税费——应交增值税(进项税额)　　6 030
　贷：银行存款　　73 030

【解析】此分录将支付的工程款中的价款部分计入配套设施开发成本，增值税税额作为进项税额，在资产负债表中，会使存货(开发成本)增加，应交税费(进项税额)增加，银行存款减少，对利润表暂不产生影响。同时，该笔业务体现了对增值税的正确处理，进项税额可用于抵扣未来的销项税额，减少企业的税负。

2. 配套设施开发成本的账务处理

配套设施工程费用发生时，借记“开发成本——配套设施开发”等账户，贷记有关账户。开发完工后，不能有偿转让的配套设施工程，应按一定标准进行分配结转，借记“开发成本——房屋开发”账户，贷记“开发成本——配套设施开发”账户；开发完工后，能有偿转让的配套设施工程，应转入开发产品，借记“开发产品——配套设施”账户，贷记“开发成本——配套设施开发”账户。期末“开发成本——配套设施开发”账户的余额表示正在开发的配套设施的成本。

【做中学 3—6】 商店和自行车车棚工程完工，实际成本分别为 120 000 元和 2 000 元。自行车车棚是为商品房开发工程所建的，商店则作为小区内第三产业经营用房，账务处理如下：

(1)结转商店开发成本：

借：开发产品——配套设施　　120 000
　贷：开发成本——配套设施开发　　120 000

(2)结转自行车车棚开发成本：

借：开发成本——房屋开发　　2 000
　贷：开发成本——配套设施开发　　2 000

【解析】对于商店，将其开发成本从“开发成本——配套设施开发”结转到“开发产品——配套设施”，表示其已完成开发，成为可销售或使用的产品；对于自行车车棚，将其成本结转到“开发成本——房屋开发”，作为房屋开发的一部分，反映了成本的合理分配和转移。在资产负债表中，存货的结构发生变化，“开发成本”账户的余额调整到“开发产品”账户，对于自行车车棚的处理，会影响后续房屋开发的成本核算，而利润表暂不受影响。

（三）房屋开发成本的核算

房屋开发和建设是房地产开发企业的主要经济业务。开发企业开发的房屋，按其用途可分为如下几类：一是为对外销售而开发的商品房；二是为出租经营而开发的经营房；三是为安置被拆迁居民周转使用而开发的周转房；四是受其他单位委托，代为开发建设的代建房。尽管这些开发房屋的用途不同，但其开发建设的特点和费用支出内容及费用性质都大致相同，其开发成本均应在“开发成本——房屋开发”明细账中核算。

企业在开发房屋过程中发生的土地征用及拆迁补偿费、前期工程费和基础设施费，能分清成本核算对象的，应直接计入该房屋成本核算对象的“土地征用及拆迁补偿费”“前期工程费”和“基础设施费”等成本项目。如果费用发生时分不清成本核算对象，或应由两个或两个以上成本核算对象负担的，应先通过“开发成本——土地开发”账户进行归集，待土地开发完成用于房屋建设时，再采用一定的方法分配结转记入“开发成本——房屋开发”账户。

企业在房屋建设过程中进行的建筑安装工程，有的采用出包方式，有的采用自营方式。采用出包方式的企业，其建筑安装工程费用应根据承包企业提出的“工程价款结算单”所列工程价款，结算出包工程款，记入“开发成本——房屋开发”账户的“建筑安装工程费”成本项目。采用自营方式的企业，即房地产开发企业组织自有的工程队进行施工，其发生的建筑安装工程费一般可直接记入“开发成本——房屋开发”账户，但应是实际发生数，不得按预算价格或预提费用入账。

房屋开发成本中的配套设施费用是指不能有偿转让的开发小区内公共配套设施发生的支出。其会计处理方法为：(1)配套设施与商品房同步建设，发生的公共配套设施费能分清受益对象的，应直接记入“开发成本——房屋开发”账户的“公共配套设施费”成本项目；如果发生的配套设施费用不能分清受益对象的，应先在“开发成本——配套设施开发”账户的借方归集，待公共配套设施竣工时，再从其贷方分配结转记入“开发成本——房屋开发”账户的借方。(2)若公共配套设施与商品房非同步建设，即商品房已建成出售而配套设施尚在建设之中，未全部完成，为及时结转已完工商品房成本，对应负担的配套设施费，按规定报批后可采用预提方法，预先计入商品房成本，待公共配套设施完工后，按配套设施工程的实际支出数，冲销已预提的配套设施费，并调整有关成本核算对象的成本。

开发产品预提配套设施费的计算，一般可按下列公式进行：

某项开发产品预提配套设施费＝该项开发产品预算成本×配套设施费预提率

房屋开发项目应负担的开发间接费用，平时通过“开发间接费用”账户归集，期末分配结转记入“开发成本——房屋开发”账户的“开发间接费用”成本项目。

结转开发完工商品房等开发产品成本时，贷记“开发成本——房屋开发”账户，借记“开发产品——房屋”账户。期末“开发成本——房屋开发”账户的余额，表示正在开发的房屋的成本。

【做中学3－7】 万华房地产开发公司为增值税一般纳税人，适用增值税税率9％。公司将清园开发小区中的一幢商品住宅工程以包工包料方式出包给市建二公司，工程已全部完工。市建二公司提交“工程价款结算单”，工程价款共计8 720 000元，取得增值税专用发票注明价款8 000 000元，增值税税额720 000元，已预付5 000 000元。经审查同意，支付余款，账务处理如下：

借：开发成本——房屋开发	8 000 000	
应交税费——应交增值税(进项税额)	720 000	
贷：银行存款		3 720 000
预付账款		5 000 000

【解析】 此分录将出包工程的价款及对应的进项税额进行账务处理，一方面增加了房屋开发成本(“开发成本——房屋开发”)，反映了该项目的成本累积，同时增加了可抵扣的进项税额，减少了

银行存款和预付账款，体现了资金的结算过程。在资产负债表中，存货（开发成本）增加，应交税费（进项税额）增加，预付账款减少，银行存款减少；对利润表没有直接影响，因为未涉及收入和费用的确认。

【做中学3—8】 清园开发小区中的公共配套设施工程开工建设，用银行存款支付配套设施工程费，取得增值税专用发票注明价款180 000元，增值税税额16 200元，账务处理如下：

借：开发成本——房屋开发　　180 000
　　应交税费——应交增值税（进项税额）　　16 200
　贷：银行存款　　196 200

【解析】 此笔分录将支付的配套设施工程费及其对应的进项税额进行记录，增加了房屋开发成本和应交税费（进项税额），减少了银行存款，在资产负债表上表现为存货（开发成本）和应交税费的相应变化，而利润表不受影响。不过，这里需要注意的是，如果该配套设施费用最终需要在多个房屋开发项目间分配，后续还需要进行相应的分配调整分录。

【做中学3—9】 期末分配结转该商品住宅开发工程应负担的开发间接费用12 000元，根据费用分配凭证，账务处理如下：

借：开发成本——房屋开发　　12 000
　贷：开发间接费用　　12 000

【解析】 该分录将开发间接费用分配到房屋开发成本中，增加了房屋开发成本，同时减少了开发间接费用账户余额。在资产负债表中，存货（开发成本）增加，开发间接费用账户的余额减少，最终反映在存货成本的调整上，对利润表暂不产生影响。

【做中学3—10】 结转完工商品住宅开发实际成本8 792 000元，账务处理如下：

借：开发产品——房屋　　8 792 000
　贷：开发成本——房屋开发　　8 792 000

【解析】 将完工的商品住宅开发成本从"开发成本——房屋开发"结转到"开发产品——房屋"账户，反映了开发成本转化为可销售的开发产品，在资产负债表中，开发成本账户余额减少，开发产品账户余额增加，存货的形态发生了变化，利润表暂时不受影响，因为此笔业务未涉及收入和费用的确认。

（四）代建工程开发成本的核算

代建工程开发成本是指开发企业接受有关单位的委托，代为开发建设的工程，或参加委托单位招标，经过投标中标后承建的开发项目所发生的费用支出。其具体内容包括：土地开发、房屋开发、市政工程开发（城市道路、基础设施、园林绿化、旅游风景区开发）等开发项目支出。

开发企业接受委托代为开发的建设场地和房屋，其建设内容和特点与企业的土地开发和房屋开发基本相同，因此其开发费用可比照土地开发和房屋开发的核算方法，分别在"开发成本——土地开发"和"开发成本——房屋开发"两个明细账户内核算，待开发工程完工，验收合格时，转入"开发产品——代建工程"账户。

其他代建工程开发项目，应在"开发成本——代建工程开发"账户核算。发生各项开发直接费用时，记入该账户的借方和各有关账户的贷方；期末分配结转开发间接费用时，记入该账户的借方和"开发间接费用"账户的贷方；代建开发工程竣工验收合格后，结转其开发成本，借记"开发产品——代建工程"账户，贷记该账户。期末"开发成本——代建工程开发"账户的余额，表示正在开发的代建工程的成本。

【做中学 3—11】 盛达房地产开发公司接受市政建设指挥部委托，代为建设灵山风景区，发生下列经济业务：用银行存款支付土地征用及拆迁补偿费 3 000 000 元、前期工程费 300 000 元、基础设施费 400 000 元，结算应付建筑安装工程费 8 700 000 元，应负担的开发间接费用 100 000 元。假设不考虑增值税影响，根据有关费用支出凭证，账务处理如下：

(1)用银行存款支付拆迁补偿费等：

借：开发成本——代建工程开发　　3 700 000

　　贷：银行存款　　3 700 000

(2)结转应付建筑安装工程费：

借：开发成本——代建工程开发　　8 700 000

　　贷：应付账款　　8 700 000

(3)分配结转开发间接费用：

借：开发成本——代建工程开发　　100 000

　　贷：开发间接费用　　100 000

【解析】 在这组分录中，每笔分录都反映了代建工程开发成本的逐步累积过程，将各项费用逐步计入“开发成本——代建工程开发”账户，同时涉及资产(银行存款)的减少或负债(应付账款)的增加。在资产负债表上，开发成本作为存货增加，银行存款或应付账款相应变动，利润表暂不受影响。

【做中学 3—12】 盛达房地产开发公司开发建设的灵山风景区完工，验收合格，结转其实际成本 12 500 000 元，做如下会计处理：

借：开发产品——代建工程　　12 500 000

　　贷：开发成本——代建工程开发　　12 500 000

【解析】 此分录将已完工的代建工程成本从“开发成本——代建工程开发”账户结转到“开发产品——代建工程”账户，在资产负债表中，开发成本减少，开发产品增加，存货的形态发生了变化，而利润表不产生影响，因为该业务仅涉及成本的结转，未涉及收入和费用的确认。

第三节　房地产开发产品的核算

一、房地产开发产品的概念及范围

房地产开发产品是指房地产开发企业已经完成全部开发过程，并已验收合格，可以对外销售、出租或自用的房地产项目，其范围包括但不限于以下几种：

(1)商品房。商品房是房地产开发企业最常见的开发产品，主要是为了满足市场上购房者的居住或投资需求而开发建设的房屋，包括普通住宅、公寓、别墅等。例如，开发企业建设的一个拥有多栋住宅楼的住宅小区，其中的各个住宅单元在满足开发和验收条件后，就属于商品房开发产品。

(2)出租房。出租房是开发企业为了长期获取租金收入而开发的房地产产品，如写字楼、商业铺面、公寓等，开发完成后用于出租给企业或个人使用。例如，企业开发的一栋写字楼，将其中的办公室出租给不同的公司，该写字楼就属于出租房开发产品。

(3)周转房。周转房主要是为了安置拆迁居民而开发建设的房屋，在周转使用期间，为拆迁居民提供临时居住场所，其性质是过渡性的开发产品。在完成周转使用任务后，根据企业的安排，可能会进行处置，如出售或改作其他用途。

(4)配套设施。配套设施是指为满足开发项目配套需求而建设的设施。有些配套设施可能可以独立作为开发产品核算，如小区内的商店、幼儿园等。如果这些设施已建成并具备使用条件，也属于开发产品。对于不能独立作为开发产品核算的配套设施，其成本将分摊到其他开发产品中，这在开发成本核算部分已经有所涉及。

二、账户设置

“开发产品”账户属于资产类账户，用于核算已完成全部开发过程并已验收合格，可以对外销售、出租或自用的开发产品的实际成本。该账户借方登记已竣工验收的开发产品的实际成本，当开发项目完成并验收合格后，开发成本从“开发成本”账户结转至“开发产品”账户；贷方登记月末结转的已销售、转让或结算的开发产品的实际成本，当开发产品对外销售或转让时，其成本从“开发产品”账户结转至“主营业务成本”账户；期末余额为尚未转让、销售和结算的开发产品的实际成本，通常为借方余额。该余额反映了企业持有的存货价值，需在资产负债表中作为存货列示。本账户应按企业开发产品的种类，如土地、房屋、配套设施和代建工程等，设置明细账户，并在明细账户下按成本核算对象设置账页，进行明细核算。

三、账务处理

(一)开发产品的核算

1. 开发产品增加的核算

房地产开发企业开发的产品，应于竣工验收合格时按其完工的项目，借记“开发产品——土地”(或“开发产品——配套设施”“开发产品——房屋”“开发产品——代建工程”)账户，贷记“开发成本——土地开发”(或“开发成本——配套设施开发”“开发成本——房屋开发”“开发成本——代建工程开发”)账户。

【做中学 3—13】 仁太房地产开发公司根据其开发的住宅楼验收交接凭证，结转住宅楼开发实际成本 6 500 000 元，账务处理如下：

借：开发产品——房屋　　6 500 000

　贷：开发成本——房屋开发　　6 500 000

【解析】 此分录是将已完工的住宅楼开发成本从“开发成本——房屋开发”账户结转到“开发产品——房屋”账户。在房地产开发企业的会计核算中，当住宅楼完成开发并通过竣工验收合格后，意味着该项目的开发成本已经确定，需要将其从开发成本的归集账户(“开发成本——房屋开发”)转入开发产品账户(“开发产品——房屋”)，以反映该开发产品已经从开发阶段进入可销售或可使用的状态。该笔分录仅涉及资产内部的结转，不影响企业的资产总额，也不会对利润表产生直接影响，因为没有涉及收入和费用的确认。

2. 开发产品减少的核算

房地产企业出售、转让或出租开发产品，都会造成开发产品的减少，企业应区别不同情况及时进行开发产品结转的会计处理。

(1)企业有偿转让或出售开发产品

企业有偿转让或出售开发产品，应于每月终了结转对外转让、销售和结算开发产品的实际成本，结转时，借记“主营业务成本”账户，贷记“开发产品”账户。

【做中学 3—14】 仁太房地产开发公司结转销售住宅楼实际成本 6 500 000 元，账务处理如下：

借：主营业务成本　　6 500 000

　　贷：开发产品　　6 500 000

【解析】 此笔分录将已销售住宅楼的成本从“开发产品”账户结转至“主营业务成本”账户，反映了销售行为导致的开发产品减少，同时增加了主营业务成本。

(2)企业采用分期收款结算方式销售开发产品

企业采用分期收款结算方式销售开发产品，在将开发产品移交给使用单位或办妥分期收款销售合同时，应将分期收款开发产品的实际成本，自“开发产品”账户转入“分期收款开发产品”账户。

【做中学 3－15】 仁太房地产开发公司将一套公寓采用分期收款的方式销售，已办妥分期收款销售合同，该公寓实际成本为 200 000 元，账务处理如下：

借：分期收款开发产品　　200 000

　　贷：开发产品　　200 000

【解析】 此笔分录将分期收款销售的公寓成本从“开发产品”账户转入“分期收款开发产品”账户，便于后续按收款进度逐步结转成本。

(3)企业将开发的土地和房屋用于出租或将开发的房屋用于安置拆迁居民周转使用

企业将开发的土地和房屋用于出租或将开发的房屋用于安置拆迁居民周转使用，应于签订合同、协议和移交使用时，将该土地和房屋的实际成本，自“开发产品”账户转入“投资性房地产”和“周转房”账户。

【做中学 3－16】 仁太房地产开发公司将自行开发的一幢写字楼出租给丙公司，实际成本为 2 400 000 元，该公司投资性房地产采用成本模式计量，账务处理如下：

借：投资性房地产　　2 400 000

　　贷：开发产品　　2 400 000

【解析】 此笔分录将用于出租的写字楼成本从“开发产品”账户转入“投资性房地产”账户，后续将按成本模式进行计量和管理。

(4)企业将开发的营业性配套设施作为本企业从事第三产业的用房

企业将开发的营业性配套设施作为本企业从事第三产业的用房，应视同自用固定资产进行处理，并将营业性配套设施的实际成本，自“开发产品”账户转入“固定资产”账户。

【做中学 3－17】 仁太房地产开发公司将开发的一幢房屋用于安置拆迁居民周转使用，实际成本为 5 000 000 元，账务处理如下：

借：周转房　　5 000 000

　　贷：开发产品　　5 000 000

【解析】 此笔分录将营业性配套设施的成本从“开发产品”账户转入“固定资产”账户，后续将按固定资产进行管理和核算。

(5)企业将开发的房屋用于安置拆迁户

企业将开发的房屋用于安置拆迁户，应按实际安置面积进行实物量管理和结转。对于已经交付使用或办理销售和结转手续，而产权尚未移交出去的开发产品，如商品房和配套设施等，应由企业设置“代管房产备查簿”，进行实物管理。企业不得将这部分财产入账，也不得计提折旧和摊销。企业在代管房产过程中取得的收入和发生的各项支出，应作为其他业务收支处理，不在“开发产品”账户核算。

【做中学 3—18】 仁太房地产开发公司将开发建设的作为营业性配套设施的商店用做本企业第三产业的经营用房，实际成本为 580 000 元，账务处理如下：

借：固定资产　　580 000

　　贷：开发产品——配套设施　　580 000

【解析】 该笔分录将营业性配套设施的成本从"开发产品——配套设施"账户转入"固定资产"账户，视同自用固定资产进行处理。这种处理方式符合房地产开发企业将开发产品用于企业自身经营的会计核算要求。后续该固定资产将按照企业会计准则的规定进行折旧处理，并计入相关费用。

（二）出租开发产品的核算

出租开发产品是指房地产开发企业开发完成、用于出租经营的土地和房屋。按照《企业会计准则》规定，出租经营的开发产品应作为投资性房地产核算。投资性房地产后续计量有成本和公允价值两种模式，房地产开发企业通常采用成本模式计量。为了核算出租开发产品的使用、折旧（摊销）及其增减变动情况，企业应当设置"投资性房地产""投资性房地产累计折旧（摊销）""其他业务收入""其他业务成本"等科目进行核算。投资性房地产作为企业主营业务的，应当设置"主营业务收入"和"主营业务成本"科目核算相关损益。

【提示】 企业采用成本模式计量的投资性房地产发生减值的，还应当设置"投资性房地产减值准备"科目进行核算。

1. 出租开发产品增加的核算

企业开发建成用于出租的土地和房屋，应在其竣工后，借记"开发产品"账户，贷记"开发成本"账户。签订出租合同、协议后，按出租土地和房屋的实际成本，借记"投资性房地产"账户，贷记"开发产品"账户。

【做中学 3—19】 永安房地产开发公司为增值税一般纳税人，适用增值税税率 9%。公司将开发竣工后的花园小区 5 号楼出租给立业公司，该房屋的总成本为 4 500 000 元，完工后次月投入出租经营之用，账务处理如下：

借：开发产品　　4 500 000

　　贷：开发成本　　4 500 000

同时：

借：投资性房地产　　4 500 000

　　贷：开发产品　　4 500 000

【解析】 该处理反映了开发产品从开发阶段到出租阶段的转换，即将开发完成的房屋作为投资性房地产核算。

2. 出租开发产品计提折旧（摊销）的核算

出租房屋随着使用及自然力的侵蚀，会逐渐发生损耗而减少其价值。对于这部分损耗价值，房地产开发企业应根据固定资产或无形资产的有关规定，按期（月）对出租产品计提折旧或进行摊销，借记"主营业务成本"等账户，贷记"投资性房地产累计折旧（摊销）"账户。

【做中学 3—20】 承接【做中学 3—19】，永安房地产开发公司出租的花园小区 5 号楼，规定折旧期限为 40 年，假设月折旧率为 0.2%，按月计提折旧额时，账务处理如下：

借：主营业务成本　　9 000

　　贷：投资性房地产累计折旧　　9 000

【解析】该处理符合成本模式下投资性房地产的后续计量要求，即通过计提折旧将资产的成本在使用期间内逐步摊销。

3. 出租开发产品修理的核算

出租开发产品在租赁期间发生的日常维护修理费用，不满足投资性房地产确认条件的，应当在发生时计入当期损益，借记“主营业务成本”等账户，贷记“银行存款”“应付职工薪酬”等账户。房地产开发企业的出租产品改变用途，作为商品房对外销售而发生的修理支出，应列为销售费用，不得作为主营业务成本列支。

企业为了提高投资性房地产的使用效能，往往需要对投资性房地产进行改建、扩建而使其更加坚固耐用，或者通过装修而改善其室内装潢。改、扩建或装修支出满足投资性房地产确认条件的，应当将其资本化。

采用成本模式计量的，投资性房地产进入改、扩建或装修阶段后，应当将其账面价值转入改、扩建工程，借记“投资性房地产——在建”“投资性房地产累计折旧”等科目，贷记“投资性房地产”科目。发生资本化的改良或装修支出，通过“投资性房地产——在建”科目归集，借记“投资性房地产——在建”科目，贷记“银行存款”“应付账款”等科目。改、扩建或装修完成后，借记“投资性房地产”科目，贷记“投资性房地产——在建”科目。

企业对某项投资性房地产进行改、扩建等再开发且将来仍作为投资性房地产的，在开发期间应继续将其作为投资性房地产，不计提折旧或摊销。

【做中学 3—21】　永安房地产开发公司在其出租的花园小区 5 号楼出租两年后，委托某建筑公司(小规模纳税人)对该房屋进行修理，发生修理费 3 800 元，取得增值税普通发票，账务处理如下：

借：主营业务成本	3 800	
贷：银行存款		3 800

【解析】该处理将修理费用直接计入当期损益，符合会计准则对日常维护修理费用的处理要求。

4. 出租开发产品改变用途对外销售的核算

房地产开发企业出租开发产品改变用途的，企业出售、转让采用成本模式计量的投资性房地产，应当按照实际收到的金额，借记“银行存款”等科目，贷记“其他业务收入”科目；按照该项资产的账面价值，借记“主营业务成本”科目，按照该项资产的累计折旧或摊销，借记“投资性房地产累计折旧”或“投资性房地产累计摊销”科目；已计提减值准备的，还应同时结转减值准备，借记“投资性房地产减值准备”科目。

【做中学 3—22】　承接【做中学 3—19】和【做中学 3—20】，永安房地产开发公司在将花园小区 5 号楼出租使用 5 年后，改变用途对外销售，收取价款 5 000 000 元，该房屋累计折旧额为 540 000 元(9 000×12×5)，原值为 4 500 000 元，假设不考虑相关税费，账务处理如下：

借：银行存款	5 000 000	
贷：主营业务收入		5 000 000
借：主营业务成本	3 960 000	
投资性房地产累计折旧	540 000	
贷：投资性房地产		4 500 000

【解析】该处理反映了投资性房地产从出租到销售的转换，同时结转了资产的账面价值和累计折旧。

(三)周转房的核算

房地产开发企业的周转房是指用于安置被拆迁居民周转使用、产权归企业所有的各种房屋,其包括:(1)在开发过程中已明确其为安置被拆迁居民使用的房屋;(2)搭建用于安置被拆迁居民周转使用的临时性简易房屋;(3)开发的商品房中在销售前用于安置被拆迁居民使用的房屋。

为了核算周转房的使用、摊销及其增减变动情况,企业应设置“周转房”账户,并在其下设置“在用周转房”和“周转房摊销”两个二级账户,用以核算在用周转房的使用情况,同时,应根据周转房的使用情况,按周转房的幢号(或楼层、房间号)进行明细分类核算,并建立“周转房卡片”,详细记录周转房的坐落地点、结构、层次、面积、租金单价、安置居民姓名等情况。

1. 周转房增加的核算

企业开发建成的周转房,应在其竣工后,借记“开发产品”账户,贷记“开发成本”账户。明确作为周转房后,按其实际成本,借记“周转房——在用周转房”账户,贷记“开发产品”账户。

【做中学 3-23】 兴华房地产开发公司为增值税一般纳税人,适用增值税税率 9%。公司为安置新安小区的动迁居民,将其建造的 2 号楼作为周转房,实际成本为 3 000 000 元,账务处理如下:

借:开发产品　　3 000 000
　　贷:开发成本　　3 000 000
借:周转房——在用周转房　　3 000 000
　　贷:开发产品　　3 000 000

【解析】 该处理反映了周转房从开发完成到投入使用的过程,符合周转房核算的要求。

2. 周转房摊销的核算

周转房随着使用及自然力的侵蚀,会逐渐发生损耗而减少其价值,因此应根据周转房的使用年限按月摊销其损耗价值。这部分损耗价值应作为开发期间的费用,计入土地、房屋的开发成本。周转房摊销额的基本计算公式如下:

$$\text{月摊销率}=(1-\text{估计净残值率})\div(\text{摊销年限}\times 12)$$

$$\text{月摊销额}=\text{周转房账面原值}\times\text{月摊销率}$$

周转房损耗价值的摊销额,应在“周转房——周转房摊销”账户核算。每月计提的周转房摊销额,对能确定其为某项土地或房屋开发项目负担的,应计入该土地或房屋的开发成本,借记“开发成本——土地开发”或“开发成本——房屋开发”账户,贷记“周转房——周转房摊销”账户;对不能确定其为某项土地或房屋开发项目负担的周转房摊销额,应记入“开发间接费用”账户的借方和“周转房——周转房摊销”账户的贷方。

【提示】 周转房摊销年限可比照企业同类结构房屋的折旧年限预计,净残值率一般可按周转房原值的 3%—5%预计。

【做中学 3-24】 2025 年 6 月 30 日,兴华房地产开发公司计提 2 号楼周转房的摊销额 5 000 元,账务处理如下:

借:开发间接费用(或开发成本)　　5 000
　　贷:周转房——周转房摊销　　5 000

【解析】 本例中,将周转房的损耗价值按月摊销,并计入开发间接费用,符合周转房摊销的核算要求。

3. 周转房修理费用的核算

由于周转房是为了安置因开发项目等建筑产品的开发建设而动迁的居民,是直接服务于某项开发项目的，因此周转房在使用过程中发生的修理费用，应作为有关开发项目的成本，按其实际发生的成本，借记“开发成本”“开发间接费用”账户，贷记“银行存款”“应付职工薪酬”等账户。

【做中学3—25】 2号楼周转房发生修理费用54 500元，取得增值税专用发票注明价款50 000元，增值税税额4 500元，以银行存款支付费用，账务处理如下：

借：开发间接费用(或开发成本)　　50 000
　应交税费——应交增值税(进项税额)　　4 500
　贷：银行存款　　54 500

【解析】本例中，将修理费用计入开发间接费用，符合周转房修理费用的核算要求。

4. 周转房改变用途对外销售的核算

与固定资产出售核算不同，改变用途对外销售的周转房，应视作开发产品对外销售处理。在销售成立时，借记“银行存款”或“应收账款”账户，贷记“主营业务收入”账户；同时，按其摊余价值，借记“主营业务成本”账户，按其已提累计摊销额，借记“周转房——周转房摊销”账户，按其原值，贷记“周转房——在用周转房”账户。

【做中学3—26】 2号楼周转房使用20个月后，公司将其作为商品房对外销售，取得房款4 360 000元存入银行，已开具增值税专用发票。该周转房累计摊销额为100 000元(5 000×20)，账务处理如下：

(1)根据售房结算账单和银行结算凭证：

借：银行存款　　4 360 000
　贷：主营业务收入　　4 000 000
　　应交税费——应交增值税(销项税额)　　360 000

【解析】此分录记录了周转房销售的收入和增值税销项税额，反映了企业销售周转房所收到的款项及应缴纳的增值税。

(2)根据“周转房”有关明细账记录：

借：主营业务成本　　2 900 000
　周转房——周转房摊销　　100 000
　贷：周转房——在用周转房　　3 000 000

【解析】此分录将周转房的摊余价值(原值减去累计摊销)结转至主营业务成本，反映了周转房从在用状态转为销售状态的会计处理。

应知考核

一、单项选择题

1. 房地产开发企业开发土地(即建设场地)所发生的各项费用支出应计入(　　)。

A. 房屋开发成本　　B. 土地开发成本
C. 配套设施开发成本　　D. 代建工程开发成本

2. 企业开发完成用于出租的房屋，竣工后应先计入(　　)账户。

A.“投资性房地产”　　B.“固定资产”
C.“开发产品”　　D.“在建工程”

3. 房地产开发企业为开发项目进行的项目规划、设计费应计入(　　)。

A. 土地征用及拆迁补偿费　　B. 前期工程费

C. 建筑安装工程费　　D. 基础设施费

4. 房地产开发企业开发的配套设施中，能有偿转让的应计入（　　）账户。

A.“开发成本——配套设施开发”　　B.“开发产品——配套设施”

C.“开发成本——房屋开发”　　D.“固定资产”

5. 房地产开发企业出租开发产品改变用途对外销售，收取价款时应贷记（　　）账户。

A.“营业外收入”　　B.“其他业务收入”

C.“投资收益”　　D.“主营业务收入”

二、多项选择题

1. 房地产开发企业会计的特点有（　　）。

A. 成本核算的特殊性　　B. 收入确认的复杂性

C. 资金管理的重要性　　D. 核算方法的单一性

2. 房地产开发成本中的土地征用及拆迁补偿费包括（　　）。

A. 土地出让金　　B. 土地征用费

C. 拆迁补偿费　　D. 场地平整费

3. 房地产开发成本按其开发项目种类可分为（　　）。

A. 土地开发成本　　B. 房屋开发成本

C. 配套设施开发成本　　D. 代建工程开发成本

4. 房地产开发成本中的土地征用及拆迁补偿费包括（　　）。

A. 土地出让金　　B. 土地征用费

C. 拆迁补偿费　　D. 场地平整费

5. 房地产开发成本中的基础设施费包括（　　）。

A. 道路、供水、供电设施建设费用　　B. 绿化、环卫设施建设费用

C. 幼儿园、学校建设费用　　D. 公共厕所、停车场建设费用

三、判断题

1. 房地产开发企业的开发产品一旦建成便具有固定性，不能随意移动。（　　）

2. 房地产开发企业会计的成本核算对象只能按照开发项目的建设地点确定。（　　）

3. 房地产开发企业的收入确认可以在签订预售合同时全部确认。（　　）

4. 房地产开发企业开发的配套设施中不能有偿转让的公共配套设施应计入开发项目成本。（　　）

5. 房地产开发企业将开发的土地和房屋用于出租，应将其实际成本自“开发产品”账户转入“固定资产”账户。（　　）

应会考核

■ 观念应用

【背景资料】

房地产开发企业经营中的问题分析及会计视角下的应对策略

某房地产开发企业在一个新开发的小区项目中，由于对市场需求判断失误，原本规划的高端住

宅在建成后销售遇冷。同时，在成本核算方面，由于会计人员对成本项目的划分不够清晰，导致开发成本核算不准确，利润计算出现偏差。此外，企业在资金管理上过度依赖银行贷款，在市场环境变化导致销售回款缓慢时，面临资金链断裂的风险。

【考核要求】

(1)分析该企业在经营过程中体现了房地产开发企业的哪些特点及可能面临的问题。

(2)从房地产开发企业会计的角度，阐述如何避免类似的成本核算和资金管理问题。

■ 技能应用

房地产开发企业会计核算实战——以住宅小区开发项目为例

华宇房地产开发公司计划开发一个住宅小区项目，项目包括住宅楼、地下车库和配套设施(如幼儿园、社区中心等)。项目预计开发周期为 2 年，总投资预算为 8 000 万元。公司在项目开发过程中需要进行成本核算、收入确认、资金筹集和管理，并根据会计准则编制财务报表。

1. 项目初期的成本核算与会计分录

华宇公司发生以下业务：(1)支付土地出让金 3 000 万元，款项通过银行存款支付。(2)支付土地平整及前期工程费 500 万元，增值税专用发票注明增值税额 45 万元。(3)采购建筑材料(钢材、水泥等)，增值税专用发票注明价款 1 000 万元，增值税额 130 万元，款项已支付。(4)自行搭建临时办公室和仓库，领用材料计划成本 20 万元，材料成本差异率为 2%；人工费用 5 万元；其他费用 3 万元。

要求：进行成本核算，并编制相应的会计分录。

2. 开发过程中的成本核算与收入确认

华宇公司在开发过程中发生以下业务：(1)住宅楼基础工程完成，支付建筑安装工程费 800 万元，增值税额 72 万元。(2)幼儿园配套设施建设完成，支付工程款 150 万元，增值税额 13.5 万元。(3)住宅楼主体结构封顶，支付建筑安装工程费 1 200 万元，增值税额 108 万元。(4)项目采用预售方式销售住宅，本月预售住宅 10 套，每套售价 100 万元，增值税率 9%。收到预售款 1 000 万元。假设当月确认部分收入 500 万元，假设当月结转成本 400 万元。

要求：根据业务内容，编制相应的会计分录，并说明收入确认的条件和方法。

3. 资金筹集与资金管理

华宇公司在项目开发过程中需要大量资金投入，计划通过以下方式筹集资金：(1)向银行申请开发贷款 3 000 万元，期限 2 年，年利率 5%。(2)通过预售住宅收取预售款 2 000 万元。(3)使用自有资金 1 000 万元。

要求：编制资金筹集的会计分录，并说明资金管理的策略。

4. 财务报表编制

截至第一年年末，华宇公司部分财务数据如下：应收账款余额为 1 500 万元(预售款)、应付账款余额为 300 万元(未支付的工程款)、预收账款余额为 2 000 万元(预售款)、固定资产余额为 50 万元(临时设施)、开发成本余额为 6 000 万元(土地成本、建筑成本等)、开发产品余额为 2 000 万元(已完工部分)、累计确认收入为 3 000 万元、累计确认成本为 2 500 万元。

要求：根据上述数据，编制资产负债表和利润表。

【技能要求】

请结合所学的知识，分别按照上述要求对内容做出账务处理。

■ 案例分析

【情景与背景】

A房地产开发困境及会计与资金管理的应对之道

A房地产开发公司承接了一个大型商业综合体项目，项目总投资预计10亿元，在项目开发过程中，遇到了以下情况：一是土地征用及拆迁补偿过程中与部分居民就补偿金额和安置方式产生了纠纷，导致项目进度受阻；二是建筑材料价格大幅上涨，超出了预算成本；三是销售阶段，市场需求不如预期，销售价格和销售速度均不理想。

【分析要求】

请根据上述背景，从以下方面进行分析：

(1)分析上述情况对该项目开发成本、收入和利润的影响。

(2)从会计核算角度提出应对这些情况的建议，如成本核算调整、收入确认方式的选择等。

(3)探讨在资金管理方面如何应对项目开发过程中的不确定性，确保资金链稳定。

本章实训

【实训内容】

房地产开发企业会计

【实训情境】

假设你是一家中型房地产开发企业的会计人员，企业正在开发一个综合性的房地产项目，包括住宅、商业和配套设施等多个部分。该项目处于开发过程中，已经完成土地获取和部分前期工程，正在进行建筑施工和预售阶段。企业使用财务软件进行账务处理，同时需遵循国家相关的会计准则和税收法规。

【实训任务】

任务一：成本核算实训

首先，需要对该房地产项目的土地开发成本进行详细核算，其中涉及土地出让金、土地征用费、拆迁补偿费、土地平整费等多项成本。依据企业提供的原始凭证，将各项成本精确地归集到相应的成本项目和成本核算对象上。企业通过招标取得一块土地，支付土地出让金1 000万元，土地征用费200万元，拆迁补偿费300万元，土地平整费50万元。编制会计分录。

任务二：收入确认实训

在处理项目预售和销售收入的确认时，由于企业已开始预售部分住宅和商业房产，会收到不同客户的预售款，并且在开发过程中会达到部分收入确认条件。

(1)当收到客户A的预售款200万元时，编制会计分录。(2)根据项目的工程进度和销售合同，部分房产达到收入确认条件，假设达到条件的住宅销售金额为150万元(不含税)，税率为9%，则要编制确认收入和结转预收账款的分录。(3)对于不同销售方式(如一次性付款和分期付款)的收入确认，要根据不同情况分别处理。比如客户B采用分期付款方式购买商业房产，合同总价300万元，分3期付款，在收到第一期款项118万元(含增值税)时，编制会计分录。

任务三：财务报表编制与分析实训

依据企业的会计核算数据，编制资产负债表和利润表，并对报表进行分析。一方面，汇总各账户余额，假设开发成本账户余额为1 800万元，开发产品账户余额为600万元，预收账款余额为400万元，应付账款余额为250万元，固定资产余额为500万元。另一方面，假设主营业务收入为500万元，主营业务成本为300万元。

任务四：税务处理实训

要完成该房地产项目的增值税、土地增值税和企业所得税的计算和申报处理。

计算增值税时，根据进项税额和销项税额进行汇总。(1)假设本期进项税额为 80 万元，销项税额为 150 万元，编制会计分录。(2)对于土地增值税，根据土地增值额和相应税率计算应纳税额。假设土地增值额为 300 万元，适用税率为 30%，编制会计分录。(3)计算企业所得税时，要考虑税法允许的扣除项目和调整事项，假设调整后的应纳税所得额为 120 万元，税率为 25%，编制会计分录。

任务五：实训考核

操作考核(60%)。首先，检查学生在成本核算、收入确认、财务报表编制和税务处理等方面的会计分录是否正确，这部分占考核的 30%。其次，查看学生是否按照规定的操作步骤完成实训任务，包括账户设置、成本分配、报表编制等，占 20%。最后，检查学生在财务报表分析中指标计算是否准确，对企业财务状况和经营成果的分析是否合理，占 10%。

报告考核(40%)。要求学生提交实训报告，阐述在实训过程中遇到的问题及解决方法，这部分占 20%。同时，让学生对该房地产项目的财务状况和经营成果进行综合评价，提出改进建议，占 20%。

任务六：实训总结与反思

学生总结：学生在完成实训后需要对自己在实训过程中的操作进行总结，包括对各项技能的掌握程度，在成本核算、收入确认、报表编制和税务处理过程中遇到的困难及解决方法，分析自己在哪些方面还需要进一步学习和提高，如对复杂业务场景下的会计处理、对新税收政策的应用等。

教师总结：教师根据学生的实训情况，对整体实训过程进行总结，重点强调容易出错的知识点和操作环节，如成本分配的方法选择、收入确认的条件判断、税务申报的细节等；针对学生普遍存在的问题，如会计分录错误、报表编制不规范、税务处理不严谨等，进行详细讲解和指导；引导学生思考如何在实际工作中更好地运用所学知识，应对不同的项目和业务场景，同时鼓励学生关注行业动态和会计准则、税收法规的变化，不断提升自己的专业能力。

<table>
<tr><th colspan="3">《房地产开发企业会计》实训报告</th></tr>
<tr><td>实训班级：</td><td>实训小组：</td><td>实训组成员：</td></tr>
<tr><td>实训时间：　　年　　月　　日</td><td>实训地点：</td><td>实训成绩：</td></tr>
<tr><td colspan="3">实训目的：</td></tr>
<tr><td colspan="3">实训步骤：</td></tr>
<tr><td colspan="3">实训结果：</td></tr>
<tr><td colspan="3">实训感言：</td></tr>
</table>

第四章　金融企业会计[①]

● **知识目标**

理解：金融企业会计的概念和特点；金融企业会计的工作组织。

熟知：金融企业会计的职能；金融企业会计的核算原则和核算要素；金融企业会计科目。

掌握：商业银行业务的核算；证券公司业务的核算；保险公司业务的核算。

● **技能目标**

能够熟练掌握金融企业各类业务的会计核算方法，准确编制相关会计分录。学会运用金融企业会计科目进行账务处理，能够对财务数据进行分析和解读。掌握金融企业会计核算中的特殊计量方法，能够识别和处理金融企业会计中的风险相关事项，如计提贷款损失准备、保险责任准备金等，评估金融企业面临的风险状况。

● **素质目标**

培养严谨、细致的职业素养；金融企业会计核算涉及大量资金往来和复杂业务，任何细微差错都可能导致严重后果，通过学习使学生养成严谨认真、一丝不苟的工作习惯；提升逻辑思维能力，在学习各类金融业务会计处理流程和方法的过程中锻炼学生的逻辑思维，使其能够清晰梳理业务逻辑，准确进行会计核算。

● **思政目标**

树立诚实守信的职业道德观念，强调金融企业会计信息真实、准确、完整的重要性，明白在工作中坚守诚信原则，维护金融市场秩序；培养合规意识和法律观念，了解金融行业相关法律法规和监管要求，严格遵守规定，防范金融风险，避免违法违规行为；增强社会责任感，认识到金融企业在经济发展中的重要作用，引导学生在未来工作中积极履行社会责任。

---

① 本章内容对于学生的金融知识储备和会计专业理解能力要求较高，除金融学、金融工程等专业的学生必修外，其他财经专业学生可根据自身学习情况和兴趣选读。选读学生可根据自身职业规划和对金融知识的兴趣有针对性地学习重点内容。

● **课程引例**

50万元存款"缩水"风波:金融企业会计的关键作用

某座城市有一家颇具规模的商业银行分行。李大爷是一位普通的退休老人,他辛苦积攒了一辈子的积蓄,共计50万元,存入这家银行的定期账户,存期为3年,年利率为2%。

两年后,李大爷满心欢喜地来到银行准备支取本息。然而,银行工作人员在核对账目时却发现,系统中记录的李大爷存款金额仅为30万元。李大爷顿时慌了神,他坚称自己当初存入的是50万元,并且拿出了当时的存款凭证。银行方面立即展开调查,发现原来是会计人员在录入存款信息时因操作失误将金额输错。

经过一番周折,银行对错误进行了纠正,李大爷最终顺利拿到了应得的本息。但这次事件给李大爷带来了极大的精神困扰,也让银行的声誉受到一定影响,不少储户对该银行的业务操作规范性产生了疑问。

● **引例反思**

从这个案例可以看出金融企业会计工作的重要性和严谨性。金融企业会计不仅仅是简单的数字记录和账务处理,每一个数据都关乎客户的切身利益。在这个案例中,会计人员一个小小的操作失误,就引发了一场不小的风波。这警示我们,在金融企业会计工作中,必须严格遵守操作规范和流程,确保每一笔业务的录入准确无误。

对于学生而言,在学习金融企业会计知识的过程中要深刻认识到自己未来肩负的责任,要注重细节,培养严谨的工作态度,不能因为看似简单的操作就掉以轻心。同时,这也反映出金融企业内部管理和监督机制的重要性。银行应加强对会计人员的培训和管理,建立有效的监督和审核机制,及时发现和纠正错误,避免类似事件的发生。通过对这个案例的反思,能够更好地理解金融企业会计课程的意义和价值,明确学习目标,为今后从事相关工作奠定坚实的基础。

第一节 金融企业会计概述

一、金融企业会计的概念

金融企业会计(Accounting for Financial Enterprises)是将会计学的基本原理和基本方法应用于金融企业的一门专业会计。它是以货币为主要计量单位,对金融企业的经营活动过程进行连续、系统、完整的核算和监督,为金融企业的利益相关者提供有用的财务信息的一种经济管理活动。金融企业包括商业银行、证券公司、保险公司、信托投资公司、基金管理公司、财务公司等。这些不同类型的金融企业从事着各种金融业务,如吸收存款、发放贷款、证券发行与交易、保险承保与理赔、信托资金管理、基金运作、资金融通等。金融企业会计就是对这些多样化的金融业务进行会计核算和监督,以反映金融企业的财务状况、经营成果和现金流量。

二、金融企业会计的特点

(一)核算对象的特殊性

金融企业的经营对象是货币资金,其业务活动主要表现为货币资金的收付和流转。与一般企业的会计核算对象不同,一般企业主要核算的是生产、销售等物质资料的生产经营过程,而金融企业是经营货币信用的特殊企业，其核算的是货币资金的借贷、收付以及与之相关的金融服务。例如，商业银行的存贷款业务涉及大量的资金往来，这些资金的流入和流出是金融企业会计核算的重要内容。

金融企业的资产和负债主要表现为金融资产和金融负债，如商业银行的存款、贷款、债券投资等，其价值受市场利率、汇率、信用风险等因素的影响较大，需要考虑货币时间价值和风险因素，这使得金融企业会计在资产和负债的计量、确认和报告方面具有独特性。

（二）核算方法的复杂性

金融业务的复杂性决定了金融企业会计核算方法的复杂性。例如，在商业银行的贷款业务中，不仅要核算贷款的发放、收回，而且要根据贷款的风险程度计提贷款损失准备；在证券业务中，要对证券的买入、卖出、公允价值变动等进行核算，涉及多种估值方法和复杂的投资收益计算；对于保险公司，需要考虑保险合同的保费收入确认、保险准备金的计提和理赔支出核算，不同保险合同的期限、风险特征和保险责任不同，核算方法也有所不同。

金融衍生工具的出现进一步增加了金融企业会计核算的复杂性。金融衍生工具包括远期、期货、期权、互换等，其价值随基础金融工具或指数的变动而变动，需要使用公允价值计量，并且在不同的时点需要根据市场条件重新计量，其会计处理涉及套期会计等特殊方法，对金融企业会计人员的专业能力提出了更高要求。

（三）会计核算的社会性

金融企业是社会资金融通的中介机构，其业务涉及社会的各个方面，与国民经济的运行密切相关。金融企业的会计信息不仅影响着企业自身的经营决策，而且对宏观经济政策的制定和实施、投资者的决策、金融市场的稳定等具有重要影响。例如，商业银行的信贷数据反映了社会的资金供求状况，中央银行可以根据这些信息调整货币政策；保险公司的保费收入和赔付情况反映了社会的风险保障需求和风险状况；证券公司的股票和债券交易数据反映了资本市场的活跃度和投资者信心。因此，金融企业会计核算的准确性和及时性对于整个社会经济的稳定和发展至关重要。

（四）金融监督的政策性

金融企业受到严格的金融监管，其会计核算必须遵循国家的金融政策和监管要求。不同的金融监管机构，如国家金融监督管理总局、中国证券监督管理委员会①等，会出台一系列的法规和政策，要求金融企业在会计核算、财务报告、风险管理等方面遵循特定的标准和程序。例如，商业银行要按照《巴塞尔协议》等国际和国内监管标准计提资本充足率、准备金等，保险公司要遵循保险监管机构的规定计提各种准备金，以确保金融企业的稳健经营和金融市场的稳定，金融企业会计需要在这些政策和法规的约束下进行核算和监督。

三、金融企业会计的职能

（一）核算职能

金融企业的核算职能是对金融企业的各项业务活动进行确认、计量、记录和报告。例如，对商业银行的日常业务，包括吸收公众存款、发放贷款、同业拆借、支付结算等业务，按照规定的会计方法和程序，以货币为计量单位，将业务信息转化为会计信息。在吸收存款时，要准确记录存款的金额、期限、利率等信息，计算利息支出；发放贷款时，要记录贷款的本金、利率、还款期限和还款方式等，准确计算利息收入和贷款资产的价值。通过一系列的会计账户和账簿，对金融业务进行连续、

① 随着新一轮政府机构改革，目前，我国金融监管体系为“一行一局一会”（中国人民银行、国家金融监督管理总局、中国证券监督管理委员会）的新格局，金融监管职能进一步统一、清晰和强化。

系统的记录，最终编制出财务报表，为利益相关者提供反映金融企业财务状况和经营成果的信息。

（二）监督职能

金融企业会计的监督职能为对金融企业的经营活动进行监督，确保其遵守国家法律法规和金融政策。一方面，监督业务活动的合法性，防止金融企业从事违法违规的业务操作，如商业银行不得违规发放高风险贷款，保险公司不得进行虚假理赔等；另一方面，监督业务活动的合理性和有效性，例如，监督金融企业的资金使用是否合理、是否符合风险控制要求、是否存在资金浪费或不合理的资金占用等。通过对会计资料的分析和审查，发现问题，及时纠正，保证金融企业的健康稳定发展。

四、金融企业会计的核算原则

（一）客观性原则

金融企业会计核算必须以实际发生的经济业务为依据，如实反映金融企业的财务状况和经营成果。例如，在记录贷款业务时，必须依据真实的贷款合同和资金收付凭证，不能虚构贷款业务或隐瞒贷款损失；在核算证券投资业务时，要依据真实的交易记录和市场价格，不能人为操纵投资收益。这要求金融企业的会计人员在进行账务处理时要有合法的原始凭证，确保会计信息的真实性和可靠性。

（二）相关性原则

金融企业提供的会计信息应当与信息使用者的经济决策需要相关。对于投资者来说，他们需要通过金融企业的财务报告了解企业的盈利能力、偿债能力和发展潜力，以便决定是否投资；对于监管机构来说，需要了解金融企业的风险状况和合规情况，以实施有效的监管；对于存款人和贷款人来说，需要了解金融企业的安全性和可靠性。因此，金融企业会计核算所提供的信息应能满足不同使用者的需求，以帮助他们做出正确的决策。

（三）可比性原则

金融企业之间的会计核算应当按照规定的会计处理方法进行，确保会计信息口径一致、相互可比。不同的商业银行、证券公司或保险公司在相同的业务上应采用统一的会计标准，以便投资者和监管机构对不同金融企业进行比较和评价。例如，在贷款减值准备的计提上，不同商业银行应遵循相同的减值测试方法和计提比例，这样才能在行业内进行横向比较，分析不同银行的资产质量和风险水平。

（四）及时性原则

金融企业应及时对发生的经济业务进行会计处理，并及时传递会计信息。由于金融市场的快速变化和金融业务的时效性，如证券价格的实时波动、货币市场利率的频繁变动，金融企业需要及时核算和报告业务信息，以反映金融企业的最新状况。例如，在证券交易发生后，企业应立即对交易进行账务处理，计算交易的盈亏，并及时更新财务报表，使信息使用者能及时掌握企业的财务状况，避免因信息滞后而导致决策失误。

（五）明晰性原则

金融企业的会计记录和财务报表应当清晰明了，便于理解和使用。金融企业的会计信息使用者众多，包括非专业的普通投资者，因此在会计科目的设置、会计报表的编制等方面要简洁易懂，避免过于复杂和晦涩的会计处理。例如，在财务报表中，对各项财务指标的解释要清晰，对重要项目要进行必要的注释，使信息使用者能够轻松理解报表所反映的内容。

五、金融企业会计的核算要素

（一）资产

金融企业的资产主要包括金融资产和其他资产。金融资产是金融企业最重要的资产，包括现金及存放中央银行款项、存放同业款项、贷款、投资等。对于商业银行，贷款是其主要的资产，贷款的质量和价值直接影响银行的经营成果；对于证券公司，其金融资产包括持有的股票、债券、基金等投资；对于保险公司，其资产包括长期股权投资、债券投资等，这些资产需要根据其性质和持有目的采用不同的计量和核算方法，如采用摊余成本计量或公允价值计量等。

（二）负债

负债主要包括吸收存款、拆入资金、卖出回购金融资产款、应付债券等。商业银行的负债以吸收的各类存款为主，其金额和结构反映了银行的资金来源和成本；证券公司的负债可能包括客户交易结算资金、应付债券等，这些负债是证券公司开展业务的资金基础；保险公司的负债包括预收保费、未到期责任准备金、未决赔款准备金等，这些负债反映了保险公司的未来赔付义务和风险责任。

（三）所有者权益

与一般企业类似，金融企业的所有者权益是资产扣除负债后的剩余权益，包括实收资本（或股本）、资本公积、盈余公积、未分配利润等。它反映了金融企业所有者对企业净资产的要求权，是金融企业持续经营和发展的重要基础，例如，股东投入的股本是商业银行、证券公司、保险公司等金融企业开展业务的初始资金，留存收益则是企业盈利积累的部分，为企业的扩张和风险抵御提供支持。

（四）收入

金融企业的收入主要来源于其经营业务，包括利息收入、手续费及佣金收入、保费收入、投资收益等。商业银行的主要收入来源是利息收入和中间业务手续费收入，利息收入取决于贷款的规模和利率水平；证券公司的收入包括证券经纪业务的佣金收入、证券承销业务的手续费收入和自营业务的投资收益；保险公司的保费收入是其主要收入来源之一。此外，保险资金的投资收益也在其收入中占有重要地位。

（五）费用

费用包括金融企业在经营过程中发生的各种费用，如业务及管理费、利息支出、赔付支出等。业务及管理费涵盖了金融企业的员工薪酬、办公费用、折旧摊销等；利息支出对于吸收存款的金融企业来说是一项重要的成本；保险公司的赔付支出是其主要的费用支出，需要根据保险合同的约定和实际的理赔情况进行核算。

（六）利润

利润是金融企业在一定会计期间的经营成果，等于收入减去费用后的净额。金融企业的利润反映了其经营业绩，是衡量企业经营效益的重要指标。不同类型的金融企业追求利润的方式和利润结构有所不同，商业银行通过利差和中间业务实现利润，证券公司通过证券业务的各项收入与成本的差额获得利润，保险公司则通过保费收入、投资收益与赔付支出、费用的平衡来实现利润。

六、金融企业会计的工作组织

（一）会计机构设置

金融企业一般会根据其规模和业务特点设置相应的会计机构。大型商业银行通常在总行设有专门的会计部，负责制定全行的会计制度和政策，对分行的会计工作进行指导和监督；分行也设有会计部门，负责具体的会计核算和账务处理；基层营业网点也有专门的会计人员负责日常的业务操作和会计记录。证券公司的总部和分支机构也会有相应的会计机构，以保证证券业务的会计核算的准确性和及时性。保险公司一般在总公司和分公司设置财务会计部门，对保险业务的财务活动进行核算和监督。

（二）会计人员

金融企业的会计人员需要具备较高的专业素质，不仅要掌握一般的会计学知识，而且要熟悉金融业务和相关的法律法规。例如，商业银行的会计人员要熟悉银行的存贷款业务流程和监管政策；证券公司的会计人员要掌握证券交易、结算等业务的会计处理；保险公司的会计人员要了解保险合同的条款和保险业务的核算特点。他们需要通过持续的培训和学习，以适应不断变化的金融市场和监管要求。

七、金融企业会计科目

（一）会计科目的概念

会计科目是对金融企业的各项要素的具体核算内容，按金融企业会计核算的要求进行分类核算反映的类别名称，是设置账户、归集和记载各项经济业务的基础。会计科目的设置应符合以下要求：

（1）会计科目设置依据。金融企业需遵循《企业会计准则——应用指南》中的科目表规定，确保会计核算的规范性和一致性。企业可根据自身的业务特点，在不影响会计核算要求和会计报表指标汇总的前提下自行增设、减少或合并某些会计科目。

（2）会计科目编号。会计科目编号是为便于编制会计凭证、登记账簿、查阅账目以及实行会计电算化而统一规定的。企业不应随意打乱重编科目编号，且在填制会计凭证和登记账簿时应填制会计科目的名称，或者同时填列会计科目的名称和编号。

（3）会计科目适用范围。不同类型的金融企业（如商业银行、证券公司、保险公司等）可能使用不同的会计科目。例如，“存放中央银行款项”科目适用于银行，“代理买卖证券款”科目适用于证券公司。

（二）会计科目的分类

为了便于正确掌握和使用会计科目、了解会计科目的性质和特点，有必要对金融企业的会计科目从不同的角度、按照不同的标准划分为不同的种类。会计科目的具体分类如下：

（1）按照会计科目反映的经济内容，分为资产类、负债类、所有者权益类、损益类和资产负债共同类，这是金融企业会计科目最基本的分类。

资产类科目反映资金的占用和分布情况，具体包括各种存放款项科目、贷款科目、投资科目、固定资产科目和无形资产科目等，余额在借方。

负债类科目反映债务资金的形成和来源情况，具体包括各种吸收存款科目、同业及其他金融机构存入款项科目、拆入款项科目、应付款项科目等，余额在贷方。

所有者权益类科目反映投资者对净资产的所有权情况，具体包括实收资本、资本公积、盈余公积、一般风险准备、本年利润、利润分配等科目，余额在贷方。

损益类科目反映财务收支和经营成果情况，具体包括各种收入类科目、费用支出类科目。期末结账前，各种收入类科目的余额在贷方，各种费用支出类科目的余额在借方；结账时，损益类科目的余额均要转入本年利润科目，以便计算本会计期间的财务成果。

在实际工作中，根据会计核算的需要，在以上 4 类的基础上又加了 1 类，即资产负债共同类。该类会计科目根据其反映的经济业务的内容不同，有时反映负债的形成，有时反映资金的占用，会计科目的性质取决于余额的方向。当余额在贷方时，是负债性质；当余额在借方时，是资产性质。

其具体包括清算资金往来、货币兑换等科目。

(2)按照会计科目与会计报表的关系,分为表内科目和表外科目。

表内科目是指反映资金增减变化,并且该增减变化过程及其结果能够在会计报表上得到反映的会计科目。按照经济内容划分的4类会计科目都是表内科目。

表外科目是指用来反映业务内容并未引起银行资金增减变化,因而不能在会计报表上得到反映的主要会计事项的会计科目。

金融企业应依照《企业会计准则——应用指南》中的科目表规定的科目名称和核算内容设置与使用会计科目,处理经济业务。企业会计科目名称和编号如表4—1所示。

表4—1 **企业会计科目名称和编号**

序号	编号	会计科目	序号	编号	会计科目
		一、资产类	54	2012	同业存放
1	1001	库存现金	55	2021	贴现负债
2	1002	银行存款	56	2101	交易性金融负债
3	1003	存放中央银行款项	57	2111	卖出回购金融资产款
4	1011	存放同业	58	2201	应付票据
5	1012	其他货币资金	59	2202	应付账款
6	1021	结算备付金	60	2203	预收账款
7	1031	存出保证金	61	2211	应付职工薪酬
8	1101	交易性金融资产	62	2221	应交税费
9	1111	买入返售金融资产	63	2231	应付利息
10	1121	应收票据	64	2232	应付股利
11	1122	应收账款	65	2241	其他应付款
12	1123	预付账款	66	2311	代理买卖证券款
13	1131	应收股利	67	2312	代理承销证券款
14	1132	应收利息	68	2313	代理兑付证券款
15	1221	其他应收款	69	2314	代理业务负债
16	1231	坏账准备	70	2501	长期借款
17	1301	贴现资产	71	2502	应付债券
18	1302	拆出资金	72	2701	长期应付款
19	1303	贷款	73	2702	未确认融资费用
20	1304	贷款损失准备	74	2801	预计负债
21	1311	代理兑付证券	75	2901	递延所得税负债
22	1321	代理业务资产			三、共同类
23	1431	贵金属	76	3001	清算资金往来
24	1441	抵债资产	77	3002	货币兑换
25	1461	融资租赁资产	78	3101	衍生工具

续表

序号	编号	会计科目	序号	编号	会计科目
26	1501	债权投资	79	3201	套期工具
27	1502	债权投资减值准备	80	3202	被套期项目
28	1503	其他债权投资			四、所有者权益类
29	1504	其他权益工具投资	81	4001	实收资本
30	1511	长期股权投资	82	4002	资本公积
31	1512	长期股权投资减值准备	83	4003	其他综合收益
32	1521	投资性房地产	84	4101	盈余公积
33	1531	长期应收款	85	4102	一般风险准备
34	1532	未实现融资收益	86	4103	本年利润
35	1601	固定资产	87	4104	利润分配
36	1602	累计折旧	88	4201	库存股
37	1603	固定资产减值准备			五、损益类
38	1604	在建工程	89	6011	利息收入
39	1605	工程物资	90	6021	手续费及佣金收入
40	1606	固定资产清理	91	6041	租赁收入
41	1611	未担保余值	92	6051	其他业务收入
42	1701	无形资产	93	6061	汇兑损益
43	1702	累计摊销	94	6101	公允价值变动损益
44	1703	无形资产减值准备	95	6111	投资收益
45	1711	商誉	96	6301	营业外收入
46	1801	长期待摊费用	97	6402	其他业务成本
47	1811	递延所得税资产	98	6411	利息支出
48	1901	待处理财产损溢	99	6421	手续费及佣金支出
		二、负债类	100	6602	业务及管理费
49	2001	短期借款	101	6701	资产减值损失
50	2002	存入保证金	102	6702	信用减值损失
51	2003	拆入资金	103	6711	营业外支出
52	2004	向中央银行借款	104	6801	所得税费用
53	2011	吸收存款	105	6901	以前年度损益调整

注：由于金融企业的业务以资金融通和金融服务为主，其经营过程不涉及传统的产品生产，因此不需要像制造业那样设置专门的成本类科目。它们的成本主要体现在资金的成本（利息支出等）和业务运营的费用上，这些可以通过其他类别的会计科目（如负债类和损益类科目）进行准确的核算和反映。

探寻金融企业会计奥秘，助力经济高质量发展

【学思践悟】

金融企业会计作为会计学在金融领域的独特延伸，具有鲜明的特点，而这些特点与当下国家经济发展的宏观背景息息相关。其核算对象的特殊性，凸显了金融企业在经济体系中的核心地位。在全球经济格局深刻调整、国内经济迈向高质量发展的关键阶段，金融企业经营的货币资金如同经济运行的血液，其流动和配置的效率直接影响着整个经济的活力。

以商业银行为例，贷款业务作为其核心资产，不仅关系到银行自身的盈利和风险状况，更对实体经济的发展起着至关重要的支持作用。据统计，截至 2024 年底，我国商业银行贷款余额已超过 200 万亿元，其中，小微企业贷款余额占比接近 30%。二十届二中、三中全会强调深化金融体制改革，增强金融服务实体经济能力，这就要求金融企业会计精准把握贷款业务的核算与管理，充分考虑市场利率波动、信用风险变化等因素，为银行的信贷决策提供科学依据，确保资金能够精准流向国家重点支持的产业和领域，如战略性新兴产业、绿色产业等，推动经济结构优化升级。

核算方法的复杂性是金融企业会计的一大挑战，同时也是适应金融创新发展的必然要求。随着金融科技的飞速发展，新的金融产品和业务模式层出不穷，如数字货币、区块链金融、供应链金融等。这些创新业务的出现，不仅丰富了金融市场的层次和内涵，而且对会计核算方法提出了更高的要求。金融衍生工具的广泛应用，使得金融资产和负债的价值更加难以确定，需要运用复杂的估值模型和公允价值计量方法。例如，国际上普遍采用的动态风险模型可以更精准地计量金融衍生工具的价值，而我国在这方面仍处于探索阶段。在这种背景下，金融企业会计人员必须不断学习和掌握新的核算技术和方法，以准确反映金融业务的经济实质。同时，国家积极推动金融创新监管体系建设，要求会计核算能够及时、准确地披露金融创新业务的风险和收益情况，为监管部门制定政策提供有力支持，以维护金融市场的稳定和健康发展。

会计核算的社会性和金融监督的政策性，彰显了金融企业会计在国家宏观经济调控中的重要作用。金融企业作为社会资金融通的枢纽，其会计信息是国家制定宏观经济政策的重要依据。央行通过分析商业银行的存贷款数据、资金流向等信息，可以精准把握社会资金的供求状况，从而灵活调整货币政策，实现经济的稳定增长和物价的基本稳定。二十大报告明确提出要健全现代金融体系，加强和完善现代金融监管，这就要求金融企业会计严格遵循国家的金融政策和监管要求，确保会计信息的真实性、准确性和完整性。金融企业会计人员要时刻关注国家政策的变化，及时调整会计核算方法和流程，防范金融风险，维护金融市场的稳定，为国家经济的平稳运行保驾护航。

学习金融企业会计，不仅要在理论上深入理解其原理和方法，更要将所学知识运用到实际工作中，为经济社会发展贡献力量。在实践过程中，会计核算职能和监督职能如同鸟之双翼、车之两轮，缺一不可。核算职能是基础，它要求我们以客观、准确、及时的态度记录每一笔金融业务，将业务信息转化为清晰、可理解的会计信息，为金融企业的经营决策提供坚实的数据支持。监督职能则是保障，它确保金融企业的经营活动符合国家法律法规和金融政策的要求，防范金融风险，维护金融市场的公平和秩序。

在当前经济形势下，金融企业会计人员要积极响应国家号召，将会计工作与服务实体经济紧密结合起来。例如，在支持小微企业发展方面，会计人员可以通过优化贷款核算流程、创新金融服务模式等方式，提高小微企业获得金融支持的便利性和可及性；同时，要加强对小微企业贷款

风险的评估和管理，运用大数据、人工智能等技术手段，提高风险识别和预警能力，确保金融资源的合理配置和有效利用。在推动绿色金融发展方面，会计人员可以通过建立绿色金融核算体系，准确计量和披露金融企业在绿色项目投资、碳排放权交易等方面的业务情况，引导金融资源向绿色产业倾斜，促进经济的可持续发展。

【悟有所得】

在新时代的征程中，金融行业正处于前所未有的变革和发展机遇期，金融企业会计人员要以二十大，二十届二中、三中全会精神为指引，不断提升自我，积极投身于金融改革与创新的浪潮中。

(一)助力个人成长：树立终身学习理念

金融行业日新月异，新的政策法规、业务模式和技术手段不断涌现。作为金融企业会计人员，我们必须紧跟时代步伐，持续学习新知识、新技能，不断拓宽自己的视野和知识面；要深入研究金融市场的动态变化，掌握最新的会计核算方法和技术工具，提高自己的专业素养和业务能力；同时，还要注重培养自己的综合能力，如沟通协调能力、团队合作能力、风险判断能力等，以适应金融行业多元化、复杂化的发展需求，例如，通过参加国际会计准则培训、金融科技应用课程等方式，提升自身的国际化视野和数字化能力。

(二)敢于时代担当：助力国家经济建设

我们要深刻认识到金融企业会计工作在国家经济建设中的重要性。金融是国家重要的核心竞争力，金融安全是国家安全的重要组成部分。我们的工作不仅关系到金融企业自身的生存和发展，更关系到整个国家经济的稳定和繁荣。我们要以高度的责任感和使命感，认真履行会计核算和监督职能，确保金融企业的财务信息真实、准确、完整，为金融监管部门和投资者提供可靠的决策依据；要积极参与金融改革和创新，为构建现代化金融体系贡献自己的智慧和力量。

(三)服务实体经济：发挥会计职能作用

我们要充分发挥会计的职能作用，通过精准的核算和分析，为金融企业优化资源配置提供建议，引导资金流向实体经济的重点领域和薄弱环节；要加强对金融风险的监测和预警，及时发现和化解潜在的风险隐患，维护金融市场的稳定；同时，要积极响应国家关于普惠金融、绿色金融等政策号召，为促进经济社会的公平、可持续发展贡献力量。例如，通过优化贷款核算流程，为小微企业提供“秒批”服务，使小微企业贷款审批时间缩短50%，有效提高了金融支持的效率。

(四)具备国际视野：提升国际市场竞争力

面对国际金融竞争的日益激烈，我们要具备全球视野和国际竞争力；要关注国际金融市场的动态和趋势，学习借鉴国际先进的会计理念和方法，提升我国金融企业会计工作的国际化水平；要积极参与国际金融规则的制定和交流合作，为我国金融行业在国际舞台上争取更多的话语权和主动权。例如，我国在金融衍生工具的会计核算上仍有一定差距。国际上普遍采用的动态风险模型可以更精准地计量金融衍生工具的价值，而我国在这方面仍处于探索阶段。因此，我们应加强国际交流与合作，推动我国金融企业会计工作的国际化进程。

在新时代的征程中，我们要将个人的成长与国家的发展紧密结合起来，以专业知识为武器，以时代担当为使命，为实现金融强国的目标、推动经济高质量发展而不懈努力。我们要在金融企业会计的岗位上用精准的核算、严格的监督和积极的创新，书写属于我们这一代金融人的辉煌篇章，为全面建设社会主义现代化国家贡献自己的一份力量。

第二节　商业银行业务的核算

一、商业银行会计核算概述

商业银行会计核算在金融企业会计中占据重要地位，它是对商业银行开展的各项业务活动进行准确计量、记录、报告和监督的过程。通过专门的会计核算，商业银行可以清晰地反映自身的财务状况和经营成果，为内部管理、外部投资者、监管机构等利益相关者提供重要的决策依据。其业务涵盖吸收存款、发放贷款、办理结算、票据贴现、同业拆借、外汇买卖以及各类金融资产投资等多方面。每一项业务的会计处理都有其独特的方法和流程，以保证财务信息的真实、完整和可靠。

二、账务处理

（一）存款业务的核算

存款业务是银行以信用方式吸收社会闲置资金的筹资活动，存款是银行业金融机构重要的负债业务和信贷资金的主要来源。存款业务核算的基本内容主要有：单位活期存款的核算、单位定期存款的核算、个人活期储蓄存款的核算、个人定期储蓄存款的核算四部分。存款业务核算涉及的主要会计科目及核算内容如表 4—2 所示。

表 4—2　　存款业务会计科目及其核算内容

账户	名　称	主要核算内容
负债类	吸收存款	核算企业（银行）吸收的除同业存放款项以外的其他各种存款。余额在贷方，反映企业吸收的除同业存放款项以外的其他各项存款余额。本科目应当按照存款类别和存款单位，分别以“本金”“利息调整”等进行明细核算
	应付利息	核算商业银行按照合同约定支付的利息，包括吸收存款、分期付息到期还本的长期借款、发行债券等应支付的利息，应按存款的种类进行明细核算
损益类	利息支出	核算企业（银行）发生的利息支出，包括吸收存款、与其他金融机构（中央银行、同业等）之间发生资金往来业务、卖出回购金融资产等产生的利息支出，应按利息支出项目进行明细核算

1. 单位存款业务的核算

单位存款也称对公存款，包括单位活期存款、单位定期存款等。商业银行应在“吸收存款”账户下按存款类别分别设置“单位活期存款”“单位定期存款”等明细账户进行核算。“吸收存款”账户属于负债类科目，核算银行吸收的除同业存放款项以外的其他各种存款，包括单位存款（企业、事业单位、机关、社会团体等存款）、个人存款、信用卡存款、特种存款、转贷款资金和财政性存款等。该账户贷方登记收到单位存入的各种款项及结计的利息；借方登记单位支取的或按规定扣款和销户的金额；余额在贷方，便是单位存款的结存数。

（1）单位活期存款业务的核算

单位活期存款是指企业、事业、行政机关、社会团体、学校、部队等单位在银行开立的存款账户，用来存放周转资金，办理收付结算和领取现金。它是单位存款的主要形式。“单位活期存款”账户属于负债类账户，核算银行吸收的单位活期存款。该账户贷方登记收到的单位存入的活期存款和结计的利息；借方登记单位支取或按规定扣款、销户的金额；期末余额在贷方，表示单位活期存款的结存数额。该账户按存款单位设置明细账，进行明细核算。

①存入现金。存款单位向开户银行存入现金时，应填制一式两联现金缴款单，连同现金一并送

交开户银行出纳部门。出纳部门审核现金缴款单、清点现金无误后，将第一联盖上现金收讫章作为回单退交存款单位，然后根据现金缴款单第二联登记库存现金收入日记簿，登记完毕后将第二联送会计部门代库存现金收入传票登记单位存款分户账。

【做中学4—1】 大华公司为支票户，向开户行中国工商银行高新支行存入现金800 000元。高新支行应做如下账务处理：

借：库存现金　　800 000

　　贷：吸收存款——单位活期存款——大华公司　　800 000

【解析】借方“库存现金”表示银行的现金库存增加了800 000元，这是银行的资产增加。贷方“吸收存款——单位活期存款——大华公司”表示银行对大华公司的负债增加了800 000元，这是因为银行现在有责任在大华公司要求时支付这笔款项。

②支取现金。存款单位向开户银行支取现金时，应签发现金支票，并在支票上加盖预留银行印鉴，由取款人背书后送交开户银行会计部门。会计部门接到现金支票后，应对支票内容进行严格审查。经审查无误后，以现金支票代库存现金付出传票，登记取款单位分户账后，再将现金支票交出纳部门凭其付款。

【做中学4—2】 承接【做中学4—1】，同年大华公司以现金支票从中国工商银行高新支行支取现金4 000元。高新支行应做如下账务处理：

借：吸收存款——单位活期存款——大华公司　　4 000

　　贷：库存现金　　4 000

【解析】借方“吸收存款——单位活期存款——大华公司”表示银行对大华公司的负债减少了4 000元，这是因为大华公司已经从银行提取了这笔款项。贷方“库存现金”表示银行的现金库存减少了4 000元，这是银行的资产减少。

【提示】这两笔交易的会计处理都遵循了会计基本等式：资产＝负债＋所有者权益。在【做中学4—1】中，资产和负债同时增加；在【做中学4—2】中，资产和负债同时减少。这两笔交易都没有影响到所有者权益。这种处理方式确保了银行账目的准确性和完整性。

活期存款是银行流动性最强的流动负债。单位活期存款利息的核算基本公式是“利息＝本金×存期×利率”。在运用该公式时，必须注意存期和利率在计算单位上的一致性。在实际工作中，本金与以天数为计算单位的存期的乘积为“计息积数”。这样，利息计算公式演变为“利息＝计息积数×月利率÷30”。

单位活期存款一般按季结算利息，结息日为每季度末月20日，结算出来的利息在21日入账，不计复利。如在结息日前销户，应于销户时计付利息。计息方法有余额表计息法和分户账账页计息法两种。单位活期存款的存期均按实际天数计算。由于活期存款存取频繁，存款余额经常发生变动，因此，银行在实际工作中通常采用累计日积数法计息。累计日积数是各存款账户每日最后余额的逐日累计数。计算公式为：

应付存款利息＝累计计息积数×日利率

累计计息积数＝每日余额合计数

【注意】存期是存款的时间，计息时存期“算头不算尾”，也就是存入日计算利息，支取日不计算利息，其计算方法是从存入日算至支取的前一日。

【做中学4—3】 大华公司6月21日至9月20日活期存款账户累计积数为4 296 000元，由于错账冲正应减积数6 000元，累计应计息积数为4 290 000元，年利率为0.15%。

利息＝4 290 000×(0.15%÷360)＝17.825(元)

计息后，一般于次日入账。账务处理如下：

借：利息支出　　17.825

　贷：应付利息　　17.825

次日转入单位活期存款账户时：

借：应付利息　　17.825

　贷：吸收存款——单位活期存款——大华公司　　17.825

【解析】 利息的计算公式为：利息＝累计应计息积数×年利率÷360。利息支出表示银行需要支付的利息费用，计入当期的损益。应付利息是一个负债类科目，用于记录银行应支付但尚未支付的利息。“吸收存款——单位活期存款——大华公司”表示银行的负债减少，因为银行已经将利息支付给了大华公司，增加了大华公司在银行的存款余额。

(2)单位定期存款业务的核算

单位如有在一定时期内闲置不用的资金，可在银行办理定期存款。单位定期存款是单位存入款项时约定期限，到期支取本息的一种存款业务。“单位定期存款”账户属于负债类账户，核算单位在银行存入的定期存款。该账户贷方登记收到单位存入的定期存款；借方登记单位支取或到期的转存数额；余额在贷方，表示单位在银行定期存款的实有数额。该账户应按照存款单位设置明细账，进行明细核算。定期存款存期分为3个月、6个月、1年、2年、3年、5年六个档次。

①存入定期存款。单位存入定期存款时，应按存款金额签发活期存款账户转账支票交开户银行。银行按规定审查无误后办理转账。账务处理为：

借：吸收存款——单位活期存款——××户

　贷：吸收存款——单位定期存款——××户

【做中学4—4】 承接【做中学4—1】，同年，大华公司向中国工商银行高新支行申请转存定期存款160 000元一年，年利率为2%，高新支行同意后应做如下账务处理：

借：吸收存款——单位活期存款——大华公司　　160 000

　贷：吸收存款——单位定期存款——大华公司　　160 000

【解析】 借方“吸收存款——单位活期存款——大华公司”表示活期存款减少160 000元，反映活期存款负债的减少；贷方“吸收存款——单位定期存款——大华公司”表示定期存款增加160 000元，反映定期存款负债的增加。

②支取定期存款。单位持存单支取定期存款时，银行会计人员核对定期存款分户账，核对无误后，计算出利息，填制利息清单，办理转账。账务处理为：

借：吸收存款——单位定期存款——××户

　　应付利息——定期存款利息支出户

　贷：吸收存款——单位活期存款——××户

【提示】 定期存款到期后，如果单位要求续存，则可以按结清旧户另开新户办理。

【做中学4—5】 承接【做中学4—4】，存期1年后大华公司定期存款到期，转存为活期存款，高新支行应做如下账务处理：

借：吸收存款——单位定期存款——大华公司　　160 000

　　应付利息——定期存款利息支出户　　3 200

　贷：吸收存款——单位活期存款——大华公司　　163 200

【解析】借方“吸收存款——单位定期存款——大华公司”表示定期存款到期，定期存款负债减少160 000元。借方“应付利息——定期存款利息支出户”表示银行应支付的一年期定期存款利息，利息金额为3 200元(160 000元×2%)；贷方“吸收存款——单位活期存款——大华公司”表示活期存款增加163 200元，包括本金160 000元和利息3 200元，反映活期存款负债的增加。

2. 个人储蓄存款业务的核算

储蓄存款是指商业银行通过信用方式吸收城乡居民个人手中的资金形成的存款。银行对个人储蓄存款实行“存款自愿，取款自由，存款有息，为储户保密”的原则。同时，银行办理储蓄存款业务应实行实名制，即以客户本人有效身份证件的姓名办理存入手续。

(1)个人活期储蓄存款的核算

个人活期储蓄存款的开户可采用现金开户、支票开户、转存开户、来账通知开户等形式。“活期储蓄存款”账户属于负债类账户，核算居民个人存入银行的活期储蓄存款。该账户贷方登记收到居民个人存入的活期储蓄存款和结计的利息；借方登记居民个人支取款项或销户时的款项；余额在贷方，表示居民个人在银行活期储蓄存款的实有数额。该账户按照存款人设置明细账，进行明细核算。

①开户与续存。储户第一次到储蓄所存款，称为开户。柜员登记“开销户登记簿”编列账号，开立并登记“活期储蓄分户账”，根据存款金额查算出应计利息积数，记入“活期储蓄分户账”，填写活期储蓄存折。

【做中学4－6】 开户行中国工商银行高新支行接受居民王涛存入的活期储蓄存款1 000元，应做如下账务处理：

借：库存现金　　1 000

　　贷：吸收存款——活期储蓄存款——王涛　　1 000

【解析】借方“库存现金”表示银行的现金库存增加了1 000元，反映了银行资产的增加；贷方“吸收存款——活期储蓄存款——王涛”表示银行对王涛的负债增加了1 000元，这表示银行现在有责任在王涛需要时向其支付这笔款项。

②支取与销户。储户取款时，应将存折交柜员；凭印鉴支取的，应提示预留银行印鉴。柜员抽出分户账卡，同存折核对相符后，先登记存折，后登记分户账，结出新存款余额；根据取款金额从积数查算表上查出应扣积数，结出积数余额，记入分户账。其会计分录为：

借：吸收存款——活期储蓄存款——××户

　　贷：库存现金

储户支取全部存款，不再续存时称为销户。销户时，储户应按最后存款余额支取款项。柜员除按支取手续处理账务外，还应计算存款利息，并在存折和分户账上加盖“结清”戳记，登记“开销户登记簿”。其账务处理为：

借：吸收存款——活期储蓄存款——××户

　　利息支出——活期储蓄利息支出户

　　贷：库存现金

除按支取手续办理销户外，还应在利息清单上加盖“现金付讫”章，将一联利息清单连同现金一起交取款人。

【做中学4－7】 承接【做中学4－6】，几个月后王林取出所有存款，中国工商银行高新支行结出利息合计为230元，应做如下账务处理：

借：吸收存款——活期储蓄存款——王涛　　1 000

利息支出——活期储蓄利息支出户——王涛 230

贷:库存现金 1 230

【解析】借方“吸收存款——活期储蓄存款——王涛”表示银行对王涛的负债减少了1 000元,因为王涛已经从银行提取了这笔款项。借方“利息支出——活期储蓄利息支出户——王涛”表示银行需要支付的利息费用为230元,这是银行的利息支出,反映了银行负债的减少和费用的增加;贷方“库存现金”表示银行的现金库存减少了1 230元,因为银行已经支付了本金和利息。

个人活期储蓄存款利息元位起息,元位以下不计息,利息计至分位。活期储蓄存款每季度结息一次。每季度末月20日为结息日。现行活期储蓄存款因按季度结息,利息计算采用积数法。活期储蓄存款利息的结算有两种情况:一是结息日结息;二是销户日结息。

其一,结息日结息。每季度末月20日营业终了,分户账上的计息积数就是本计息季度的应计积数。结息时,先将应计积数乘以结息日挂牌公告的活期储蓄存款利率,计算出该计息季度的利息数,转入本金,结出新的存款余额。根据结息日结出的各户入账利息,填制活期储蓄存款结息清单,并结出合计数,据以编制传票记账。其账务处理为:

借:利息支出——活期储蓄利息支出户

贷:应付利息

实际支付利息时:

借:应付利息

贷:吸收存款——活期储蓄存款——清单所列各户

结息后,储户第一次来行办理存取款业务时应先将利息补登存折,然后再办理存取款手续。

其二,销户日结息。储户中途销户时,按照上一个结息日至销户日计算计息积数,再乘以当日挂牌公告的活期储蓄存款利率,得出应付储户的利息数。

(2)个人定期储蓄存款的核算

个人定期储蓄存款是指存入时约定存期,存款到期时才能支取的储蓄存款。其特点是存款时间较长,存期固定。定期储蓄存款按本息的存取方式不同可分为整存整取、零存整取、存本取息和整存零取等。“定期储蓄存款”账户属于负债类账户,核算居民个人在银行存入的各类定期储蓄存款,包括定活两便储蓄存款、零存整取储蓄存款、整存整取储蓄存款、存本取息储蓄存款、整存零取储蓄存款等。该账户贷方登记居民个人存入的定期储蓄存款数;借方登记居民个人提取的数额;余额在贷方,表示居民定期储蓄存款的结余数。该账户按照居民个人分设明细账,进行明细核算。

其一,整存整取定期储蓄存款。整存整取定期储蓄存款是指储户一次存入本金,约定存款期限,由银行发给存单,到期凭存单一次支取本息的储蓄存款。一般50元起存,多存不限,存期分3个月、6个月、1年、2年、3年、5年等不同档次。

①开户。储户存入该种存款时,应填写定期储蓄存款开户单,连同现金一起交柜员;柜员收妥款项无误后,填写一式三联“定期整存整取储蓄存单”,以第一联代库存现金收入传票。其账务处理为:

借:库存现金

贷:吸收存款——定期储蓄存款——整存整取户

【做中学4—8】 王芳在开户行中国工商银行高新支行存入整存整取定期储蓄存款4 900元,存期3年,高新支行应做如下账务处理:

借:库存现金 4 900

贷:吸收存款——定期储蓄存款——王芳 4 900

【解析】借方“库存现金”表示银行的现金资产减少了 4 900 元，因为现金被存入银行；贷方“吸收存款——定期储蓄存款——王芳”表示银行对王芳的负债增加了 4 900 元，这笔款项将在 3 年后支付，连同利息一起。

②到期支取。储户持到期存单来行取款时，柜员首先应审查存单是否确系本行签发，无误后找出留存的第三联卡片账与存单进行核对。凭印鉴支取的，储户须在存单上加盖预留印鉴。经核对相符后，按规定利率计算利息，填写两联储蓄存款利息清单，将利息金额和支取日期分别填记在存单和卡片账上，并加盖“结清”戳记，登记“开销户登记簿”，以存单代库存现金付出传票。其会计分录为：

借：吸收存款——定期储蓄存款——整存整取户
　　利息支出——定期储蓄利息支出户
　　贷：库存现金

【提示】记账后，分别在存单及利息清单上加盖名章和现金付讫章，核对无误后将利息清单及现金交给储户。

【做中学 4—9】　承接【做中学 4—8】，3 年后王芳持到期存单来银行提款，计算利息为 450 元，高新支行应做如下账务处理：

借：吸收存款——定期储蓄存款——王芳	4 900	
利息支出——定期储蓄利息支出户——王芳	450	
贷：库存现金		5 350

【解析】借方“吸收存款——定期储蓄存款——王芳”表示银行对王芳的负债减少了 4 900 元，因为存款到期。借方“利息支出——定期储蓄利息支出户——王芳”表示银行需要支付的利息费用为 450 元；贷方“库存现金”表示银行的现金资产增加了 5 350 元，包括本金 4 900 元和利息 450 元，银行现在有责任支付这笔款项给王芳。

其二，零存整取定期储蓄存款。零存整取定期储蓄存款是分次存入本金，到期 1 次支取本息的定期储蓄存款。一般 5 元起存，存期分为 1 年、3 年、5 年 3 个档次，每月固定存入 1 次本金，中途若有漏存，则应在次月补存，未补存者，到期支取时按实存金额和实际存期计算利息。若有急需，则可以提前支取，但不能办理部分提前支取。

教育储蓄存款为零存整取定期储蓄存款，最低起存金额为 50 元，本金合计最高限额为 2 万元，存期分为 1 年、3 年、6 年 3 个档次。

①开户与续存。零存整取定期储蓄存款的开户及续存手续，与活期储蓄存款手续基本相同。其会计分录为：

借：库存现金
　　贷：吸收存款——定期储蓄存款——零存整取户

【提示】储户按月续存时，将存折、现金一起交银行柜员。其余处理手续与开户手续基本相同。

【做中学 4—10】　开户行中国工商银行高新支行储户李明开立零存整取储蓄存款账户，第 1 个月存入 3 000 元，高新支行应做如下账务处理：

借：库存现金	3 000	
贷：吸收存款——定期储蓄存款——零存整取户——李明		3 000

【解析】借方“库存现金”表示银行的现金资产减少了 3 000 元，贷方“吸收存款——定期储蓄存款——零存整取户——李明”表示银行对李明的负债增加了 3 000 元，这笔款项是零存整取储蓄

存款的一部分。

②支取。储户取款时，应将存折交银行柜员。柜员将账折见面核对无误后按规定结出利息，填制利息清单，分别在存折、账页上填写本金数、利息数和本息合计数，并加盖支付日期和"结清"戳记及名章，以存折代库存现金付出传票。其会计分录为：

借：吸收存款——定期储蓄存款——零存整取户

利息支出——定期储蓄利息支出户

贷：库存现金

【做中学 4—11】 承接【做中学 4—10】，储户李明的零存整取储蓄存款 1 年后到期支取，银行计算的利息为 1 800 元，高新支行应做如下账务处理：

借：吸收存款——定期储蓄存款——零存整取户——李明	36 000	
利息支出——定期储蓄利息支出户——李明	1 800	
贷：库存现金		37 800

【解析】 借方"吸收存款——定期储蓄存款——零存整取户——李明"表示银行对李明的负债减少了 36 000 元，因为这是零存整取储蓄存款到期的总金额。借方"利息支出——定期储蓄利息支出户——李明"表示银行需要支付的利息费用为 1 800 元；贷方"库存现金"表示银行的现金资产增加了 37 800 元，包括所有存款 36 000 元和利息 1 800 元，银行现在有责任支付这笔款项给李明。

（二）贷款业务的核算

贷款也称放款，是银行或其他金融机构按一定利率和归还期限等条件出借货币资金的一种信用活动形式。广义的贷款是指贷款、贴现、透支等让渡资金使用权业务的总称。贷款是商业银行最主要的资产业务。商业银行发放贷款应遵循资金使用安全性、流动性和营利性的原则。贷款业务核算涉及的主要会计科目及核算内容如表 4—3 所示。

表 4—3 贷款业务会计科目及核算内容

账 户	名 称	主要核算内容
资产类	贷款	核算企业（银行）按规定发放的各种客户贷款，包括质押贷款、抵押贷款、保证贷款、信用贷款等。本科目可按代理类别、客户，分别按"本金""利息调整""已减值"等进行明细核算
	贴现资产	核算企业（银行）办理票据的贴现、转贴现等业务所融出的资金。本科目可按贴现类别和贴现申请人进行明细核算
	应收利息	核算金融企业发放贷款、存放中央银行款项、拆出资金、买入返售金融资产等应收取的利息。本科目可按借款人进行明细核算
	贷款损失准备	核算企业（银行）各项贷款、垫款及拆出资金计提的减值准备
	抵债资产	核算金融企业依法取得并准备按有关规定处置的实物抵债资产的成本。本科目可按抵债资产类别及借款人进行明细核算
损益类	利息收入	核算金融企业确认的利息，包括发放的各类贷款、与其他金融机构之间发生的资金往来业务、买入返售金融资产实现的利息收入。本科目可按业务类别进行明细核算

按照不同的标准，商业银行贷款业务可以分为以下几类：(1)按贷款期限不同，可分为短期贷款、中期贷款和长期贷款；(2)按还款方式不同，可分为一次偿还的贷款和分期偿还的贷款；(3)按贷款对象不同，可分为公司贷款和个人贷款；(4)按贷款的保障条件不同，可分为信用贷款、担保贷款和票据贴现；(5)按照自主程度不同，可分为自营贷款、委托贷款和特定贷款；(6)按贷款的质量和风险程度不同，可分为正常贷款、关注贷款、次级贷款、可疑贷款和损失贷款。本节主要介绍实际中常

见的信用贷款、担保贷款和抵押贷款。

1. 信用贷款业务的核算

信用贷款是银行的高风险资产，是指借款人在无任何抵押的情况下凭借借款人的信用而发放的贷款。目前，商业银行发放的信用贷款、担保贷款、抵押贷款多采用逐笔核贷的贷款核算方式。这种核算方式的特点有：由借款单位向银行提出申请，银行根据批准的贷款计划，逐笔立据、逐笔审查、逐笔发放，约定期限，一次贷放，一次或分次归还贷款，按照规定利率计收利息的一种贷款核算方式。

【做中学 4—12】 北京康泰公司向中国工商银行北京市东城区支行（增值税一般纳税人，以下相同）申请长期贷款，金额为 200 000 元。东城区支行应做如下会计分录：

借：贷款——中长期贷款——北京康泰公司　　200 000

　　贷：吸收存款——单位活期存款——北京康泰公司　　200 000

【解析】 借方"贷款——中长期贷款——北京康泰公司"表示银行对北京康泰公司的贷款增加了 200 000 元，这是银行的资产增加；贷方"吸收存款——单位活期存款——北京康泰公司"表示北京康泰公司在银行的活期存款减少了 200 000 元，这是银行的负债减少。

【做中学 4—13】 承接【做中学 4—12】，中国工商银行北京市东城区支行向某个体户王力发放 4 000 元、期限为 9 个月的短期贷款，东城区支行应做如下会计分录：

借：贷款——短期贷款——王力　　4 000

　　贷：库存现金　　4 000

【解析】 借方"贷款——短期贷款——王力"表示银行对王力的短期贷款增加了 4 000 元，这是银行的资产增加；贷方"库存现金"表示银行的现金资产减少了 4 000 元，因为现金被用于发放贷款。

【做中学 4—14】 承接【做中学 4—12】，中国工商银行北京市东城区支行收回贷款，利息收入计为 8 480 元，东城区支行应做如下会计分录：

借：吸收存款——单位活期存款——北京康泰公司　　208 480

　　贷：贷款——中长期贷款——北京康泰公司　　200 000

　　　　利息收入　　8 000

　　　　应交税费——应交增值税（销项税额）　　480

【解析】 借方"吸收存款——单位活期存款——北京康泰公司"表示北京康泰公司在银行的活期存款增加了 208 480 元，包括本金 200 000 元、利息 8 000 元和应交税费 480 元；贷方"贷款——中长期贷款——北京康泰公司"表示银行对北京康泰公司的贷款减少了 200 000 元，因为贷款已经收回。"利息收入"表示银行的利息收入增加了 8 000 元，这是银行的收入增加。"应交税费——应交增值税（销项税额）"表示银行需要支付的增值税为 480 元，这是银行的税费增加。

【做中学 4—15】 承接【做中学 4—13】，个体户王力逾期未能还贷，东城区支行应做如下会计分录：

借：贷款——逾期贷款——王力　　4 000

　　贷：贷款——短期贷款——王力　　4 000

【解析】 借方"贷款——逾期贷款——王力"表示银行将王力的短期贷款转为逾期贷款，这是银行资产的重新分类；贷方"贷款——短期贷款——王力"表示银行对王力的短期贷款减少了 4 000 元，因为贷款已经逾期。

2. 担保贷款业务的核算

担保贷款是指借款人申请借款的同时，向银行提供有法人资格的且借款人一旦无力还款而能代之履行偿还责任的经济组织作保证的贷款。担保贷款虽有保证人，但只是以保证人的信用作担保，借款人未以任何财产作抵押，从严格意义上讲仍为信用贷款，因此其会计处理与信用贷款相同。但当债务期满债务人未能偿债应追究保证人连带责任时，应调整账务。

当担保人替债务人偿债时，银行应做如下会计分录：

借：贷款——短期贷款(或中长期贷款)——担保人 ×××

贷：贷款——短期贷款(或中长期贷款)——借款人 ×××

同时，从担保人处收回贷款本息时：

借：吸收存款——单位活期存款——担保人 ×××

贷：贷款——短期贷款(或中长期贷款)——担保人 ×××

应收利息 ×××

利息收入 ×××

应交税费——应交增值税(销项税额) ×××

3. 抵押贷款业务的核算

抵押贷款与信用贷款、担保贷款是不同的，其主要区别在于有无物资作抵押。抵押贷款是指银行要求借贷人提供一定的抵押品作为物资保证而发放的贷款。

借款人使用贷款时，由信贷部门根据确定的贷款额度，填写一式五联的借款凭证，签字后加盖借款人的预留印鉴，经信贷部门有关人员审批后，与抵押贷款有关单证一并送交会计部门。

(1)抵押贷款发放。会计部门收到信贷部门转来的有关单证，经审查无误后，根据有关规定及借款人的要求办理转账。贷款发放时的会计分录为：

借：抵押贷款——借款人贷款户

贷：吸收存款——借款人存款户

同时，对收到的担保物品进行表外登记：

收：抵押物——××种类

(2)抵押贷款收回。抵押贷款到期，借款人应主动提交还款凭证，连同银行出具的抵押品代保管收据，办理还款手续。会计分录为：

借：吸收存款——借款人存款户

贷：抵押贷款——借款人贷款户

应收利息——抵押贷款利息

同时，销记表外科目，原抵押申请书作为表外科目付出传票的附件：

付：抵押物——××种类

(三)票据业务核算

结算是指对经济主体之间因商品交易、劳务供应、资金调拨及其他款项往来而产生的货币收付关系，是对债权和债务进行清偿的行为。支付结算又称转账结算，是指单位、个人在社会经济活动中使用票据、信用卡和汇兑、托收承付、委托收款等结算方式进行货币给付及资金清算的行为。目前，我国的国内支付结算工具主要包括银行汇票、商业汇票、银行本票、支票、信用卡、汇兑、托收承付、委托收款和信用证等。其中，银行汇票、商业汇票、银行本票和支票属于票据结算。

支付结算业务核算涉及的主要会计科目及核算内容如表4—4所示。

表 4—4　　支付结算业务会计科目及核算内容

<table>
<tr><th>账　户</th><th>名　称</th><th colspan="2">主要核算内容</th></tr>
<tr><td>资产类</td><td>跨行清算资金往来</td><td colspan="2">核算和反映银行发生跨行的电子汇划和往来资金等的资金清算款项，可设置同城票据清算、大额支付和小额支付等二级科目</td></tr>
<tr><td rowspan="3">负债类</td><td>汇出汇款</td><td>核算出票银行开出银行汇票收取的款项</td><td rowspan="3">这三个科目的余额在编制资产负债表时可并入“吸收存款”科目</td></tr>
<tr><td>应解汇款(及临时存款)</td><td>核算银行暂收客户的款项</td></tr>
<tr><td>开出本票</td><td>核算出票银行开出银行本票收取的款项</td></tr>
<tr><td>损益类</td><td>手续费及佣金收入</td><td colspan="2">核算金融企业确认的手续费及佣金收入，可按手续费及佣金收入类别进行明细核算</td></tr>
</table>

1. 银行汇票的业务核算

银行汇票是出票银行签发的、由其在见票时按照实际结算金额无条件支付给收款人或者持票人的票据。银行汇票业务流程如图 4—1 所示。

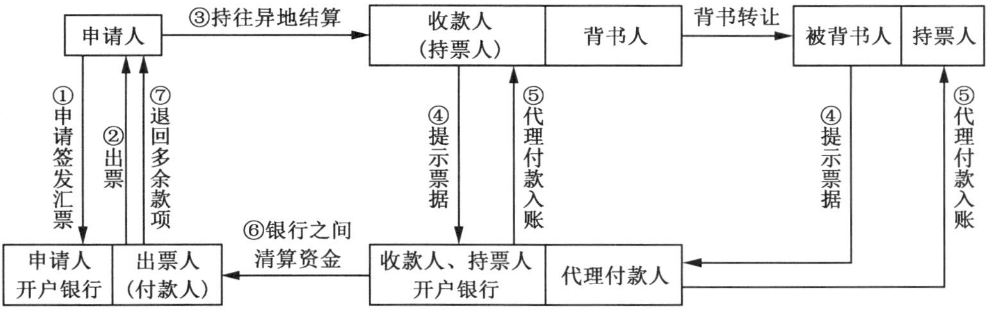

图 4—1　银行汇票业务流程

【做中学 4—16】 甲银行接受客户 M 单位的申请，开出银行汇票金额为 450 000 元，由客户持往异地办理采购业务。M 单位业务员将汇票转交异地销货方 N 公司，实际结算金额为 400 000 元，N 公司将汇票在当地跨系统乙银行兑付，款项转入 N 公司存款账户。乙银行向甲银行清算资金，并划回汇票多余款。

甲银行开出汇票时，会计分录为：

借：吸收存款——M 单位户　　450 000

　　贷：汇出汇款　　450 000

【解析】 甲银行的资产(吸收存款)减少 450 000 元，同时增加了 450 000 元的负债(汇出汇款)。

乙银行代理兑付时，会计分录为：

借：跨行清算资金往来　　400 000

　　贷：吸收存款——N 公司户　　400 000

【解析】 乙银行的资产(跨行清算资金往来)增加 400 000 元，同时增加了 400 000 元的负债(吸收存款)。

甲银行结清汇票时，会计分录为：

借：汇出汇款　　450 000

　　贷：跨行清算资金往来　　400 000

吸收存款——M 单位户　　50 000

【解析】 甲银行的负债(汇出汇款)减少 450 000 元,资产(跨行清算资金往来)增加 400 000 元,同时将剩余的款项 50 000 元退回给 M 单位,减少负债(吸收存款)50 000 元。

2. 商业汇票的业务核算

商业汇票是出票人签发的、委托付款人在指定付款日期无条件支付确定金额给收款人或持票人的票据。商业汇票分为商业承兑汇票和银行承兑汇票两种。商业承兑汇票由银行以外的付款人承兑,银行承兑汇票由银行承兑。商业汇票的付款人即为承兑人。

商业承兑汇票与银行承兑汇票的业务流程分别如图 4—2 和图 4—3 所示。

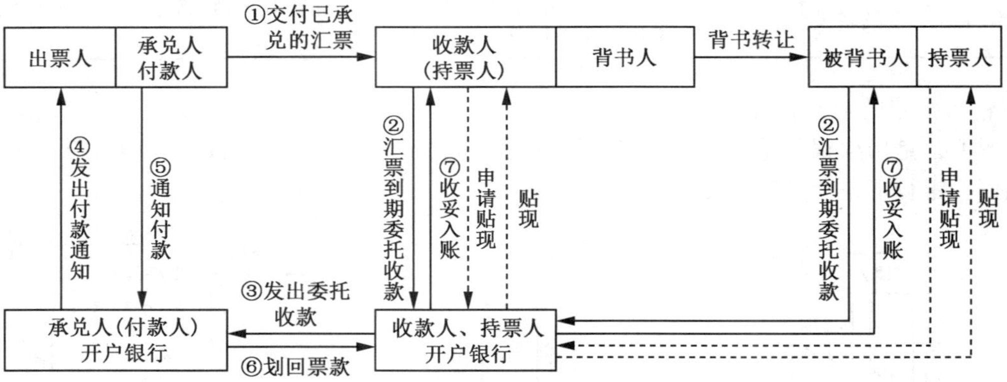

图 4—2　商业承兑汇票的业务流程

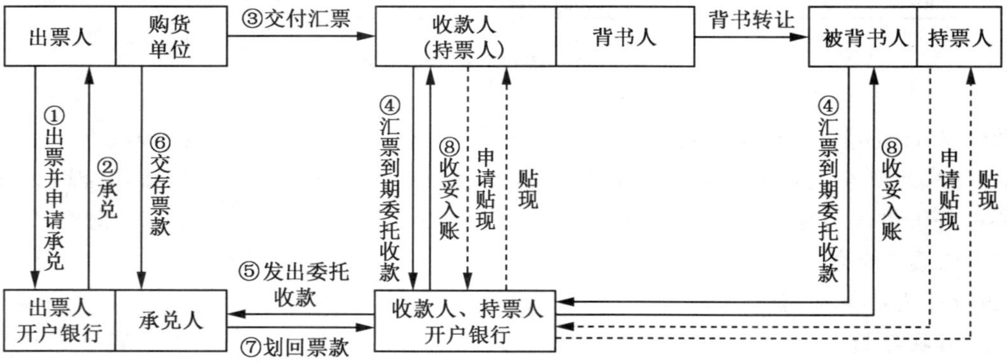

图 4—3　银行承兑汇票的业务流程

【做中学 4—17】 甲银行受理客户 M 单位提交的商业承兑汇票及委托收款凭证,向同城的丙银行收取即将到期的商业汇票款 35 000 元。丙银行收到交换提入的票据后,向汇票付款人 R 公司提示付款。汇票到期,丙银行将汇票金额划转甲银行付款。

丙银行划款的会计分录为:

借:吸收存款——R 公司户　　35 000

　　贷:跨行清算资金往来——同城票据清算　　35 000

【解析】 丙银行的资产(跨行清算资金往来)增加 35 000 元,同时减少了 35 000 元的负债(吸收存款)。

甲银行收到款项，为M单位入账，会计分录为：

借：跨行清算资金往来——同城票据清算　　35 000

　　贷：吸收存款——M单位户　　35 000

【解析】甲银行的资产（跨行清算资金往来）增加35 000元，同时增加了35 000元的负债（吸收存款）。

3. 银行承兑汇票的业务核算

银行承兑汇票的出票人，必须是在承兑银行开立存款账户的法人以及其他组织，且与承兑银行具有真正的委托付款关系，出票人必须资信状况良好，具有支付汇票金额的可靠资金来源。银行承兑汇票应由在承兑银行开立存款账户的存款人签发。签发银行承兑汇票必须记载表明"银行承兑汇票"的字样、无条件支付的委托、确定的金额、付款人和收款人的名称、出票日期和出票人签章。

【做中学4－18】 甲银行接到客户W公司的承兑申请，承兑其开出的银行承兑汇票，金额为200 000元，经审核签署承兑协议，并按票面额的3‰收取手续费。数月后，异地的跨系统乙银行收到开户单位N提交的银行承兑汇票和托收凭证，为其收取即将到期的银行承兑汇票款（增值税税率为6%）。

(1)甲银行与W公司签署承兑协议，全额扣收保证金，并收取承兑手续费。会计分录为：

借：吸收存款——W公司户　　200 636

　　贷：吸收存款——单位活期保证金存款（银行承兑汇票）——W公司户　　200 000

　　　　手续费及佣金收入　　600

　　　　应交税费——应交增值税（销项税额）　　36

【解析】借方"吸收存款——W公司户"表示W公司在甲银行的存款减少200 000元，用于交存保证金。贷方"吸收存款——单位活期保证金存款（银行承兑汇票）——W公司户"表示甲银行增加了200 000元的保证金存款，这是银行的负债增加；贷方"手续费及佣金收入"表示甲银行收取了600元（200 000元×3‰）的承兑手续费；贷方"应交税费——应交增值税（销项税额）"表示甲银行需要支付的增值税为36元（600元×6%）。

(2)银行承兑汇票到期，甲银行办理转账。会计分录为：

借：吸收存款——单位活期保证金存款（银行承兑汇票）——W公司户　　200 000

　　贷：应解汇款（及临时存款）　　200 000

【解析】借方"吸收存款——单位活期保证金存款（银行承兑汇票）——W公司户"表示甲银行的保证金存款减少200 000元；贷方"应解汇款（及临时存款）"表示甲银行需要支付200 000元给持票人。

(3)甲银行收到乙银行发来的委托收款凭证及汇票，按期划出汇票款。会计分录为：

借：应解汇款（及临时存款）　　200 000

　　贷：跨行清算资金往来　　200 000

【解析】借方"应解汇款（及临时存款）"表示甲银行需要支付200 000元的汇票款项；贷方"跨行清算资金往来"表示甲银行的资产减少200 000元，用于跨行资金清算。

(4)异地乙银行收到划回的款项，为收款人收账。会计分录为：

借：跨行清算资金往来　　200 000

　　贷：吸收存款——N单位户　　200 000

【解析】借方"跨行清算资金往来"表示乙银行的资产增加200 000元，这是乙银行收到的跨行清算资金；贷方"吸收存款——N单位户"表示乙银行的负债增加200 000元，这是N单位的存款增加。

4. 银行本票的业务核算

银行本票是银行签发的、承诺自己在见票时无条件支付确定的金额给收款人或者持票人的票据。银行本票由银行签发,保证兑付,而且见票即付,信用高,支付功能强。

【提示】 单位和个人在同一票据交换区域需要支付各种款项时,均可使用银行本票。

银行本票业务流程如图 4—4 所示。

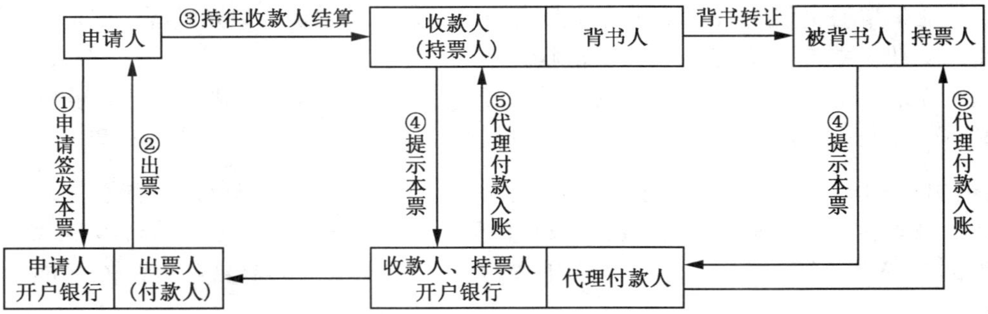

图 4—4 银行本票业务流程

【做中学 4—19】 甲银行应客户 M 公司申请,为其开出银行本票一张,金额为 660 000 元。M 公司将本票用于结算货款,将其交付收款人 S 公司。S 公司将本票在同城跨系统的丙银行兑付,存入其存款账户。丙银行通过票据交换与甲银行清算本票资金。

(1)甲银行开出本票时,会计分录为:

借:吸收存款——M 公司户　　660 000

　　贷:开出本票　　660 000

【解析】 借方"吸收存款——M 公司户"表示甲银行的负债减少 660 000 元,因为 M 公司的资金被转移到"应付票据"科目;贷方"开出本票"表示甲银行的负债增加 660 000 元,这反映了甲银行对 S 公司的潜在支付义务。

(2)丙银行代理兑付本票时,会计分录为:

借:跨行清算资金往来　　660 000

　　贷:吸收存款——S 公司户　　660 000

【解析】 借方"跨行清算资金往来"表示丙银行的资产增加 660 000 元,这是由于丙银行需要通过票据交换与甲银行清算本票资金;贷方"吸收存款——S 公司户"表示丙银行的负债增加 660 000 元,反映了丙银行对 S 公司存款的增加。

(3)甲银行结清本票时,会计分录为:

借:开出本票　　660 000

　　贷:跨行清算资金往来　　660 000

【解析】 借方"开出本票"表示甲银行的负债减少 660 000 元,因为本票已经兑付,甲银行不再承担潜在的支付义务;贷方"跨行清算资金往来"表示甲银行的资产减少 660 000 元,这反映了甲银行通过票据交换与丙银行清算了资金。

5. 支票的业务核算

支票是出票人签发的、委托办理支票存款业务的银行或其他金融机构在见票时无条件支付确定的金额给收款人或者持票人的票据。支票是一种委托式信用证券,分为现金支票和普通支票。

支票业务流程如图 4—5 所示。

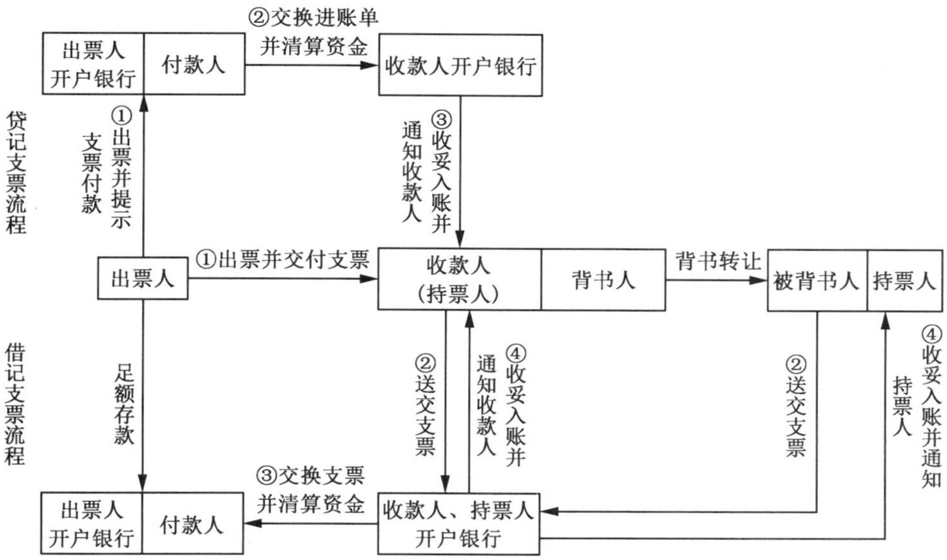

图 4—5　支票业务流程

银行接受持票人交来的支票和进账单时，应对其内容进行严格的审查。对支票进行上述审查，无误后将支票作为借方凭证，以进账单第二联作为贷方凭证办理转账。账务处理为：

借：吸收存款——出票人户

　　贷：吸收存款——持票人户

进账单第一联加盖转讫章交持票人作为收账通知。

【学中做 4—1】　　商业银行会计业务实战：通达贸易公司的金融之旅

学中做4-1

通达贸易公司是一家在当地颇具规模的企业，主要从事各类商品的进出口贸易。近期，该公司因业务拓展需要，与当地的阳光商业银行有了一系列的金融业务往来。你作为阳光商业银行新入职的会计人员，将负责处理通达贸易公司的相关业务。

1. 存款业务

(1)单位活期存款存入。通达贸易公司为了日常资金周转，将销售所得的 300 000 元现金存入在阳光商业银行开设的活期存款账户。

(2)单位活期存款支取。一段时间后，通达贸易公司需要支付一笔供应商货款 50 000 元，从活期存款账户支取现金。

(3)单位定期存款存入。通达贸易公司有一笔 200 000 元的闲置资金，决定存入阳光商业银行作为一年期定期存款，年利率为 2%。

2. 贷款业务

(1)信用贷款发放。通达贸易公司因扩大业务规模，向阳光商业银行申请一笔 500 000 元的一年期信用贷款。银行审核通过后发放贷款。

(2)贷款收回。一年后，通达贸易公司按时归还贷款本金 500 000 元及利息 30 000 元(假设不考虑增值税)。

3. 票据业务

(1)银行汇票业务。通达贸易公司要到外地采购一批商品，向阳光商业银行申请开出一张金额为 150 000 元的银行汇票。公司持汇票前往外地与供应商蓝天公司进行交易,实际结算金额为 120 000 元。蓝天公司在当地的星辰银行兑付了汇票,星辰银行向阳光商业银行清算资金,阳光商业银行将多余款项退回通达贸易公司。

(2)商业承兑汇票业务。通达贸易公司销售一批商品给鸿远公司,鸿远公司开具一张金额为 80 000 元的商业承兑汇票,到期日为 3 个月后。通达贸易公司将该汇票及委托收款凭证提交给阳光商业银行,委托银行向同城的鸿翔银行(鸿远公司开户行)收取款项。汇票到期,鸿翔银行向鸿远公司提示付款,并将款项划转至阳光商业银行。

(3)银行承兑汇票业务。通达贸易公司向阳光商业银行申请承兑其开出的一张金额为 250 000 元的银行承兑汇票,银行审核后签署承兑协议,并按票面额的 3‰收取手续费(增值税税率为 6%)。3 个月后,异地的海洋银行收到开户单位华宇公司提交的该银行承兑汇票和托收凭证,为其收取即将到期的款项。

(4)银行本票业务。通达贸易公司因业务需要,向阳光商业银行申请开出一张金额为 180 000 元的银行本票。公司将本票交付给合作商盛达公司用于结算货款,盛达公司将本票在同城跨系统的大地银行兑付,存入其存款账户。大地银行通过票据交换与阳光商业银行清算本票资金。

(5)支票业务。通达贸易公司向其供应商凯信公司开具一张金额为 60 000 元的支票用于支付货款,凯信公司持支票和进账单到阳光商业银行办理收款。银行审核无误后进行转账。

请对上述业务进行账务处理,并做出分析。

第三节 证券公司业务的核算

一、证券业务概述与分类

(一)证券的概念

证券是用以证明或设立权利所做成的书面凭证,表明证券持有人或者第三者有权取得该证券拥有的特定权益,或证明其曾经发生过的行为。

证券有广义与狭义两种概念。狭义的证券即指资本证券,广义的证券包括商品证券、货币证券和资本证券。(1)商品证券是证明持有人有商品所有权或使用权的凭证,取得这种证券就等于取得这种商品的所有权,持有人对这种证券所代表的商品的所有权受法律保护。属于商品证券的有提货单、运货单、仓库栈单等。(2)货币证券是指本身能使持有人或第三者取得货币索取权的证券。货币证券主要包括两大类:一类是商业证券,主要是商业汇票和商业本票;另一类是银行证券,主要是银行汇票、银行本票和支票。(3)资本证券是指由金融投资或与金融投资有直接联系的活动而产生的证券。持有人有一定的收入请求权。资本证券是有价证券的主要形式。本书中的证券是指资本证券。

(二)证券的分类

1. 按证券发行主体的不同,可分为政府证券、金融证券与公司证券

政府证券通常是指政府债券。金融证券是指银行及非银行金融机构为筹措资金而发行的股票、金融债券等,尤以金融债券为主。公司证券是公司为筹措资金而发行的有价证券。

【提示】公司证券包括的范围比较广泛,主要有股票、公司债券和商业票据等。

2. 按是否在证券交易所挂牌交易,可分为上市证券与非上市证券

上市证券又称挂牌证券,是指经证券主管机关核准,并在证券交易所注册登记,获得在交易所

内公开买卖资格的证券。非上市证券也称非挂牌证券，是指未申请上市或不符合证券交易所挂牌交易条件的证券。非上市证券不允许在证券交易所内交易，但可以在其他证券交易市场交易。

【注意】凭证式国债和开放式基金份额属于非上市证券。

3. 按募集方式分类，可分为公募证券和私募证券

公募证券是指发行人通过中介机构向不特定的社会公众投资者公开发行的证券，其审核较严格并采取公示制度。私募证券是指向少数特定的投资者发行的证券，其审核条件相对宽松，投资者也较少，不采取公示制度。

【提示】私募证券的投资者多为与发行人有特定关系的机构投资者，可包括发行公司的职工。

4. 按证券所代表的权利性质分类，可以分为股票、债券与其他证券

股票和债券是证券市场两个最基本和最重要的品种；其他证券包括基金证券、证券衍生品，如金融期货、可转换证券等。

（三）证券业务的分类

目前，我国金融企业经营的证券业务主要有证券经纪业务、证券自营业务、证券承销业务和其他证券业务。

(1)证券经纪业务，是指公司代理客户（投资者）买卖证券的活动，包括代理买卖证券业务、代理兑付证券业务和代理保管证券业务。

(2)证券自营业务，是指公司以自己的名义，用公司的资金买卖证券，以达到获取利润目的的证券业务，包括买入证券业务和卖出证券业务。

(3)证券承销业务，是指在证券发行过程中公司接受发行人的委托，代理发行人发行证券的活动。

(4)其他证券业务，是指公司经批准在国家允许的范围内，进行除经纪、自营、承销业务以外的与证券业务有关的其他证券业务，如买入返售证券业务、卖出回购证券业务和受托资产管理业务。

二、证券自营业务的核算

证券自营业务包括自营买入和自营卖出两个方面。自营买入证券按买入的实际成本计价，其实际成本包括买入的成交价和应缴纳的各项税费。自营卖出证券，其实际成本可以采用先进先出法、加权平均法、移动加权平均法等方法计算确定。

【注意】在一般情况下，方法一经确定，不得随意变更。若需变更，则应在会计报表附注中说明变更的内容和理由、变更的影响数等。

（一）自营买入证券的业务核算

(1)公司在证券交易所办理自营证券业务时，应在交易所开设清算资金专户，调出资金时，借记“清算备付金”科目，贷记“存放同业”科目。自营买入证券时，按实际购入成本进行核算，借记“自营证券”科目，贷记“清算备付金”科目。

(2)当公司采用包销方式代理发行证券时，发行期结束，如还有未售出的证券，则应当转为公司自营证券，按实际承购价或发行价进行核算，借记“自营证券”科目，贷记“代发行证券”科目。

(3)公司自营证券通过网上配股的，在与交易所清算配股款时，按实际成交的配股款核算，借记“自营证券”科目，贷记“清算备付金”科目；如通过网下配股，则按实际支付的配股款核算，借记“自营证券”科目，贷记“存放同业”科目。

(4)公司自营证券在持有期内取得的现金股利，作为投资收益处理，借记“清算备付金”科目，贷

记“投资收益”科目。

(5)公司自营买入分期付息到期还本的债券，在持有期内取得的利息，也作为投资收益处理，借记“清算备付金”“存放同业”科目，贷记“投资收益”科目。

(6)公司通过网上认购新股，申购款被交易所从清算账号中划出冻结时，借记“应收款项——应收认购新股占用款”科目，贷记“清算备付金”科目；如中签，购买新股按实际成本核算，借记“自营证券”科目，贷记“应收款项——应收认购新股占用款”科目；如未中签，交易所退回被冻结认购款项，借记“清算备付金”科目，贷记“应收款项——应收认购新股占用款”科目。

(7)如果公司通过网下认购新股，则应按规定划出认购款存入指定机构，借记“应收款项——应收认购新股占用款”科目，贷记“存放同业”科目；如中签，办理认购手续，按购买新股实际成本核算，借记“自营证券”科目，贷记“应收款项——应收认购新股占用款”科目；如未中签，收回认购款，借记“存放同业”科目，贷记“应收款项——应收认购新股占用款”科目。

(二)自营卖出证券的业务核算

公司在交易所卖出证券时，应按清算日实际收到的款项进行核算，借记“清算备付金”或“存放同业”科目，贷记“证券销售”科目；卖出债券时，应将购买日到卖出日的持有期间的应计利息确认为投资收益，借记“清算备付金”或“存放同业”科目，贷记“投资收益”“证券销售”(实际收到价款与持有期间应计利息差额)科目；公司的自营证券在到期前没有出售，而是继续持有并在到期时兑付本息，到期时按兑付的金额进行核算，借记“清算备付金”或“存放同业”科目，贷记“投资收益”(到期兑付的利息)、“证券销售”(到期兑付的金额减去兑付的利息)科目；公司自营买入分期付息到期还本的债券，在持有期内分期取得利息，按收到的金额进行核算，借记“清算备付金”或“存放同业”科目，贷记“投资收益”科目。

(三)自营证券卖出成本的业务核算

自营证券卖出的实际成本，可以选用先进先出法、加权平均法、移动加权平均法等方法中的某一种方法来计算确定，方法一经选定，不能随意变更。

以加权平均法为例，其计算公式如下：

$$\text{某种证券加权平均的单位成本}=\frac{\text{期初结存证券实际成本}+\text{本期购进证券实际成本}}{\text{期初结存面值}+\text{本期购进面值}}$$

$$\text{本次卖出某种证券的实际成本}=\text{本次卖出证券面值总额}\times\text{该种证券加权平均的单位成本}$$

卖出自营证券的实际成本计算确定后，应结转销售成本，借记“证券销售”科目，贷记“自营证券”科目。

【提示】公司在年末应将自营证券的市价与成本进行比较，如果市价低于成本，则应按差额确认跌价损失、计提跌价准备，借记“自营证券跌价损失”科目，贷记“自营证券跌价准备”科目。

【注意】经过计提跌价准备的自营证券，如果原来的市价又恢复了，则应按恢复增加的数额(其增加数应以补足以前入账的减少数为限)冲销跌价准备，借记“自营证券跌价准备”科目，贷记“自营证券跌价损失”科目。

三、代理证券业务的核算

代理证券业务是金融企业作为证券代理人，根据客户委托代理发行、买卖、兑付证券的业务。

(一)代理发行证券业务的核算

代理发行证券业务是指金融企业在一级市场代理证券发行单位发售证券的业务，如金融企业代国家发售国库券和国家重点建设债券、代企业发行集资债券和股票等。代理证券业务中除代保管证券外，均应纳入表内科目，分别设置资产类科目和负债类科目进行核算。代理发行证券业务按发行的过程分类，有全过程代理和某一阶段的代理；按发售方式分类，有代销方式、全额承购包销方式和余额承购包销方式。下面按发售方式的不同，分别介绍代理发行证券业务的核算方法。

1. 代销方式的业务核算

代销就是金融企业受发行单位委托，代理销售一级市场上发行的证券。证券售出后所筹集的款项交给发行单位，代销证券的金融企业向委托人收取手续费。

(1)金融企业收到发行单位交来的代销证券，在发行期开始前，可作为重要凭证保管，发行期开始，应按面值或协议价入账。收到证券时，借记“代发行证券”科目，贷记“代发行证券款”科目；发售证券后，转销代发行证券科目，借记“存放同业”(或“库存现金”)科目，贷记“代发行证券”科目。

(2)发行结束后，将代发行证券款交给委托代销单位，同时应由委托代销单位付给手续费。手续费可以从代发行证券款中扣除，也可以单独结算收取，由双方协商。如从代发行证券款中扣留，借记“代发行证券款”科目，贷记“存放同业”“手续费收入”科目；如单独结算手续费，则代发行证券款全部划给委托代销单位，再由委托代销单位将手续费划给代销证券的金融企业。

【注意】发行结束时，如果尚有未售出证券，则应退回，借记“代发行证券款”科目，贷记“代发行证券”科目。

2. 全额承购包销方式的业务核算

全额承购包销就是金融企业与证券发行单位签订合同或协议，由金融企业按合同或协议确定的价格将证券从发行单位那里买下来，并按一定价格在证券一级市场发售的一种代理发行方式。

【提示】金融企业向发行单位承购证券的价格可能低于、等于或高于证券面值，由双方在协议中确定，但发售价格由金融企业确定，发行单位原则上不干预。

(1)金融企业收到证券并在发行开始时按承购价记账，借记“代发行证券”科目，贷记“存放同业”(或“应付账款”)科目。

(2)如果按面值记账，并且面值与承购价不一致，则应在“代发行证券”科目下分设面值户和差额户，分别反映承购证券面值和承购价与面值的差额。

(3)按发售价销售证券后，按售价进行账务处理，借记“存放同业”(或“库存现金”)科目，贷记“证券发行”科目。证券发售完毕，结转证券成本时，借记“证券发行”科目，贷记“代发行证券”科目。

(4)承购证券时按面值记账的，还要结转证券差额账户。结转证券发行成本后，如果“证券发行”科目账户余额在贷方，即为发行收益；反之，则为发行损失。

(5)发行期满后，如有尚未售出的证券，应按承购价转作“自营库存证券”或“长期投资”科目，借记“自营库存证券”或“长期投资”科目，贷记“代发行证券”科目。

3. 余额承购包销方式的核算

余额承购包销方式就是金融企业与证券发行单位事先签订合同或协议，确定由金融企业代理发行该单位的证券数量，在发行期内如果金融企业承担发售的证券没有全部售出，则剩余部分由金融企业购入。

余额承购包销方式在会计核算上分为两个阶段：(1)发行期内收到发行单位交来证券及代售证券的核算，与代销方式相同；(2)发行期结束后，对尚未售出的证券，与全额承购包销剩余证券的处理相同，作为自营库存证券或长期投资处理。

(二)代售代购证券业务的核算

1. 代售证券的业务核算

代售证券是指金融企业受客户的委托，按约定的价格，在本企业柜台或证券交易所出售证券的业务。代售证券的账务处理有两种:(1)按约定价格记账;(2)按面值记账。

(1)柜台交易代售证券的业务核算。金融企业收到客户交来代售证券后,按约定价格或面值记账,借记"代售证券"科目,贷记"代售证券款"科目。

售出证券后,按售价记账,借记"库存现金"(或"存放同业")科目,贷记"代售证券"科目;将代理销售证券款交还客户,同时收取手续费。手续费可以从代售证券款中扣留,借记"代售证券款"科目,贷记"存放同业""手续费收入"科目。

无论是按约定价格记账还是按票面价格记账,其实际售价都有可能与记账价不一致,或者高于记账价,或者低于记账价。对于售价与记账价的差额部分,要将"代售证券"和"代售证券款"科目相互对冲。如果售价高于记账价,借记"代售证券"科目,贷记"代售证券款"科目;如果售价低于记账价,其对冲的会计分录相反。

(2)在证券交易所出售证券的业务核算。收到客户交来代售证券与柜台交易相同。向证券交易所交出证券,则借记"存出证券"科目,贷记"代售证券"科目。

证券售出后,按实际售出价记账,借记"证券交易清算"科目,贷记"存出证券"科目。交割日进行交割清算时,借记"存放同业"科目,贷记"证券交易清算"科目。

通知客户领取售出证券款并收取手续费时,借记"代售证券款"科目,贷记"存放同业""手续费收入"科目。如果实际售价高于存出证券记账价格,则应补记"存出证券""代售证券款"科目,借记"存出证券"科目,贷记"代售证券款"科目;如果售价低于存出证券记账价格,则其会计分录相反。

代售证券如有部分未售出,从证券交易所取回时,按原存出价编制会计分录,借记"代售证券"科目,贷记"存出证券"科目。

【注意】将未售出证券交予客户时,其会计分录与收到客户交来代售证券时的会计分录相反。

2. 代购证券的业务核算

代购证券是金融企业与客户达成协议,按一定价格代客户购买有价证券的业务。

(1)柜台交易代购证券的业务核算。客户委托金融企业代购证券,应预先缴存代购款,金融企业收到预缴代购款时,借记"存放同业"科目,贷记"代购证券款"科目。按双方协议价购入时,借记"代购证券"科目,贷记"存放同业"科目。

交割证券时,结算代购证券款,并收取代购手续费,借记"代购证券款"科目,贷记"代购证券""手续费收入"科目。

【提示】如果预缴款不足,则应先补足,其会计分录同预缴款;如果预缴款有剩余,则应退还客户,其会计分录与预缴款相反。

(2)在证券交易所代购证券的业务核算。客户预缴代购证券款的会计分录与前述相同。

通过证券交易所代购证券时,借记"存出证券"科目,贷记"证券交易清算"科目。

将代购证券转回金融企业时,借记"代购证券"科目,贷记"存出证券"科目。

将代购证券交予客户,并收取手续费时,借记"代购证券款"科目,贷记"存放同业""手续费收入"科目。

【注意】如果预缴款不足或多余,则通过"存放同业""代购证券款"科目补足或退还客户。其余手续与柜台交易相同。

(三)代理兑付证券业务的核算

代理兑付证券是指金融企业接受国家或企业等债券发行单位的委托兑付到期债券,兑付结束后,将已兑付证券集中交给发行单位,同时向发行单位收取手续费的业务。

证券发行单位应向代理兑付证券的金融企业拨付兑付证券款。金融企业收到拨来兑付证券款时，借记“存放同业”科目，贷记“代兑付证券款”科目。兑付债券时，收回债券，支付资金，借记“代兑付证券”（本金与利息）科目，贷记“库存现金”（或“存放同业”）科目。

兑付期结束，应将已兑付的债券集中交给发行单位，同时收取手续费。手续费可以从代兑付证券款中扣留，也可以单独结算。以下按单独结算手续费处理。交回证券并结清代兑付证券款时，若代兑付证券款有剩余，则也应一并交回，借记“代兑付证券款”科目，贷记“代兑付证券”“存放同业”科目。结算手续费时，借记“存放同业”科目，贷记“手续费收入”科目。

四、证券回购业务的核算

证券回购业务是一种以买卖证券的形式融通资金的业务，包括买入返售证券业务和卖出回购证券业务。

（一）买入返售证券业务的核算

买入返售证券业务是金融企业与交易对方签订协议，确定期限和价格，先以协议规定的价格买入对方持有的有价证券，到期后，再以协议规定的卖出价将有价证券返售给对方。其实质是以证券为依据向交易对方融通资金，而有价证券并不作真正的转移。金融企业在按合同规定价买入证券时，借记“买入返售证券”科目，贷记“存放同业”科目。

合同规定期限到期后，按规定的卖出价返售给原交易对方。卖出价与原买入价的差额，作为金融企业的营业收入，借记“存放同业”科目，贷记“买入返售证券”“其他业务收入”科目。

（二）卖出回购证券业务的核算

卖出回购证券业务是金融企业与交易对方签订协议，确定期限与价格，先以规定的价格将有价证券卖给对方，到期后，再按协议规定的价格将证券购回。这项业务一般是金融企业持有证券，但急需资金，因此将证券暂时卖给某单位以取得资金，协议规定期满后再购回。这是金融企业解决资金暂时不足问题的一项措施，属于短期融通资金性质的业务。一般来说，卖出价要低于回购价，其差额作为资金使用的代价，证券不作真正的转移。

金融企业按规定价格售出有价证券时，借记“存放同业”科目，贷记“卖出回购证券款”科目。

合同期满，购回有价证券时，回购价高于卖出价的差价作为金融企业的营业支出记账，借记“卖出回购证券款”“其他业务成本”科目，贷记“存放同业”科目。

【做中学 4－20】 某金融企业自营库存证券中 2025 年库存国库券面值为 200 万元，实际购进价为 210 万元；4 月 11 日买进一笔 2025 年国库券，面值为 100 万元，实际购进价为 110 万元；25 日又购进一笔 2025 年国库券，面值为 80 万元，实际购进价为 92 万元；29 日卖出 2025 年国库券，面值为 150 万元，每百元销售价为 118 元，销售收入为 177 万元。

2025 年国库券差价率＝（100 000＋100 000＋120 000）÷（2 000 000＋1 000 000＋800 000）＝0.084 21

本月卖出 2025 年国库券差价＝0.084 21×1 500 000＝126 315（元）

销售证券并结转销售成本的会计分录为：

借：清算备付金	1 770 000	
贷：证券销售		1 770 000

【解析】 记录销售收入，清算备付金增加，表示企业准备支付给客户的资金。

借：证券销售	1 626 315	
贷：自营库存证券——面值户		1 500 000
——差价户		126 315

【解析】记录销售成本，自营库存证券的面值减少，差价户增加，反映实际购入价与面值的差价。

第四节 保险公司业务的核算

一、保险业务概述

（一）保险的概念

从经济学角度来讲，保险本质上是指在参与平均分担损失补偿的单位或个人之间形成的一种分配关系。本节核算的是商业保险行为。商业保险，即保险双方当事人自愿订立合同，由投保人缴纳保险费，用于建立保险基金，当被保险人发生合同约定的财产损失或人身事件时，保险人履行赔付或给付保险金的义务。《中华人民共和国保险法》（简称《保险法》）第一章第二条给保险下的定义是："本法所称保险，是指投保人根据合同约定，向保险人支付保险费，保险人对于合同约定的可能发生的事故因其发生所造成的财产损失承担赔偿保险金责任，或者当被保险人死亡、伤残、疾病或者达到合同约定的年龄、期限时承担给付保险责任的商业保险行为。"

（二）保险的种类

1. 按保险保障范围，可分为财产保险和人身保险

财产保险是指以财产及其有关利益为保险标的，因保险事故的发生导致财产损失，以金钱或实物进行补偿的一种保险。财产保险有广义和狭义之分。广义的财产保险是人身保险之外的一切保险业务的统称。狭义的财产保险专指财产损失保险。

【提示】本任务阐述的是广义的财产保险。财产保险是与人身保险相对应的概念，主要包括财产损失保险、责任保险和信用保险 3 种。

人身保险是指以人的身体或生命作为保险标的，当被保险人在保险期间内因保险事故的发生导致伤、残、死亡或者生存至保险期满时，由保险人给付保险金的保险。根据保障范围的不同，人身保险可以分为人寿保险、意外伤害保险、健康保险 3 种。

【提示】按保险保障范围划分，人身保险是保险种类中最基本的分类方法。

2. 按照保险业务的承保方式不同，可分为原保险、再保险和共同保险

原保险是再保险的对称，是指保险人直接承保并与投保人签订保险合同，构成保险人权利和义务的保险。它是由投保人与保险人之间直接签订保险合同而形成的保险关系，即投保人将风险转嫁给保险人。

再保险简称分保，是指保险人在直接承保合同的基础上通过签订分保合同，将其所承保的部分风险和责任向其他保险公司进行保险的行为，即对保险人的保险。

共同保险也称共保，是指投保人与两个以上保险人之间就同一可保利益对同一危险缔结保险合同的一种保险。

（三）保险业务核算的特点

1. 分业经营，分别核算

保险业务需要按险种类别分别独立建账，独立核算盈亏。因为我国的保险业务主要有财产保险业务、人身保险业务和再保险业务三大类，所以保险公司对财产保险业务、人身保险业务和再保险业务应分开经营，分别进行会计核算。

2. 会计要素的构成具有特殊性

保险公司的流动资产中实物形态资产所占的比例很小，以存放同业、债券等形式进行的投资是其保险基金的主要运用形式。同时，保险公司必须将其注册资本总额的20%作为法定保证金存入保险监督管理部门指定的银行，除公司清算时用于清偿债务外，不得动用。

在保险公司的所有者权益项目中，除与其他企业具有相同的内容外，还包括按规定从税后利润中提取的总准备金，应在资产负债表中单独列示，这说明随着保险公司经营业务活动的开展，各种准备金逐渐积累，使保险公司最初的资本性质发生了改变。

【提示】保险公司的负债，既包含一般的结算性、金融性负债，也包括为履行其未来理赔或给付责任而从保费中提存的准备金。不同种类的保险，准备金也不同。

保险公司的营业利润与一般企业不同。保险公司的营业利润是营业收入减营业支出、准备金提转差，以及加减由于投资和筹资而发生的收支项目后的余额。由于各准备金的估计与调整难以客观准确，因此其估计的变动会对年度利润产生较大影响。准备金提存过多，将使利润降低并形成秘密公积，导致各年度的利润不具可比性。

3. 实行按会计年度和按业务年度两种损益结算方法

大部分保险业务按会计年度结算损益。有些保险业务按业务年度结算损益，即实行多年期结算损益，年限根据业务性质确定。非结算年度的收支差额，金额作为长期责任准备金提存，不确认利润，并于下年转回滚存，到结算年度终止时结算损益。通常，长期工程险、再保险等业务按这种方法结算损益。

4. 保险公司年度决算的重点是估算负债

保险公司年度决算的重点是估算负债，即保险公司为履行其未来理赔或给付而从所收取的保费中提存的各种准备金，是保险公司独有的负债，占其负债总额的比例较大。其各项准备金提存转回的数额估算得准确与否，不仅影响保险公司的负债水平，而且会对保险公司营业利润的确定及利润水平产生重大影响。因此，对各项准备金的估算成为保险公司年度决算的重要内容。

二、财产保险的业务核算

(一)财产保险收入的业务核算

1. 保费收入的业务核算

为了核算保费收入，保险公司应设置“保费收入”“应收保费”“预收保费”“保户储金”等科目。各科目应按险种或投保人分别设置明细账，进行明细分类核算。

(1)直接缴纳保费的核算。签发保险单时，直接缴纳保费的，会计部门根据业务部门交来的财产险保费日报表、保费收据存根和银行收账通知办理转账，按实际价款，借记“库存现金(或存放同业)”科目，贷记“保费收入”科目。

(2)预收保费的核算。如果发生保险客户提前缴费或缴纳保费在前、承担保险责任在后的业务，则应作为“预收保费”处理，到期再转入“保费收入”。会计部门根据业务部门交来的财产险保费日报表和保费收据存根，以及银行收账通知进行账务处理。

【提示】按实际价款借记“存放同业”科目，贷记“预收保费”科目。保费收入实现时，借记“预收保费”科目，贷记“保费收入”科目。

(3)分期缴费的保费核算。经保险公司同意可以分期缴纳保费时，保险单一经签单，全部保费均应作为“保费收入”处理，未收款的部分则作为“应收保费”递延，待下期收款时再冲销。

首期收款并发生应收保费时，借记“存放同业”“应收保费”科目，贷记“保费收入”科目；以后每期收到应收保费时，借记“存放同业”科目，贷记“应收保费”科目。

(4)保户储金收益转作保费收入的核算。财产保险业务中的两全保险，投保人在投保时一次缴存保险储金，保险公司可将该保险储金进行再投资，取得的投资收益作为保费收入，保险期满，投保人到保险公司领回投保时所缴纳的全部保险储金。

收到保户储金时，借记“存放同业”科目，贷记“保户储金”科目。每年计算利息时，借记“应收利息”科目，贷记“保费收入”科目。还本付息时，借记“存放同业”科目，贷记“应收利息”“保费收入”科目；同时，借记“保户储金”科目，贷记“存放同业”科目。

(5)中途加保或退保的核算。保单签发后至期满前，由于保险标的升值、财产重估或企业关、停、并、转等原因，经业务部门审查同意并签发批单后，保户中途可以要求加保或退保。中途加保的保费收入的核算，与投保时保费收入的核算相同。中途退保或部分退保，应按已保期限与剩余期限的比例计算退保费，退保费直接冲减保费收入，借记“保费收入”科目，贷记“存放同业(或库存现金)”“应收保费”科目。

2. 追偿款收入的业务核算

追偿款收入是指公司向赔款事故责任人追回的保险赔款。从理论上讲，追偿款并不是一项收入，而是对赔款支出的一种抵减。但是，在会计实务中，应将追偿款收入作为收入处理。

为了核算追偿款收入，保险公司应设置“追偿款收入”科目。保险公司收到追偿款时，借记“存放同业”等科目，贷记“追偿款收入”科目。期末，将“追偿款收入”科目的余额转入“本年利润”科目，借记“追偿款收入”科目，贷记“本年利润”科目。

【注意】保险公司财产保险收入除上述内容以外，还有投资收益、利息收入和其他收入等内容，这几项内容的核算与一般企业相关内容的核算基本相同。

(二)财产保险支出的业务核算

财产保险支出主要包括保险公司的赔款支出、手续费支出、营业费用、税金及附加、利息支出、其他支出以及提取保险保障基金等内容。

1. 赔款支出的业务核算

为了核算赔款支出，保险公司应设置“赔款支出”“预付赔款”等科目。各科目应按险种设置明细账，进行明细分类核算。

理赔业务发生后，理赔人员应及时计算出赔偿金额，填制赔款计算书，连同被保险人签章的赔款收据送交会计部门。会计部门接到业务部门的赔款计算书后，认真审查有关内容，审查无误后，根据不同的情况分别处理。

对保险赔案清楚、能及时结案的，借记“赔款支出”科目，贷记“存放同业(或库存现金)”科目。对于按估计损失的一定比例预付部分赔款的，预付部分赔款时，借记“预付赔款”科目，贷记“存放同业(或库存现金)”科目；损失核定后，保险公司支付剩余赔款时，借记“赔款支出”科目，贷记“预付赔款”“存放同业(或库存现金)”科目。

保险财产遭受保险事故后，在多种情况下，不是完全灭失，而是部分受损，物资还具有一定程度的利用价值，称为损余物资。损余物资一般应合理作价归被保险人所有，并在赔款中予以扣除。如果被保险人不愿意接受，保险公司则应按全损赔付，损余物资归保险公司处理，处理损余物资的收入冲减赔款支出。损余物资在没有处理前要妥善保管，设置“损余物资登记簿”进行登记。

【注意】在保险理赔过程中，对于错赔或骗赔案件，一经发现，要认真查处并追回赔款。对于追回的赔款，要冲减相应的赔款支出。

2. 其他费用的业务核算

手续费支出是指保险公司向受其委托在其受托范围内代理保险业务的保险代理人支付的代理手续费。手续费支付的比例不得超过实收保费的8%，通过“手续费支出”科目核算。发生手续费支出时，借记“手续费支出”科目，期末，将该科目的手续费支出从其贷方转入“本年利润”科目，结转后“手续费支出”科目无余额。

【提示】 营业费用、税金及附加的核算与一般企业的期间费用、税金及附加的核算基本相同。

三、人身保险的业务核算

人身保险的业务核算具体分为人寿保险的业务核算和健康保险的业务核算。

（一）人寿保险的业务核算

1. 保费收入的业务核算

为了核算人寿保险业务的保费收入，保险公司应设置“保费收入”和“预收保费”科目。保险业务发生时，会计部门根据业务部门送来的“保费日结单”及所附的收据存根和现金，经审查无误后，办理转账，借记“库存现金（或存放同业）”科目，贷记“保费收入”科目。

【提示】 如果收到的保费中包括保险客户的提前交费，应作为预收保费处理，到期再转入保费收入，借记“库存现金（或存放同业）”科目，贷记“预收保费”科目；保费收入实现时，借记“预收保费”科目，贷记“保费收入”科目。

2. 保险金给付的业务核算

当被保险人发生保险事故时，人寿保险公司有义务根据保险合同的约定给付保险金。

（1）满期给付的业务核算。满期给付是指被保险人在保险期满后按照保险合同的规定，从保险人处领取保险金。满期给付保险金既可以按一次性方式领取，也可以选择有利于领取人的其他方式，如按分期支付的方式领取。

为了核算满期给付，保险公司应设置“满期给付”科目。发生满期给付时，应借记该科目；期末，应将该科目余额转入“本年利润”科目，结转后该科目无余额。被保险人生存到期满，按保险条款规定支付保险金时，借记“满期给付”科目，贷记“库存现金”科目；在保险合同规定的交费宽限期发生满期给付时，借记“满期给付”科目，贷记“保费收入”“利息收入”和“库存现金”等科目；期末，将“满期给付”科目余额转入“本年利润”科目，借记“本年利润”科目，贷记“满期给付”科目。

（2）死伤医疗给付的业务处理。死伤医疗给付是指被保险人在保险期限内因发生疾病而产生的医疗费用或者导致伤残、死亡，按保险合同规定给付的保险金。

为了核算死伤医疗给付，保险公司应设置“死伤医疗给付”科目。该科目应设置“死亡给付”和“医疗给付”两个明细科目。发生死伤医疗给付时，应借记该科目；期末，应将该科目余额转入“本年利润”科目，结转后该科目无余额。

被保险人在保险期内发生保险责任范围内的死亡、意外伤残、医疗事故而按保险责任支付保险金时，借记“死伤医疗给付”科目，贷记“库存现金”科目；在保险合同规定的交费宽限期发生死伤医疗给付时，借记“死伤医疗给付”科目，贷记“保费收入”“利息收入”和“库存现金”科目；期末，将“死伤医疗给付”科目余额转入“本年利润”科目，借记“本年利润”科目，贷记“死伤医疗给付”科目。

（3）年金给付的业务处理。年金给付是人寿保险公司年金保险业务的被保险人生存至规定年龄，按保险合同约定支付给被保险人的给付金额。

为了核算年金给付，保险公司应设置“年金给付”科目。“年金给付”科目为损益类科目。发生年金给付时，应借记该科目；期末，应将该科目的余额转入“本年利润”科目，结转后该科目无余额。

被保险人生存至规定年龄，按保险合同条款规定支付年金时，借记“年金给付”科目，贷记“库存现金”科目；期末，将“年金给付”科目余额转入“本年利润”科目，借记“本年利润”科目，贷记“年金给付”科目。

3. 保户利差支出的业务核算

以预计死亡率、利率和费率为依据计算确定的保费标准通常与实际情况不一致。保险费过剩实质上是对保户利益的占有。因此，我国人寿保险公司推出利差返还型寿险产品，当实际利率高于预定利率时，保险人将这个差额对寿险责任准备金产生的利息返还给保单持有人。

为了核算保户利差支出，保险公司应设置“保户利差支出”科目。“保户利差支出”科目为损益类科目。发生保户利差支出时，应按保险精算部门计算的应支付给保户的利差，借记该科目。期末，应将该科目余额转入“本年利润”科目，结转后该科目无余额。

期末，按清算部门提供的应付保户利差金额办理转账，借记“保户利差支出”科目，贷记“应付保户利差”科目；实际支付利差时，借记“应付保户利差”科目，贷记“库存现金”科目；期末，将“保户利差支出”科目余额转入“本年利润”科目，借记“本年利润”科目，贷记“保户利差支出”科目。

4. 佣金支出的业务核算

佣金支出是指保险公司向专门推销寿险营销业务的代理人支付的佣金，其金额按不超过实收保费的5%确定，其核算通过“佣金支出”科目进行，该科目属于损益类科目。期末，应将该科目余额转入“本年利润”科目，结转后该科目无余额。

发生佣金支出时，借记“佣金支出”科目，贷记“存放同业”科目；期末，将发生的佣金支出转入“本年利润”科目，借记“本年利润”科目，贷记“佣金支出”科目。

5. 寿险责任准备金的业务核算

寿险责任准备金是保险公司收入的净保费和利息与寿险合同中所规定的当年应承担给付义务之间的差额。为了核算寿险责任准备金的提存、转回等情况，保险公司应设置“寿险责任准备金”“提存寿险责任准备金”“转回寿险责任准备金”3个科目。

年末提存寿险责任准备金时，借记“提存寿险责任准备金”科目，贷记“寿险责任准备金”科目；保户需要转移保险关系时，借记“寿险责任准备金”科目，贷记“存放同业”科目；转回本年度寿险责任准备金时，借记“寿险责任准备金”科目，贷记“转回寿险责任准备金”科目。

（二）健康保险的业务核算

1. 健康保险业务收支的业务核算

短期健康保险业务的收支核算与财产保险业务的核算方法基本相同。长期健康保险业务的收支核算与人寿保险业务的核算方法基本相同。

2. 长期健康险责任准备金的业务核算

为了核算长期健康险责任准备金的提存、转回等情况，保险公司应设置“长期健康险责任准备金”“提存长期健康险责任准备金”“转回长期健康险责任准备金”3个科目。

会计年度末按规定提取长期健康险责任准备金时，借记“提存长期健康险责任准备金”科目，贷记“长期健康险责任准备金”科目；年终决算，按规定将上年长期健康险责任准备金的账面余额转回时，借记“长期健康险责任准备金”科目，贷记“转回长期健康险责任准备金”科目；年终决算，按规定结转利润时，借记“本年利润”科目，贷记“提存长期健康险责任准备金”科目，同时，借记“转回长期健康险责任准备金”科目，贷记“本年利润”科目。

四、再保险的业务核算

（一）再保险的业务核算特点

(1)再保险业务涉及分入业务和分出业务，对于同一笔再保险业务，同时涉及分保分出人的核算和分保接受人的核算。

(2)再保险业务资金结算是在保险公司之间进行的，一般通过分保分出人编制的分保账单进行。分保账单是分保分出人与分保接受人核算分保业务的主要凭证，一般按季编制，账单中一般载明分保手续费、分保赔款、分保准备金、分保费等内容，根据账单中借、贷方的差额确定是应收还是应付。

(3)对于分保分出人来说，再保险业务主要核算分出保费、摊回分保赔款、摊回分保费用、存入分保准备金、分保业务往来等内容。对于分保接受人来说，再保险业务主要核算分保费收入、分保赔款支出、分保费用支出、存出分保准备金、分保业务往来等内容。上述内容的核算均根据分保分出人编制的分保账单进行。再保险业务按业务年度结算损益，不提存未到期责任准备金。

(4)再保险业务，特别是分入业务，对赔案的处理需要时间，且分保费收入、准备金扣存和返还也需要延续若干个会计年度，一般为3—5年，甚至更长时间。为正确核算损益，再保险业务的会计核算采用3年期业务年度核算方法。

【提示】3年期核算法是指每一个业务年度的分保账务需延续两个会计年度，在第三个会计年度末核算经营成果。实行3年期核算法，每个业务年度的损益在第一、第二个会计年度时先不体现，在会计年度终了时，根据收支余额，提存长期责任准备金，并滚转到下一个会计年度。至第三个会计年度，在年末按未了责任提存未决赔款准备金，将责任转移到下一个业务年度，以结束该业务年度的账务。采用3年期核算法，分保业务收支在每个会计年度分别设立3个业务年度核算(其中2个开放年度、1个结算年度)，其他业务收支记入与会计年度相同的业务年度账。若某业务年度未到结算年度，出现收不抵支的情况，即该业务年度提存的长期责任准备金出现红字，则提前结算损益。

(二)分出再保险的业务核算

1. 科目设置

(1)“应收分保账款”科目。“应收分保账款”是资产类科目，用于核算保险公司从事再保险业务应收取的款项。其借方登记再保险业务发生的应收未收款项的增加，贷方登记再保险业务发生的应收未收款项的减少；期末余额在借方，反映保险公司从事再保险业务应收而尚未收取的款项。该科目可按再保险分出人或再保险接受人和再保险合同进行明细核算。

(2)“应付分保账款”科目。“应付分保账款”是负债类科目，用于核算保险公司从事再保险业务发生的应付未付的款项。其贷方登记再保险业务发生的应付未付款项的增加，借方登记再保险业务发生的应付未付款项的减少；期末余额在贷方，反映保险公司从事再保险业务应付而尚未支付的款项。该科目可按再保险分出人或再保险接受人和再保险合同进行明细核算。

(3)“预收赔付款”科目。“预收赔付款”是负债类科目，用于核算保险公司从事再保险业务按保险合同的约定预收的分保赔付款。其贷方登记预收的分保赔付款，借方登记转销的预收分保赔付款；期末余额在贷方，反映保险公司尚未转销的预收分保赔付款。该科目可按再保险接受人进行明细核算。

(4)“存入保证金”科目。“存入保证金”是负债类科目，用于核算保险公司从事再保险分出业务按合同约定扣存再保险接受人的保费形成的保证金。其贷方登记扣存的分保保证金，借方登记返还的上期扣存的分保保证金；期末余额在贷方，反映保险公司扣存的尚未返还的分保保证金。该科目可按再保险接受人进行明细核算。

(5)“分出保费”科目。“分出保费”是损益类科目，用于核算保险公司从事再保险分出业务向再保险接受人分出的保费。其借方登记按合同约定向再保险接受人分出的保费及调整增加的分出保费，贷方登记按规定调整减少的分出保费。期末，应将该科目余额转入“本年利润”科目，结转后该科目无余额。该科目可按险种进行明细核算。

(6)“应收分保合同准备金”科目。“应收分保合同准备金”是资产类科目，用于核算再保险分出人从事再保险业务确认的应收分保未到期责任准备金，以及应向再保险接受人摊回的保险责任准备金。其借方登记按规定确认的应收分保未到期责任准备金、应向再保险接受人摊回的保险责任准备金金额，以及调整增加的金额；贷方登记按规定调整减少、冲减及转销的金额；期末余额在借方，反映保险公司从事再保险业务确认的应收分保合同准备金的余额。该科目可按再保险接受人或再保险合同进行明细核算。

(7)“摊回保险责任准备金”科目。“摊回保险责任准备金”是损益类科目，用于核算再保险分出人从事再保险业务应向再保险接受人摊回的保险责任准备金，包括未决赔款准备金、寿险责任准备金、长期健康险责任准备金。“摊回保险责任准备金”科目贷方登记应向再保险接受人摊回的保险责任准备金金额，以及调整增加的金额；借方登记按规定冲减、转销的摊回的保险责任准备金金额。期末，应将该科目余额转入“本年利润”科目，结转后该科目无余额。该科目可按保险责任准备金的类别和险种进行明细核算。

(8)“摊回赔付支出”科目。“摊回赔付支出”是损益类科目，用于核算再保险分出人向再保险接受人摊回的应由其承担的赔付成本。“摊回赔付支出”科目贷方登记向再保险接受人摊回的应由其承担的赔付成本，以及调整增加的金额；借方登记按规定调整减少的金额。期末，应将该科目余额转入“本年利润”科目，结转后该科目无余额。该科目可按险种进行明细核算。

(9)“摊回分保费用”科目。“摊回分保费用”是损益类科目，用于核算再保险分出人向再保险接受人摊回的应由其承担的分保费用，以及向再保险接受人收取的纯益手续费。该科目贷方登记应向再保险接受人摊回的应由其承担的分保费用，以及向再保险接受人收取的纯益手续费；借方登记按规定减少的摊回分保费用。期末，应将该科目余额转入“本年利润”科目，结转后该科目无余额。该科目可按险种进行明细核算。

2. 再保险业务分出人的业务核算

(1)分出保费的业务核算。分保业务发生时，按照合同规定，分出人须按再保险合同的约定，计算确定分出保费并计入当期损益，其会计分录为：

借：分出保费

　　贷：应付分保账款

【提示】 如果分出保费调整减少，则会计分录相反。

(2)应收分保未到期责任准备金的业务核算。原保险合同为非寿险原保险合同的，再保险分出人在确认原保费收入的当期还应按相关约定，计算确认应收分保未到期责任准备金资产，并冲减提取未到期责任准备金。其会计分录为：

借：应收分保未到期责任准备金

　　贷：提取未到期责任准备金

资产负债表日，再保险分出人在调整原保险合同未到期责任准备金余额时，应相应调整应收分保未到期责任准备金。

(3)摊回分保费用的业务核算。再保险分出人应当在确认原保险合同保费收入的当期，按照相关约定，计算确定应向再保险接受人摊回的分保费用，计入当期损益，并计算确定应向再保险分出人收取的纯益手续费，将其作为摊回分保费用计入当期损益。其会计分录为：

借：应收分保账款

　　贷:摊回分保费用

(4)摊回保险责任准备金的业务核算。再保险分出人应当在提取原保险合同未决赔款准备金的当期,按相关再保险合同的约定,计算确定应向再保险接受人摊回的相应准备金,并确认为相应的应收分保准备金资产。其会计分录为:

借:应收分保未决赔款准备金

　　贷:摊回未决赔款准备金

再保险分出人至少须于每年年度终了,对原保险合同保险责任准备金进行充足性测试。补提保险责任准备金时,调整向再保险接受人摊回的相应准备金。其会计分录为:

借:应收分保未决赔款准备金

　　贷:摊回未决赔款准备金

再保险分出人在确定支付赔付款项金额或实际发生理赔费用而冲减原保险合同相应保险责任准备金余额的当期,冲减相应的应收分保准备金余额。其会计分录为:

借:摊回未决赔款准备金

　　贷:应收分保未决赔款准备金

(5)摊回赔付支出的业务核算。再保险分出人在确定支付赔付款项金额或实际发生理赔费用而确认原保险合同赔付成本的当期,按相关再保险合同的约定,计算确定应向再保险接受人摊回的赔付成本,计入当期损益。其会计分录为:

借:应收分保账款

　　贷:摊回赔付支出

(6)存入分保保证金的业务核算。再保险分出人在发出分保业务账单时应将账单标明的扣存本期分保保证金确认为存入分保保证金;同时,按照账单标明的返还上期扣存分保保证金,转销相关存入的分保保证金。其会计分录为:

借:应收分保账款

　　贷:存入保证金

借:存入保证金

　　贷:应收分保账款

(7)结算分保账款的业务核算。再保险分出人、再保险接受人结算分保账款时,按应付分保账款金额,借记"应付分保账款"科目;按应收分保账款金额,贷记"应收分保账款"科目;按借贷方差额,借记或贷记"存放同业"科目。

(三)分入再保险的业务核算

1. 科目设置

(1)"分保费用"科目。"分保费用"是损益类科目,用于核算再保险接受人向再保险分出人支付的应由其承担的各项费用。该科目借方登记再保险接受人按再保险合同约定计算确定的分保费用金额,以及按再保险合同约定计算确定的纯益手续费金额;贷方登记收到分保业务账单时对分保费用调整减少的金额。期末,余额结转入"本年利润"科目,结转后该科目无余额。该科目可按险种进行明细核算。

(2)"存出保证金"科目。"存出保证金"是资产类科目,用于核算再保险接受人按合同约定存出的分保保证金。该科目借方登记存出的分保保证金,贷方登记收回的分保保证金;期末余额在借方,反映再保险接受人存出的分保保证金。该科目可按再保险分出人进行明细核算。

2. 再保险业务分入人的账务核算

(1)分保费收入的核算。再保险接受人应当根据再保险合同的约定,计算确定分保费收入金

额,确认分保费收入。其会计分录为:

借:应收分保账款

　　贷:保费收入

(2)分保费用的核算。分入保险公司接到分出保险公司寄送的分保账单时,应根据分保账单,确定分保费用,计入当期损益;再保险接受人按照合同约定,计算确定应向再保险分出人支付的纯益手续费,计入分保费用。其会计分录为:

借:分保费用

　　贷:应付分保账款

(3)分保赔付支出的核算。再保险接受人在接到分保业务账单的当期,按照账单标明的分保赔付款项金额,作为分保赔付成本,计入当期损益。其会计分录为:

借:分保赔付支出

　　贷:应付分保账款

(4)存出分保保证金的核算。再保险接受人应当在收到分保业务账单时,将账单标明的扣存本期分保保证金确认为存出分保保证金,同时,按照账单标明的再保险分出人返还上期扣存分保保证金转销相关存出分保保证金。其会计分录为:

借:存出保证金

　　贷:应收分保账款

借:应收分保账款

　　贷:存出保证金

(5)结算分保账款的核算。再保险业务的分入人结算分保账款的核算与分出人结算分保账款的核算相同。

(6)分保准备金的核算。为了满足未来理赔或给付的需要,分保接受人需要提取未到期责任准备金、分保未决赔款准备金,其会计核算与原保险业务中的核算相同。

【做中学 4—21】 某保险公司会计部门收到业务部门交来的 1 年期家财两全险保户储金日报表、储金收据和银行储金专户收款凭证,金额为 20 000 元,预定年利率为 2%,增值税税率为 6%。其会计分录为:

收到保户储金时:

借:银行存款——储金专户	20 000	
贷:保户储金——家财两全险		20 000

【解析】 记录保险公司收到的客户存款,增加银行存款,同时确认对客户的负债。

每年计算利息时:

借:应收利息	424	
贷:保费收入——家财两全险		400
应交税费——应交增值税(销项税额)		24

【解析】 记录应支付的利息支出和相应的增值税销项税额。这里的利息支出是基于预定年利率 2%计算的,增值税是基于利息支出计算的。

缴税时:

借:应交税费——应交增值税(销项税额)	24	
贷:银行存款		24

【解析】 记录实际缴纳的增值税,减少银行存款。

【做中学4—22】 某财产保险公司期末计提未决赔款准备金，对已决未赔案按当期已提出的保险赔款6 000 000元计提；对已发生未报告的未付赔案按当期实际赔款支出额8 000 000元的4%计提；同时，本期转回上期提存的未决赔款准备金2 000 000元；期末结转相关准备金。保险公司应编制如下会计分录：

(1)本期提存未决赔款准备金时：

借：提存未决赔款准备金——已提出赔款的准备　　6 000 000

　　　　　　　　　　——未提出赔款的准备　　320 000

　贷：未决赔款准备金　　6 320 000

(2)转回上期未决赔款准备金时：

借：未决赔款准备金　　2 000 000

　贷：转回未决赔款准备金　　2 000 000

(3)期末，结转各项准备金确定损益时：

借：转回未决赔款准备金　　2 000 000

　贷：本年利润　　2 000 000

借：本年利润　　6 320 000

　贷：提存未决赔款准备金　　6 320 000

【解析】"未决赔款准备金"用于反映保险公司为可能发生的保险赔付所计提的准备金。"转回未决赔款准备金"用于反映保险公司将上期多提的未决赔款准备金转回，减少本期的未决赔款准备金。"本年利润"反映保险公司在本期内的盈亏情况，因计提未决赔款准备金而减少。

应知考核

一、单项选择题

1. 商业银行吸收的居民个人储蓄存款应计入(　　)科目。

A."活期存款"　B."定期存款"　C."储蓄存款"　D."同业存款"

2. 保险公司计提的保险责任准备金应计入(　　)。

A. 负债　B. 资产　C. 所有者权益　D. 费用

3. 证券公司代理客户买卖证券，收到客户交来的代买卖证券款时，应贷记(　　)科目。

A."代理买卖证券款"　B."清算备付金"　C."吸收存款"　D."交易性金融负债"

4. 下列属于金融企业流动资产的是(　　)。

A. 固定资产　B. 无形资产　C. 交易性金融资产　D. 长期股权投资

5. 金融企业会计核算的基础是(　　)。

A. 收付实现制　B. 权责发生制　C. 实地盘存制　D. 永续盘存制

二、多项选择题

1. 金融企业会计的特点包括(　　)。

A. 核算内容的广泛性　B. 核算方法的独特性

C. 监督的政策性　D. 核算过程的及时性

2. 商业银行的存款业务按照存款对象可分为(　　)。

A. 单位存款　B. 个人存款　C. 活期存款　D. 定期存款

3. 金融企业会计中，贷款按风险程度可分为(　　)。

A. 正常贷款
B. 关注贷款
C. 次级贷款
D. 可疑贷款和损失贷款

4. 保险公司的会计核算特点包括(　　)。
A. 保险业务按险种分类核算
B. 准备金核算的重要性
C. 成本费用支出的特殊性
D. 利润计算的复杂性

5. 金融企业的资产包括(　　)。
A. 现金及存放中央银行款项
B. 存放同业款项
C. 贷款
D. 固定资产

三、判断题

1. 金融企业会计核算的对象是金融企业的资金运动及其所体现的财务关系。(　　)
2. 商业银行的活期存款和定期存款利息计算方法相同。(　　)
3. 保险公司的保费收入在收到保费时全额确认为收入。(　　)
4. 证券公司自营业务的风险主要由客户承担。(　　)
5. 贷款损失准备计提越多,说明金融企业的贷款质量越好。(　　)

应会考核

■ 观念应用

【背景资料】

银行贷款业务的风险与抉择

在一个经济繁荣的小镇上,有一家名为“诚信商业银行”的金融机构。当地的一家小型制造企业“兴盛工厂”由于扩大生产规模的需要,向诚信商业银行申请了一笔为期 3 年的长期贷款,金额为 500 万元。银行的信贷部门经过对该企业的经营状况、财务报表、市场前景等方面的综合评估,认为该企业目前虽然有一定的发展潜力,但行业竞争激烈,存在一定风险。最终,银行还是批准了这笔贷款,约定年利率为 8%,采用等额本息的还款方式,每月还款。在贷款发放后的前两年,兴盛工厂的经营状况良好,能够按时足额偿还贷款本息。然而,从第 3 年开始,由于市场需求的突然下降,兴盛工厂的产品滞销,企业出现了资金周转困难,开始出现逾期还款的情况。银行的信贷人员对该笔贷款进行了重新评估,发现企业的现金流出现了严重问题,甚至可能面临破产的风险。银行面临着艰难的抉择:是继续等待企业恢复经营状况,还是采取一些措施提前收回贷款,或者对该笔贷款进行重组呢?

【考核要求】

(1)请根据上述背景资料,分析诚信商业银行在发放这笔贷款时在会计核算上应该如何对该笔贷款业务进行初始账务处理,并说明涉及的主要会计科目及其借贷方金额。

(2)阐述在兴盛工厂正常还款的前两年,银行每月收取贷款本息时的会计分录,包括对利息收入和本金收回的会计处理,解释其中涉及的会计原理和依据(假设采用等额本息还款方式,每月还款金额固定;假设每月还款金额为 15.56 万元,本金约为 13.89 万元,利息约为 1.67 万元)。

(3)当兴盛工厂出现逾期还款情况时,银行在会计核算上需要进行哪些调整和处理?请详细说明可能涉及的会计科目和相应的会计分录,并分析这些调整对银行的财务报表会产生哪些影响(假设银行评估后认为需要计提 10%的贷款减值准备)。

(4)从金融企业会计的角度,如果你是银行的会计人员,则你会建议银行采取何种措施来应对当前的局面(继续等待、提前收回贷款或贷款重组),并解释这些措施对银行财务状况和利润的短期和长期影响,同时写出不同措施下相应的会计处理方案。

(5)分析该案例中银行在贷款发放、管理以及会计核算过程中可能存在哪些风险,如何通过完善会计核算和管理流程来更好地防控此类风险,请结合具体的会计操作和财务指标进行阐述。

■ 技能应用

商业银行客户存贷业务会计分录处理

本行发生以下业务,请按业务要求完成有关会计分录:

(1)本行客户丹霞百货公司将本日营业额 16 000 元现金存入支票户;

(2)本行客户东风机械厂开来支票一张,要求提取现金 5 000 元;

(3)本行客户红日造船厂要求将 80 000 元暂时闲置资金转存 1 年定期;

(4)本行客户红叶服装厂 1 年期长期存款 50 000 元到期,存入日年利率为 3.02%,办理转账;

(5)本行储户赵磊存入现金 2 000 元;

(6)本行储户张丽提取现金 3 000 元。

【技能要求】

请结合上述内容,分别进行账务处理。

■ 案例分析

【情景与背景】

保险公司的理赔风波与财务挑战

阳光保险公司是一家经营多年的综合性保险公司,业务涵盖财产保险、人寿保险等多个领域。

某一年,公司承保了一批大型商业建筑的财产保险项目。这些商业建筑位于城市的繁华地段,涉及众多企业和商户。保险合同约定,若发生自然灾害、意外事故等导致的建筑损失,保险公司则将按照一定的比例进行赔付。

起初,一切看似风平浪静。然而,一场突如其来的强烈地震袭击了这座城市,许多承保的商业建筑受到了不同程度的损坏。阳光保险公司迅速启动了理赔程序,派出专业的理赔团队对受损情况进行勘查和评估。

经过详细的调查,理赔团队发现损失情况比预期的要严重得多。初步估算,此次理赔金额可能高达数千万元。这一情况给阳光保险公司带来了巨大的财务压力。一方面,公司需要及时支付巨额的理赔款以履行保险合同的承诺;另一方面,公司的资金储备面临严峻考验,可能会影响到公司的正常运营和其他业务的开展。

同时,公司的财务部门也面临着复杂的会计核算问题。如何准确地记录理赔支出、调整准备金、评估对公司财务状况和经营成果的影响,成为亟待解决的难题。此外,公司还需要向监管机构和股东报告此次事件的财务影响,如何提供准确、透明的财务信息也成为关键。

【分析要求】

(1)请分析阳光保险公司在承保这批商业建筑财产保险时会计核算上如何确认保费收入,涉及哪些会计科目和账务处理,以及确认保费收入的依据和原则。

(2)当发生地震理赔事件后,保险公司应如何进行理赔支出的会计核算,包括会计分录和涉及的科目,分析这些核算对公司资产负债表和利润表的影响。

(3)在面对巨额理赔款可能导致的资金压力时,从会计角度出发,阳光保险公司可以采取哪些措施来优化资金管理和财务状况,这些措施在会计核算上如何体现,对公司的财务指标会产生哪些影响。

(4)对于保险公司来说,保险责任准备金的计提至关重要。请阐述在此次理赔事件前后阳光保险公司应如何调整保险责任准备金的计提,涉及哪些会计科目和账务处理,以及调整准备金的依据和目的。

(5)分析阳光保险公司在此次理赔事件中可能面临的财务风险有哪些,如何通过完善会计核算和财务报告来及时发现和应对这些风险,结合具体的会计操作和财务指标进行说明。

本章实训

【实训内容】

金融企业会计

【实训情境】

你作为一名新入职的金融企业会计实习生,被分配到一家综合性金融集团旗下的分支机构进行实习。该分支机构涵盖了商业银行、证券经纪、保险代理等多项金融业务。目前正值会计期末,公司需要对各类业务进行全面的会计核算和报表编制工作;同时,监管部门即将对金融机构进行合规检查,要求准确、规范地记录每一笔业务,以确保财务信息的真实性和完整性。

在实习期间,你将在经验丰富的会计主管的指导下参与到实际的会计工作中。你会接触到来自不同部门的业务单据,包括银行的存贷款业务凭证、证券公司的证券交易记录、保险公司的保费收入和理赔单据等。这些业务涉及多种会计科目和复杂的账务处理,对你来说是一次极具挑战性的实践机会。

【实训任务】

任务一:商业银行存贷款业务核算

1. 存款业务核算

(1)根据银行提供的客户存款凭证,对单位活期存款、单位定期存款、个人活期储蓄存款和个人定期储蓄存款进行分类整理。

(2)按照会计核算要求,准确编制各类存款业务的会计分录,如客户存入现金、支取现金、定期存款到期转存等业务的账务处理。

(3)登记相关的存款明细账,确保账目的准确性和完整性,并与总账进行核对。

2. 贷款业务核算

(1)审核贷款合同和相关审批文件,确定贷款的类型(如信用贷款、担保贷款、抵押贷款)和金额。

(2)对贷款的发放、计息、收回和逾期等业务进行会计核算,编制相应的会计分录。

(3)计算贷款利息收入,并按照规定进行增值税的核算和缴纳。

(4)关注贷款的风险状况,对可能出现的不良贷款进行减值准备的计提和账务处理。

任务二:证券业务核算

1. 证券经纪业务核算

(1)处理客户的证券买卖委托,根据证券交易记录,准确计算交易手续费和佣金收入。

(2)编制证券经纪业务的会计分录,包括客户资金的存入、证券交易的清算和资金的划转等。

(3)登记客户证券交易明细账,及时反映客户的证券持仓和资金余额情况。

2. 证券自营业务核算

(1)对公司自营买入和卖出的证券进行成本核算,采用合适的方法(如先进先出法、加权平均法)计算证券的实际成本。

(2)核算自营证券在持有期间的现金股利和利息收入,编制相应的会计分录。

(3)年末对自营证券进行减值测试,若市价低于成本,则计提跌价准备并进行账务处理。

任务三:保险业务核算

1. 财产保险业务核算

(1)审核财产保险的保费收入凭证,根据不同的收费方式(如直接缴纳、预收保费、分期缴费等)进行会计核算。

(2)处理保险理赔业务,包括赔款支出的核算、损余物资的处理和追偿款收入的核算。

(3)计提和调整财产保险的未决赔款准备金,确保准备金的准确性。

2. 人身保险业务核算

(1)核算人寿保险的保费收入,区分正常缴费和预收保费的情况进行账务处理。

(2)处理保险金给付业务,如满期给付、死伤医疗给付和年金给付等,编制相应的会计分录。

(3)核算保户利差支出和佣金支出,确保费用的合理列支。

<table>
<tr><td colspan="3">《金融企业会计》实训报告</td></tr>
<tr><td>实训班级:</td><td>实训小组:</td><td>实训组成员:</td></tr>
<tr><td>实训时间: 年 月 日</td><td>实训地点:</td><td>实训成绩:</td></tr>
<tr><td colspan="3">实训目的:</td></tr>
<tr><td colspan="3">实训步骤:</td></tr>
<tr><td colspan="3">实训结果:</td></tr>
<tr><td colspan="3">实训感言:</td></tr>
</table>

第五章　物流企业会计

● 知识目标

理解：物流企业的概念与特点；物流企业会计的概念与特点。

熟知：物流企业会计的职能；物流企业会计的核算对象。

掌握：商业银行业务的核算；证券公司业务的核算；保险公司业务的核算。

● 技能目标

能够熟练掌握物流企业各类业务（运输、仓储、包装等）的会计核算方法，能够准确编制相关会计分录；学会运用不同的成本核算方法，合理分配物流业务成本；掌握物流企业的税务处理，能准确计算并缴纳增值税、城市维护建设税等税费；能够根据物流企业的财务数据进行简单的财务分析，为企业决策提供支持。

● 素质目标

培养严谨、细致的工作态度，确保物流企业会计核算的准确性和规范性；增强学生的职业判断能力，使其在面对复杂的物流业务时能够依据会计准则做出合理的会计处理；提升学生的沟通协作能力，在物流企业会计工作中学会与不同部门协作，获取准确的财务信息；培养学生的创新意识，鼓励学生关注新技术在物流企业会计中的应用，探索更高效的会计处理方式。

● 思政目标

弘扬诚信建设，强调物流企业会计如实记录和反映企业经济活动的重要性，坚决抵制财务造假行为；树立学生的责任意识，使其认识到物流企业会计工作对企业发展和社会经济运行的重要责任；激发学生的敬业精神，引导学生热爱物流企业会计工作，不断提升专业素养，为物流行业发展贡献力量。

● 课程引例

宏兴物流的危机与会计应对:业务困境引发的财务核算挑战

宏兴物流企业是一家综合性物流企业,业务涵盖运输、仓储、配送等多个领域。近期,该企业承接了一项重要的运输任务,为一家大型电子企业将一批电子产品从生产基地运往全国各地的销售网点。在运输过程中,由于部分运输车辆出现故障,导致运输时间延长,同时为了确保货物按时送达,企业临时租用了其他运输公司的车辆,增加了运输成本。此外,在仓储环节,由于管理不善,部分货物出现了损坏和丢失的情况。

(1)运输业务。宏兴物流与电子企业签订的运输合同金额为 50 万元(含税),增值税税率为 9%。运输过程中,自有车辆发生燃油费 10 万元(含税),取得增值税专用发票,税率为 13%;支付临时租用车辆的费用 5 万元(含税),取得增值税专用发票,税率为 9%。

(2)仓储业务。该批电子产品在宏兴物流的仓库存储了 1 个月,仓储费用为 5 万元(含税),增值税税率为 6%。但因仓库管理问题,货物损失价值 2 万元。

(3)财务困境。由于运输延误和货物损失,电子企业要求宏兴物流给予一定的赔偿,双方就赔偿金额产生了争议。同时,宏兴物流因成本增加和可能的赔偿,面临一定的财务压力,需要准确核算各项成本和损失,评估对企业利润的影响。

经过协商,宏兴物流最终同意向电子企业赔偿 3 万元。宏兴物流的财务部门在核算此次业务时需要综合考虑运输、仓储等各项业务的收入、成本、税费以及赔偿支出,准确计算出该业务对企业利润的影响。通过这次事件,宏兴物流认识到规范业务管理和准确进行会计核算的重要性。

● 引例反思

通过对宏兴物流的多维度反思,不难发现,物流企业会计与业务管理紧密相连,且承载着重要的职业道德责任,这不仅让我们看到了实际工作中的挑战,也明确了学习方向。

(1)业务管理角度。宏兴物流在运输和仓储环节出现的问题,反映出企业业务管理的不足。运输车辆故障和仓库管理不善导致成本增加和货物损失,物流企业要加强对运输设备的维护和仓储管理,降低运营风险,这也表明物流企业各业务环节紧密相连,一个环节的失误可能会对整个业务产生连锁反应。

(2)会计核算角度。该案例凸显了物流企业会计核算的复杂性。会计人员不仅要准确核算运输、仓储等常规业务的收入和成本,而且要处理如临时租车费用、货物损失赔偿等特殊事项。在税务处理方面,不同业务适用不同的增值税税率,需要精确计算。同时,面对业务中的突发情况,会计人员要及时、准确地记录和反映相关财务信息,为企业决策提供支持。

(3)思政层面。宏兴物流在面对问题时积极与客户协商解决赔偿问题,体现了诚信和负责的态度。这启示学生在未来的物流企业会计工作中要秉持诚信原则,如实记录和披露企业财务信息,同时要有责任意识,为企业的健康发展提供准确的财务数据。

第一节 物流企业会计概述

在现代经济体系中,物流行业作为连接生产与消费的关键纽带,发挥着至关重要的作用。物流企业通过整合运输、仓储、装卸搬运、包装、流通加工、配送以及信息处理等一系列功能,实现货物的高效流转,推动供应链的协同运作,促进经济的繁荣发展。而物流企业会计作为专门服务于物流行业的会计分支，通过对物流企业经济活动的全面记录、核算与监督，为企业管理者、投资者、债权人以及其他利益相关者提供关键的财务信息，助力其做出科学、合理的决策。

一、物流企业的概念与特点

（一）物流企业的概念

根据我国国家标准《物流术语》(GB/T 18354-2021)，物流是指根据实际需要，将运输、储存、装卸、搬运、包装、流通加工、配送、信息处理等基本功能有机结合，使物品从供应地向接收地的实体流动过程。这一概念突出强调了物流的八项基本功能要素（见图 5—1）。其中，运输处于现代物流业的中间环节。物流企业是指至少从事运输（含运输代理、货物快递）或仓储一种经营业务，并能够按照客户物流需求对运输、储存、装卸、包装、流通加工、配送等基本功能进行组织和管理，具备与自身业务相适应的信息管理系统，实行独立核算、独立承担民事责任的经济组织。

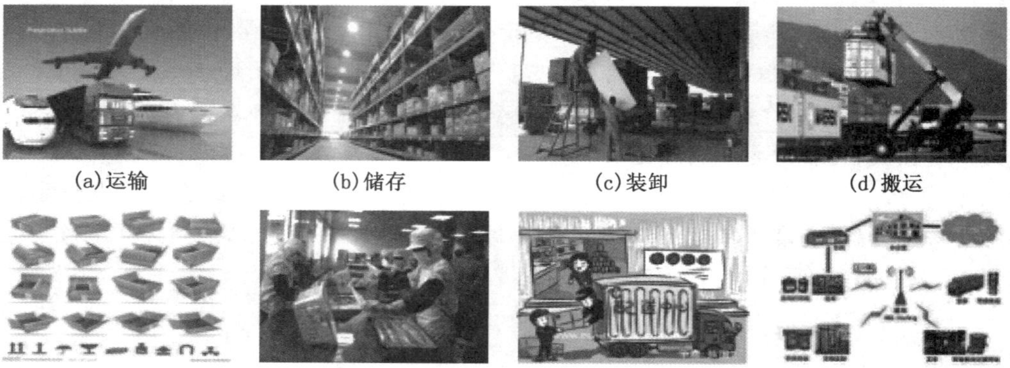

(a)运输 (b)储存 (c)装卸 (d)搬运

(e)包装 (f)流通加工 (g)配送 (h)信息处理

图 5—1 物流基本功能实施有机结合

（二）物流企业的特点

1. 物流业务的复杂性

物流业务涵盖多个环节，各环节紧密相连且各具独特的成本结构与运营模式。例如，公路运输受油价波动、交通管制影响较大，而航空运输则对飞机租赁与维护成本、航线资源更为敏感；仓储环节除了仓库租赁成本，还需考虑货物保管、盘点及库存管理成本。

2. 物流服务的时效性

快速且准确地完成货物运输与配送是满足客户需求的核心。这不仅考验物流企业的运营管理能力，而且对成本控制提出了更高要求。若因运输延误导致货物交付延迟，则可能引发客户投诉、赔偿损失，甚至丢失市场份额。

3. 物流资产的特殊性

物流企业固定资产占比较大，如运输车辆、仓储设施等。随着物流技术的飞速发展，对信息系统等无形资产的投入也不断增加。先进的物流信息系统能够实现货物实时跟踪、智能调度，提高运营效率，但也意味着高额的研发与维护成本。

二、物流企业会计的概念

物流企业会计(Accounting for Logistics Enterprises)是以货币为主要计量单位，采用专门的会计方法，对物流企业的经济活动进行连续、系统、全面的核算和监督，旨在提供反映物流企业财务状况、经营成果和现金流量等方面的财务信息，为企业内部管理和外部决策提供依据的一种经济管理活动。它不仅要遵循一般企业会计的基本准则和规范，而且要结合物流企业的业务特点，对物流活动中的各种经济事项进行准确的确认、计量、记录和报告。

三、物流企业会计的特点

（一）成本核算的复杂性

物流企业的成本核算涉及多个环节和多种成本项目。运输成本包含燃料费、车辆折旧费、司机薪酬等；仓储成本涵盖仓库租金、设备折旧、货物保管费等；装卸搬运成本则有工人工资、设备损耗等。此外，不同运输方式（公路、铁路、航空、水路）的成本结构差异较大，这使得成本核算难度增加。例如，公路运输受油价波动影响大，航空运输则对飞机的租赁和维护成本较为敏感。

（二）收入确认的多样性

物流企业的收入来源广泛，包括运输收入、仓储收入、装卸搬运收入、配送收入以及增值服务收入等。不同业务的收入确认原则和时间存在差异。如运输收入通常在完成运输任务并取得客户确认时确认；仓储收入则根据仓储服务期间分期确认；对于一些与客户签订的长期综合物流服务合同，收入确认需综合考虑合同约定、服务进度等因素。

（三）存货核算的特殊性

物流企业的存货主要是周转材料，如包装材料、托盘等。这些存货的特点是数量大、价值相对较低且周转频繁，在核算时，通常采用一次转销法或五五摊销法进行摊销，以准确反映其在物流业务中的消耗情况。同时，对于在途货物，物流企业需要准确记录其数量和状态，确保存货信息的准确性。

（四）信息要求的及时性

由于物流业务的时效性强，物流企业会计需要及时反映业务的财务信息。无论是成本支出、收入实现还是资金流动，都需要实时记录和更新，以便企业管理者能够及时掌握企业的运营状况，做出快速决策，调整运营策略，满足客户需求。

四、物流企业会计的新兴技术应用

在数字化时代，大数据、人工智能、区块链等新兴技术正深刻影响着物流企业会计领域，为其带来新的发展机遇与变革。这些技术的应用有助于提升物流企业会计的效率、准确性和决策支持能力。

（一）大数据在物流企业会计中的应用

1. 物流成本分析

大数据技术能够收集和整合物流企业运营过程中的海量数据，涵盖运输里程、货物重量、仓储时长、设备使用频率等多维度信息。通过对这些数据的深度挖掘和分析，会计人员可以精准地确定各项物流活动的成本驱动因素。例如，借助大数据分析，可清晰了解到不同运输路线因路况、油价波动对运输成本的影响，以及不同仓库布局和管理模式下仓储成本的差异，从而为成本控制和优化提供详细、准确的依据。

2. 成本预测

基于大数据的分析模型，能够对物流成本进行更精准的预测。通过对历史成本数据以及相关影响因素（如市场供需变化、政策调整等）的分析，构建预测模型。例如，在运输成本预测方面，结合历史运输数据、油价走势、运输市场竞争状况等因素，利用大数据算法预测未来一段时间内的运输成本，帮助企业提前规划预算，合理安排资源，应对潜在的成本波动。

（二）人工智能在物流企业会计中的应用

1. 财务风险预警

人工智能可以实时监测物流企业的财务数据和业务数据，运用机器学习算法对数据进行分析，识别潜在的财务风险模式。例如，通过对企业应收账款账龄、存货周转率、资产负债率等关键财务指标的实时跟踪和分析，当这些指标出现异常变化时，人工智能系统能够及时发出预警信号，提醒企业管理层采取相应措施。此外，人工智能还可以对物流企业面临的外部风险（如市场风险、信用风险等）进行评估和预警，为企业制定风险管理策略提供有力支持。

2. 自动化会计流程

人工智能技术可实现部分会计流程的自动化，如发票处理、账务核对等。通过光学字符识别（OCR）技术和自然语言处理技术，人工智能系统能够自动识别和提取发票上的关键信息，并将其录入到会计系统中，完成账务处理。这不仅大大提高了会计工作的效率，减少了人工操作带来的错误，而且能使会计人员从繁琐的基础工作中解放出来，更多地参与到财务分析和决策支持等工作中。

（三）区块链在物流企业会计中的应用

1. 确保物流交易信息的真实性

区块链技术具有去中心化、不可篡改的特点，可用于记录物流企业的每一笔交易信息。在物流运输过程中，从货物的起运、中转到交付，每一个环节的信息（如货物状态、运输时间、运输地点等）都被加密记录在区块链上。由于区块链的分布式账本特性，这些信息无法被单一节点篡改，从而确保了物流交易信息的真实性和完整性。对于会计核算来说，这提供了可靠的原始数据基础，使得会计记录能够真实反映企业的业务活动。

2. 提高会计核算的准确性

基于区块链上真实、可靠的交易信息，会计核算能够更加准确。例如，在收入确认方面，当货物按照合同约定交付给客户，且区块链上的交易信息得到确认后，系统可以自动触发收入确认流程，避免了人为判断和操作可能带来的误差。同时，在成本核算中，由于区块链记录了物流活动的详细信息，使得成本分摊更加准确、合理，提高了会计核算的质量和透明度。

综上所述，大数据、人工智能和区块链等新兴技术为物流企业会计带来了创新的方法和工具，有助于提升物流企业的财务管理水平和竞争力。物流企业会计人员需要不断地学习和掌握这些新兴技术，以适应行业的发展变化。

五、物流企业会计的职能

（一）核算职能

核算职能是对物流企业的各项经济业务进行确认、计量、记录和报告，例如，准确记录运输车辆的购置成本、日常运营费用，以及货物的收发存情况等。通过设置各类会计科目，登记账簿，编制财务报表，将物流企业的经济活动转化为系统的财务信息，为企业管理和决策提供数据支持。

（二）监督职能

对物流企业的经营活动进行监督，确保其遵守国家法律法规、行业规范以及企业内部的财务制度。监督内容包括成本费用的合理性、收入的真实性、资产的安全完整性等。例如，检查运输费用的报销是否符合规定，防止虚报冒领；监督货物的盘点过程，确保存货的实际数量与账面记录一致。

（三）预测职能

根据物流企业的历史财务数据和市场信息，运用一定的方法对企业未来的财务状况和经营成果进行预测。比如，预测不同季节的运输需求，进而预估运输收入和成本，为企业制订经营计划和预算提供参考依据。

（四）决策职能

通过对财务信息的分析，为企业管理层提供决策建议。例如，在选择新的运输路线、购置运输设备或拓展仓储业务时，分析不同方案的成本效益，帮助管理层做出最优决策，实现企业资源的优化配置。

六、物流企业会计的核算对象

物流企业会计的核算对象是物流企业在经营活动中所发生的资金运动，具体包括以下方面：

（1）资产。物流企业的资产包括流动资产和非流动资产。流动资产如货币资金、应收账款、存货等；非流动资产主要有固定资产（运输车辆、仓库、装卸设备等）、无形资产（物流信息系统、商标权等）。例如，运输车辆作为重要的固定资产，其购置、折旧、维修等经济活动都属于会计核算的范畴。

（2）负债。负债是物流企业所承担的能以货币计量、需以资产或劳务偿还的债务，包括短期借款、应付账款、应付职工薪酬、长期借款等。如物流企业向银行借入的短期借款用于资金周转，在会计核算中需准确记录借款金额、还款期限和利息支付情况。

（3）所有者权益。所有者权益是物流企业所有者对企业净资产的所有权，包括实收资本、资本公积、盈余公积和未分配利润等。投资者投入的资本构成实收资本。企业经营盈利后提取的盈余公积和未分配利润等，反映了企业的资本积累和盈利能力。

（4）收入。物流企业的收入主要来源于提供物流服务所取得的各项收入，如运输收入、仓储收入、装卸搬运收入、配送收入、增值服务收入等。每一项收入的实现都需要按照会计准则进行准确的确认和计量。

（5）费用。费用是物流企业在经营过程中发生的各项耗费，包括运输费用、仓储费用、装卸搬运费用、人工费用、设备折旧费用等。准确核算费用，有助于分析企业的成本结构，控制成本支出，提高企业的经济效益。

（6）利润。利润是物流企业在一定会计期间的经营成果，是收入减去费用后的净额。通过对利润的核算，可以评估企业的经营效益，为企业的发展战略调整和利润分配提供依据。

紧跟时代步伐，探索物流企业会计新征程

【学思践悟】

党的二十大强调加快发展数字经济，促进数字经济和实体经济深度融合。党的二十届二中、三中全会持续聚焦经济高质量发展。物流企业会计响应政策号召，可借助大数据、人工智能等技术实现成本核算的智能化与精准化，推动物流企业降本增效，助力物流行业向高质量发展迈进。在成本核算中，运用大数据算法分析不同运输方式、仓储模式下的成本构成，能为企业提供更具针对性的成本控制策略。

在全球经济形势复杂多变、贸易保护主义时有抬头的当下，物流企业面临着市场需求波动、物流成本上升等挑战。会计运用监督职能，能确保企业在成本管控、收入确认等方面合规运营，防范财务风险。通过预测职能，依据市场动态和企业财务数据，可提前预估物流业务量的变化，为企业合理安排资源、调整运营策略提供参考。

以顺丰速运为例，顺丰通过引入大数据和人工智能技术，实现了运输路线的优化和成本的精准核算。数据显示，通过智能化管理，顺丰的运输成本降低了15%，运营效率提升了20%，这充分证明了数字化技术在物流企业中的巨大潜力。物流企业会计人员应定期参加专业培训，学习大数据分析、区块链技术等新兴知识，提升自身的数字化能力，同时，密切关注国家政策动态，及时调整会计核算方法和财务分析模式。只有这样，物流企业会计才能在新时代背景下发挥更大的作用，助力企业实现高质量发展。

【悟有所得】

物流企业会计在新时代经济发展中发挥了关键作用。国家政策为物流企业的发展指明了方向，物流企业作为实体经济的重要支撑，其会计工作已成为企业战略决策、风险防控和转型升级的核心力量。

在复杂的经济环境下，物流企业会计的监督职能犹如企业运营的"稳定器"，确保企业在合规的轨道上稳健前行；预测职能则似"导航仪"，帮助企业提前洞察市场变化，把握发展机遇。新兴技术的融入为物流企业会计带来了质的飞跃，显著提升了工作效率和数据的精准度。然而，在技术应用过程中，数据安全、人才短缺等问题亟待解决。这就要求持续学习，不断提升自身的专业素养和技术能力，以适应行业的快速发展，同时，积极响应国家政策，在数字化转型、绿色发展等方面，通过创新会计核算方法和财务分析模式，推动物流企业资源的优化配置，实现经济效益与社会效益的有机统一。总之，只有不断将理论与实践深度融合，紧跟时代步伐，才能在物流企业会计领域不断创新突破，为经济社会的高质量发展贡献力量。

第二节 运输业务的核算

一、运输业务核算概述

运输业务是物流企业的核心业务之一，它将货物从供应地运送到接收地，实现了商品的空间转移。运输业务核算准确记录运输活动中的收入与成本，能反映企业的经营状况和财务成果，为管理者提供决策依据。运输业务涵盖公路、铁路、航空、水路等多种运输方式，每种运输方式都有其特点和成本结构，这也决定了核算的复杂性和多样性。

二、账户设置

（一）"主营业务收入"账户

"主营业务收入"属于损益类账户，用于核算企业为客户提供物流服务时所取得的劳务收入。该账户贷方登记本期提供运输、配送、仓储、装卸等物流业务时所取得的收入，借方登记期末余额结转到"本年利润"账户的数额。会计期末，将本期实现的收入结转到"本年利润"账户的贷方，结转后该账户无余额。该账户下设"运输收入""仓储收入""配送收入""装卸收入"等二级明细账。

（二）"主营业务成本"账户

"主营业务成本"属于损益类账户，用于核算运输业务所发生的直接成本。该账户借方登记本期发生的与运输业务直接相关的各项成本，包括燃料费、过路费、车辆或运输工具的折旧费、司机工资等，贷方登记期末结转到"本年利润"账户的运输成本金额。会计期末，将本期的运输成本结转到"本年利润"账户的借方，结转后该账户无余额。该账户按照不同的运输方式和成本项目设置明细科目，如"主营业务成本——公路运输成本——燃料费"等。

（三）"其他应付款——应付联运运费"账户

"其他应付款——应付联运运费"属于负债类账户，用于核算在联运业务中应付给其他联运方的运费。该账户贷方登记根据联运协议计算的应付未付运费，借方登记实际支付的运费。期末余额在贷方，表示尚未支付的运费。明细科目可以按联运合作方的名称设置，如"应付联运运费——

××运输公司”。

（四）“周转材料——低值易耗品”账户

“周转材料——低值易耗品”属于资产类账户，用于核算运输业务中使用的低值易耗品，如轮胎和苫布等。该账户借方登记低值易耗品的增加，而贷方登记其减少，如领用、摊销或报废。期末余额在借方，表示库存低值易耗品的实际成本。明细科目可以按类别、品种规格等设置，如“低值易耗品——轮胎”。

（五）“银行存款”账户

“银行存款”属于资产类账户，用于核算存入银行的各种款项。该账户借方登记存入银行的金额，贷方登记从银行提取或支付的金额。期末余额在借方，表示银行存款的实际结存金额。明细科目可以按开户银行、存款种类等设置。

（六）“库存现金”账户

“库存现金”属于资产类账户，用于核算企业的库存现金。该账户借方登记收到的现金金额，贷方登记支付的现金金额。期末余额在借方，表示实际持有的库存现金金额。明细科目可以按现金保管地点或用途设置。

（七）“累计折旧”账户

“累计折旧”属于资产类的备抵账户，用于核算固定资产的累计折旧。该账户贷方登记按期计提的折旧金额，借方登记处置固定资产时转出的累计折旧金额。期末余额在贷方，表示固定资产的累计折旧总额。明细科目可以按固定资产的类别和项目设置。

（八）“应付职工薪酬”账户

“应付职工薪酬”属于负债类账户，用于核算应付给职工的各种薪酬。该账户贷方登记计算确定的应付未付薪酬金额，借方登记实际支付的薪酬金额。期末余额通常在贷方，表示应付未付的职工薪酬金额。明细科目可以按工资、福利、社会保险费等设置。

（九）“应收账款”账户

“应收账款”属于资产类账户，用于核算因提供运输服务等经营活动应收取的款项。该账户借方登记应向客户收取的款项金额，贷方登记客户实际支付的应收账款金额以及确认的坏账损失金额。期末余额在借方，表示尚未收回的应收账款金额。明细科目可以按债务人（客户）的名称设置。

三、账务处理

（一）不同运输方式的账务处理

1. 公路运输业务

公路运输是物流企业最常见的运输方式之一，具有灵活性高、门到门服务的特点。

（1）运输收入的核算

当完成公路运输服务，取得运输收入时，企业应按照实际收到或应收的款项确认收入。

【做中学 5—1】 利通物流企业为宏远公司提供公路运输服务，将一批货物从大连运往丹东，运输里程为 300 千米，每千米运费为 8 元，共计运费 2 400 元（含税），增值税税率为 9%。宏远公司以银行转账方式支付了运费，账务处理如下：

借：银行存款　　2 400

　贷：主营业务收入——运输收入——公路运输　　2 201.83（2 400÷1.09）

　　应交税费——应交增值税（销项税额）　　198.17[（2 400÷1.09）×9%]

【解析】 企业收到宏远公司的转账，银行存款增加 2 400 元，所以借记“银行存款”。利通物流企业为宏远公司提供公路运输服务后，收到运费 2 400 元（含税）。企业按照实际收到的款项确认收入,并正确地将含税收入转换为不含税收入,即 2 201.83 元,计入"主营业务收入——运输收入——公路运输"科目。同时,企业按照 9%的增值税税率计算了销项税额 198.17 元,并计入"应交税费——应交增值税(销项税额)"科目。该账务处理正确反映了企业公路运输收入的确认和增值税的计提。

(2)运输成本的核算

公路运输成本主要包括燃料费、过路费、车辆折旧费、司机工资等。

【做中学 5—2】 承接【做中学 5—1】,利通物流企业在此次运输过程中消耗汽油 500 升,每升汽油成本为 7 元,共计 3 500 元(含税),增值税税率为 13%,通过银行转账支付;支付过路费 200 元,以现金支付(不考虑税费);本月车辆计提折旧 1 500 元;司机本月工资 4 000 元,尚未支付。账务处理如下:

借:主营业务成本——运输成本——公路运输——燃料费

3 097.35(3 500÷1.13)

——过路费 200

——车辆折旧 1 500

——人工费用 4 000

应交税费——应交增值税(进项税额) 402.65[3 500÷(1+13%)×13%]

贷:银行存款 3 500

库存现金 200

累计折旧 1 500

应付职工薪酬 4 000

【解析】 利通物流企业在运输过程中发生了燃料费、过路费、车辆折旧和司机工资等成本。企业正确地将燃料费的不含税部分 3 097.35 元计入"主营业务成本——运输成本——公路运输——燃料费"科目,并将增值税进项税额 402.65 元计入"应交税费——应交增值税(进项税额)"科目。过路费 200 元直接计入"主营业务成本——运输成本——公路运输——过路费"科目。车辆折旧 1 500 元计入"主营业务成本——运输成本——公路运输——车辆折旧"科目。司机工资 4 000 元作为负债计入"应付职工薪酬"科目,并在贷方反映。该账务处理正确反映了企业公路运输成本的确认和增值税进项税额的抵扣。

2. 航空运输业务

航空运输具有速度快、时效性强的特点,适合运输高价值、紧急的货物。

(1)运输收入的核算

企业完成航空运输服务并取得收入时,按实际情况确认收入。

【做中学 5—3】 迅捷物流企业与鑫源公司签订了一份航空运输合同,负责将一批价值较高的电子产品从大连运往上海。合同总金额为 80 000 元,其中包含运费 73 913 元(不含税),增值税税率为 9%,增值税额为 6 087 元。鑫源公司同意以银行汇票支付全部费用。账务处理如下:

确认收入时的会计分录:

借:应收账款 80 000

贷:主营业务收入——航空运输收入 73 913

应交税费——应交增值税(销项税额) 6 087

【解析】 此业务反映了迅捷物流企业因提供航空运输服务而应收的款项,包括不含税的运费和增值税。应收账款增加了 80 000 元,其中主营业务收入增加了 73 913 元,应交税费(增值税销项税额)增加了 6 087 元。

收到银行汇票并承兑时的账务处理：

借:银行存款　　80 000

　　贷:应收账款　　80 000

【解析】 此业务表示迅捷物流企业已经收到了鑫源公司通过银行汇票支付的款项,并相应地减少了应收账款。银行存款增加了 80 000 元,应收账款减少了 80 000 元。

(2)运输成本的核算

航空运输成本主要包括燃油费、机场起降费、飞机折旧费等。

【做中学 5—4】 承接【做中学 5—3】,迅捷物流企业在完成运输服务后发生了以下成本:飞机燃油费 20 000 元、机场服务费 3 000 元、保险费 2 000 元、机组人员工资 10 000 元、飞机折旧费 5 000 元。飞机燃油费、机场服务费、保险费通过银行存款支付。账务处理如下:

结转成本时的会计分录:

借:主营业务成本——航空运输成本　　40 000

　　贷:银行存款　　25 000

　　　　应付职工薪酬——工资　　10 000

　　　　累计折旧　　5 000

【解析】 此业务反映了迅捷物流企业在提供航空运输服务过程中所确认的成本。主营业务成本增加了 40 000 元,具体包括:银行存款减少了 25 000 元,用于支付飞机燃油费、机场服务费、保险费等与运输服务直接相关的费用。应付职工薪酬增加了 10 000 元,反映的是尚未支付的机组人员工资,这部分工资是提供运输服务所发生的人工成本。累计折旧增加了 5 000 元,反映的是飞机作为固定资产在使用过程中的折旧,这是提供运输服务所发生的固定资产损耗成本。

期末结转收入和成本到本年利润:

借:主营业务收入——航空运输收入　　73 913

　　贷:本年利润　　73 913

借:本年利润　　40 000

　　贷:主营业务成本——航空运输成本　　40 000

【解析】 这两个分录表示迅捷物流企业在期末时将主营业务收入和主营业务成本结转到本年利润中,以计算当期的净利润。本年利润增加了 73 913 元(代表主营业务收入的转入),又减少了 40 000 元(代表主营业务成本的转入),从而得出当期的净利润。

3. 铁路运输业务

铁路运输具有运量大、成本相对较低、受天气影响小等特点,适合长距离、大批量货物的运输。在铁路运输业务中,企业通常从事货运代理业务和物流服务,代表货主安排和组织货物的铁路运输。

(1)运输收入的核算

当企业完成铁路运输服务并取得收入时,按规定确认收入。

【做中学 5—5】 畅达物流企业为恒通公司提供铁路运输服务,将一批钢材从大连运往牡丹江,不含税的运费总计 50 000 元,运费增值税税率 9%,恒通公司尚未支付款项。账务处理如下:

借:应收账款——恒通公司　　54 500

　　贷:主营业务收入——运输收入——铁路运输　　50 000

　　　　应交税费——应交增值税(销项税额)　　4 500

【解析】 畅达物流企业因提供铁路运输服务而应收恒通公司的款项总额为54 500元(含税)，因此“应收账款——恒通公司”增加54 500元。主营业务收入确认：企业按照不含税的运费金额确认收入，即50 000元，计入“主营业务收入——运输收入——铁路运输”科目。企业按照9%的增值税税率计算了销项税额4 500元，并计入“应交税费——应交增值税(销项税额)”科目，表示畅达物流企业在收到款项时需要向税务机关缴纳的增值税金额。

(2)运输成本的核算

铁路运输成本主要包括铁路运费、装卸费、车辆租用费等。

【做中学5－6】 承接【做中学5－5】，畅达物流企业在此次铁路运输业务中支付铁路运费30 000元，通过银行转账支付；支付装卸费5 000元，以现金支付。账务处理如下：

借：主营业务成本——运输成本——铁路运输——铁路运费	30 000	
——装卸费	5 000	
贷：银行存款		30 000
库存现金		5 000

【解析】 此业务中主营业务成本增加了35 000元，其中铁路运费30 000元和装卸费5 000元是与铁路运输服务直接相关的费用。这些费用被归集到主营业务成本中的运输成本——铁路运输下，以反映提供运输服务所发生的成本。银行存款和库存现金分别减少了30 000元和5 000元，反映了企业支付铁路运费和装卸费的资金来源。银行转账支付的费用减少了银行存款，现金支付的费用减少了库存现金。

4. 水路运输业务

水路运输具有运量大、成本低的优势，适合运输大宗货物。

(1)运输收入的核算

企业完成水路运输服务并取得收入时，进行收入确认。

【做中学5－7】 远航物流企业为辽宁阜新丰泰公司提供水路运输服务，将一批煤炭从辽宁锦州港运往韩国釜山港，不含税的运费为60 000元，丰泰公司支付了30 000元定金，剩余30 000元和7 800元税款约定1个月后支付。账务处理如下：

收到30 000元现金时：

借：银行存款/库存现金	30 000	
贷：预收账款——辽宁阜新丰泰公司		30 000

【解析】 此业务中由于企业收到定金，但是服务尚未完成，不能确认收入，而是作为负债处理，借记“银行存款/库存现金”增加资产，贷记“预收账款”确认负债。

一个月后，确认剩余款项及税款时：

借：银行存款/库存现金	37 800	
预收账款——辽宁阜新丰泰公司	30 000	
贷：主营业务收入——运输收入		60 000
应交税费——应交增值税(销项税额)		7 800

【解析】 一个月后，服务完成，确认收入和税款，贷记“主营业务收入”确认收入，贷记“应交税费”确认税款，借记“银行存款/库存现金”和“预收账款”分别反映收到的款项和预收账款的冲减。

(2)运输成本的核算

水路运输成本主要包括燃料费、港口费、船舶折旧费等。

【做中学 5—8】 承接【做中学 5—7】，远航物流企业在此次水路运输业务中消耗燃料费用 20 000 元，通过银行转账支付；支付港口费 5 000 元，用银行存款支付；本月船舶计提折旧 8 000 元。账务处理如下：

借：主营业务成本——运输成本——水路运输——燃料费　　20 000
　　　　　　　　　　　　　　　　　　　——港口费　　5 000
　　　　　　　　　　　　　　　　　　　——船舶折旧　　8 000
　贷：银行存款　　25 000
　　　累计折旧　　8 000

【解析】 借记“主营业务成本”下的相关成本科目，反映水路运输业务的直接成本，包括燃料费、港口费和船舶折旧，贷记“银行存款”，反映支付的费用，贷记“累计折旧”，反映计提的折旧费用。

（二）联运业务的账务处理

联运业务是指两种或两种以上运输方式的联合运输。在联运业务中，各运输企业按照约定的比例分配收入和承担成本。

【做中学 5—9】 华通物流企业与兴达物流企业开展联运业务，为凯盛公司运输一批货物，总运费 100 000 元。根据协议，华通物流企业承担公路运输部分，应得运费 40 000 元；兴达物流企业承担铁路运输部分，应得运费 60 000 元。凯盛公司将运费 100 000 元一次性支付给华通物流企业。账务处理如下：

（1）华通物流企业的账务处理：

借：银行存款　　100 000
　贷：主营业务收入——运输收入——联运业务（公路部分）　　40 000
　　　其他应付款——应付联运运费——兴达物流企业　　60 000

【解析】 华通物流企业收到凯盛公司支付的 100 000 元运费，银行存款增加，借记“银行存款”。“主营业务收入——运输收入——联运业务（公路部分）”是损益类（收入类）科目，华通物流企业承担公路运输部分应得 40 000 元收入，收入增加，贷记该科目。“其他应付款——应付联运运费——兴达物流企业”是负债类科目，华通物流企业收到的款项中有 60 000 元是要支付给兴达物流企业的，形成了对兴达物流企业的负债，负债增加，贷记该科目。

（2）当华通物流企业支付给兴达物流企业联运运费时：

借：其他应付款——应付联运运费——兴达物流企业　　60 000
　贷：银行存款　　60 000

【解析】 “其他应付款——应付联运运费——兴达物流企业”是负债类科目，借方登记负债的减少，华通物流企业支付了 60 000 元给兴达物流企业，负债减少，借记该科目。“银行存款”是资产类科目，贷方登记减少额，银行存款减少 60 000 元，贷记“银行存款”。

（3）兴达物流企业的账务处理：

当确认联运收入时：

借：其他应收款——应收联运运费——华通物流企业　　60 000
　贷：主营业务收入——运输收入——联运业务（铁路部分）　　60 000

【解析】 “其他应收款——应收联运运费——华通物流企业”是资产类科目，借方登记应收未收款项的增加。兴达物流企业承担铁路运输部分应得 60 000 元运费，但款项由华通物流企业代收。兴达物流企业有向华通物流企业收取这笔款项的权利，所以其他应收款增加，借记该科目。“主营业务收入——运输收入——联运业务（铁路部分）”是损益类（收入类）科目，兴达物流企业实现了

60 000 元的联运收入，收入增加，贷记该科目。

(4)当兴达物流企业收到华通物流企业支付的联运运费时：

借：银行存款　　60 000

　　贷：其他应收款——应收联运运费——华通物流企业　　60 000

【解析】“银行存款”是资产类科目，借方登记增加额，兴达物流企业收到 60 000 元运费，银行存款增加，借记“银行存款”。“其他应收款——应收联运运费——华通物流企业”是资产类科目，贷方登记应收款项的减少，兴达物流企业收到款项后，对华通物流企业的应收款减少，贷记该科目。

(三)运输业务成本的分配

在物流企业的运输业务中，可能存在多项运输任务共同消耗某些成本资源的情况，这就需要对成本进行合理分配，以准确核算每项运输业务的成本。常见的成本分配方法有按运输里程分配、按运输重量分配、按运输体积分配等。

【做中学 5－10】 通达物流企业本月发生车辆折旧费 15 000 元，该车辆同时承担了 A、B 两项运输任务。A 任务运输里程为 800 千米，B 任务运输里程为 1 200 千米，采用按运输里程分配车辆折旧费。账务处理如下：

首先，计算分配率：

分配率＝车辆折旧费总额÷(A 任务运输里程＋B 任务运输里程)

　　＝15 000÷(800＋1 200)＝7.5(元/千米)

其次，计算 A、B 任务各自应分配的折旧费：

A 任务应分配的折旧费＝A 任务运输里程×分配率＝800×7.5＝6 000(元)

B 任务应分配的折旧费＝B 任务运输里程×分配率＝1 200×7.5＝9 000(元)

最后，账务处理如下：

借：主营业务成本——运输成本——A 任务——车辆折旧　　6 000

　　　　　　　　——运输成本——B 任务——车辆折旧　　9 000

　　贷：累计折旧　　15 000

【解析】“主营业务成本——运输成本——A 任务——车辆折旧”和“主营业务成本——运输成本——B 任务——车辆折旧”都属于损益类(费用类)科目，借方登记成本的增加。通过按运输里程分配，A 任务应承担 6 000 元车辆折旧费，B 任务应承担 9 000 元车辆折旧费，使得这两项运输任务的成本增加，分别借记相应科目。贷方登记折旧的增加，本月车辆计提折旧 15 000 元，贷记“累计折旧”。

【学中做 5－1】　　运输业务成本核算分析

学中做5-1

速达物流是一家中型物流企业，主要从事货物运输业务。近期，公司承接了两笔重要的运输订单。订单一是将 100 吨电子产品从 A 市运往 B 市，运输距离为 500 千米；订单二是将 80 吨机械设备从 C 市运往 D 市，运输距离为 800 千米。在执行这两笔订单过程中，发生了以下费用：

(1)燃料费：订单一消耗燃料费用 30 000 元，订单二消耗燃料费用 40 000 元。

(2)过路费：订单一产生过路费 10 000 元，订单二产生过路费 15 000 元。

(3)车辆折旧费：公司共有 5 辆运输车辆，每辆车每月折旧费为 2 000 元，本月这 5 辆车参与了这两笔订单的运输，假设按照运输里程分配车辆折旧费。

(4)司机工资：每趟运输司机工资为 5 000 元，两笔订单分别派出 1 名司机。

问题：

(1)计算每笔订单的运输总成本。

(2)若按照运输重量分配车辆折旧费,重新计算每笔订单的运输总成本。

(四)运输业务中低值易耗品的账务处理

在运输业务里,低值易耗品如轮胎、苫布等也是成本核算的一部分。低值易耗品通常价值较低、使用期限较短且容易损耗,一般采用一次转销法或五五摊销法进行核算。

1. 一次转销法

一次转销法是指在领用低值易耗品时将其全部价值一次性计入当期成本费用。

【做中学 5-11】 顺达物流企业领用一批用于公路运输车辆的轮胎,成本为 3 000 元,采用一次转销法核算。账务处理如下:

借:主营业务成本——运输成本——公路运输——低值易耗品摊销　　3 000

　　贷:周转材料——低值易耗品——轮胎　　3 000

【解析】“主营业务成本——运输成本——公路运输——低值易耗品摊销”属于损益类(费用类)科目,借方登记成本费用的增加。领用轮胎意味着运输成本增加,所以借记该科目。“周转材料——低值易耗品——轮胎”是资产类科目,贷方登记低值易耗品的减少,领用轮胎使得库存轮胎减少,贷记该科目。通过这种账务处理,将轮胎的成本一次性计入当期运输成本。

2. 五五摊销法

五五摊销法是指在领用低值易耗品时摊销其价值的 50%,在报废时再摊销剩余的 50%。

【做中学 5-12】 昌运物流企业领用一批苫布用于水路运输货物遮盖,成本为 4 000 元,采用五五摊销法核算。账务处理如下:

(1)领用时

借:周转材料——低值易耗品——在用苫布　　4 000

　　贷:周转材料——低值易耗品——在库苫布　　4 000

【解析】“周转材料——低值易耗品——在用苫布”和“周转材料——低值易耗品——在库苫布”都属于资产类科目。领用苫布时,将其从在库状态转为在用状态,所以借记“周转材料——低值易耗品——在用苫布”,贷记“周转材料——低值易耗品——在库苫布”。

借:主营业务成本——运输成本——水路运输——低值易耗品摊销　　2 000

　　贷:周转材料——低值易耗品——苫布摊销　　2 000

【解析】“主营业务成本——运输成本——水路运输——低值易耗品摊销”是损益类(费用类)科目,借方登记成本增加。按照五五摊销法,领用时摊销 50%,即 4 000×50%=2 000 元,所以借记该科目。“周转材料——低值易耗品——苫布摊销”是“周转材料——低值易耗品——在用苫布”的备抵科目,贷方登记摊销额的增加,贷记该科目,表示已摊销了 2 000 元。

(2)报废时(假设无残值)

借:主营业务成本——运输成本——水路运输——低值易耗品摊销　　2 000

　　贷:周转材料——低值易耗品——苫布摊销　　2 000

【解析】报废时摊销剩余的 50%价值,即 2 000 元,所以借记“主营业务成本——运输成本——水路运输——低值易耗品摊销”,贷记“周转材料——低值易耗品——苫布摊销”。

借:周转材料——低值易耗品——苫布摊销　　4 000

　　贷:周转材料——低值易耗品——在用苫布　　4 000

【解析】“周转材料——低值易耗品——苫布摊销”累计摊销额达到 4 000 元,与“周转材料——低值易耗品——在用苫布”的成本相等。此时将二者对冲,贷记“周转材料——低值易耗品——在用苫布”，表示该批苫布已全部摊销完毕，账面价值为 0。

（五）运输业务中应收款项的核算及坏账准备的计提

在运输业务中，物流企业可能会因提供运输服务而产生应收款项。如果客户无法按时支付款项，则可能会形成坏账。为了合理反映企业的财务状况，企业需要对应收款项计提坏账准备。

【做中学 5－13】 捷运物流企业 2024 年末应收账款余额为 800 000 元，根据以往经验，按 5％的比例计提坏账准备。该企业年初坏账准备账户贷方余额为 2 000 元。账务处理如下：

(1)计算本期应计提的坏账准备金额

第一，计算年末应有的坏账准备余额＝应收账款余额×计提比例＝800 000×5％＝40 000(元)

第二，考虑年初坏账准备账户贷方余额 2 000 元，本期应计提的坏账准备金额＝年末应有的坏账准备余额－年初坏账准备贷方余额＝40 000－2 000＝38 000(元)。

(2)账务处理

借：信用减值损失　　38 000

　　贷：坏账准备　　38 000

【解析】“信用减值损失”属于损益类(费用类)科目，借方登记因应收账款可能发生减值而确认的损失金额。企业根据应收账款余额和计提比例计算出本期应增加的坏账准备金额为 38 000 元，这意味着企业预计会有相应的信用损失，所以借记“信用减值损失”。“坏账准备”是应收账款的备抵科目，贷方登记坏账准备的增加额。通过贷记“坏账准备”，增加了坏账准备的账面余额，以反映企业对应收账款可能无法收回部分的预估，从而更准确地反映应收账款的可收回金额和企业的财务状况。

(3)假设次年(2025 年)，有一笔应收账款 5 000 元确实无法收回，经批准作为坏账损失处理

借：坏账准备　　5 000

　　贷：应收账款　　5 000

【解析】当确定某笔应收账款无法收回时，企业需要冲减已计提的坏账准备和相应的应收账款。“坏账准备”是备抵科目，借方登记实际发生的坏账损失金额，所以借记“坏账准备”5 000 元。“应收账款”是资产类科目，贷方登记应收账款的减少，由于该笔款项无法收回，企业的应收账款减少，贷记“应收账款”5 000 元。

(4)又假设次年(2025 年)后期，已确认为坏账的 5 000 元应收账款又收回

借：应收账款　　5 000

　　贷：坏账准备　　5 000

【解析】已确认的坏账又收回时，首先要恢复应收账款和坏账准备。“应收账款”借方登记应收账款的增加，“坏账准备”贷方登记坏账准备的增加，通过借记“应收账款”和贷记“坏账准备”，恢复了之前冲减的应收账款和坏账准备金额。

借：银行存款　　5 000

　　贷：应收账款　　5 000

【解析】当实际收到款项时，“银行存款”是资产类科目，借方登记增加额，企业收到 5 000 元款项，银行存款增加，借记“银行存款”。“应收账款”贷方登记减少额，款项收回后，应收账款减少，贷记“应收账款”。

（六）运输业务中的税务处理

在运输业务中，物流企业需要涉及多种税费的核算，如增值税、城市维护建设税、教育费附加

等。以下以增值税为例进行说明，假设物流企业为增值税一般纳税人，运输服务适用税率为 9%。

1. 运输收入的增值税核算

【做中学 5－14】 飞驰物流企业为宏业公司提供公路运输服务，取得含税运输收入 54 500 元，款项已存入银行。账务处理如下：

首先，计算不含税收入和增值税销项税额：

不含税收入＝含税收入÷(1＋税率)＝54 500÷(1＋9%)＝50 000(元)

增值税销项税额＝不含税收入×税率＝50 000×9%＝4 500(元)

账务处理如下：

借：银行存款　　54 500

　贷：主营业务收入——运输收入——公路运输　　50 000

　　应交税费——应交增值税(销项税额)　　4 500

【解析】“银行存款”是资产类科目，借方登记增加额，企业收到宏业公司支付的含税运输收入 54 500 元，银行存款增加，借记“银行存款”。“主营业务收入——运输收入——公路运输”是损益类(收入类)科目，应按不含税收入确认，即 50 000 元，贷记该科目。“应交税费——应交增值税(销项税额)”是负债类科目，贷方登记企业销售货物或提供应税劳务应收取的增值税额，企业提供运输服务产生了 4 500 元的销项税额，贷记该科目。

2. 运输成本中可抵扣进项税额的核算

【做中学 5－15】 飞驰物流企业在运输业务中购买汽油，取得增值税专用发票，发票上注明价款 20 000 元，增值税税额 2 600 元，款项通过银行转账支付。账务处理如下：

借：主营业务成本——运输成本——公路运输——燃料费　　20 000

　　应交税费——应交增值税(进项税额)　　2 600

　贷：银行存款　　22 600

【解析】“主营业务成本——运输成本——公路运输——燃料费”属于损益类(费用类)科目，借方登记成本的增加，购买汽油的价款 20 000 元构成运输成本，借记该科目。“应交税费——应交增值税(进项税额)”是负债类科目，借方登记企业购进货物或接受应税劳务支付的、准予从销项税额中抵扣的增值税额，企业取得的增值税专用发票上注明的进项税额为 2 600 元，借记该科目。“银行存款”是资产类科目，贷方登记减少额，企业支付了 22 600 元，银行存款减少，贷记该科目。

3. 计算并缴纳增值税及附加税费

假设飞驰物流企业本月仅发生上述业务，且无其他进项税额和销项税额调整事项。本月应纳增值税额＝销项税额－进项税额＝4 500－2 600＝1 900(元)。

同时，需要根据应纳增值税额计算城市维护建设税(税率为 7%)和教育费附加(征收率为 3%)。

城市维护建设税＝应纳增值税额×税率＝1 900×7%＝133(元)

教育费附加＝应纳增值税额×征收率＝1 900×3%＝57(元)

(1)计算税费时的账务处理

借：税金及附加　　190

　贷：应交税费——应交城市维护建设税　　133

　　　　　　——应交教育费附加　　57

【解析】“税金及附加”属于损益类(费用类)科目，借方登记企业经营活动应负担的相关税费，城市维护建设税和教育费附加是企业因缴纳增值税而产生的附加税费，共计190元，借记该科目。“应交税费——应交城市维护建设税”和“应交税费——应交教育费附加”都是负债类科目，贷方登记企业应缴纳的相应税费金额，分别贷记133元和57元。

(2)缴纳税费时的账务处理

借：应交税费——应交增值税(已交税金)　　1 900
　　　　　　——应交城市维护建设税　　133
　　　　　　——应交教育费附加　　57
　贷：银行存款　　2 090

【解析】“应交税费——应交增值税(已交税金)”借方登记企业实际缴纳的增值税额，企业缴纳了1 900元增值税，借记该科目。“应交税费——应交城市维护建设税”和“应交税费——应交教育费附加”借方登记实际缴纳的相应税费金额，分别借记133元和57元。“银行存款”是资产类科目，贷方登记减少额，企业缴纳税费共计2 090元，银行存款减少，贷记该科目。

(七)运输业务中的保险费核算

在运输业务里，为了降低货物运输过程中的风险，物流企业通常会为货物或运输工具购买保险。保险费的核算也是运输业务会计核算的一部分。

1. 为货物购买运输保险

【做中学5—16】 诚信物流企业为其承接运输的一批价值500 000元的电子产品购买运输保险，支付保险费含税3 000元，保险服务增值税税率为6%，款项通过银行转账支付。账务处理如下：

不含税金额＝3 000÷(1＋6%)≈2 830.19(元)

增值税进项税额＝3 000－2 830.19＝169.81(元)

借：主营业务成本——运输成本——货物保险费　　2 830.19
　　应交税费——应交增值税(进项税额)　　169.81
　贷：银行存款　　3 000

【解析】“主营业务成本——运输成本——货物保险费”属于损益类(费用类)科目，借方登记不含税的保险成本，企业实际承担的运输货物保险成本是不含税的2 830.19元，所以借记该科目。“应交税费——应交增值税(进项税额)”属于负债类科目，借方登记企业支付保险费可抵扣的增值税进项税额169.81元。“银行存款”是资产类科目，贷方登记减少额，企业支付了3 000元含税保险费，银行存款减少，贷记该科目。

2. 为运输工具购买保险

【做中学5—17】 诚信物流企业为其一辆运输车辆购买全年保险，支付保险费含税12 000元，保险费适用6%的增值税税率，款项已通过银行转账支付。假设该保险费在全年12个月内平均分摊。

不含税金额＝12 000÷(1＋6%)≈11 320.75(元)

增值税进项税额＝12 000－11 320.75＝679.25(元)

(1)支付保险费时

借：预付账款——车辆保险费　　11 320.75
　　应交税费——应交增值税(进项税额)　　679.25
　贷：银行存款　　12 000

【解析】“预付账款——车辆保险费”是资产类科目，借方登记预付的不含税保险款项，企业提前支付全年车辆保险费，不含税部分 11 320.75 元先计入预付账款，借记该科目。“应交税费——应交增值税(进项税额)”借方登记可抵扣的增值税进项税额 679.25 元。“银行存款”是资产类科目，贷方登记减少额，支付 12 000 元含税保险费使银行存款减少，贷记该科目。

(2)每月分摊保险费时

每月分摊的不含税保险费＝11 320.75÷12≈943.40(元)

借：主营业务成本——运输成本——运输工具保险费　　943.40

　　贷：预付账款——车辆保险费　　943.40

【解析】“主营业务成本——运输成本——运输工具保险费”属于损益类(费用类)科目，借方登记每月分摊的不含税保险成本，企业每月享受到车辆保险服务，应将不含税的 943.40 元计入运输成本，借记该科目。“预付账款——车辆保险费”是资产类科目，贷方登记预付账款的减少，每月分摊保险费意味着预付账款相应减少，贷记该科目。

(八)运输业务中的罚款支出核算

在运输过程中，物流企业可能因违反交通规则、运输规定等而面临罚款支出。这些罚款支出应作为营业外支出进行核算。

【做中学 5－18】　快捷物流企业的一辆运输车辆因超载被交通管理部门罚款 2 000 元，以现金支付。账务处理如下：

借：营业外支出——罚款支出　　2 000

　　贷：库存现金　　2 000

【解析】“营业外支出——罚款支出”属于损益类(费用类)科目，借方登记企业发生的与日常经营活动无直接关系的各项损失，如罚款支出等，所以借记该科目。“库存现金”是资产类科目，贷方登记减少额，企业支付了 2 000 元现金罚款，库存现金减少，贷记该科目。

(九)运输业务中的促销活动成本核算

为了吸引更多客户、提高市场份额，物流企业可能会开展促销活动，由此产生的成本需要进行相应的核算。

【做中学 5－19】　捷诚物流企业开展“新客户首单八折”的促销活动，活动期间为新客户提供运输服务，原本应收运费 20 000 元，按八折优惠后实际收取 16 000 元，款项已存入银行。账务处理如下：

借：银行存款　　16 000

　　销售费用——促销折扣　　4 000

　　贷：主营业务收入——运输收入　　20 000

【解析】“银行存款”是资产类科目，借方登记增加额，企业实际收到新客户支付的 16 000 元运费，银行存款增加，借记该科目。“销售费用——促销折扣”属于损益类(费用类)科目，借方登记因促销活动而给予客户的折扣金额，本次促销活动的折扣为 20 000－16 000＝4 000 元，所以借记该科目。“主营业务收入——运输收入”是损益类(收入类)科目，应按未打折前的运费金额 20 000 元确认收入，贷记该科目。

(十)运输业务中的外币结算核算

如果物流企业涉及国际运输业务，可能会发生外币结算的情况。以下以美元结算为例，说明外币交易的核算过程。

【做中学 5－20】　远航国际物流企业为国外客户提供运输服务，合同约定运费为 5 000 美元，当日美元兑人民币的汇率为1美元=6.5元人民币。运输服务完成后，客户支付了货款，此时美元兑人民币的汇率变为1美元=6.6元人民币。账务处理如下：

(1)确认运输收入时

借：应收账款——国外客户(美元户)　　32 500(5 000×6.5)

　　贷：主营业务收入——运输收入(国际业务)　　32 500

【解析】"应收账款——国外客户(美元户)"是资产类科目，按照业务发生当日的汇率将外币金额折算为人民币入账，当日汇率下5 000美元折合人民币5 000×6.5=32 500元，借记该科目。"主营业务收入——运输收入(国际业务)"是损益类(收入类)科目，按折算后的人民币金额确认收入，贷记该科目。

(2)收到货款时

借：银行存款——美元户　　33 000(5 000×6.6)

　　贷：应收账款——国外客户(美元户)　　32 500

　　　　财务费用——汇兑损益　　500

【解析】"银行存款——美元户"是资产类科目，按照收款当日的汇率将收到的美元折算为人民币入账，收款当日5 000美元折合人民币5 000×6.6=33 000元，借记该科目。"应收账款——国外客户(美元户)"按原入账金额32 500元贷记该科目。由于汇率变动产生的差额33 000−32 500=500元，作为汇兑损益处理，"财务费用——汇兑损益"属于损益类(费用类)科目，当产生汇兑收益时贷记该科目。

(十一)营运间接费用和辅助营运费用的核算

1. 营运间接费用

营运间接费用是指企业在营运过程中发生的不能直接计入成本核算对象的各种间接费用。这些费用不包括企业管理费用，具体包括车站、车队为管理和组织运营而发生的各项费用以及辅助车间发生的不能直接计入成本核算对象的种种间接费用，如辅助车间管理人员的工资及福利费、差旅费、折旧费等。

【做中学5—21】 佳运物流企业的车站本月发生营运间接费用，其中，车站管理人员工资为10 000元，车站设备折旧费为5 000元，车站办公差旅费为3 000元。本月该车站有公路运输和铁路运输两项业务，按运输收入比例分配营运间接费用，公路运输收入为100 000元，铁路运输收入为150 000元。账务处理如下：

(1)归集营运间接费用的账务处理

借：营运间接费用　　18 000

　　贷：应付职工薪酬——工资　　10 000

　　　　累计折旧　　5 000

　　　　银行存款　　3 000

【解析】"营运间接费用"科目用于归集企业在营运过程中发生的不能直接计入成本核算对象的间接费用。借方登记发生的各项间接费用，这里车站管理人员工资、设备折旧费和办公差旅费都属于营运间接费用，所以借记该科目。"应付职工薪酬——工资"核算企业应付给职工的工资，计提车站管理人员工资时贷记该科目。"累计折旧"是资产类的备抵科目，计提车站设备折旧时贷记该科目。"银行存款"支付车站办公差旅费，资产减少，贷记该科目。

(2)分配营运间接费用

计算分配率，营运间接费用分配率=18 000÷(100 000+150 000)=0.072

公路运输应分配的营运间接费用＝100 000×0.072＝7 200(元)

铁路运输应分配的营运间接费用＝150 000×0.072＝10 800(元)

借:主营业务成本——公路运输成本　　7 200

　　　　　　——铁路运输成本　　10 800

　贷:营运间接费用　　18 000

【解析】根据运输收入比例将营运间接费用分配到不同的运输业务成本中。“主营业务成本——公路运输成本”和“主营业务成本——铁路运输成本”属于损益类(费用类)科目,借方登记分配计入的营运间接费用,以准确核算不同运输业务的成本。“营运间接费用”贷方登记分配转出的费用,将归集的间接费用分配到各成本核算对象后,该科目期末无余额。

2. 辅助营运费用的核算

辅助营运费用是指运输企业辅助生产部门生产产品和供应劳务所发生的辅助生产费用,包括工资、福利费、燃料、折旧费用、劳动保护费、事故损失等。这些费用在月终按一定的分配标准分配记入“运输支出”“装卸支出”“堆存支出”“代理业务支出”“其他业务支出”等科目。

【做中学 5－22】 兴达运输企业的辅助生产部门本月发生辅助营运费用,其中,辅助生产人员工资为 8 000 元,辅助生产设备折旧费为 3 000 元,辅助生产用燃料费为 2 000 元。该企业本月运输业务、装卸业务和堆存业务按直接人工工时比例分配辅助营运费用,运输业务直接人工工时为 100 小时,装卸业务直接人工工时为 80 小时,堆存业务直接人工工时为 70 小时。

(1)归集辅助营运费用的账务处理

借:辅助营运费用　　13 000

　贷:应付职工薪酬——工资　　8 000

　　累计折旧　　3 000

　　原材料——燃料　　2 000

【解析】“辅助营运费用”科目用于归集运输企业辅助生产部门生产产品和供应劳务所发生的辅助生产费用。借方登记发生的各项辅助生产费用,这里辅助生产人员工资、设备折旧费和燃料费都属于辅助营运费用,所以借记该科目。“应付职工薪酬——工资”核算企业应付给辅助生产人员的工资,计提时贷记该科目。“累计折旧”计提辅助生产设备折旧时贷记该科目。“原材料——燃料”核算领用燃料用于辅助生产,资产减少,贷记该科目。

(2)分配辅助营运费用

辅助营运费用分配率＝13 000÷(100＋80＋70)＝52

运输业务应分配的辅助营运费用＝100×52＝5 200(元)

装卸业务应分配的辅助营运费用＝80×52＝4 160(元)

堆存业务应分配的辅助营运费用＝70×52＝3 640(元)

借:主营业务成本——运输支出　　5 200

　　　　　　——装卸支出　　4 160

　　　　　　——堆存支出　　3 640

　贷:辅助营运费用　　13 000

【解析】按照直接人工工时比例将辅助营运费用分配到不同的业务成本中。“主营业务成本——运输支出”“主营业务成本——装卸支出”和“主营业务成本——堆存支出”属于损益类(费用类)科目,借方登记分配计入的辅助营运费用,以准确核算各项业务的成本。“辅助营运费用”贷方登记分配转出的费用,将归集的辅助营运费用分配到各成本核算对象后,该科目期末无余额。

3. 综合营运间接费用与辅助营运费用核算

【做中学5—23】 通运物流企业本月车站发生营运间接费用20 000元(包含管理人员工资、设备折旧等),辅助生产部门发生辅助营运费用15 000元(包含人员工资、燃料费等)。该企业有公路运输和仓储两项业务,公路运输业务收入为120 000元,仓储业务收入为80 000元,按收入比例分配营运间接费用;公路运输业务直接人工工时为150小时,仓储业务直接人工工时为50小时,按直接人工工时比例分配辅助营运费用。

(1)营运间接费用分配

营运间接费用分配率=20 000÷(120 000+80 000)=0.1

公路运输业务应分配的营运间接费用=120 000×0.1=12 000(元)

仓储业务应分配的营运间接费用=80 000×0.1=8 000(元)

借:主营业务成本——公路运输成本	12 000	
——仓储成本	8 000	
贷:营运间接费用		20 000

【解析】 此业务根据业务收入比例将营运间接费用分配到不同业务成本,核算各业务承担的间接管理等费用。

(2)辅助营运费用分配

辅助营运费用分配率=15 000÷(150+50)=75

公路运输业务应分配的辅助营运费用=150×75=11 250(元)

仓储业务应分配的辅助营运费用=50×75=3 750(元)

借:主营业务成本——公路运输成本	11 250	
——仓储成本	3 750	
贷:辅助营运费用		15 000

【解析】 按照直接人工工时比例将辅助营运费用分配到不同业务成本,使各业务成本能合理承担辅助生产部门的费用,反映业务真实成本情况。

第三节 其他业务的核算

在物流企业的经营活动中,除了核心的运输业务外,仓储、包装、配送、流通加工、货代等业务也占据着重要地位。这些业务不仅丰富了物流企业的服务类型,而且为企业带来了多元化的收入来源。同时,在各项业务的核算过程中,税费问题也是不可忽视的一部分。准确核算这些业务及其相关税费,有助于物流企业全面掌握财务状况,合理规划经营策略。

一、仓储业务的核算

仓储业务是物流活动中的重要环节,它为货物提供存储和保管服务,在物流供应链中起到调节供需、平衡货物流通的作用。

(一)仓储收入的核算

当物流企业为客户提供仓储服务并完成服务周期后,按照合同约定收取仓储费用,此时应确认仓储收入。仓储服务增值税税率为6%。

【做中学5—24】 佳通物流企业与恒信贸易公司签订仓储合同,为其存放一批电子产品,合同约定仓储期限为2个月,每月仓储费用为6 000元,共计12 000元(含税)。恒信贸易公司在货物入库时一次性支付全部仓储费用。账务处理如下：

不含税收入＝12 000÷(1＋6％)≈11 320.75(元)

增值税销项税额＝12 000－11 320.75＝679.25(元)

借：银行存款	12 000	
贷：主营业务收入——仓储收入		11 320.75
应交税费——应交增值税(销项税额)		679.25

【解析】“银行存款”属于资产类科目，借方登记增加额。企业收到恒信贸易公司支付的仓储费用，银行存款增加，所以借记“银行存款”。“主营业务收入——仓储收入”属于损益类(收入类)科目，贷方登记不含税收入的增加。企业提供仓储服务实现了收入，贷记该科目。“应交税费——应交增值税(销项税额)”属于负债类科目，贷方登记企业提供应税服务应缴纳的增值税额，贷记该科目体现企业的纳税义务。

(二)仓储成本的核算

仓储成本涵盖了多个方面，主要包括仓储场地租赁费用、仓储设备的折旧费用、仓储管理人员的薪酬等。仓储场地租赁费用取得增值税专用发票，税率为5％。

【做中学5－25】 承接【做中学5－24】，佳通物流企业在仓储服务期间支付仓储场地租赁费用3 150元(含税)，以银行存款支付；仓储设备本月应计提折旧1 500元；仓储管理人员工资2 500元，尚未支付。账务处理如下：

不含税场地租赁费用＝3 150÷(1＋5％)＝3 000(元)

增值税进项税额＝3 150－3 000＝150(元)

借：主营业务成本——仓储成本——场地租赁费用	3 000	
——设备折旧费用	1 500	
——人工费用	2 500	
应交税费——应交增值税(进项税额)	150	
贷：银行存款		3 150
累计折旧		1 500
应付职工薪酬		2 500

【解析】“主营业务成本——仓储成本”下的各明细科目属于损益类(费用类)科目，借方登记成本的增加。场地租赁费用、设备折旧费用和人工费用都是仓储业务运营过程中产生的成本，分别借记相应的明细科目。“应交税费——应交增值税(进项税额)”属于负债类科目，借方登记企业购进货物或接受应税劳务支付的、准予从销项税额中抵扣的增值税额。“银行存款”减少，贷记该科目，“累计折旧”增加，贷记该科目，“应付职工薪酬”增加，贷记该科目。

(三)仓储营运间接费用的核算

在仓储业务中，为了组织和管理多个仓储项目，发生了一笔办公费用，这属于营运间接费用，因为它不能直接计入某一个具体的仓储业务成本核算对象。

【做中学5－26】 佳通物流企业的仓储管理部门本月购买办公用品花费1 050元(含税)，取得增值税专用发票，税率为5％。该费用需要在本月的各个仓储项目中按一定标准分配。账务处理如下：

不含税办公费用＝1 050÷(1＋5％)＝1 000(元)

增值税进项税额＝1 050－1 000＝50(元)

(1)首先，归集营运间接费用：

借:营运间接费用　　1 000
　应交税费——应交增值税(进项税额)　　50
　贷:银行存款　　1 050

(2)假设经过计算,分配给【做中学5—24】和【做中学5—25】所涉及的仓储项目的营运间接费用为400元,分配账务处理如下:

借:主营业务成本——仓储成本——营运间接费用分摊　　400
　贷:营运间接费用　　400

【解析】 购买办公用品时,“营运间接费用”用于归集不能直接计入成本核算对象的间接费用,借方登记增加额,所以借记“营运间接费用”;“应交税费——应交增值税(进项税额)”借方登记可抵扣的增值税进项税额;“银行存款”减少,贷记该科目。分配营运间接费用时,“主营业务成本——仓储成本——营运间接费用分摊”属于损益类(费用类)科目,借方登记分配计入的营运间接费用;“营运间接费用”贷方登记分配转出的费用。

二、包装业务的核算

包装业务是物流过程中不可或缺的一部分,它不仅能够保护货物在运输和存储过程中不受损坏,而且能提升货物的外观形象,便于货物的搬运和销售。

(一)包装收入的核算

物流企业为客户提供包装服务后,按照约定的收费标准收取包装费用,此时确认包装收入。包装服务增值税税率为6%。

【做中学5—27】 华宇物流企业为盛达公司提供产品包装服务,收取包装费用3 500元(含税),盛达公司以现金支付。账务处理如下:

不含税收入=3 500÷(1+6%)≈3 301.89(元)

增值税销项税额=3 500−3 301.89=198.11(元)

借:库存现金　　3 500
　贷:主营业务收入——包装收入　　3 301.89
　　应交税费——应交增值税(销项税额)　　198.11

【解析】 “库存现金”属于资产类科目,借方登记增加额。企业收到盛达公司支付的现金,库存现金增加,借记“库存现金”。“主营业务收入——包装收入”属于损益类(收入类)科目,贷方登记不含税收入的增加。企业提供包装服务取得收入,贷记该科目。“应交税费——应交增值税(销项税额)”属于负债类科目,贷方登记企业提供应税服务应缴纳的增值税额,贷记该科目体现企业的纳税义务。

(二)包装成本的核算

包装成本主要包括包装材料的采购费用、包装设备的折旧以及包装工人的工资等。包装材料采购取得增值税专用发票,税率为13%。

【做中学5—28】 承接【做中学5—27】,华宇物流企业在包装过程中采购包装材料花费2 260元(含税),领用包装材料;包装设备本月计提折旧300元;包装工人工资为800元,款项尚未支付。账务处理如下:

不含税材料费用=2 260÷(1+13%)=2 000(元)

增值税进项税额=2 260−2 000=260(元)

借:主营业务成本——包装成本——材料费用　　2 000

——设备折旧费用 300

——人工费用 800

应交税费——应交增值税(进项税额) 260

贷:原材料——包装材料 2 000

累计折旧 300

应付职工薪酬 800

应付账款 260

【解析】"主营业务成本——包装成本"下的各明细科目属于损益类(费用类)科目,借方登记成本的增加。领用的包装材料、包装设备的折旧以及包装工人的工资构成了包装业务的成本,分别借记相应的明细科目。"应交税费——应交增值税(进项税额)"属于负债类科目,借方登记企业购进货物或接受应税劳务支付的、准予从销项税额中抵扣的增值税额。"原材料——包装材料"减少,贷记该科目,"累计折旧"增加,贷记该科目,"应付职工薪酬"增加,贷记该科目。"应付账款"增加,贷记该科目。

(三)包装营运间接费用的核算

在包装业务成本核算体系中,营运间接费用作为一项关键构成要素,虽无法直接追溯至特定的包装服务项目,但对整个包装业务的运营成本产生实质性影响,如包装车间的照明电费。

【做中学 5—29】 华宇物流企业包装车间本月发生照明电费 565 元(含税),取得增值税专用发票,税率为 13%,以银行存款支付。已知本月华宇物流承接了包括盛达公司在内的多项包装业务,依据各包装业务所耗费的工时来分摊这笔照明电费。本月总工时为 100 小时,其中为盛达公司提供包装服务耗费 20 小时。

不含税电费=565÷(1+13%)=500(元)

增值税进项税额=565-500=65(元)

(1)首先归集营运间接费用:

借:营运间接费用 500

应交税费——应交增值税(进项税额) 65

贷:银行存款 565

(2)计算分配率:

分配率=500÷100=5(元/小时)

分配给盛达公司包装业务的营运间接费用=20×5=100(元)

分配账务处理如下:

借:主营业务成本——包装成本——营运间接费用分摊 100

贷:营运间接费用 100

【解析】支付照明电费时,"营运间接费用"用于归集不能直接计入成本核算对象的间接费用,借方登记不含税的费用增加额,所以借记"营运间接费用";"应交税费——应交增值税(进项税额)"借方登记可抵扣的增值税进项税额;"银行存款"减少,贷记该科目。分配营运间接费用时,先根据总工时和各业务耗费工时计算分配率,再确定分配给盛达公司包装业务的费用。"主营业务成本——包装成本——营运间接费用分摊"属于损益类(费用类)科目,借方登记分配计入的营运间接费用;"营运间接费用"贷方登记分配转出的费用。

三、配送业务的核算

配送业务是物流企业将货物从物流节点准确、及时地送达客户手中的重要业务环节，它直接影响着客户的满意度和物流服务的质量。

（一）配送收入的核算

当物流企业完成配送任务并与客户结算配送费用时，确认配送收入。配送服务增值税税率为9%。

【做中学 5—30】 顺通物流企业为鑫源超市提供货物配送服务，收取配送费用 4 000 元（含税），鑫源超市通过银行转账支付。账务处理如下：

不含税收入＝4 000÷(1＋9%)≈3 669.72(元)

增值税销项税额＝4 000－3 669.72＝330.28(元)

借：银行存款	4 000	
贷：主营业务收入——配送收入		3 669.72
应交税费——应交增值税(销项税额)		330.28

【解析】“银行存款”属于资产类科目，借方登记增加额。企业收到鑫源超市的转账，银行存款增加，借记“银行存款”。“主营业务收入——配送收入”属于损益类(收入类)科目，贷方登记不含税收入的增加。企业提供配送服务实现收入，贷记该科目。“应交税费——应交增值税(销项税额)”属于负债类科目，贷方登记企业提供应税服务应缴纳的增值税额，贷记该科目体现企业的纳税义务。

（二）配送成本的核算

配送成本主要由车辆的燃油费用、车辆的折旧费用、配送人员的工资等构成。假设燃油采购取得增值税专用发票，税率为13%。

【做中学 5—31】 承接【做中学 5—30】，顺通物流企业在配送过程中采购燃油花费 1 356 元(含税)，以银行存款支付；车辆本月计提折旧 600 元；配送人员工资为 1 500 元，尚未支付。账务处理如下：

不含税燃油费用＝1 356÷(1＋13%)＝1 200(元)

增值税进项税额＝1 356－1 200＝156(元)

借：主营业务成本——配送成本——燃油费用	1 200	
——车辆折旧费用	600	
——人工费用	1 500	
应交税费——应交增值税(进项税额)	156	
贷：银行存款		1 356
累计折旧		600
应付职工薪酬		1 500

【解析】“主营业务成本——配送成本”下的各明细科目属于损益类(费用类)科目，借方登记成本的增加。燃油费用、车辆折旧费用和人工费用是配送业务的主要成本，分别借记相应的明细科目。“应交税费——应交增值税(进项税额)”属于负债类科目，借方登记企业购进货物或接受应税劳务支付的、准予从销项税额中抵扣的增值税额。“银行存款”减少，贷记该科目，“累计折旧”增加，贷记该科目，“应付职工薪酬”增加，贷记该科目。

(三)配送营运间接费用的核算

在配送业务中,除了车辆燃油、折旧以及人员工资等直接成本,还有一些间接成本需要考虑。这些间接成本虽然难以直接对应到单次配送服务,但对于整个配送业务的运营至关重要。如配送中心的场地租金,就是一项典型的营运间接费用。

【做中学5—32】 顺通物流企业的配送中心本月场地租金为3 000元(含税),取得增值税专用发票,税率为5%。该配送中心同时服务于多个配送客户,包括鑫源超市。根据配送车次来分摊场地租金,本月共执行配送车次50次,其中为鑫源超市配送10次。

不含税场地租金=3 000÷(1+5%)≈2 857.14(元)

增值税进项税额=3 000-2 857.14=142.86(元)

(1)首先,归集营运间接费用:

借:营运间接费用　　2 857.14
　　应交税费——应交增值税(进项税额)　　142.86
　　贷:银行存款　　3 000

(2)计算分配率

分配率=2 857.14÷50=57.14(元/次)

分配给为鑫源超市配送业务的营运间接费用=10×57.14=571.4(元)

分配账务处理如下:

借:主营业务成本——配送成本——营运间接费用分摊　　571.4
　　贷:营运间接费用　　571.4

【解析】 支付场地租金时,"营运间接费用"用于归集不能直接计入某一配送业务的间接费用,借方登记不含税的费用增加额,所以借记"营运间接费用";"应交税费——应交增值税(进项税额)"借方登记可抵扣的增值税进项税额;"银行存款"减少,贷记该科目。分配营运间接费用时,先根据总配送车次和为鑫源超市的配送车次计算分配率,再确定分配给鑫源超市配送业务的费用。"主营业务成本——配送成本——营运间接费用分摊"属于损益类(费用类)科目,借方登记分配计入的营运间接费用;"营运间接费用"贷方登记分配转出的费用。

四、流通加工业务的核算

流通加工业务是物流企业在货物流通过程中进行的简单加工活动,通过对货物进行包装加固、分割、计量、组装等操作,提高货物的附加值和物流效率。

(一)流通加工收入的核算

物流企业为客户完成流通加工服务后,按照合同约定收取加工费用,确认流通加工收入。流通加工服务增值税税率为13%。

【做中学5—33】 兴达物流企业为宏泰建材公司提供木材切割的流通加工服务,收取加工费用5 000元(含税),宏泰建材公司以商业汇票支付。账务处理如下:

不含税收入=5 000÷(1+13%)≈4 424.78(元)

增值税销项税额=5 000-4 424.78=575.22(元)

借:应收票据　　5 000
　　贷:主营业务收入——流通加工收入　　4 424.78
　　　　应交税费——应交增值税(销项税额)　　575.22

【解析】"应收票据"属于资产类科目,借方登记企业收到的商业汇票金额。企业因提供流通加工服务获得商业汇票，拥有了一项债权，资产增加，借记“应收票据”。“主营业务收入——流通加工收入”属于损益类(收入类)科目，贷方登记不含税收入的增加。企业完成流通加工服务取得收入，贷记该科目。“应交税费——应交增值税(销项税额)”属于负债类科目，贷方登记企业提供应税服务应缴纳的增值税额，贷记该科目体现企业的纳税义务。

(二)流通加工成本的核算

流通加工成本主要包括加工过程中使用的材料费用、加工设备的折旧费用以及加工工人的工资等。

假设加工材料采购取得增值税专用发票，税率为13%。

【做中学5—34】 承接【做中学5—33】，兴达物流企业在木材切割加工过程中采购切割刀具等材料花费1 130元(含税)，领用切割刀具等材料；加工设备本月计提折旧800元；加工工人工资为2 000元，款项尚未支付。账务处理如下：

不含税材料费用＝1 130÷(1＋13%)＝1 000(元)

增值税进项税额＝1 130－1 000＝130(元)

借：主营业务成本——流通加工成本——材料费用	1 000	
——设备折旧费用	800	
——人工费用	2 000	
应交税费——应交增值税(进项税额)	130	
贷：原材料——加工材料		1 000
累计折旧		800
应付职工薪酬		2 000
应付账款		130

【解析】“主营业务成本——流通加工成本”下的各明细科目属于损益类(费用类)科目，借方登记成本的增加。领用的加工材料、加工设备的折旧以及加工工人的工资构成了流通加工业务的成本，分别借记相应的明细科目。“应交税费——应交增值税(进项税额)”属于负债类科目，借方登记企业购进货物或接受应税劳务支付的、准予从销项税额中抵扣的增值税额。“原材料——加工材料”减少，贷记该科目，“累计折旧”增加，贷记该科目，“应付职工薪酬”增加，贷记该科目，“应付账款”增加，贷记该科目。

(三)流通加工营运间接费用的核算

在流通加工业务中，除了直接与加工过程紧密相关的材料、设备折旧和人工成本外，还有一些间接成本对业务总成本产生影响。这些间接成本虽不能直观地对应到某一项具体的加工服务，却是维持整个流通加工业务正常运转的必要开支。例如，加工车间的设备维护保养费，就是典型的营运间接费用。

【做中学5—35】 兴达物流企业的加工车间本月发生设备维护保养费2 260元(含税)，取得增值税专用发票，税率为13%。该车间同时为多个客户提供流通加工服务，其中包括宏泰建材公司。按照各客户加工业务所消耗的机器工时来分摊这笔维护保养费。本月车间机器总工时为200小时，为宏泰建材公司木材切割加工消耗的机器工时为30小时。

不含税维护保养费＝2 260÷(1＋13%)＝2 000(元)

增值税进项税额＝2 260－2 000＝260(元)

(1)首先，归集营运间接费用：

借：营运间接费用	2 000	

应交税费——应交增值税(进项税额)　　260
　　贷:银行存款　　2 260

(2)计算分配率:

分配率=2 000÷200=10(元/小时)

分配给为宏泰建材公司木材切割加工业务的营运间接费用=30×10=300(元)

分配账务处理如下:

借:主营业务成本——流通加工成本——营运间接费用分摊　　300
　　贷:营运间接费用　　300

【解析】支付设备维护保养费时,"营运间接费用"用于归集不能直接计入某一流通加工业务的间接费用,借方登记不含税的费用增加额,所以借记"营运间接费用";"应交税费——应交增值税(进项税额)"借方登记可抵扣的增值税进项税额;"银行存款"减少,贷记该科目。分配营运间接费用时,先根据总机器工时和为宏泰建材公司加工消耗的机器工时计算分配率,再确定分配给宏泰建材公司木材切割加工业务的费用。"主营业务成本——流通加工成本——营运间接费用分摊"属于损益类(费用类)科目,借方登记分配计入的营运间接费用;"营运间接费用"贷方登记分配转出的费用。

五、货代业务的核算

货代业务即货运代理业务,物流企业作为货运代理人,接受客户委托,为其办理货物运输、报关、报检等相关业务,并收取代理费。

(一)货代业务收入的核算

当物流企业完成货代业务服务并与客户结算代理费后,确认货代业务收入。货代服务增值税税率为6%。

【做中学5—36】　恒通物流企业接受远航贸易公司委托,为其办理一批出口货物的报关、报检及运输安排等货代业务,收取代理费6 500元(含税),远航贸易公司通过银行转账支付。账务处理如下:

不含税收入=6 500÷(1+6%)≈6 132.08(元)

增值税销项税额=6 500-6 132.08=367.92(元)

借:银行存款　　6 500
　　贷:主营业务收入——货代业务收入　　6 132.08
　　　　应交税费——应交增值税(销项税额)　　367.92

【解析】"银行存款"属于资产类科目,借方登记增加额。企业收到远航贸易公司支付的代理费,银行存款增加,借记"银行存款"。"主营业务收入——货代业务收入"属于损益类(收入类)科目,贷方登记不含税收入的增加。企业完成货代业务取得收入,贷记该科目。"应交税费——应交增值税(销项税额)"属于负债类科目,贷方登记企业提供应税服务应缴纳的增值税额,贷记该科目体现企业的纳税义务。

(二)货代业务成本的核算

货代业务成本主要包括支付给其他协作单位的费用(如报关行费用、运输单位运费等)、货代人员工资等。支付报关行费用取得增值税专用发票,税率为6%。

【做中学5—37】　承接【做中学5—36】,恒通物流企业在办理货代业务过程中支付报关行报关费用2 120元(含税),以银行存款支付;货代人员工资2 000元,款项尚未支付。账务处理如下:

不含税报关费用＝2 120÷(1＋6%)＝2 000(元)

增值税进项税额＝2 120－2 000＝120(元)

借:主营业务成本——货代业务成本——协作单位费用　　2 000
　　　　　　　　　　　　　　　——人工费用　　2 000
　应交税费——应交增值税(进项税额)　　120
　贷:银行存款　　2 120
　　应付职工薪酬　　2 000

【解析】“主营业务成本——货代业务成本”下的各明细科目属于损益类(费用类)科目,借方登记成本的增加。支付给报关行的费用和货代人员工资构成货代业务成本,分别借记相应的明细科目。“应交税费——应交增值税(进项税额)”属于负债类科目,借方登记企业购进货物或接受应税劳务支付的、准予从销项税额中抵扣的增值税额。“银行存款”减少,贷记该科目,“应付职工薪酬”增加,贷记该科目。

(三)货代营运间接费用的核算

在货代业务中,除了直接的协作单位费用和人员工资等主要成本外,还有一些间接费用对业务成本产生影响。这些间接费用虽然不能直接对应到某一单货代业务,但是维持货代业务正常开展的必要支出。例如,货代企业的办公场地租赁费用,就属于这类营运间接费用。

【做中学5－38】 恒通物流企业本月支付办公场地租赁费用3 180元(含税),取得增值税专用发票,税率为6%。该企业同时为多个客户提供货代服务,其中包括远航贸易公司。按照各客户业务收入占总业务收入的比例来分摊这笔场地租赁费用。本月恒通物流企业总业务收入为30 000元(不含税),为远航贸易公司提供货代业务的收入为6 132.08元(不含税,即【做中学5—36】中的货代业务收入)。

不含税场地租赁费用＝3 180÷(1＋6%)＝3 000(元)

增值税进项税额＝3 180－3 000＝180(元)

(1)首先,归集营运间接费用:

借:营运间接费用　　3 000
　应交税费——应交增值税(进项税额)　　180
　贷:银行存款　　3 180

(2)计算分配率:

分配率＝3 000÷30 000＝0.1

分配给为远航贸易公司货代业务的营运间接费用＝6 132.08×0.1≈613.21(元)

分配账务处理如下:

借:主营业务成本——货代业务成本——营运间接费用分摊　　613.21
　贷:营运间接费用　　613.21

【解析】支付办公场地租赁费用时,“营运间接费用”用于归集不能直接计入某一单货代业务的间接费用,借方登记不含税的费用增加额,所以借记“营运间接费用”;“应交税费——应交增值税(进项税额)”借方登记可抵扣的增值税进项税额;“银行存款”减少,贷记该科目。分配营运间接费用时,先根据总业务收入和为远航贸易公司的业务收入计算分配率,再确定分配给远航贸易公司货代业务的费用。“主营业务成本——货代业务成本——营运间接费用分摊”属于损益类(费用类)科目,借方登记分配计入的营运间接费用;“营运间接费用”贷方登记分配转出的费用。

六、物流园区租赁业务的核算

物流园区租赁业务是物流企业将园区内的仓库、场地、房屋等资产出租给其他企业使用以获取租金收入的业务模式。这不仅能有效利用闲置资源，而且能为企业带来稳定的现金流。

（一）租赁收入的核算

当物流企业与承租方签订租赁合同并按合同规定收取租金时，需确认租赁收入。假设物流园区仓库租赁服务增值税税率为9%。

【做中学5－39】 鑫辉物流园区将一处仓库出租给源丰贸易公司，租赁合同约定每月租金为8 000元(含税)，源丰贸易公司每季度初支付本季度租金24 000元。在收到第一季度租金时，账务处理如下：

不含税收入＝24 000÷(1＋9%)≈22 018.35(元)

增值税销项税额＝24 000－22 018.35＝1 981.65(元)

借：银行存款	24 000	
贷：预收账款——源丰贸易公司		22 018.35
应交税费——应交增值税(销项税额)		1 981.65

每月末确认当月租赁收入时：

借：预收账款——源丰贸易公司	7 339.45	
贷：其他业务收入——物流园区租赁收入		7 339.45

【解析】 收到季度租金时，“银行存款”属于资产类科目，借方登记增加额，企业收到租金使银行存款增加，借记“银行存款”；“预收账款”属于负债类科目，贷方登记预收的不含税款项，企业虽收到款项，但尚未完全履行租赁义务，形成负债，贷记“预收账款”；“应交税费——应交增值税(销项税额)”贷方登记企业提供租赁服务应缴纳的增值税额。每月末确认收入时，“预收账款”减少，借记该科目；“其他业务收入——物流园区租赁收入”属于损益类(收入类)科目，贷方登记每月实现的不含税租赁收入。

（二）租赁成本的核算

租赁成本主要包括租赁资产的折旧、维修保养费用、相关税费等。假设维修保养费用取得增值税专用发票，税率为13%。

【做中学5－40】 承接【做中学5－39】，该仓库每月应计提折旧2 500元，本月发生维修保养费用1 130元(含税)，以银行存款支付。账务处理如下：

不含税维修保养费用＝1 130÷(1＋13%)＝1 000(元)

增值税进项税额＝1 130－1 000＝130(元)

借：其他业务成本——物流园区租赁成本——折旧费用	2 500	
——维修保养费用	1 000	
应交税费——应交增值税(进项税额)	130	
贷：累计折旧		2 500
银行存款		1 130

【解析】 “其他业务成本——物流园区租赁成本”相关明细科目属于损益类(费用类)科目，借方登记成本增加。仓库折旧和维修保养费用是租赁业务的成本，分别借记相应的明细科目；“应交税费——应交增值税(进项税额)”借方登记可抵扣的增值税进项税额；“累计折旧”增加，贷记该科目，“银行存款”减少，贷记该科目。

(三)租赁营运间接费用的核算

在物流园区租赁业务中,除了上述直接与租赁资产相关的成本,还存在一些营运间接费用,这些费用虽不能直接归属于某一特定租户的租赁业务,却对整个园区租赁运营起到支撑作用。例如,物流园区的公共区域照明费用,就是一项典型的营运间接费用。

【做中学5-41】 鑫辉物流园区本月公共区域照明费用为1 060元(含税),取得增值税专用发票,税率为6%。该园区出租仓库给包括源丰贸易公司在内的多家企业,按照各租户租赁面积占园区总租赁面积的比例来分摊照明费用。源丰贸易公司租赁的仓库面积占园区总租赁面积的10%。

不含税照明费用=1 060÷(1+6%)=1 000(元)

增值税进项税额=1 060-1 000=60(元)

(1)首先,归集营运间接费用:

借:营运间接费用	1 000	
应交税费——应交增值税(进项税额)	60	
贷:银行存款		1 060

(2)计算分配给源丰贸易公司仓库租赁业务的营运间接费用:

营运间接费用=1 000×10%=100(元)

分配账务处理如下:

借:其他业务成本——物流园区租赁成本——营运间接费用分摊	100	
贷:营运间接费用		100

【解析】 支付公共区域照明费用时,"营运间接费用"用于归集不能直接计入某一租户租赁业务的间接费用,借方登记不含税的费用增加额,所以借记"营运间接费用";"应交税费——应交增值税(进项税额)"借方登记可抵扣的增值税进项税额;"银行存款"减少,贷记该科目。分配营运间接费用时,根据各租户租赁面积占比计算应分配给源丰贸易公司仓库租赁业务的费用。"其他业务成本——物流园区租赁成本——营运间接费用分摊"属于损益类(费用类)科目,借方登记分配计入的营运间接费用;"营运间接费用"贷方登记分配转出的费用。

七、物流咨询业务的核算

物流咨询业务是物流企业利用自身专业知识和经验为客户提供物流方案设计、物流流程优化、物流成本控制等咨询服务的业务领域,有助于提升客户的物流运营效率和竞争力。

(一)咨询收入的核算

当物流企业完成咨询项目并与客户结算咨询费用时,确认咨询收入。物流咨询服务增值税税率为6%。

【做中学5-42】 睿通物流企业为嘉盛制造公司提供物流流程优化咨询服务,合同约定咨询费用为15 000元(含税)。项目完成后,嘉盛制造公司以转账支票支付咨询费用。账务处理如下:

不含税收入=15 000÷(1+6%)≈14 150.94(元)

增值税销项税额=15 000-14 150.94=849.06(元)

借:银行存款	15 000	
贷:其他业务收入——物流咨询收入		14 150.94
应交税费——应交增值税(销项税额)		849.06

【解析】 "银行存款"属于资产类科目,借方登记增加额,企业收到转账支票存入银行,银行存款增加,借记"银行存款";"其他业务收入——物流咨询收入"属于损益类(收入类)科目,贷方登记不

含税咨询收入的增加；“应交税费——应交增值税（销项税额）”贷方登记企业提供咨询服务应缴纳的增值税额。

（二）咨询成本的核算

咨询成本主要包括咨询人员工资、调研费用、资料费用等。调研费用取得增值税专用发票税率为6%。

【做中学5－43】 承接【做中学5－42】，睿通物流企业在咨询项目实施过程中，咨询人员工资共计6 000元，尚未支付；发生调研费用1 060元（含税），以现金支付。账务处理如下：

不含税调研费用＝1 060÷（1＋6%）＝1 000（元）

增值税进项税额＝1 060－1 000＝60（元）

借：其他业务成本——物流咨询成本——人工费用　　6 000

　　　　　　　　　　　　　　　　——调研费用　　1 000

　　应交税费——应交增值税（进项税额）　　60

　贷：应付职工薪酬　　6 000

　　　库存现金　　1 060

【解析】“其他业务成本——物流咨询成本”相关明细科目属于损益类（费用类）科目，借方登记成本增加。咨询人员工资和调研费用构成咨询业务成本，分别借记相应的明细科目；“应交税费——应交增值税（进项税额）”借方登记可抵扣的增值税进项税额；“应付职工薪酬”增加，贷记该科目，“库存现金”减少，贷记该科目。

（三）咨询营运间接费用的核算

在物流咨询业务中，除了上述直接与咨询项目相关的成本，还存在一些营运间接费用。这些费用虽然不能直接对应到特定的咨询项目，但对整个咨询业务的开展起着重要的支持作用。例如，咨询部门的办公设备折旧费，就属于此类营运间接费用。

【做中学5－44】 睿通物流企业咨询部门本月办公设备折旧费为2 000元。该部门同时负责多个咨询项目，包括为嘉盛制造公司提供的咨询服务。按照各咨询项目预计工时占总工时的比例来分摊办公设备折旧费。本月咨询部门总预计工时为100小时，嘉盛制造公司咨询项目预计工时为20小时。

分配率＝2 000÷100＝20（元/小时）

分配给嘉盛制造公司咨询项目的营运间接费用＝20×20＝400（元）

账务处理如下：

首先，归集营运间接费用（此处因是折旧，无现金或往来变动，一般平时已在资产折旧计提时完成相关分录，此处为展示完整流程，假设先归集）：

借：营运间接费用　　2 000

　贷：累计折旧　　2 000

分配营运间接费用：

借：其他业务成本——物流咨询成本——营运间接费用分摊　　400

　贷：营运间接费用　　400

【解析】在计提办公设备折旧时，通过“营运间接费用”归集不能直接计入某一咨询项目的间接费用，借方登记费用增加额；“累计折旧”作为资产备抵科目，贷方登记折旧增加。分配营运间接费用时，先根据总预计工时和嘉盛制造公司咨询项目预计工时计算分配率，再确定分配给该项目的费用。“其他业务成本——物流咨询成本——营运间接费用分摊”属于损益类（费用类）科目，借方登记分配计入的营运间接费用;"营运间接费用"贷方登记分配转出的费用,通过这样的核算流程,能更准确地反映各咨询项目的实际成本。

八、物流设备租赁业务核算

物流企业拥有一些专业的物流设备,如叉车、起重机等。物流企业如果将这些设备出租给其他企业使用,可以充分发挥设备的效能,增加企业的收入来源。

(一)设备租赁收入的核算

企业与承租方签订设备租赁合同,按合同规定收取租金时,确认设备租赁收入。物流设备租赁服务增值税税率为13%。

【做中学5—45】 宏运物流企业将一台叉车出租给恒泰物流公司,租赁合同约定每月租金为4 520元(含税),恒泰物流公司每月末支付租金。月末收到租金时,账务处理如下:

不含税收入=4 520÷(1+13%)=4 000(元)

增值税销项税额=4 520−4 000=520(元)

借:银行存款	4 520	
贷:其他业务收入——物流设备租赁收入		4 000
应交税费——应交增值税(销项税额)		520

【解析】"银行存款"属于资产类科目,借方登记增加额,企业收到租金使银行存款增加,借记"银行存款";"其他业务收入——物流设备租赁收入"属于损益类(收入类)科目,贷方登记不含税租赁收入的增加;"应交税费——应交增值税(销项税额)"贷方登记企业提供设备租赁服务应缴纳的增值税额。

(二)设备租赁成本的核算

设备租赁成本主要包括设备折旧、维修保养费用、保险费用等。假设维修保养费用取得增值税专用发票,税率为13%。

【做中学5—46】 承接【做中学5—45】,该叉车每月应计提折旧1 200元,本月发生维修保养费用565元(含税),以银行存款支付。账务处理如下:

不含税维修保养费用=565÷(1+13%)=500(元)

增值税进项税额=565−500=65(元)

借:其他业务成本——物流设备租赁成本——折旧费用	1 200	
——维修保养费用	500	
应交税费——应交增值税(进项税额)	65	
贷:累计折旧		1 200
银行存款		565

【解析】"其他业务成本——物流设备租赁成本"相关明细科目属于损益类(费用类)科目,借方登记成本增加。叉车折旧和维修保养费用是设备租赁业务的成本,分别借记相应的明细科目;"应交税费——应交增值税(进项税额)"借方登记可抵扣的增值税进项税额;"累计折旧"增加,贷记该科目,"银行存款"减少,贷记该科目。

(三)设备租赁营运间接费用的核算

在物流设备租赁业务中,除了设备折旧、维修保养费用等直接成本,还存在一些间接费用,它们虽不直接与某一次设备租赁业务挂钩,但对整个设备租赁运营有着重要影响。例如,物流设备存放场地的租赁费用,就是一项典型的营运间接费用。以下以宏运物流企业将叉车出租给恒泰物流公司为例,介绍营运间接费用的核算。

【做中学5—47】 宏运物流企业本月支付物流设备存放场地租赁费用3 390元(含税),取得增值税专用发票,税率为13%。该场地用于存放包括出租给恒泰物流公司叉车在内的多台设备。按照各设备使用场地面积占总场地面积的比例来分摊场地租赁费用,叉车使用场地面积占总场地面积的15%。账务处理如下:

不含税场地租赁费用=3 390÷(1+13%)=3 000(元)

增值税进项税额=3 390—3 000= 390(元)

(1)首先,归集营运间接费用:

借:营运间接费用　　3 000

　应交税费——应交增值税(进项税额)　　390

　　贷:银行存款　　3 390

(2)计算分配给叉车租赁业务的营运间接费用:

营运间接费用=3 000×15%=450(元)

分配账务处理如下:

借:其他业务成本——物流设备租赁成本——营运间接费用分摊　　450

　　贷:营运间接费用　　450

【解析】 支付场地租赁费用时,"营运间接费用"用于归集不能直接计入某一设备租赁业务的间接费用,借方登记不含税的费用增加额,所以借记"营运间接费用";"应交税费——应交增值税(进项税额)"借方登记可抵扣的增值税进项税额;"银行存款"减少,贷记该科目。分配营运间接费用时,根据各设备使用场地面积占比计算应分配给叉车租赁业务的费用。"其他业务成本——物流设备租赁成本——营运间接费用分摊"属于损益类(费用类)科目,借方登记分配计入的营运间接费用;"营运间接费用"贷方登记分配转出的费用,以此准确核算设备租赁业务的成本。

应知考核

一、单项选择题

1. 物流企业会计的核算对象是(　　)。

A. 企业的所有经济活动

B. 物流企业在经营活动中所发生的资金运动

C. 企业的财务收支

D. 企业的成本费用

2. 以下属于物流企业固定资产的是(　　)。

A. 货币资金　　B. 应收账款　　C. 运输车辆　　D. 包装材料

3. 企业为客户提供物流服务时所取得的劳务收入应计入(　　)账户。

A."其他业务收入"　　B."主营业务收入"　　C."营业外收入"　　D."投资收益"

4. 物流企业因提供运输服务而产生的应收款项,如果客户无法按时支付,则可能形成(　　)。

A. 坏账　　B. 应付账款　　C. 其他应收款　　D. 预付款项

5. 物流企业开展联运业务,各运输企业按照(　　)分配收入和承担成本。

A. 固定比例　　B. 运输里程　　C. 约定的比例　　D. 运输重量

二、多项选择题

1. 物流企业的特点包括(　　)。

A. 物流业务的复杂性　　B. 物流服务的时效性

C. 物流资产的特殊性　　D. 收入来源的单一性

2. 物流企业会计的职能有(　　)。

A. 核算职能　　B. 监督职能　　C. 预测职能　　D. 决策职能

3. 以下属于物流企业负债的有(　　)。

A. 短期借款　　B. 应付账款　　C. 应收账款　　D. 长期借款

4. 物流企业会计核算中,涉及的税费有(　　)。

A. 增值税　　B. 城市维护建设税　　C. 教育费附加　　D. 消费税

5. 物流企业涉及外币结算时,可能用到的科目有(　　)。

A."应收账款——外币户"　　B."银行存款——外币户"

C."财务费用——汇兑损益"　　D."主营业务收入——国际业务"

三、判断题

1. 物流企业会计只需遵循一般企业会计的基本准则,无须考虑物流企业的业务特点。(　　)

2. 物流企业的营运间接费用是指能直接计入成本核算对象的各种间接费用。(　　)

3. 物流企业开展促销活动,给予客户的折扣应计入销售费用。(　　)

4. 物流企业的流通加工业务服务增值税税率为 6%。(　　)

5. 物流企业的包装业务成本主要包括包装材料的采购费用、包装设备的折旧以及包装工人的工资等。(　　)

应会考核

■ 观念应用

【背景资料】

ABC 物流的运营困境与会计破局之法

ABC 物流企业是一家在本地颇具规模的综合型物流企业,业务涵盖运输、仓储、配送等多个领域。近年来,随着市场竞争的日益激烈以及客户需求的多样化,ABC 物流企业面临着诸多挑战。

在成本控制方面,运输成本占据企业总成本的较大比重。油价的频繁波动以及不同运输路线的路况差异,使得运输成本难以精准把控。同时,仓储环节也存在问题,仓库利用率不稳定,时而出现闲置空间过多,时而又因货物激增导致仓储空间不足,增加了额外的租赁成本。

在收入确认上,ABC 物流企业与一些长期合作客户签订了复杂的综合物流服务合同。合同包含多项服务内容,服务期限也各不相同,这使得收入确认的时间和金额难以准确界定。

在技术应用上,ABC 物流企业尝试引入大数据分析技术来优化物流配送路线,以降低运输成本。但在实际操作中,由于企业内部数据收集不规范、数据质量参差不齐,导致大数据分析结果的准确性受到影响。此外,企业在引入人工智能进行库存管理时,员工对新技术的接受程度较低,培训效果不佳,使得库存管理的智能化进程受阻。

【考核要求】

根据上述背景资料,思考并回答以下问题:

(1)针对 ABC 物流企业运输成本和仓储成本的问题,如何运用物流企业会计的成本核算知识,制定更有效的成本控制策略？

(2)结合物流企业会计收入确认的多样性特点，分析ABC物流企业应如何准确确认与长期合作客户签订的综合物流服务合同的收入？

(3)从物流企业会计新兴技术应用的角度，探讨ABC物流企业应如何解决大数据分析和人工智能应用过程中遇到的问题，提升企业的财务管理水平和运营效率？

■ 技能应用

鸿运物流企业公路运输业务会计处理

鸿运物流企业主要从事公路运输业务。本月发生以下经济业务：

(1)为A公司运输货物，运费单价每千米5元，运输里程500千米，共计2 500元，A公司以银行转账支付。运输业务增值税税率为9%。

(2)在运输过程中，消耗燃料500升，每升成本6元，通过银行转账支付。取得增值税专用发票，燃料进项税税率13%。

(3)本月支付司机工资4 000元。

(4)本月运输车辆计提折旧1 000元。

【技能要求】

请结合上述内容，分别进行账务处理。

■ 案例分析

【情景与背景】

盛达物流企业发展与财务状况分析

盛达物流企业在区域物流市场中凭借多年的耕耘，已拥有稳定的客户群体，主营的零担运输和整车运输业务在当地颇具影响力。然而，随着电商行业的迅猛发展，物流行业的竞争格局发生了巨大变化，客户对物流服务的时效性、多样性和信息化程度提出了更高要求。为顺应市场趋势，盛达物流企业决定进行战略转型，计划新增电商仓储代发服务，并开拓跨境物流专线业务。

在筹备电商仓储代发服务时，盛达物流投入150万元用于建设智能化仓储中心，其中70万元来自银行的长期贷款，80万元为企业自有资金。智能化仓储中心配备了先进的仓储管理系统和自动化分拣设备，旨在提高仓储作业效率和货物存储的准确性。同时，企业租赁了面积达5 000平方米的现代化仓库，年租金100万元，按半年支付。在开拓跨境物流专线业务方面，企业购置了10辆符合跨境运输标准的专用车辆，每辆价格35万元，车辆购置款通过融资租赁方式支付，租期为5年。

随着业务的快速拓展，盛达物流面临着一系列严峻的挑战。在运输业务中，受国际油价波动、运输路线拥堵以及汇率变动等因素影响，运输成本急剧上升，同比增长了40%。同时，由于跨境物流业务对员工的专业技能要求较高，企业为了培养和引进专业人才，人工成本大幅增加，上升了30%。在仓储业务方面，由于电商业务的订单具有小批量、多批次的特点，对仓储管理和分拣效率提出了极高的要求。但目前智能化仓储中心的系统与实际业务流程尚未完全磨合，导致货物分拣出错率较高、仓储成本居高不下。此外，由于业务种类增多、数据量大幅增长，企业现有的财务管理系统难以满足多维度数据分析的需求，无法及时、准确地为管理层提供决策支持。

【分析要求】

(1)分析盛达物流企业如何应对运输成本和人工成本的上升，提出有效的成本控制策略。

(2)综合考虑市场趋势和企业现状，提出盛达物流企业战略转型的具体建议。

本章实训

【实训内容】

物流企业会计

【实训情境】

你入职于瑞通物流企业的财务部门，此时企业正处于关键的战略转型期。瑞通物流企业新增电商仓储代发服务和跨境物流专线业务，在业务拓展过程中面临运输成本、人工成本上升，仓储成本居高不下，以及财务管理系统难以满足需求等诸多问题。财务部门作为企业运营的核心支持部门，需要通过精准的会计核算和有效的财务管理，帮助企业应对这些挑战，实现顺利转型。

【实训任务】

任务一：账务处理实操

根据瑞通物流企业新增业务的相关经济活动，进行完整的账务处理，包括但不限于记录建设智能化仓储中心、购置跨境物流专用车辆、支付仓库租金、偿还融资租赁款项等业务的会计分录。同时，编制转型期内某一特定时间段（如一个季度）的资产负债表、利润表和现金流量表，分析这些业务对财务报表的影响，深入理解会计核算职能在企业战略转型中的重要性。

任务二：成本分析与控制方案制定

运用物流企业会计成本核算知识，针对运输成本和人工成本大幅增加、仓储成本居高不下的问题展开深入分析；收集和整理相关成本数据，运用作业成本法等方法进行成本核算，找出各业务环节的成本动因，在此基础上制定详细的成本控制方案，包括优化运输路线、合理安排人力资源、改进仓储布局和作业流程等具体措施，并预估实施这些措施后可能带来的成本降低效果。

《物流企业会计》实训报告		
实训班级：	实训小组：	实训组成员：
实训时间：　　年　　月　　日	实训地点：	实训成绩：
实训目的：		
实训步骤：		
实训结果：		
实训感言：		

第六章　旅游餐饮服务企业会计

● 知识目标

理解：旅游餐饮服务企业会计的概念；旅游餐饮服务企业的行业特点。
熟知：旅游餐饮服务企业会计的核算范围和任务；旅游餐饮服务企业会计的特点。
掌握：旅行社经营业务的核算；餐饮业经营业务的核算；酒店业经营业务的核算。

● 技能目标

能够熟练运用会计软件进行旅游餐饮服务企业的账务处理，具备准确计算旅游餐饮服务企业各类成本、收入、利润的能力，并能根据财务数据进行成本控制和效益分析；学会编制旅游餐饮服务企业的财务预算，对预算执行情况进行监控和差异分析，为企业决策提供数据支持；掌握旅游餐饮服务企业税务申报流程，能够准确计算和申报增值税、所得税等相关税费，合理进行税务筹划。

● 素质目标

培养严谨细致、认真负责的工作态度，确保财务数据的准确性和可靠性，在处理财务事务时做到一丝不苟；增强问题解决能力，面对旅游餐饮服务企业复杂多变的财务问题，能够运用所学知识进行分析和解决，提出切实可行的方案；塑造创新思维，关注行业发展动态和新技术应用，积极探索旅游餐饮服务企业财务管理的新模式、新方法。

● 思政目标

树立诚实守信的职业道德观念，在会计工作中坚决杜绝财务造假、虚报数据等行为，维护会计信息的真实性和市场秩序；培养爱国情怀和民族自豪感，通过了解旅游餐饮服务企业在推动地方经济发展、传承和弘扬地方文化方面的作用，激发学生为民族经济繁荣贡献力量的热情；强化社会责任意识，引导学生关注旅游餐饮服务企业的社会责任，在财务管理中考虑社会效益。

- **课程引例**

连锁餐饮企业的财务转型与可持续发展

在热门旅游城市成都，一家主打川菜的大型连锁餐饮企业发展迅猛，短短几年内开设了多家分店。然而，随着规模的扩张，企业在财务方面的问题逐渐暴露。由于各分店独立管理财务，核算标准不统一，导致成本核算混乱、食材采购成本居高不下，同时收入确认存在延迟和不准确的情况，造成财务报表无法真实反映企业的经营状况。在税务方面，由于缺乏对税收政策的深入理解，企业频繁出现税务风险，面临罚款和滞纳金的压力。这些财务问题严重制约了企业的进一步发展，甚至威胁到企业的生存。

为了解决这些问题，企业高薪聘请了一位具有丰富旅游餐饮行业经验的财务总监。财务总监首先统一了各分店的财务核算标准，建立了集中化的财务管理系统，实现了对成本和收入的实时监控。通过与供应商重新谈判，优化采购流程，成功降低了食材采购成本；同时，加强对财务人员的培训，提高其对税收政策的理解和应用能力，建立了完善的税务风险管理体系。经过一系列的改革措施，企业的财务状况得到了显著改善，经营效益大幅提升，为后续的市场拓展和品牌建设奠定了坚实的基础。

- **引例反思**

(1)财务核算标准的重要性。在企业快速扩张过程中各分店独立管理财务，核算标准不统一，导致成本核算混乱，收入确认存在延迟和不准确的情况。这种分散的管理模式使得财务报表无法真实反映企业的经营状况，严重影响了管理层的决策依据。为了解决这一问题，企业高薪聘请的财务总监统一了各分店的财务核算标准，并建立了集中化的财务管理系统，实现了对成本和收入的实时监控。这一举措不仅确保了财务数据的准确性和一致性，而且提高了管理效率，为管理层提供了可靠的决策支持。这表明，标准化管理是企业规模扩张过程中不可或缺的一部分，能够有效提升企业的整体运营效率。

(2)企业财务管理成本的关键性。随着企业规模的扩大，食材采购成本居高不下，成为制约企业盈利能力的重要因素。企业通过与供应商重新谈判，优化采购流程，集中采购，成功降低了食材采购成本。这一措施不仅减少了不必要的成本支出，而且提高了企业的盈利能力，这表明成本控制是企业提升竞争力的关键环节。通过优化采购流程、集中采购和与供应商建立长期合作关系，企业可以有效降低采购成本，提升利润空间。此外，定期评估供应商的绩效、确保采购质量和价格的稳定性，也是成本控制的重要手段。

(3)税务风险管理的必要性。企业在税务管理方面存在明显不足，缺乏对税收政策的深入理解，频繁出现税务风险，面临罚款和滞纳金的压力。为了解决这一问题，企业加强了对财务人员的培训，提高了其对税收政策的理解和应用能力，并建立了完善的税务风险管理体系。这一举措不仅减少了税务风险，避免了不必要的财务损失，而且提升了企业的财务健康状况。这表明，税务风险管理是企业运营中不可忽视的重要环节。企业应重视税务合规，定期进行税务审计，确保税务申报的准确性和及时性。同时，建立与税务机关的沟通机制，及时了解税收政策的变化，能够有效降低税务风险。

(4)人才培养发展的长远性。财务人员的专业能力直接影响企业的财务健康。在企业扩张过程中，财务人员对税收政策的理解和应用能力不足，缺乏系统的培训，导致税务风险频发。为了解决这一问题，企业定期组织财务人员培训，邀请行业专家进行专题讲座，提升财务人员的专业水平。这一举措不仅提高了财务人员处理复杂财务问题的能力，而且确保财务工作的高效和准确，这表明人才培养是企业可持续发展的关键。企业应重视财务人员的培训和发展，提供持续的学习机会，提升其专业技能和职业素养。通过建立完善的人才培养体系，企业可以打造一支高素质的财务团队，为企业的长期发展提供坚实保障。

第一节 旅游餐饮服务企业会计概述

旅游业、餐饮业和服务业均是以服务设施为条件，向消费者提供劳动服务的服务性行业，包括旅行社、饭店（宾馆、酒店）、度假村、游乐场、歌舞厅、餐馆、酒楼、旅店、理发店、浴池、照相馆、洗染店、花店、修理店和咨询公司等各类服务企业。旅游餐饮服务企业是我国第三产业的重要组成部分。

一、旅游餐饮服务企业会计的概念

旅游餐饮服务企业会计（Tourism，Catering，and Hospitality Accounting）是企业会计的一个分支，是会计学科在旅游餐饮服务业的专业应用，是企业管理的重要组成部分。它以货币为计量单位，采用专门的方法，收集处理经济信息，对旅游餐饮服务企业的经济活动进行全面、系统、连续的收集、加工、记录、分析和报告。其目的在于提供准确、及时的会计信息，以支持企业的经济决策、控制、分析和预测，从而帮助企业实现最佳经济效益。

二、旅游餐饮服务企业的行业特点

（一）收入核算的复杂性

旅游企业的收入来源多样，包括门票、住宿、餐饮、交通等多个环节，需要准确区分和核算不同项目的收入。同时，饮食企业也需要考虑堂食、外卖、套餐等不同销售方式的收入确认，增加了收入核算的复杂性。

（二）存货管理的特殊性

旅游企业可能涉及旅游商品的库存管理，这些商品通常具有特定的季节性或时效性。而饮食企业的食材新鲜度和库存周转率至关重要，需要严格的存货盘点和成本核算，以确保食材的质量和安全。

（三）成本核算的多样性

旅游企业的成本包括交通费用、导游薪酬、景点门票采购等多个方面。饮食企业的成本则涵盖食材采购、人工成本、水电费等，且食材成本的核算因菜品的多样性而较为复杂。

（四）季节性和周期性

旅游行业具有明显的季节性，旺季和淡季的收入和成本波动较大。饮食企业也可能受到节假日、季节等因素影响，导致收入和成本的波动。

（五）客户服务和投诉处理

这两个行业都非常注重客户体验，可能会涉及因服务质量导致的退款、折扣等特殊会计处理。因此，企业需要加强客户服务和投诉处理，以提高客户满意度和忠诚度。

三、旅游餐饮服务企业会计的核算范围

旅游餐饮服务企业会计的核算范围涵盖了企业经济活动的各个方面，包括资产、负债、所有者权益、收入、费用和利润六大会计要素。其中，资产是企业从事旅游、饮食服务活动的物质基础，包

括流动资产、长期投资、固定资产、无形资产等；负债是企业所承担的能以货币计量、需以资产或劳务偿付的债务；所有者权益是企业资产扣除负债后的净额，反映了企业的净资产价值；收入是企业经济活动中取得的、会导致所有者权益增加的、与所有者投入资本无关的经济利益的总流入；费用是企业经济活动中发生的、会导致所有者权益减少的、与向所有者分配利润无关的经济利益的总流出；利润则是企业在一定时期内经营成果的反映。

四、旅游餐饮服务企业会计的任务

旅游餐饮服务企业会计的任务主要由两大基本职能确定，即会计核算和会计监督。会计核算职能要求企业将已经发生的经济业务通过确认、计量、记录、汇总和报告等程序转化为全面、连续和系统的会计信息，以反映企业经济活动的全过程及其结果。会计监督职能则要求企业控制和规范经济活动的运行，使其达到预定的目标，并确保会计核算反映的会计信息真实、完整，具体任务包括：(1)监督企业对国家政策、法令和财务制度的执行情况，促使企业严格按照国家的政策办事。(2)加强经济核算，扩大经营业务，节约期间费用，提高企业的经济效益。(3)及时、正确地提供会计信息给企业领导层，以便其掌握企业的财务状况、经营成果和现金流量，作为经营决策的依据。(4)将会计信息及时、正确地传递给财政、税务、银行和投资者等相关方，以利于其对企业的经济活动进行监督及投资决策。(5)对企业的原材料、商品和其他各项财产物资进行全面核算和监督，以保护企业资产的安全和完整，维护投资者的利益。

五、旅游餐饮服务企业会计的特点

(一)核算对象的多样性

旅游餐饮服务企业经营业务的开展往往带有系统性和配套性，如旅游业除了组团旅游外，有条件的旅行社同时还经营客房、餐饮、售货、娱乐及其他业务；餐饮业除了经营餐饮业务外，还开展娱乐、售货及其他业务；服务业也可同时经营文化娱乐、体育健身、美容美发、桑拿洗浴、照相、修理等多种业务。因此，为了分别提供各项经营业务的会计信息，企业必须分门别类进行会计核算。

(二)核算方法的特殊性

与工业企业和商品流通企业相比，旅游餐饮服务企业会计核算具有以下特点：

1. 核算方法不同

旅游企业和餐饮企业都执行生产、零售和服务三种职能，在会计核算上必须分不同业务结合工业企业、商品流通企业的会计核算方法进行核算。例如，旅游活动，是一种新型高级的综合消费。相应地，旅游企业则是一种新兴的、综合性的社会服务企业。为了满足旅游者食、住、行、游、购多方面的消费，旅游业的经营涉及旅行社、旅游饭店、旅游商场、旅游娱乐场，以及各种旅游服务企业，也涉及民航、铁路、文物、园艺、工艺美术等部门和行业。因此，许多旅游企业兼有生产、销售和服务职能。

2. 收入和费用分布结构不同

以服务业为例，服务业通常由专门的从业人员提供带有技艺性的劳动，以及运用与之相适应的设备和工具作为主要服务内容，在会计核算上，需反映按规定收费标准所得的营业收入、服务过程中开支的各项费用和加工过程中耗用的原材料成本。

3. 自制商品与外购商品分别核算

为了分别掌握自制商品和外购商品的经营成果，加强对自制产品的核算与管理，经营外购商品销售业务的企业，还要对自制商品和外购商品分开进行核算。

4. 成本核算的特殊性

餐饮业要根据消费者的要求加工烹调菜肴和食品，并将这些菜肴和食品直接出售给消费者，同时还要为消费者提供消费设施、场所和服务。但其整个生产、销售和服务过程均集中在较短的时间内完成，而且菜肴和食品的花色品种多、数量零星，因此不可能像工业企业那样按产品品种或类别逐批逐件地计算其总成本和单位成本，而只能计算菜肴和食品的总成本。而娱乐、美容、修理等服务业的成本很少，服务费用较多，因此，为简化会计核算，一般也不必单独计算服务成本，而只计算服务费用。

（三）货币核算的涉外性

我国旅游业的接待工作有三种类型：第一种是组织国内居民在国内旅游；第二种是组织国内居民出境旅游；第三种是接待外国人来华旅游。后两种类型的业务活动都具有涉外性质，在这两类接待工作中必然涉及外币收支业务。因此，涉外旅游餐饮服务企业的会计核算，应按我国的外汇管理条例和外汇兑换管理办法办理外汇的存入、转出和结算业务，并以人民币为记账本位币，采用复币记账，计算汇兑损益。

学思践悟二十大，旅游餐饮服务企业会计新展望

【学思践悟】

在当前经济发展态势下，旅游餐饮服务企业作为服务业的重要组成部分，正面临着全新的机遇与挑战。党的二十大报告着重强调构建优质高效的服务业新体系，党的二十届二中、三中全会也对服务业发展体制机制的完善提出明确要求，这为旅游餐饮服务企业的发展指明了方向。

从现状来看，旅游餐饮服务企业在经济增长中扮演着关键角色。随着人们生活水平的提高，对旅游和餐饮的需求日益多样化。然而，行业特点决定了其在收入核算和成本核算上的复杂性，这些复杂性一直制约着企业的精细化管理与效益提升。如，在收入核算方面，旅游企业涉及门票、住宿、餐饮等多环节收入，餐饮企业则有堂食、外卖等不同销售方式的收入确认，稍有不慎就容易出现核算偏差，影响企业对真实经营状况的判断。在成本核算上，旅游企业的交通、导游薪酬等成本，以及餐饮企业的食材、人工成本等，核算起来繁琐复杂。加之行业的季节性和周期性特点，旺季和淡季的收入成本波动，更是给企业的财务规划与风险应对带来挑战。同时，客户服务和投诉处理中的特殊会计处理，如退款、折扣等，也考验着企业财务的灵活性与准确性。

【悟有所得】

面对这些现状与挑战，旅游餐饮服务企业要实现高质量发展，必须从多个方面发力。在财务管理上，企业应充分利用会计核算和监督职能。通过精准的会计核算，清晰掌握资产、负债、收入、费用等会计要素，为企业决策提供准确的数据支持。加强会计监督，可以确保企业经济活动合法合规，控制成本，提高效益。

从行业发展角度，要紧跟政策导向，积极响应构建优质、高效服务业新体系的号召。一方面，提升服务品质，打造特色品牌。例如，旅游企业可以结合当地文化特色，开发独特的旅游产品；餐饮企业可以注重菜品创新和服务升级，提升客户体验，以此增强品牌竞争力。另一方面，加强标准化建设，统一服务标准和财务核算标准，提高运营效率和管理水平。

对于我们学习旅游餐饮服务企业会计的人来说，不仅要掌握扎实的专业知识，熟悉各类业务的会计处理方法，而且要关注行业动态和政策变化；学会运用会计信息分析企业经营状况，为企业提供合理的财务建议，助力企业在复杂多变的市场环境中稳健发展，为推动旅游餐饮服务行业的繁荣贡献力量。

随着数字化技术的快速发展，旅游餐饮服务企业应积极拥抱数字化转型，利用大数据、人工智能和物联网等技术提升运营效率和客户体验。通过大数据分析优化菜单设计和库存管理，利用人工智能提升客户服务质量，借助物联网技术实现设备的智能化管理。这些技术的应用不仅能提高企业的运营效率，而且能为企业带来新的增长点。同时，企业应注重可持续发展，积极响应国家“双碳”目标，通过节能减排、资源循环利用等措施，降低运营成本，提升企业的社会形象和市场竞争力。总之，旅游餐饮服务企业在新时代背景下应紧跟政策导向，积极拥抱数字化转型，注重可持续发展，通过精细化管理和创新服务，实现高质量发展，为推动行业的繁荣贡献力量。

第二节　旅行社经营业务的核算

旅行社经营业务核算涵盖从旅游产品策划到服务完成整个过程的财务处理。精准核算对评估经营效益、控制成本、规划未来发展起着关键作用。

一、旅行社经营业务收入的核算

（一）收入的构成

1. 组团外联收入

组团外联收入是旅行社组织游客开展旅游活动所获取的主要收入来源，涵盖游客旅行期间的交通、住宿、餐饮、景点游览以及导游服务等一揽子综合服务费用。如，某旅行社推出的“欧洲深度游 15 天”旅行团，每位游客收费 40 000 元，其中包含往返机票费用 10 000 元、当地星级酒店住宿费 15 000 元、特色餐饮费用 5 000 元、热门景点门票费用 6 000 元以及全程导游服务费用 4 000 元，这些费用总和构成了该旅行团的组团外联收入。

2. 接团收入

接团收入是旅行社接待外地同行输送的游客在本地开展旅游活动所产生的收入，主要包含为游客提供的当地交通安排、专业导游讲解、景点门票预订等服务费用。如，成都的成新旅行社接待来自广州大卫旅行社组织的“成都文化探寻 5 日游”旅行团，并为该团提供当地特色文化体验、市内交通接送以及武侯祠、杜甫草堂等景点的导游讲解服务，按照协议每位游客收费 2 000 元，该费用即为接团收入。

3. 其他服务收入

除上述主要收入外，旅行社还会通过提供各类增值服务获取收入。如，代办签证业务，国旅旅行社为准备前往日本旅游的游客提供签证代办服务，每位游客收取代办手续费 350 元；在票务代理方面，鑫鑫旅行社协助游客预订热门演出门票，每张门票收取 60 元的代理费用；还有行李托运服务，常日旅行社为游客提供从机场到酒店的行李托运服务，每件行李收费 30 元，这些都属于其他服务收入范畴。

（二）收入的确认原则

依据《企业会计准则》中的权责发生制原则，旅行社需在旅游团队完整行程结束，游客切实享受既定旅游服务后，方可确认收入实现。这是因为只有当服务履行完毕，企业才完成了相应的履约义务，经济利益流入企业具有确定性，且收入金额能够依据既定合同或协议准确计量。如，旅行社组织的“三亚海滨度假 7 日游”旅行团，行程从 8 月 1—7 日，只有在 8 月 7 日旅行团行程结束，游客顺利返程后，旅行社才能将该团预收的旅游费用确认为实际收入。

(三)账务处理

【做中学 6－1】 富丽华旅行社收到“桂林山水游”旅行团 15 位游客每人预交费用 3 500 元(含税),共计 52 500 元,增值税税率为 6%。账务处理如下:

首先,计算不含税收入及销项税额:

不含税收入＝52 500÷(1＋6%)≈49 528.30(元)

销项税额＝49 528.30×6%≈2 971.70(元)

账务处理为:

借:银行存款	52 500	
贷:预收账款——桂林山水游旅行团		49 528.30
应交税费——应交增值税(销项税额)		2 971.70

【解析】 按照增值税法相关规定,企业在收到含税款项时需要将其换算为不含税金额和销项税额。因为增值税是价外税,销售额应为不含增值税的金额(下同)。通过公式“不含税金额＝含税金额÷(1＋增值税税率)”计算得出不含税;再根据“销项税额＝不含税金额×增值税税率”算出销项税额。此业务中,“银行存款”属于资产类科目,借方登记增加额。旅行社收到游客预交的费用,银行存款增加,所以借记“银行存款”。“预收账款”是负债类科目,贷方登记预收款项的增加,此时旅行服务尚未提供,收到的款项属于预收性质,形成企业对游客的负债,因此贷记“预收账款——桂林山水游旅行团”,金额为不含税收入。“应交税费——应交增值税(销项税额)”是负债类科目,贷方登记销售业务产生的增值税税额,所以贷记该科目。

【做中学 6－2】 承接【做中学 6－1】,“桂林山水游”旅行团行程结束,确认收入。账务处理如下:

借:预收账款——桂林山水游旅行团	49 528.30	
贷:主营业务收入——组团外联收入		49 528.30

【解析】 此业务中,旅行团行程结束,旅行社完成了旅游服务,满足收入确认条件。“预收账款”借方登记减少额,此时冲减之前预收的款项,所以借记“预收账款——桂林山水游旅行团”。“主营业务收入”是损益类(收入类)科目,贷方登记增加额,确认旅游服务收入,贷记“主营业务收入——组团外联收入”,表明企业实现了经营收入。

二、旅行社经营业务成本的核算

(一)成本的构成

1. 直接材料成本

直接材料成本是旅行社在为游客提供旅游服务过程中发生的直接物质性支出,包括交通费用,如旅行社为“新疆自驾游 10 天”旅行团预订的往返机票(经济舱),每人费用为 2 800 元;住宿费用,为该团预订的当地特色民宿,每晚每间 350 元,共预订 12 间房住 8 晚;餐饮费用,按照当地特色美食标准,每位游客每天的餐费为 220 元;景点门票费用,如预订的喀纳斯景区门票,每人为 350 元,这些费用均属于直接材料成本。

2. 直接人工成本

直接人工成本主要指导游人员在带团服务期间所获得的薪酬与补贴。以夕阳旅行社为例,导游小王带“西藏探秘 15 天”旅行团,按照旅行社规定,小王的带团薪酬为每天 350 元,补贴为每天 120 元,该团行程 15 天,那么小王的直接人工成本共计[(350＋120)×15＝]7 050 元,这部分成本构成了旅行社经营业务成本的重要组成部分。

【注意】人工成本不涉及增值税进项抵扣。

3. 其他直接成本

其他直接成本是与旅游业务紧密相关的其他直接性支出。比如，大连旅行社为“东北冰雪之旅”旅行团提供行李运输服务，与专业物流公司合作，每位游客的行李运输费用为180元；为保障游客旅行安全，购买旅游意外险，每位游客保险费用为100元，这些费用都属于其他直接成本。

（二）成本的核算方法

1. 按团核算

按团核算是以每个独立的旅行团作为成本核算对象，将该团在运营过程中产生的各项成本费用进行系统归集与核算。这种方法能够直观、清晰地呈现每个旅行团的成本状况，便于旅行社精准把控各团成本，开展效益评估与成本优化。例如，内蒙古国旅旅行社针对“内蒙古草原风情8日游”旅行团，专门设立成本核算台账，详细记录该团的交通、住宿、餐饮、导游薪酬等各项成本费用，通过按团核算，清晰了解该团成本构成，为后续定价与成本控制提供数据支持。

2. 成本分摊

对于旅行社运营过程中产生的一些共同性成本费用，如办公场地租金、管理人员薪酬等，无法直接归属于某一个旅行团，需要按照合理的标准进行分摊。常见的分摊标准包括旅行团人数、收入金额等。假设旅行社每月办公场地租金25 000元，本月共接待3个旅行团，A团人数为35人，B团人数为25人，C团人数为15人，按照人数比例分摊租金，A团分摊租金＝25 000×35÷(35＋25＋15)≈11 666.67(元)，B团分摊租金＝25 000×25÷(35＋25＋15)≈8 333.33(元)，C团分摊租金＝25 000×15÷(35＋25＋15)≈5 000(元)。

【提示】分摊的共同成本费用，若涉及增值税，则需按相应规则处理。

（三）账务处理

【做中学6－3】 和光旅行社为“海南环岛游”旅行团支付酒店住宿费25 000元(含税)，增值税税率为6%，通过银行转账支付。账务处理如下：

首先，计算不含税成本及进项税额：

不含税成本＝25 000÷(1＋6%)≈23 584.91(元)

进项税额＝23 584.91×6%≈1 415.09(元)

账务处理为：

借：主营业务成本——组团外联成本——海南环岛游旅行团——住宿费 23 584.91

　　应交税费——应交增值税(进项税额) 1 415.09

　　贷：银行存款 25 000

【解析】此业务中，“主营业务成本”属于损益类(费用类)科目，借方登记成本的增加，此处为不含税的住宿费成本，所以借记“主营业务成本——组团外联成本——海南环岛游旅行团——住宿费”。“应交税费——应交增值税(进项税额)”是负债类科目，借方登记企业购进货物或接受应税劳务支付的、准予从销项税额中抵扣的增值税额，所以借记该科目。“银行存款”是资产类科目，贷方登记减少额，支付住宿费导致银行存款减少，贷记“银行存款”。

【做中学6－4】 和光旅行社本月主营业务成本共计600 000元，期末结转时账务处理如下：

借：本年利润 600 000

　　贷：主营业务成本 600 000

【解析】 期末结转主营业务成本时，"本年利润"属于所有者权益类科目，借方登记减少额，"主营业务成本"结转至"本年利润"，会使本年利润减少，所以借记"本年利润"。"主营业务成本"是损益类（费用类）科目，贷方登记结转额，将本月主营业务成本全部转出，贷记"主营业务成本"，结转后"主营业务成本"科目无余额。

三、旅行社经营业务费用的核算

（一）费用的构成

1. 销售费用

销售费用是旅行社为拓展市场、推广旅游产品而产生的各项费用，包括广告宣传费用。如大众旅行社在旅游旺季来临前在知名旅游网站投放为期一个月的广告，费用为 60 000 元；业务招待费用，旅行社为拓展业务，邀请潜在合作商参加商务宴请，花费 4 000 元；销售人员的薪酬及差旅费，春迎旅行社销售人员小赵本月薪酬 9 000 元，为拓展业务前往外地出差，差旅费共计 5 000 元，这些都属于销售费用范畴。

2. 管理费用

管理费用涵盖旅行社行政管理部门为保障企业正常运营、组织和管理经营活动所发生的各项费用。如，旅行社总部办公场地每月水电费为 2 500 元，管理人员薪酬共计 60 000 元，办公设备折旧费每月为 1 500 元，这些费用均计入管理费用。

3. 财务费用

财务费用主要是旅行社在资金筹集、资金运作过程中产生的费用。如，旅行社为扩大业务规模，向银行贷款 150 万元，贷款期限为 1 年，年利率为 7%，每年需支付利息 105 000 元，该利息支出计入财务费用；另外，在进行境外旅游业务结算时，因汇率波动产生汇兑损失 3 000 元，也属于财务费用范畴。

（二）账务处理

【做中学 6－5】 世纪旅行社支付广告宣传费用 35 000 元（含税），增值税税率为 6%，账务处理如下：

首先，计算不含税费用及进项税额：

不含税费用＝35 000÷（1＋6%）≈33 018.87（元）

进项税额＝33 018.87×6%≈1 981.13（元）

账务处理为：

借：销售费用——广告宣传费	33 018.87	
应交税费——应交增值税（进项税额）	1 981.13	
贷：银行存款		35 000

【解析】 此业务中，"销售费用"属于损益类（费用类）科目，借方登记费用的增加，此处为不含税的广告宣传费用，所以借记"销售费用——广告宣传费"。"应交税费——应交增值税（进项税额）"是负债类科目，借方登记企业购进货物或接受应税劳务支付的、准予从销项税额中抵扣的增值税额，所以借记该科目。"银行存款"是资产类科目，贷方登记减少额，支付费用导致银行存款减少，贷记"银行存款"。

【做中学 6－6】 旅行社计提本月办公设备折旧费 2 000 元，账务处理如下：

借：管理费用——折旧费	2 000	
贷：累计折旧		2 000

【解析】此业务中，“管理费用”属于损益类（费用类）科目，借方登记费用的增加。计提办公设备折旧费是行政管理部门的费用支出，所以借记“管理费用——折旧费”。“累计折旧”是资产类的备抵科目，贷方登记增加额，计提折旧使固定资产的累计折旧增加，贷记“累计折旧”。

【做中学6—7】 神舟旅行社支付本月银行贷款利息6 000元，账务处理如下：

借：财务费用——利息支出 6 000

　　贷：银行存款 6 000

【解析】此业务中，“财务费用”属于损益类（费用类）科目，借方登记费用的增加。支付银行贷款利息是资金筹集过程中产生的费用，所以借记“财务费用——利息支出”。“银行存款”是资产类科目，贷方登记减少额，支付利息导致银行存款减少，贷记“银行存款”。

【做中学6—8】 神舟旅行社本月销售费用为120 000元、管理费用为90 000元、财务费用为40 000元，期末结转时账务处理如下：

借：本年利润 250 000

　　贷：销售费用 120 000

　　　　管理费用 90 000

　　　　财务费用 40 000

【解析】此业务中，期末结转销售费用、管理费用和财务费用时，“本年利润”属于所有者权益类科目，借方登记减少额，这三项费用结转至“本年利润”，会使本年利润减少，所以借记“本年利润”。“销售费用”“管理费用”“财务费用”均是损益类（费用类）科目，贷方登记结转额，将本月发生的费用全部转出，分别贷记相应科目，结转后这些费用科目无余额。

四、旅行社经营业务的税务处理

（一）增值税的计算与缴纳

【做中学6—9】 承接【做中学6—1】，假设富丽华旅行社本月只有“桂林山水游”旅行团这一项业务，本月可抵扣的增值税进项税额共计5 000元。计算本月应纳增值税额及账务处理如下：

本月应纳增值税额＝销项税额－进项税额＝2 971.70－5 000＝2 028.30（元）

（本月进项税额大于销项税额，形成留抵税额，无需缴纳增值税，差额留待下期继续抵扣。）

若本月销项税额大于进项税额，例如，销项税额为8 000元，进项税额为5 000元：

本月应纳增值税额＝8 000－5 000＝3 000（元）

月末结转未交增值税：

借：应交税费——应交增值税（转出未交增值税） 3 000

　　贷：应交税费——未交增值税 3 000

下月缴纳增值税时：

借：应交税费——未交增值税 3 000

　　贷：银行存款 3 000

【解析】此业务中，“应交税费——应交增值税（转出未交增值税）”是“应交税费——应交增值税”的专栏科目，当销项税额大于进项税额时，需要将本月应交未交的增值税转出至“应交税费——未交增值税”科目，所以借记该科目。“应交税费——未交增值税”科目用于核算企业当月应交未交或多交的增值税，贷方登记当月应交未交的增值税，借方登记实际缴纳的增值税。缴纳增值税时，银行存款减少，所以贷记“银行存款”。

（二）其他税费的计算与缴纳

1. 城市维护建设税、教育费附加及地方教育附加

城市维护建设税、教育费附加及地方教育附加这三项附加税费是以增值税为计税依据。城市维护建设税税率根据地区不同有所差异，市区为7%，县城、镇为5%，不在市区、县城或镇的为1%；教育费附加率为3%，地方教育附加率一般为2%。

【做中学6—10】 承接【做中学6—9】中销项税额大于进项税额，应纳增值税额为3 000元的情况。假设该旅行社位于市区，计算本月应缴纳的城市维护建设税、教育费附加及地方教育附加，并进行账务处理。

城市维护建设税＝3 000×7%＝210（元）

教育费附加＝3 000×3%＝90（元）

地方教育附加＝3 000×2%＝60（元）

账务处理为：

借：税金及附加　　360

　贷：应交税费——应交城市维护建设税　　210

　　　　　　——应交教育费附加　　90

　　　　　　——应交地方教育附加　　60

【解析】 此业务中，“税金及附加”属于损益类（费用类）科目，借方登记企业经营活动应负担的相关税费，所以借记该科目，金额为三项附加税费之和。“应交税费”下的各明细科目为负债类科目，贷方登记应缴纳的税费金额，分别贷记相应科目。

2. 印花税

旅行社在签订旅游合同、租赁合同等各类合同时需要缴纳印花税。例如，旅游合同按照合同金额的一定比例（通常为3‰）贴花。

【做中学6—11】 承接【做中学6—1】和【做中学6—9】的富丽华旅行社“桂林山水游”旅行团业务，假设该旅行社与酒店签订了此次旅行团的住宿合同，合同金额为30 000元，计算应缴纳的印花税并进行账务处理。

应缴纳印花税＝30 000×0.03%＝9（元）

账务处理为：

借：税金及附加　　9

　贷：银行存款　　9

【注意】 实务中，印花税通常不通过“应交税费”科目计提，直接支付时计入税金及附加。

【解析】 此业务中，印花税计入“税金及附加”科目，借方登记费用增加，支付印花税导致银行存款减少，所以贷记“银行存款”。

3. 税收优惠政策

（1）差额征税

根据相关税收政策，试点纳税人提供旅游服务，可以选择以其取得的全部价款和价外费用，扣除向旅游服务购买方收取并支付给其他单位或者个人的住宿费、餐饮费、交通费、签证费、门票费和支付给其他接团旅游企业的旅游费用后的余额为销售额。

【做中学6—12】 承接前面富丽华旅行社业务，假设该旅行社本月除“桂林山水游”旅行团外，还有“云南风情游”旅行团业务，取得旅游服务收入800 000元（含税），向游客收取并支付给其他单

位的住宿费 200 000 元(含税)、餐饮费 100 000 元(含税)、交通费 150 000 元(含税),选择差额征税,增值税税率为 6%。计算应纳增值税额及账务处理。

首先,计算不含税销售额:

扣除后的销售额=(800 000-200 000-100 000-150 000)÷(1+6%)≈330 188.68(元)

销项税额=310 188.68×6%≈19 811.32(元)

账务处理为:

借:银行存款　　800 000

　贷:主营业务收入　　754 716.98(800 000÷1.06)

　　应交税费——应交增值税(销项税额)

　　　　45 283.02(800 000÷1.06×0.06)

借:主营业务成本　　424 528.30(450 000÷1.06)

　应交税费——应交增值税(销项税额抵减)

　　　　25 471.70(450 000÷1.06×0.06)

　贷:银行存款　　450 000

【解析】 此业务中,取得收入时,按含税收入换算为不含税收入确认主营业务收入及销项税额。支付可扣除费用时,按含税金额换算为不含税金额计入主营业务成本,同时将可抵减的销项税额计入“应交税费——应交增值税(销项税额抵减)”科目 。

(2)税务风险与应对

旅行社在税务处理中可能面临发票管理不规范风险,如取得虚开发票或开具发票内容与实际业务不符;收入确认不准确风险,未按权责发生制或差额征税规定确认收入;成本费用扣除凭证不足风险,导致无法在税前扣除相关成本费用。因此,旅行社应加强发票管理,建立严格的发票审核制度,确保发票的真实性、合法性和关联性;定期组织财务人员培训,熟悉税收政策,准确进行收入确认和成本核算;完善财务档案管理,妥善保存成本费用扣除凭证,以备税务检查。例如,富丽华旅行社建立了发票双人审核制度,一名财务人员负责初审发票真伪和内容完整性,另一名负责复核,确保发票无问题后才进行账务处理;同时,每季度组织财务培训,邀请税务专家讲解最新税收政策,提升财务人员业务水平,此外,还可以引入先进的财务管理软件,利用其发票识别、数据比对等功能,进一步降低发票管理风险和收入确认错误的可能性。

【学中做 6-1】　旅行社存在的税务风险与应对措施

某旅行社在税务检查中被发现存在以下问题:取得的发票中部分发票内容与实际业务不符;部分收入未按权责发生制确认,提前确认了收入;部分成本费用扣除凭证不足,无法在税前扣除。

要求:分析这些问题可能带来的税务风险,并提出相应的应对措施。

学中做6-1

第三节　餐饮业经营业务的核算

餐饮业作为旅游餐饮服务企业的关键构成,其经营业务核算具有独特性与复杂性。精准核算经营业务,有助于餐饮企业清晰洞察财务状况,提升经营效益,在激烈的市场竞争中实现稳健发展。

一、餐饮业经营业务概述

餐饮业通过对各类食品进行加工、制作,并提供现场消费的服务场所与设施,向顾客销售餐饮产品以获取收入。其经营业务涵盖原材料采购、食品加工制作、销售服务以及相关的成本控制和财务管理等环节。如，黑石礁酒楼是一家中老牌餐厅，从食材供应商处采购新鲜蔬菜、肉类、海鲜等原材料，经过厨师团队的精心烹饪，将美味佳肴菜品呈现给到店用餐的顾客，同时为顾客提供舒适的就餐环境和优质的服务，这一系列活动构成了餐饮业的基本经营业务流程。

二、餐饮业经营业务收入的核算

（一）收入的构成

1. 餐饮销售收入

餐饮销售收入是餐饮业的主要收入来源，包含顾客在餐厅内消费的各类菜品、酒水等的销售额。如，一家西餐厅晚餐时段接待了 50 桌客人，菜品销售额总计 15 000 元，酒水销售额为 5 000 元，这些收入共同构成了当晚的餐饮销售收入。

2. 外卖销售收入

随着互联网外卖平台（美团、饿了么、麦乐送等）的兴起，外卖业务在餐饮业收入中占比逐渐增大。外卖销售收入是指通过外卖平台或自行配送，将餐饮产品销售给不在店内就餐的顾客所获得的收入。如，某快餐店一天通过外卖平台接到订单 200 单，外卖销售额达到 6 000 元。

3. 宴会及会议接待收入

许多餐饮企业具备承接各类宴会（如婚宴、寿宴）和会议接待的能力，由此产生的场地租赁、餐饮服务等收入也是重要组成部分。如，某酒店餐饮部承接了一场大型婚宴，婚宴套餐费用为 80 000 元，场地布置及服务费用为 20 000 元，共计收入 100 000 元。

（二）收入的确认原则

依据《企业会计准则》中的权责发生制原则，餐饮业应在餐饮服务提供完毕，顾客取得商品或服务控制权时确认收入。当顾客在餐厅用餐完毕结账时，餐饮企业已完成菜品和服务的提供，此时可确认收入；对于外卖业务，当外卖配送完成，顾客收到外卖餐饮产品时确认收入；宴会及会议接待业务，在活动结束后，根据合同约定的结算方式和金额确认收入。

【注意】若存在会员储值消费的情况，则应在会员实际消费时确认收入，而不是在储值时确认。

（三）账务处理

【做中学 6－13】　某中餐厅当天营业结束，现金收款 3 000 元，微信收款 5 000 元，银行卡收款 2 000 元，增值税税率为 6%。账务处理如下：

首先，计算不含税收入及销项税额：

总收入＝3 000＋5 000＋2 000＝10 000（元）

不含税收入＝10 000÷（1＋6%）≈9 433.96（元）

销项税额＝9 433.96×6%≈566.04（元）

账务处理为：

借：库存现金　　3 000
　　其他货币资金——微信　　5 000
　　银行存款　　2 000
　贷：主营业务收入——餐饮销售收入　　9 433.96
　　　应交税费——应交增值税（销项税额）　　566.04

【解析】此业务中，“库存现金”“银行存款”属于资产类科目，借方登记增加额，分别记录现金和银行卡收款金额；“其他货币资金——微信”同样是资产类科目，借方登记微信收款增加额。“主营业务收入——餐饮销售收入”是损益类(收入类)科目,贷方登记增加额,记录不含税的餐饮销售收入。“应交税费——应交增值税(销项税额)”是负债类科目,贷方登记销售业务产生的增值税税额。

三、餐饮业经营业务成本的核算

(一)成本的构成

1. 原材料成本

原材料成本是餐饮业成本的主要部分,包括食材、调料等。如,一家火锅店采购羊肉卷、各类蔬菜、火锅底料等原材料,这些采购成本构成了菜品的原材料成本。在原材料成本中,季节性食材的价格波动较大,如夏季的本地蔬菜价格相对较低,而冬季从外地运输或本地大棚种植的同类蔬菜价格则会升高。

2. 燃料及动力成本

燃料及动力成本是指餐饮加工过程中消耗的燃气、电力等费用。如,厨房烹饪设备运行所需的燃气费用,以及餐厅照明、空调等设备消耗的电力费用。合理选择节能设备和优化能源使用时间,能够有效降低此部分成本。

3. 人工成本

餐饮业的人工成本是指厨师、服务员、收银员等员工的薪酬、奖金、福利等。如,餐厅每月支付给厨师团队的工资共计 30 000 元,服务员的工资 20 000 元,这 50 000 元构成了人工成本的重要部分。人工成本还可以通过合理排班(即倒班、串休)、提高员工工作效率等方式进行控制。

4. 其他直接成本

其他直接成本,如餐具损耗、清洁用品费用等。餐厅定期更换损坏的餐具,采购清洁用品用于餐厅和厨房的清洁,这些费用都属于其他直接成本。通过选用质量较好的餐具和合理使用清洁用品,可以减少此部分成本的支出。

(二)成本的核算方法

在餐饮业经营中,成本核算的准确性对于控制成本、优化定价策略以及提升盈利能力至关重要。为了实现这一目标,餐饮企业通常会采用不同的存货核算方法,以适应不同类型的原材料管理需求。主要的成本核算方法有永续盘存制和实地盘存制。

1. 永续盘存制

永续盘存制是一种通过设置存货明细账,对日常发生的存货增加或减少进行连续登记,并随时在账面上结算各项存货的结存数的存货核算方法。这种方法能够实时反映存货的收入、发出和结存情况,便于加强存货管理和控制。例如,某海鲜餐厅对帝王蟹等高档海鲜采用永续盘存制,每次采购和销售都及时登记库存账,能准确了解库存数量和成本。永续盘存制还可以结合库存管理软件,实现对库存的实时监控和预警。永续盘存制适用于需要精确掌握存货动态和成本信息的企业,如高档餐饮业中的海鲜、高档食材等。计算公式为:

存货账面期末余额=存货账面期初余额+本期存货增加数-本期存货减少数

期末存货结存数量=期初存货结存数量+本期增加存货数量-本期发出存货数量

期末存货结存金额=期初存货结存金额+本期增加存货金额-本期发出存货金额

永续盘存制的优点是实时反映存货动态,便于管理,及时发现存货异常,减少损耗和盗窃,有助于精确计算成本和利润;缺点是核算工作量较大,尤其是月末结转成本时,对信息系统依赖度高,初期投入和维护成本较高。

2. 实地盘存制

实地盘存制是一种通过期末对实物进行实地盘点,确定存货的期末结存数量,并据此计算本期发出存货成本的方法。这种方法在日常核算中只记录存货的增加数，不记录减少数，期末通过盘点结果倒算出本期的存货减少数。如，某小吃店每月末对店内的盐、糖等低值调料进行实地盘点，根据期初库存、本期购入和期末库存数量计算出本期实际消耗的成本。实地盘存制适用于价值较低、自然损耗大、数量不稳定、进出频繁、难以逐一计量的原材料，如葱姜蒜、低值调料等。计算公式为：

本期减少数＝账面期初余额＋本期增加数－期末实际结存数

销货成本＝期初存货＋本期购货－期末存货

期末存货成本＝期末存货数量×进货单价

实地盘存制的优点是核算工作简单，工作量小，适用于存货种类繁多、收发频繁的企业；缺点是无法实时反映存货动态，不利于存货管理，盘点误差可能导致成本核算不准确。

【注意】在实地盘存制下，要注意盘点的准确性和及时性，避免因盘点误差导致成本核算不准确。

【做中学 6－14】 某餐厅采购一批蔬菜，价款为 5 000 元(含税)，增值税税率为 9%，通过银行转账支付，蔬菜已验收入库。账务处理如下：

(1)计算不含税成本及进项税额：

不含税成本＝5 000÷(1＋9%)≈4 587.16(元)

进项税额＝4 587.16×9%≈412.84(元)

(2)账务处理为：

借：原材料——蔬菜	4 587.16	
应交税费——应交增值税(进项税额)	412.84	
贷：银行存款		5 000

【解析】此业务中，“原材料——蔬菜”属于资产类科目，借方登记增加额，记录入库蔬菜的不含税成本。“应交税费——应交增值税(进项税额)”是负债类科目，借方登记企业购进货物支付的、准予从销项税额中抵扣的增值税额。“银行存款”是资产类科目，贷方登记减少额，支付采购款导致银行存款减少。

四、餐饮业经营业务费用的核算

在餐饮业经营过程中，费用的合理核算对于控制成本、优化财务管理和提升盈利能力至关重要。费用核算不仅有助于明确各项支出的具体用途，而且为企业的财务决策提供重要依据。主要的费用构成包括销售费用、管理费用和财务费用。

(一)销售费用

为促进餐饮销售而发生的费用，包括广告宣传费、促销活动费、业务招待费等。如，某餐厅在当地生活服务平台投放广告，费用为 3 000 元；举办打折促销活动，活动成本为 2 000 元，这些都属于销售费用。销售费用的投入要注重效果评估，通过分析广告投放后的客流量和销售额变化，调整广告投放策略。

(二)管理费用

管理费用涵盖餐厅行政管理部门为组织和管理经营活动所发生的各项费用，如管理人员薪酬、办公费、水电费、设备折旧费等。如，餐厅经理每月工资 8 000 元，办公文具采购费用 500 元，这些都计入管理费用。通过优化管理流程、合理配置人员等方式，可以降低管理费用。

(三)财务费用

财务费用主要是餐饮企业在资金筹集、资金运作过程中产生的费用，如，贷款利息支出、银行手续费等。如，餐厅为扩大经营向银行贷款，每月支付利息 3 000 元；在办理银行转账业务时支付手续费 200 元，这些费用构成财务费用。合理安排资金、选择合适的贷款方案和银行服务，可以减少财务费用。

【做中学 6－15】 某餐厅支付本月水电费 3 000 元(含税)，增值税税率为 9%，通过银行转账支付。账务处理如下：

(1)计算不含税费用及进项税额：

不含税费用＝3 000÷(1＋9%)≈2 752.29(元)

进项税额＝2 752.29×9%≈247.71(元)

(2)账务处理为：

借：管理费用——水电费　　2 752.29

　　应交税费——应交增值税(进项税额)　　247.71

　贷：银行存款　　3 000

【解析】 此业务中，"管理费用——水电费"属于损益类(费用类)科目，借方登记费用的增加，记录不含税的水电费。"应交税费——应交增值税(进项税额)"是负债类科目，借方登记可抵扣的增值税额。"银行存款"是资产类科目，贷方登记减少额，支付水电费导致银行存款减少。

五、餐饮业经营业务的税务处理

(一)增值税的计算与缴纳

一般纳税人适用税率通常为 6%，应纳税额＝当期销项税额－当期进项税额。例如，某大型餐饮企业当月销项税额为 10 000 元，进项税额为 6 000 元，则当月应纳增值税额＝10 000－6 000＝4 000 元。一般纳税人要注意进项税额的抵扣凭证管理，确保符合抵扣条件的进项税额都能准确抵扣。

小规模纳税人适用 3%的征收率，应纳税额＝不含税销售额×征收率。如某小规模餐饮企业当月不含税销售额为 50 000 元，征收率为 3%，则当月应纳增值税额＝50 000×3%＝1 500 元。小规模纳税人要关注税收优惠政策的变化，及时享受相应的优惠。

(二)其他税费的计算与缴纳

城市维护建设税、教育费附加及地方教育附加以增值税为计税依据。城市维护建设税税率市区为 7%，县城、镇为 5%，不在市区、县城或镇的为 1%；教育费附加率为 3%，地方教育附加率一般为 2%。如，某市区餐饮企业当月应纳增值税 5 000 元，则城市维护建设税＝5 000×7%＝350 元，教育费附加＝5 000×3%＝150 元，地方教育附加＝5 000×2%＝100 元。

餐饮企业在签订房屋租赁合同、食材采购合同等时需缴纳印花税。如，签订一份年租金为 200 000 元的房屋租赁合同，印花税＝200 000×0.1‰＝200 元(租赁合同印花税税率为 1‰)。在签订合同时，要注意印花税的计算和缴纳，避免因疏忽导致税务风险。

月销售额未超过 10 万元(季度销售额未超过 30 万元)的增值税小规模纳税人，免征增值税。如，某小规模餐饮企业季度销售额为 28 万元，未超过 30 万元，可享受免征增值税政策。小规模纳税人要准确核算销售额，确保符合优惠条件并正确申报。

符合条件的餐饮企业在研发新菜品、开展节能环保项目等方面，可能享受研发费用加计扣除、税收减免等优惠政策。如，某餐饮企业投入资金研发新菜品，符合研发费用加计扣除政策，可在计算应纳税所得额时，对研发费用进行加计扣除，从而减少应纳税额。

第四节　酒店业经营业务的核算

酒店业作为旅游餐饮服务企业的重要支柱之一，其经营业务核算对于准确评估企业财务状况、实现精细化管理以及提升市场竞争力至关重要。酒店业通过提供住宿、餐饮、会议、娱乐等多元化服务，满足顾客的各类需求，其经营业务的复杂性决定了核算工作需要全面且细致。

一、酒店业经营业务概述

酒店业的核心业务是为顾客提供住宿服务，同时还涵盖餐饮、会议场地租赁、健身娱乐设施使用等延伸服务。一家综合性酒店，除了拥有各类客房供顾客入住外，还配备中餐厅、西餐厅、宴会厅用于餐饮服务；设有大小不同的会议室，承接各类商务会议、培训活动；以及提供健身房、游泳池、SPA 等休闲娱乐设施。这些业务相互关联又各自独立核算，共同构成酒店的经营体系。

二、酒店业经营业务收入的核算

酒店的经营业务收入是衡量其经营业绩和盈利能力的关键指标。准确核算各项收入不仅有助于企业合理定价、优化资源配置，而且为财务分析和决策提供重要依据。

（一）收入的构成

1. 客房收入

客房收入是酒店最主要的收入来源，包括各类房型（如标准间、大床房、套房等）的住宿费用。如，四季酒店拥有 200 间客房，其中标准间每晚 300 元，大床房每晚 350 元，套房每晚 800 元。在旅游旺季某周，标准间入住率为 80%，大床房入住率为 70%，套房入住率为 60%，则该周客房收入为（200×300×0.8＋ 200×350×0.7＋200×800×0.6）×7＝1 351 000（元）。

2. 餐饮收入

餐饮收入是指酒店内餐厅、宴会厅提供餐饮服务所获得的收入。如，酒店中餐厅举办一场婚宴，婚宴套餐总价 50 000 元，酒水消费 10 000 元，共计餐饮收入 60 000 元。

3. 会议及宴会收入

会议及宴会收入是指会议场地租赁、会议服务（如设备租赁、会议茶歇等）以及宴会活动（除餐饮外的场地布置、服务费用等）产生的收入。如，某酒店承接一场大型商务会议，会议场地租赁费用为 30 000 元，会议设备租赁及服务费用为 10 000 元，会议茶歇费用为 5 000 元，总计收入 45 000 元。

4. 其他收入

其他收入包括酒店内健身、娱乐设施的使用费用，如，健身房月卡销售、游泳池单次门票收入；酒店提供的洗衣服务、商务中心服务（如打印、复印、传真等）费用。例如，酒店健身房一个月销售月卡收入 8 000 元，洗衣服务收入 3 000 元。

（二）收入的确认原则

依据权责发生制原则，酒店在提供服务且顾客接受服务时确认收入。对于客房收入，在顾客入住期间按每晚或每段住宿时间确认；餐饮收入在餐饮服务完成、顾客结账时确认；会议及宴会收入在会议或宴会活动结束，根据合同约定的结算方式和金额确认；其他收入在相关服务完成时确认。例如，顾客预订酒店客房 3 晚，每晚 300 元，在顾客入住第 1 晚结束后，酒店应确认 300 元的客房收入。

【做中学 6－16】 某酒店收到顾客预订客房的预付款 500 元，通过银行卡支付，增值税税率为

6%。账务处理如下：

(1)计算不含税预付款及销项税额(暂按预计收入计算销项税额，实际确认收入时再调整)：

不含税预付款＝500÷(1＋6%)≈471.70(元)

销项税额＝471.70×6%≈28.30(元)

账务处理为：

借：银行存款　　500

　　贷：预收账款——客房预订款　　471.70

　　　　应交税费——应交增值税(销项税额)　　28.30

【解析】此业务中，“银行存款”增加500元，因为企业实际收到这笔款项；“预收账款——客房预订款”反映企业预先收到客户的订房款项，增加471.70元；“应交税费——应交增值税(销项税额)”增加28.30元，记录按照预计收入计算应缴纳的增值税额。此时虽然收入尚未真正实现，但按照税法规定，预收款项时若符合相关条件则需先计算销项税额。

(2)当顾客入住并消费后，假设实际消费金额为1 000元(含税)：

重新计算不含税收入及销项税额：

不含税收入＝1 000÷(1＋6%)≈943.40(元)

销项税额＝943.40×6%≈56.60(元)

账务处理为：

借：预收账款——客房预订款　　471.70

　　银行存款　　528.30

　　贷：主营业务收入——客房收入　　943.40

　　　　应交税费——应交增值税(销项税额)

56.60(冲减原多计的销项税额后确认实际销项税额)

【解析】 在顾客入住并实际消费后，酒店需要根据实际消费金额确认收入和销项税额。此时，实际消费金额为1 000元(含税)，重新计算后的不含税收入为943.40元，销项税额为56.60元。“预收账款——客房预订款”，借方登记471.70元，表示将之前预收的款项结转为实际收入的一部分。“银行存款”，借方登记528.30元，表示顾客实际消费时支付的剩余款项，通过银行卡支付，增加了银行存款。“主营业务收入——客房收入”，贷方登记943.40元，表示酒店根据实际消费金额确认的客房收入。“应交税费——应交增值税(销项税额)”，贷方登记56.60元，表示根据实际消费金额计算的销项税额。这里需要特别注意，之前的预收款已经确认了28.30元的销项税额，实际消费时需要冲减原多计的销项税额，然后确认实际的销项税额。因此，实际的销项税额为56.60元。

三、酒店业经营业务成本的核算

(一)成本的构成

1. 客房成本

客房成本包括客房折旧、客房用品成本(如床单、毛巾、洗漱用品等)、能源消耗成本(如照明、空调、热水供应等)以及客房服务人员薪酬，如，酒店客房每月折旧费用100 000元、客房用品每月采购费用20 000元、能源消耗费用15 000元、客房服务人员工资30 000元。

2. 餐饮成本

餐饮成本与餐饮业类似，涵盖原材料成本(食材、调料等)、燃料及动力成本(厨房烹饪用气、用电等)、餐饮服务人员薪酬以及餐具损耗等成本，如，某酒店中餐厅每月食材采购成本为80 000元，燃料及动力费用为10 000元，餐饮服务人员工资为25 000元，餐具损耗费用为5 000元。

3. 会议及宴会成本

会议场地布置成本(如音响设备租赁、舞台搭建等)、会议服务人员薪酬、宴会食材及酒水成本(若包含餐饮服务)。如,酒店承接一场会议,场地布置费用为 12 000 元,会议服务人员工资为 5 000 元。

4. 其他成本

其他成本包括健身、娱乐设施的维护成本、洗衣服务成本(如洗涤剂、设备折旧等)、商务中心设备折旧及耗材成本。如,酒店健身房每月设备维护费用为 3 000 元,洗衣房每月洗涤剂费用为 2 000 元。

(二)成本的核算方法

成本核算在酒店运营中扮演着关键角色,它不仅能帮助酒店精准把控成本,而且能为定价策略和经营决策提供有力支持。以下介绍几种常见的成本核算方法:

1. 分类核算

将不同业务板块的成本进行分类归集,如客房成本、餐饮成本等,以便清晰了解各业务的成本状况。分类核算可以帮助酒店管理者明确成本的主要来源和控制点,从而采取针对性的成本控制措施。

2. 分批核算

对于大型会议、宴会活动,采用分批核算的方法,将该活动所涉及的各项成本进行单独归集,准确计算每次活动的成本。例如,酒店承接一场大型展会期间的系列会议和宴会活动,将这些活动视为一个批次,单独核算其成本。

3. 标准成本制度

设立标准成本制度,预先设定各项成本目标,以便在实际运营中进行比较和调整,提高成本控制的主动性。例如,设定每间客房的清洁成本、每道菜品的食材成本等,以此为依据监控成本执行情况。

4. 成本分析与控制

通过定期的成本分析,识别成本偏差,及时调整经营策略。例如,分析哪些菜品或服务的利润率高、哪些利润率低,调整菜单或服务策略;或者通过定价策略平衡成本和收益,提高整体利润水平。

5. 采购管理

高效的采购管理不仅能降低物料成本,而且能减少库存积压,减少资金占用。酒店应制定科学的采购策略,比如定期评估供应商,确保质量的同时争取最优价格;实施定量采购,避免过量采购导致浪费;运用电子采购系统,提高采购效率,减少人为错误。

6. 能源消耗管理

能源成本是酒店运营中的另一大支出。通过改进设备能效、优化能源使用,如安装节能灯具、采用智能温控系统,可以显著降低能源消耗。同时,定期进行设备维护和检查,可避免因设备故障造成能源浪费。

7. 人力资源成本控制

人力成本是酒店运营中的大头。合理的排班和人员配置,可以避免人力资源的浪费。酒店应根据业务高峰和低谷灵活调整员工工作时间,减少加班费用。同时,通过培训,提升员工效率,减少因操作不当导致的损失,也是控制人力成本的有效手段。

【做中学 6-17】 某酒店采购一批客房用品,价款为 8 000 元(含税),增值税税率为 13%,通过银行转账支付,用品已验收入库。账务处理如下:

(1)首先,计算不含税成本及进项税额:

不含税成本＝8 000÷(1＋13％)≈7 079.65(元)

进项税额＝7 079.65×13％≈920.35(元)

账务处理为：

借：周转材料——客房用品	7 079.65	
应交税费——应交增值税(进项税额)	920.35	
贷：银行存款		8 000

【解析】 此业务中，“周转材料——客房用品”属于资产类科目，增加 7 079.65 元，表示企业采购的客房用品验收入库，形成企业的资产；“应交税费——应交增值税(进项税额)”增加 920.35 元，记录企业采购商品时支付的可抵扣的增值税额；“银行存款”减少 8 000 元，反映企业通过银行转账支付了采购款项。

(2)当客房领用这批用品时：

借：主营业务成本——客房成本	7 079.65	
贷：周转材料——客房用品		7 079.65

【解析】 此业务中，当客房领用用品时，意味着这些用品的价值从资产形态转化为企业经营活动中的成本。“主营业务成本——客房成本”增加 7 079.65 元，表明客房经营过程中消耗的用品成本得以确认；“周转材料——客房用品”减少 7 079.65 元，因为领用后库存的客房用品相应减少。

四、酒店业经营业务费用的核算

在酒店业经营过程中，费用的合理核算对于控制成本、优化资源配置以及提升整体盈利能力具有重要意义。费用核算不仅能够帮助酒店管理者清晰了解各项支出的具体情况，还能为制定有效的营销策略、管理决策和财务规划提供重要依据。

(一)销售费用

为推广酒店业务而发生的费用，包括广告宣传费(如在旅游网站投放广告、制作宣传册等)、促销活动费(如推出会员优惠活动、节假日折扣等)、业务招待费(招待潜在客户、合作伙伴等)。如，某酒店在旅游旺季前在知名旅游网站投放广告，费用为 15 000 元；举办会员充值赠送活动，活动成本为 8 000 元。

(二)管理费用

酒店行政管理部门为组织和管理经营活动所发生的各项费用，如管理人员薪酬、办公费(办公用品采购、水电费等)、设备折旧费(办公设备、酒店公共区域设备等)、差旅费(管理人员出差费用)。如，酒店经理每月工资为 10 000 元，办公水电费每月为 3 000 元，办公设备每月折旧为 1 500 元。

(三)财务费用

主要是酒店在资金筹集、资金运作过程中产生的费用，如贷款利息支出(为扩大经营规模贷款产生的利息)、银行手续费(办理转账、汇款等业务的手续费)、汇兑损益(涉及外币业务时因汇率波动产生的损益)。如，酒店为新建客房楼向银行贷款，每月支付利息 5 000 元；在办理境外客户汇款业务时，支付手续费 300 元。

【做中学 6－18】 某酒店支付本月广告宣传费用 6 000 元(含税)，增值税税率为 6％，通过银行转账支付。账务处理如下：

首先，计算不含税费用及进项税额：

不含税费用＝6 000÷(1＋6％)≈5 660.38(元)

进项税额＝5 660.38×6％≈339.62(元)

账务处理为：

借：销售费用——广告宣传费 5 660.38

应交税费——应交增值税(进项税额) 339.62

贷：银行存款 6 000

【解析】此业务中，“销售费用——广告宣传费”增加 5 660.38 元，该科目用于核算企业在销售商品或提供劳务过程中发生的广告宣传等费用；“应交税费——应交增值税(进项税额)”增加 339.62 元，体现企业支付广告费用时取得的可抵扣的增值税额；“银行存款”减少 6 000 元，反映企业通过银行转账支付了广告宣传费用。

五、酒店业经营业务的税务处理

(一)增值税的计算与缴纳

一般纳税人适用税率通常为 6%(住宿、餐饮、会议服务等)，销售货物(如酒店商品部销售商品)适用 13%税率。应纳税额=当期销项税额－当期进项税额。如，某酒店当月住宿业务销项税额为 8 000 元，餐饮业务销项税额为 3 000 元，商品部销售商品销项税额为 2 000 元，进项税额共计 10 000 元，则当月应纳增值税额=(8 000+3 000+2 000)－10 000=3 000(元)。

小规模纳税人适用征收率 3%，应纳税额=不含税销售额×征收率。如，某小规模酒店当月不含税销售额为 40 000 元，征收率为 3%，则当月应纳增值税额=40 000×3%=1 200(元)。

(二)其他税费的计算与缴纳

城市维护建设税、教育费附加及地方教育附加，以增值税为计税依据。城市维护建设税税率市区为 7%，县城、镇为 5%，不在市区、县城或镇的为 1%；教育费附加率为 3%，地方教育附加率一般为 2%。如，某市区酒店当月应纳增值税 4 000 元，则城市维护建设税=4 000×7%=280(元)，教育费附加=4 000×3%=120(元)，地方教育附加=4 000×2%=80(元)。

酒店在签订房屋租赁合同(如租赁办公场地)、会议场地租赁合同、食材采购合同等时，需缴纳印花税。如，签订一份年租金为 150 000 元的办公场地租赁合同，印花税=150 000×0.1‰=150 元(租赁合同印花税税率为 1‰)。

小规模纳税人月销售额未超过 10 万元(季度销售额未超过 30 万元)的增值税小规模纳税人，免征增值税。如，某小规模酒店季度销售额为 25 万元，未超过 30 万元，可享受免征增值税政策。

符合条件的酒店在开展节能环保改造、提供残疾人就业岗位等方面，可能享受税收减免、补贴等优惠政策。如，酒店进行节能灯具改造，符合相关政策要求，可享受一定的税收减免。

应知考核

一、单项选择题

1. 旅行社经营业务收入的确认原则是(　　)。

A. 收到预付款时确认收入　　B. 旅游团队行程结束时确认收入

C. 签订合同时确认收入　　D. 旅游团队出发时确认收入

2. 旅行社的直接材料成本不包括(　　)。

A. 交通费用　　B. 住宿费用　　C. 导游薪酬　　D. 景点门票费用

3. 旅行社的财务费用主要包括(　　)。

A. 广告宣传费用　　B. 办公设备折旧费　　C. 银行贷款利息　　D. 销售人员薪酬

4. 旅游餐饮服务企业会计以(　　)为计量单位。
A. 实物　　B. 劳动量　　C. 货币　　D. 数量
5. 旅游餐饮服务企业会计的核算范围不包括(　　)。
A. 资产　　B. 负债　　C. 所有者权益　　D. 企业员工个人收支

二、多项选择题

1. 旅游餐饮服务企业会计的概念包含以下哪些要点?(　　)
A. 是企业会计的分支　　B. 以货币为计量单位
C. 采用专门方法处理经济信息　　D. 目的是帮助企业实现最佳经济效益
2. 旅游餐饮服务企业的行业特点有(　　)。
A. 收入核算的复杂性　　B. 存货管理的特殊性
C. 成本核算的多样性　　D. 季节性和周期性
3. 旅游餐饮服务企业会计的特点包括(　　)。
A. 核算对象的多样性　　B. 核算方法的特殊性
C. 货币核算的涉外性　　D. 收入和费用分布结构简单
4. 旅游餐饮服务企业实现高质量发展的措施有(　　)。
A. 利用会计核算和监督职能　　B. 紧跟政策导向,提升服务品质
C. 加强标准化建设　　D. 忽视行业特点,按统一模式发展
5. 旅行社在税务处理中可能面临的风险包括(　　)。
A. 发票管理不规范　　B. 收入确认不准确
C. 成本费用扣除凭证不足　　D. 旅游产品设计不合理

三、判断题

1. 旅游餐饮服务企业会计不是企业会计的分支。(　　)
2. 旅游餐饮服务企业会计的核算范围不包括利润。(　　)
3. 旅游企业和餐饮企业只执行销售职能。(　　)
4. 旅游餐饮服务企业的季节性和周期性对收入和成本没有影响。(　　)
5. 旅游餐饮服务企业在收入核算时因销售方式多样导致收入确认复杂。(　　)

应会考核

■ 观念应用

【背景资料】

小型旅行社的财务困境与突破

在某旅游城市,有一家名为“阳光之旅”的小型旅行社。该旅行社成立初期,凭借独特的旅游线路设计和优质的服务,吸引了不少游客,业务逐渐走上正轨。然而,随着业务的拓展,问题也接踵而至。

在收入核算方面,由于同时开展国内游、出境游业务,收入来源包括组团费、签证代办费、交通票务代理费等,种类繁多且交易频繁,导致收入核算混乱,经常出现漏记、错记的情况。例如,在一次“东南亚十日游”的组团业务中,因为工作人员疏忽,将部分游客的签证代办费遗漏,未计入收入。

成本核算同样问题重重。旅游业务涉及的成本有交通费用、住宿预订费用、导游薪酬等,成本结构复杂。并且,由于旅游淡、旺季明显,旺季时酒店价格上涨,导游人手紧张,薪酬增加,成本波动

大。在一次旺季的“西藏游”项目中，因为对成本预估不足，未充分考虑到当地酒店价格大幅上涨以及临时聘请导游的高额费用，导致该项目成本超支严重。

税务处理上，旅行社对税收政策理解不够深入，在增值税的计算与缴纳上频繁出错。例如，在差额征税的处理上，未能准确扣除可扣除的费用，导致多缴纳了增值税。同时，在发票管理方面也存在漏洞，出现过发票开具不规范、丢失发票等问题。

面对这些问题，旅行社的利润大幅下滑，经营陷入困境。为了扭转局面，旅行社决定聘请你为企业的财务人员来解决这些问题。

【考核要求】

根据上述背景资料，提出解决方案：

(1)请分析“阳光之旅”旅行社收入核算存在的问题，并提出正确的收入核算方法，包括收入的确认原则和账务处理方式。

(2)针对旅行社成本核算的现状，阐述应如何优化成本核算流程，如何选择合适的成本核算方法(如按团核算、成本分摊等)，并举例说明如何对成本进行有效的控制和管理。

(3)分析旅行社在税务处理上的错误，解释正确的增值税计算与缴纳方法，包括一般计税和差额征税的计算过程，同时，说明如何规范发票管理，避免类似问题再次发生。

(4)从财务角度出发，为“阳光之旅”旅行社制定一套可持续发展的策略，包括如何利用会计核算和监督职能，如何加强标准化建设以提升运营效率和管理水平，以及如何应对旅游行业的季节性和周期性挑战。

■ 技能应用

旅行社会计核算与税务处理

(1)某旅行社组织了一个“云南风情游”旅行团，共有 30 位游客，每位游客收费 5 000 元(含税)，增值税税率为 6%。旅行社为该团支付了以下费用：交通费用为 150 000 元(含税)；住宿费用为 120 000 元(含税)；餐饮费用为 60 000 元(含税)；景点门票费用为 30 000 元(含税)；导游薪酬为 15 000 元(不含税)。

要求：计算该旅行团的不含税收入和销项税额、不含税成本和进项税额、该旅行团的应纳增值税额，编制相关的账务处理。

(2)某旅行社本月发生以下费用：广告宣传费用为 40 000 元(含税)，增值税税率为 6%；办公设备折旧费为 3 000 元；银行贷款利息为 5 000 元。

要求：计算各项费用的不含税金额和进项税额，编制相关的账务处理。

【技能要求】

请结合上述内容，分别进行账务处理。

■ 案例分析

【情景与背景】

财务视角下“小滋味”餐厅的成长与蜕变

在热闹的市中心，“小滋味”餐厅凭借独特的地方风味菜肴和温馨的用餐环境，吸引了不少食客，生意一度红火。然而，随着周边新餐厅的不断涌现，竞争日益激烈，“小滋味”餐厅逐渐暴露出一系列财务问题。

在收入方面，餐厅除了堂食业务，还大力拓展外卖业务。但由于线上线下销售渠道的收入数据统计混乱，财务人员无法及时、准确地获取各渠道的收入信息。例如，外卖平台会定期推出满减、折扣等促销活动，这些优惠金额在财务核算中未能准确体现，导致收入虚高。同时，餐厅还推出了会员储值和积分兑换活动，但在收入确认上存在模糊不清的情况，会员消费时积分抵扣部分未进行正确的账务处理。

成本控制同样面临挑战。食材采购环节缺乏有效的供应商管理和价格监控机制，采购人员经常在不同供应商处采购，价格波动较大。例如，夏季蔬菜价格本应相对稳定，但由于未与优质供应商建立长期合作，导致部分蔬菜采购价格高于市场均价。厨房食材浪费现象严重，一些菜品因制作失误或顾客退单被直接丢弃，增加了食材成本。此外，餐厅员工流动频繁，新员工培训成本高，且工作效率低，进一步拉高了人力成本。

税务处理上，餐厅财务人员对税收政策的了解有限，在增值税申报时，未能正确区分不同税率的业务，如餐饮服务适用6%的税率，但销售自制的特色食品礼盒可能适用不同税率，却未准确核算，导致多缴或少缴税款。在发票开具方面，存在为了少缴税而拒开发票或开具虚假发票的情况，被税务部门警告，面临罚款风险。

【分析要求】

(1)分析"小滋味"餐厅收入核算存在的问题，依据会计核算原则，提出改进收入核算的具体方法，包括如何准确统计各销售渠道收入、正确处理促销活动和会员业务的收入确认与账务处理，确保收入数据的真实性和准确性。

(2)针对餐厅成本控制的现状，制定全面的成本控制策略，涵盖供应商管理、食材采购成本控制、减少食材浪费、优化人力成本等方面，详细说明各项策略的实施要点，并举例说明如何在实际运营中降低成本。

(3)剖析餐厅在税务处理上的错误，根据税收法规，阐述正确的税务处理方法，包括不同业务税率的准确适用、增值税的计算与申报流程，制定严格的发票管理制度，杜绝违规开具发票行为，确保税务合规。

(4)从财务角度为"小滋味"餐厅制定长期发展规划，说明如何通过财务分析评估餐厅经营状况，利用财务数据进行菜品定价、成本效益分析等，为经营决策提供支持，同时，结合市场竞争和行业发展趋势，提出合理的财务预算和资金管理策略，助力餐厅持续发展。

本章实训

【实训内容】

旅游餐饮服务企业会计

【实训情境】

你是刚加入"食尚坊"连锁餐饮企业总部财务部门的新人。近期，"食尚坊"在扩张过程中旗下多家分店出现财务核算混乱的情况。总部决定对各分店财务进行全面梳理和整顿，你需要在资深财务主管的带领下运用所学的旅游餐饮服务企业会计知识，深入各分店开展财务清查和优化工作。

【实训任务】

任务一：收入核算与规范

(1)选取3家不同区域的"食尚坊"分店，收集过去半年的营业收入数据，包括堂食、外卖、宴会预订等不同业务板块的收入，按照分店和业务类型建立详细的收入分类账，对比分析各分店收入差异及各业务板块的收入占比变化。

(2)针对"食尚坊"统一推出的"消费满200赠送50元消费券"活动，核算活动期间各分店的实际收入情况。根据会计准则，正确处理消费券的发放与使用的账务，编制相关记账凭证，确保各分店收入核算准确一致，并形成一份关于活动对收入影响的分析报告。

(3)整理各分店的会员制度及相关收入记录，对会员充值、消费、积分兑换等业务进行账务审查，纠正错误的账务处理，统一各分店会员业务的会计核算方法，保证会员收入数据的准确性和可比性。

任务二：成本核算与管控

(1)实地走访各分店的食材采购部门，统计近两个月的食材采购清单，对比不同供应商的价格、食材新鲜度及供应稳定性，结合采购成本和菜品质量，为各分店制定供应商评估标准，筛选出优质供应商，降低采购成本。

(2)深入各分店厨房，观察食材加工流程，统计食材损耗数据，分析食材浪费的主要原因，如菜品制作失误、储存不当等。针对这些问题，制定减少食材浪费的具体措施，如制定标准化食材加工流程、优化食材储存条件等，跟踪措施实施后的食材成本变化，评估改善效果。

(3)协助各分店的人力资源部门，统计员工工作时长和业务完成量，根据各分店的营业时间和客流量，制定合理的人员排班表，优化人力配置，计算通过优化人力成本后各分店预计节省的费用，并形成人力成本优化方案报告。

任务三：税务处理与合规

(1)收集各分店过去一年的税务申报资料，审查增值税、所得税等税费的计算和申报情况，检查是否存在多缴、少缴或申报错误的问题，如税率适用错误、进项税额抵扣不准确等。对发现的问题进行详细记录，并按照税收法规进行纠正，重新计算应纳税额。

(2)梳理各分店的发票管理流程，检查发票开具、收取和保管情况，针对存在的发票开具不规范(如发票内容与实际业务不符、发票开具不及时)、发票丢失等问题，制定统一的发票管理制度，明确发票开具、审核、传递和保管的流程和责任，确保各分店发票管理合规。

(3)研究国家和地方针对餐饮行业的税收优惠政策，结合“食尚坊”各分店的实际经营情况，评估各分店享受税收优惠的可行性，如小型微利企业税收优惠、餐饮服务增值税加计抵减政策等，协助各分店准备相关申请资料，申请适用的税收优惠，计算享受优惠后预计节省的税费。

<table>
<tr><th colspan="3">《旅游餐饮服务企业会计》实训报告</th></tr>
<tr><td>实训班级：</td><td>实训小组：</td><td>实训组成员：</td></tr>
<tr><td>实训时间：　　年　　月　　日</td><td>实训地点：</td><td>实训成绩：</td></tr>
<tr><td colspan="3">实训目的：</td></tr>
<tr><td colspan="3">实训步骤：</td></tr>
<tr><td colspan="3">实训结果：</td></tr>
<tr><td colspan="3">实训感言：</td></tr>
</table>

第七章　外贸企业会计

● **知识目标**

理解：外贸企业会计的概念和特点；外贸企业会计的职能。

熟知：外贸企业会计的对象；外贸企业会计的核算范围；外贸企业会计的任务。

掌握：外贸企业外币业务的核算；外贸企业进出口业务的核算。

● **技能目标**

能够熟练运用外币业务核算方法，准确进行外币交易的账务处理；熟练掌握外贸企业进出口业务的会计核算流程，如采购、销售等环节的会计处理，正确编制相关会计分录；学会运用代理进出口业务的会计核算方法，清晰区分委托方与受托方的账务处理，准确核算代理手续费、代垫费用等项目。

● **素质目标**

培养学生的严谨态度，使其在处理外币交易和复杂税费时保持准确性和耐心；增强风险意识，关注汇率波动和国际贸易政策变化，学会在会计核算中识别风险并提出应对措施；提升团队协作与沟通能力，确保财务信息的及时性和准确性；培养自主学习能力，以适应不断变化的国际贸易环境和会计准则。

● **思政目标**

树立家国情怀与民族自豪感，积极投身外贸事业，助力国家经济发展；培养诚信与责任意识，坚守职业道德，维护市场公平公正；强化全球视野与开放思维，关注国际贸易形势和全球经济动态，理解不同国家的文化和政策差异对贸易的影响；培育创新精神与奋斗精神，在会计工作中勇于创新，不畏困难，拼搏进取，助力我国外贸企业赢得国际竞争优势。

● **课程引例**

汇率波动下的外贸会计挑战

ABC 外贸公司主要从事服装出口业务，与美国一家大型服装零售商长期合作。2024 年初，ABC 公司与美方签订了一份价值 100 万美元的服装出口合同，约定在 6 个月后交货收款。当时的汇率为 1 美元＝6.5 元人民币，按照合同金额，ABC 公司预计可获得 650 万元人民币的收入。

在合同执行期间，由于国际经济形势变化，人民币汇率出现波动。到了6个月后交货收款时，汇率变为1美元=6.3元人民币，这意味着ABC公司实际收到的人民币金额为630万元，相比预期少了20万元。

在整个业务过程中，ABC公司的会计人员不仅要准确记录每一笔与订单相关的成本，如原材料采购、生产加工、运输费用等，而且要关注汇率波动对公司收益的影响。他们需要运用专业知识，提前做好汇率风险的评估和应对措施，比如是否选择套期保值工具来锁定汇率，同时，在会计核算上要按照会计准则准确反映汇率波动所带来的汇兑损益。

● **引例反思**

从ABC外贸公司的经历，清晰映照出外贸企业会计工作在复杂多变的国际经济环境中所面临的诸多挑战与关键要点。

(1)汇率风险意识的重要性。从ABC外贸公司的案例可以看出，汇率波动对外贸企业的收益有着直接影响。作为外贸企业会计，不能仅仅局限于传统的记账、算账工作，必须具备敏锐的汇率风险意识，实时关注国际经济形势和汇率变动趋势，提前为企业制定合理的汇率风险管理策略，以减少因汇率波动带来的损失。

(2)会计专业知识综合运用。该案例涉及外币交易的初始确认、资产负债表日因汇率变动产生的汇兑损益核算等多个会计知识点。这要求学生在学习外贸企业会计课程时要扎实掌握各类会计知识，并能将其综合运用到实际业务场景中，准确进行会计核算和账务处理，为企业提供可靠的财务信息。

(3)对企业决策的支持作用。外贸企业会计不仅要记录经济业务，而且要通过对财务数据的分析，为企业决策提供有力支持。例如，在面对汇率波动时，会计人员应通过数据分析，帮助企业管理层决定是否采取套期保值措施，以及选择何种套期保值工具，从而实现企业利润最大化，降低经营风险。

(4)学习与适应变化的能力。国际贸易环境和汇率市场不断变化，新的政策法规和会计准则也在持续更新。外贸企业会计必须具备持续学习的能力，及时了解行业动态和政策变化，不断更新自己的知识体系，以适应不断变化的工作需求，为企业的稳定发展保驾护航。

第一节 外贸企业会计概述

在全球经济一体化的大背景下，外贸企业作为连接国内与国际市场的重要桥梁，在国际贸易中扮演着关键角色。外贸企业会计作为专门服务于这类企业的会计分支，具有独特的核算内容和方法。

一、外贸企业会计的概念

外贸企业会计(Accounting for Foreign Trade Enterprise)是以货币为主要计量单位，运用专门的会计理论、方法和程序，对外贸企业的经济活动进行全面、系统、连续的核算和监督，旨在为企业内部管理者、外部投资者、债权人以及政府相关部门等提供准确、及时、有用的财务信息，以满足其决策需求。外贸企业的经济活动涉及商品的进出口业务、国际结算、外汇交易等多个方面，外贸企业会计通过对这些业务的记录、分类、汇总和报告，反映企业的财务状况、经营成果和现金流量。

外贸会计是专业会计的特殊领域，只是企业财务会计的一个组成部分。外贸会计的实施融于企业财务会计之中，同步操作。

【提示】 外贸会计与企业财务会计的不同之处在于采取复币式核算，期末编制的会计报告仍纳入企业的统一财务会计报告。

外贸会计不是在财务会计之外另设一套凭证、账簿、报表单独核算，而是企业财务会计中涉及外币交易核算的有关内容，如外贸企业发生的外币交易、进出口业务、加工补偿贸易、对外承包工程、对外劳务合作以及出口货物退(免)税、涉外业务融资与外汇风险规避等。外贸会计主要存在于进出口企业、“三资”企业、对外承包工程企业、对外劳务输出企业、对外运输、货代等外贸企业中。

二、外贸企业会计的特点

外贸企业会计的特点，除取决于经营外贸业务的企业的特点外，还受国际惯例、会计准则和国内有关方针政策(如海关、商检、外汇管理、财政税收、金融保险等法规)的制约。由于外贸会计对象存在一定的特殊性，因此外贸会计形成了一些独有的特点，这些特点主要体现在以下几个方面：

(一)货币计量的双重性

外贸企业在开展进出口业务时通常会涉及多种货币的收支。除了以人民币作为记账本位币外，企业还需对各种外币业务进行核算，这就要求外贸企业会计采用复币记账法，即两种或多种货币单位并存，既有本币核算，又有外币核算。在现行的汇率制度下，外币和人民币的汇率经常发生变动，从而产生了汇兑损益。为了反映汇兑损益对外贸企业经营成果的影响，企业应设置“汇兑损益”账户进行核算，并且在期末要按照规定的汇率进行外币折算，调整汇兑损益。

【提示】 外贸会计涉及的外汇业务在填制凭证、登记账簿时必须采用复币形式，以收支的外币数额为基数，按照外汇汇率折算为记账本位币数额，同时核算本币和外币，即采用复币式凭证和账簿，对外贸业务作出“双重记录”。

(二)核算内容的复杂性

外贸企业的业务范围广泛，不仅包括国内的采购、销售活动，而且涉及国家间的货物运输、保险、报关、报检等环节，在会计核算上，需要处理进出口商品的采购成本、销售收入、关税、增值税、消费税等税费的计算与缴纳，以及出口退税的核算等复杂业务。此外，国际市场的价格波动、汇率变动等因素也增加了核算的难度和复杂性。因此，在不同的价格条件下，如何对出口商品销售收入和进口商品成本予以确认与计量以及在进出口贸易会计处理中如何进行核算，形成了外贸会计的一大特点。

(三)国际结算的多样性

外贸企业在国际贸易中使用的结算方式丰富多样，如信用证、托收、汇付等。不同的结算方式具有不同的特点和风险，会计核算方法也有所差异。例如，信用证结算方式下，需要关注信用证的条款和要求，在满足条件时确认收入；托收结算方式下则要根据托收的类型(如付款交单、承兑交单)来确定收入确认的时间和账务处理方法。

(四)遵循国际会计准则

为了适应国际贸易的需要，外贸企业会计不仅要遵循国内的会计准则和相关法规，而且要关注国际会计准则和贸易规则。近年来，新国际会计准则不断更新，国际财务报告准则(IFRS)的持续修订对收入确认、金融工具计量等方面做出了更明确、细致的规定。外贸企业需要及时调整会计处理方法，以符合新准则要求。如在收入确认方面，新准则强调控制权转移的判断标准，外贸企业在出口商品时，需更精准地判断控制权何时从企业转移至客户，从而准确确认收入时间和金额。

三、外贸企业会计的职能

会计的职能是指会计应具备的功能，是会计本质的体现，包括会计最基本的职能和会计的拓展职能。其中，会计最基本的职能是核算（也称反映）和监督，会计的拓展职能是预测经济前景、参与经济决策、评价经营业绩、提供会计信息等。结合外贸企业的特点和经营管理要求，外贸会计包括以下职能：

（一）建立和完善内部经济核算制度

在企业内部实施健全的经济核算制度是现代企业实行科学管理的基础。完善的内部经济核算制度，使各部门、各单位以及每位职工的权、责、利紧密结合，将企业的总体经济责任层层分解，逐级落实、严格考核，同时辅以相关文化教育宣传、精神鼓励、物质奖励，实现企业各项经济业务的良性发展。

（二）改进和健全企业会计信息系统

企业会计信息是企业信息的基础，企业信息大部分来自会计信息系统。外贸企业会计信息系统的改革和完善是市场化管理和竞争的要求。改革的主要目的是充分发挥外贸会计的职能和作用，即对企业经营管理的全过程发挥会计的核算职能、监督职能和参与决策职能，主动向有关方面及时提供信息，满足不同会计信息使用者的需要。

（三）调整和改变企业会计服务目标

在现代企业制度下，由于实行政企分开，国家利用经济杠杆调节经济资源的分配和运行，既给企业提供了公平竞争的环境，又使企业的一些信息成为商业秘密。如成本费用水平只能提供给企业管理者，以作为决策的依据，不宜对外公开；收益作为企业经营的成果，不仅为现有投资者所关心，更是吸引潜在投资者的重要依据。因此，企业会计向有关方面提供信息具有重要意义。

（四）加强趋同企业会计信息标准化

企业会计加强和完善会计管理制度的重点是按照一致性原则促进会计信息标准化，与国家有关规定一致，与国际相关系统趋同。我国成为 WTO 成员后，有义务向国际有关方面提供会计信息。要使会计信息成为国际通用的商业语言，其处理程序和口径应符合国际惯例，使境内外的投资者及债权人能按统一标准对企业的经济实力进行比较并作出评价。

（五）强化企业会计信息手段现代化

企业实行现代化管理和参与国际市场竞争，对于提供信息的实效性要求不断增强，会计信息处理手段的现代化乃至组建全国联网的会计信息中心迫在眉睫。由于采取了引进、开发等多种形式，计算机硬件条件已经具备，会计信息化软件有了极大改进，人工智能和大数据的应用，为外贸会计今后的业务核算提供了更大的便利。

四、外贸企业会计的对象

外贸企业会计的对象是外贸企业的资金运动。外贸企业资金运动的主要内容最为传统的是货物贸易形式。所有的贸易活动都是围绕商品购销进行的。无论是自营贸易、代理贸易、加工贸易、易货贸易还是转口贸易，都是组织国际上的进出口商品流通，其主要经营活动包括出口贸易和进口贸易。

【注意】外贸企业所从事的商品流通活动与一般的国内商品流通有很大的不同，具体表现是：外贸企业的商品流通要通过国内和国际两个市场，涉及国内和国际两种价格，使用本币和外币两种以上的货币。

因此，外贸企业经营过程中的货币资金运动形态表现为"外币—人民币"或"人民币—外币"的转换过程，这就是说，在出口经营活动中，企业应将出口商品销售所得的外汇，无论是现汇还是记账外汇，按照国家规定结售给国家银行以取得人民币；而在进口经营活动中，又要用人民币向银行购买外汇以支付货款。外贸企业在其资金循环过程中所持有的本币与外币之间不断转换的过程，形成了外贸企业资金运动的特殊性。外贸企业的出口业务资金运动如图 7—1 所示，进口业务资金运动如图 7—2 所示。

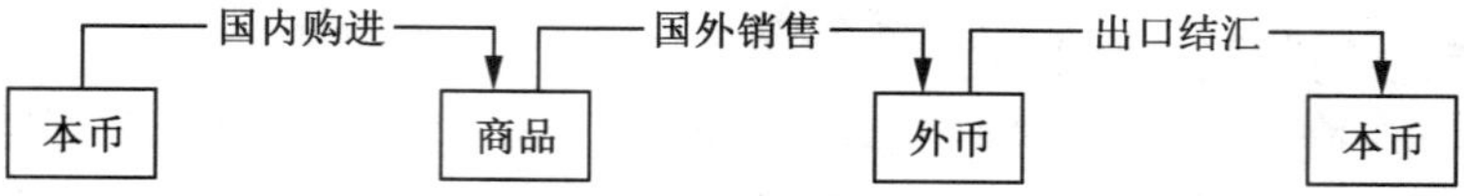

图 7—1 出口业务资金运动

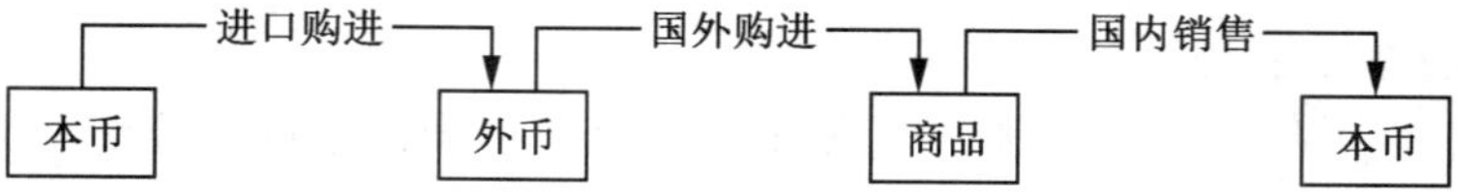

图 7—2 进口业务资金运动

为了区别外贸会计对象和一般会计对象，企业只能将经济活动中属于外贸业务的部分作为外贸会计的对象，而不能将财务会计的共性内容作为外贸会计的对象。据此界定，外贸企业的具体会计对象包括：

(1)资产中以外币表示部分，如生产企业、商品流通企业、服务企业的外汇资产、外汇投资、货物贸易和服务贸易中的外汇债权(应收账款、预付外汇款)等。

(2)负债中以外币表示部分，如外汇长期和短期借款、融资外汇借款、货物贸易和服务贸易中的债务(应付账款、预收外汇款)等。

(3)所有者权益中以外币表示部分，如外方投入的外汇资本、资本公积、所分得外汇红利转本外汇资本等。

(4)费用中以外币表示部分，如生产企业、商品流通企业、服务企业以外汇支付的国外运费、保险费、各项佣金、处理违纪赔款等。

(5)利润中以外币表示部分，即上述外币营业收入和其他各种外币收入之和减去上述外币成本和费用之和的外币余额。

【注意】根据《企业会计准则》的相关规定，为了核算和监督企业的外贸经济业务，外贸企业应在不影响会计核算要求和会计报表指标汇总以及对外提供统一财务会计报告的前提下，按照实际情况自行增设、减少或合并相应的会计科目。

外贸企业依据财政部颁布的《企业会计准则——应用指南》，并结合自身的经营特点设计会计科目体系。外贸企业会计科目表(含明细科目)见表 7—1。

表 7—1 外贸企业会计科目表

编 号	会计科目名称	编 号	会计科目名称
一、资产类		1403	原材料
1001	库存现金	1404	材料成本差异
1002	银行存款	1405	库存商品
100201	* 本币存款	1406	发出商品
100202	* 外币存款	1407	商品进销差价
1003	* 外汇存款	1408	委托加工物资
1012	其他货币资金	1411	周转材料
101201	* 外埠存款	1471	存货跌价准备
101202	银行本票	1501	债权投资
101203	银行汇票	1502	债权投资减值准备
101204	信用卡	1503	其他权益工具投资
101205	信用证保证金	1511	长期股权投资
101206	存出投资款	1512	长期股权投资减值准备
1101	交易性金融资产	1521	投资性房地产
110101	成本	1531	长期应收款
110102	公允价值变动	1532	未实现融资收益
1121	应收票据	1601	固定资产
1122	应收账款	1602	累计折旧
1123	* 应收外汇账款	1603	固定资产减值准备
1124	预付账款	1604	在建工程
1125	* 预付外汇账款	1605	工程物资
1131	应收股利	1606	固定资产清理
1132	应收利息	1701	无形资产
1221	其他应收款	1702	累计摊销
122101	* 应收出口退税款	1703	无形资产减值准备
1231	坏账准备	1711	商誉
1303	贷款	1801	长期待摊费用
1304	贷款损失准备	1811	递延所得税资产
1401	材料采购	1901	待处理财产损溢
1402	在途物资	二、负债类	
2001	短期借款	3202	被套期项目
2002	* 短期外汇借款	四、所有者权益类	
2101	交易性金融负债	4001	实收资本
2201	应付票据	4002	资本公积
2202	应付账款	4101	盈余公积
2203	* 应付外汇账款	4103	本年利润
2211	应付职工薪酬	4104	利润分配

续表

编　号	会计科目名称	编　号	会计科目名称
221101	工资		五、成本类
221102	职工福利	5001	生产成本
221103	社会保险费	5101	制造费用
221104	住房公积金	5201	劳务成本
221105	工会经费	5301	研发支出
221106	职工教育经费		六、损益类
2221	应交税费	6001	主营业务收入
222101	应交增值税	600101	* 自营出口销售收入
22210101	进项税额	600102	* 自营进口销售收入
22210102	已交税金	600103	* 代理出口销售收入
22210105	销项税额	600104	* 代理进口销售收入
22210106	出口退税	6051	其他业务收入
2231	应付利息	605101	* 来料加工出口销售收入
2232	应付股利	605102	* 援外出口销售收入
2241	其他应付款	605103	* 易货贸易销售收入
2314	受托代销商品款	605104	补偿贸易出口销售收入
2401	递延收益	605105	投资性房地产销售收入
2501	长期借款	605106	国内商品销售收入
2502	应付债券	6061	汇兑损益
2701	长期应付款	6101	公允价值变动损益
2702	未确认融资费用	6111	投资收益
2711	专项应付款	6301	营业外收入
2801	预计负债	6401	主营业务成本
2901	递延所得税负债	640101	* 自营出口销售成本
	三、共同类	640102	* 自营进口销售成本
3001	清算资金往来	640103	* 代理出口销售成本
3002	货币兑换	640104	* 代理进口销售成本
3101	衍生工具	6402	其他业务成本
3201	套期工具	640201	* 来料加工出口销售成本
640202	* 援外出口销售成本	6602	管理费用
640203	* 易货贸易销售成本	6603	财务费用
640204	补偿贸易出口销售成本	6701	资产减值损失
640205	投资性房地产销售成本	6711	营业外支出
640206	国内商品销售成本	6801	所得税费用
640207	其他销售成本	680101	当前所得税费用
6403	税金及附加	680102	递延所得税费用
6601	销售费用	6901	以前年度损益调整

五、外贸企业会计的核算范围

（一）进出口业务核算

进出口业务核算是外贸企业会计核算的核心内容，包括进口商品的采购成本核算，如商品进价、国外运费、保险费、进口关税、增值税等相关费用的计算与归集，出口商品的销售收入核算以及出口商品的成本结转，同时要考虑出口退税的核算，准确计算应退税额并进行相应的账务处理。

（二）外汇业务核算

外汇业务核算涉及外币兑换、外币借款、外币交易等业务的核算，包括记录外币账户的增减变动情况，按照规定的汇率进行外币折算，计算汇兑损益，并在财务报表中正确披露外汇业务对企业财务状况和经营成果的影响。

（三）费用核算

费用核算涵盖外贸企业在经营过程中发生的各项费用，如国内运费、装卸费、包装费、保险费、报关费、检验检疫费、业务招待费、差旅费等。这些费用需要按照费用的性质和用途进行分类核算，以便准确计算企业的经营成本和利润。

（四）税金核算

税金核算除了增值税、关税、消费税等与进出口业务直接相关的税金外，还包括企业应缴纳的其他税金，如城市维护建设税、教育费附加、印花税、企业所得税等。外贸企业会计要准确计算各项税金的应纳税额，按照规定的纳税期限进行申报和缴纳，并进行相应的账务处理。

（五）财务成果核算

财务成果核算通过对企业的收入、成本、费用、税金等进行综合核算，计算企业的营业利润、利润总额和净利润，同时，要对利润的分配进行核算，包括提取法定盈余公积、任意盈余公积，向投资者分配利润等。

（六）数字贸易业务核算

随着数字技术的飞速发展，数字贸易在国际贸易中的占比逐渐增大。数字贸易中的外贸会计处理面临新课题。通常，数字化产品在客户获得授权使用时确认收入，且要考虑后续服务义务对收入确认的影响。在成本核算方面，数字贸易的成本更多集中在研发、服务器维护等方面，与传统的货物采购成本结构差异较大。此外，数字贸易涉及跨境数据流动，与数据相关的资产和费用核算也成为外贸会计的新内容。

六、外贸企业会计的任务

（一）准确核算经济业务

外贸企业需运用专业的会计方法，如实记录外贸企业的各项经济业务，确保会计信息的真实性、准确性和完整性。通过对进出口业务、外汇业务、费用和税金等的精确核算，为企业管理层提供可靠的决策依据。

（二）加强财务管理监督

外贸企业应对企业的财务活动进行全面监督，确保企业的经营活动符合国家的法律法规和财务制度。通过制定和执行财务预算，控制成本费用，可提高资金使用效率，防范财务风险，保障企业的财务安全。

（三）参与企业经营决策

外贸企业应利用会计信息和专业知识，为其经营决策提供支持。例如，通过成本效益分析，为企业的进出口商品定价提供建议；通过对市场行情和汇率走势的分析，为企业的外汇风险管理提供决策依据；通过财务预测和分析，为企业的投资、融资等重大决策提供参考。

（四）提供财务信息服务

外贸企业应按照规定的财务报告格式和要求，定期编制财务报表，如资产负债表、利润表、现金流量表等，向企业内部管理者、外部投资者、债权人、政府部门等提供财务信息，以满足不同使用者的决策需求，同时，要及时、准确地披露企业的财务状况和经营成果，增强企业的透明度和公信力。

外贸企业：以政策为帆，借会计之力，驶向高质量发展新征程

【学思践悟】

党的二十大报告明确提出要推进高水平对外开放，加快建设贸易强国，这为外贸企业的发展指明了方向。在全球经济一体化加速和国际竞争日益激烈的当下，外贸企业作为对外开放的关键主体，其稳健发展至关重要。外贸企业会计通过准确的核算和监督，为企业经营决策提供依据，进而影响着企业在国际市场的竞争力。党的二十届二中、三中全会强调要扩大高水平对外开放，稳外贸、稳外资，这要求外贸企业会计紧跟政策导向，在核算范围上，更加精准地把握进出口业务、外汇业务等核算要点，确保企业财务数据真实反映业务状况，助力企业充分利用政策红利，降低经营风险。例如，在出口退税核算中，严格按照政策要求准确计算应退税额，为企业节省成本，增强价格优势。

习近平总书记高度重视经济高质量发展，外贸企业会计在其中扮演着不可或缺的角色。面对新国际会计准则的更新以及数字贸易的兴起，外贸企业会计应积极学习新准则，掌握数字贸易会计处理方法，以适应经济发展的新要求，推动企业在合规经营的基础上创新发展，提升企业在国际市场的信誉和形象。

【悟有所得】

外贸企业会计不仅是财务数据记录者，更是推动企业顺应政策、实现高质量发展的关键力量。在实际工作中，外贸企业会计要以政策为指引，不断提升专业能力。

在遵循国际会计准则和法规方面，外贸企业会计需持续关注准则变化，及时调整会计处理方法。随着国际财务报告准则（IFRS）的不断更新，许多外贸企业需要调整收入确认和费用核算方式。在引入新的收入确认准则后，通过精准核算，使其财务报表与国际同行更具可比性，成功吸引了更多国际投资，提升了企业在国际市场上的竞争力。对于数字贸易业务核算，外贸企业会计要深入研究数字化产品的特点，准确进行收入确认和成本核算。随着数字贸易的兴起，跨境数字服务成为新的增长点。例如，某软件出口企业通过优化数字产品收入核算，精准计量软件授权收入和后续服务收入，不仅提高了财务数据的准确性，还为企业在新兴贸易领域的发展提供了有力支持。外贸企业会计要积极参与企业的财务管理和监督，从资金使用效率、成本控制等方面入手，为企业防范财务风险。例如，在国际经济形势波动时，通过优化资金配置和成本控制，某外企成功抵御了汇率波动带来的风险，保障了企业的稳健运营。

总之，外贸企业会计要以政策为指引，不断提升专业能力，积极参与企业管理，为实现贸易强国目标贡献力量。通过精准核算、合规经营和创新发展，外贸企业会计将成为推动企业高质量发展的核心力量。

第二节 外贸企业外币业务的核算

一、外汇概述

(一)外汇的概念

理解外汇,需要从动态和静态两个不同的角度出发,而静态的外汇又有广义与狭义之分。

1. 动态的外汇

从动态角度来理解,外汇是指人们将一种货币兑换成另一种货币来清偿各国间债权债务关系的行为,即“国际汇兑”。历史上,外汇最早的概念是指动态的外汇,是指经过银行等金融机构把一国货币兑换成另一国货币的一种专门性的经营活动或行为。“汇”是指资金的流动,“兑”是指通过金融机构进行的货币兑换。“汇”与“兑”的结合就是把一种货币兑换成另一种货币,然后以一定的方式(如汇款和托收),借助于各种流通工具,对国与国之间的债权债务关系进行非现金结算的经营活动。因此,动态的外汇强调外汇的起源和实质,也揭示了人们为什么需要外汇。在这种含义下,外汇等同于国际结算活动。

2. 静态的外汇

静态的外汇是指以外币表示的可以在国际结算中使用的各种支付手段和各种对外债权。在这种含义下,外汇等同于外币资产。人们更习惯于将外汇理解为静态的含义。随着国际交往的增加和信用工具的发展,外汇的内涵也日益丰富,所以静态的外汇还有狭义和广义之分。狭义的静态外汇是指以外币表示的、可以用于国际结算的支付手段。通常所说的外汇就是这种含义,一般以下列形式存在:存放在境外的外国货币、以外币表示的各种支付凭证以及能够直接用于国际结算的以外币表示的其他可以取得收入的债权凭证,主要包括银行存款凭证、汇票、支票、本票和电汇凭证等。广义的静态外汇泛指一切以外国货币表示的、能用于国际结算以及在国际收支逆差时可以动用的一系列金融资产。

【提示】银行存款是狭义外汇概念的主体。

国际货币基金组织定义的外汇就属于广义的范畴,即“外汇是货币行政当局(中央银行、货币管理机构、外汇平准基金组织及财政部)以银行存款、国库券、长短期政府债券等形式所持有的在国际收支逆差时可以使用的债权”。它强调外汇是一国货币当局所持有的具有专门用途的债权,实际上仅指一个国家所拥有的外汇储备,而不包括一国普通居民所持有的外国债权。各国涉及外汇管理的法令条例中也多采用这一概念。如《中华人民共和国外汇管理条例》指出:“外汇是指下列以外币表示的可以用作国际清偿的支付手段和资产:(1)外币现钞,包括纸币、铸币;(2)外币支付凭证或者支付工具,包括票据、银行存款凭证、银行卡等;(3)外币有价证券,包括债券、股票等;(4)特别提款权(SDR);(5)其他外汇资产。”

国际经济交往中大量使用的外汇都是通过银行的结算系统实现收付的。由此可知,在广义外汇中称之为外汇的,在狭义外汇中就不一定属于外汇的范畴。狭义外汇强调的是能直接用于清偿国际债务,广义外汇还包括经过转换(交易)能用于清偿国际债务的部分。例如,以外币表示的有价证券是外币信用凭证,但不能直接用于清偿和支付,只有将它们在金融市场上出售,使其变为在国外的银行存款时才能用于国际结算,故不属于通常意义上的外汇。同样,外国钞票也不能算作外汇,因为外国钞票禁止在非发行国流通,只有把外钞运回发行国,并贷记在银行账户上,从而转换成外币存款,以便进入国际结算过程,才能称为外汇。

（二）外汇的特征

一种货币能够充当外汇是有一定的前提的，这些条件表明外汇具有一定的特征。

1. 国际性或普遍接受性

外汇必须是以外国货币表示的国际上能普遍接受和使用的金融资产。本币即使可以换成外币或者以外币表示的资产，也不能称为外汇。

2. 可自由兑换性

外汇必须是可以为任何目的、在任何情况下不受任何限制地兑换成其他支付手段的外币资产。不能自由兑换的就不是外汇。

3. 可偿还性

外汇必须是在国外能得到偿付的货币债权。只有拥有支付能力才能称为外汇，空头支票、被拒付的汇票、不能兑换成其他国家货币的外国钞票均不能视作外汇。

从更广泛的意义上讲，由于国际货币收付极其复杂，因此外汇存在的形态并不限于外币资产。根据国际协议，限定用于国际支付的本国货币或以本国货币标示的债券也被视为外汇。我国曾存在过“外汇人民币”，专门用以办理涉外收支。此外，欧洲货币市场上的“欧洲美元”“欧洲美元债券”对美国来说就是外汇。以此类推，其他“欧洲货币”和“欧洲债券”对货币发行国来说也是外汇。

（三）外汇的种类

1. 按照外汇兑换时所受限制的程度划分，分为自由外汇与记账外汇

（1）自由外汇

自由外汇是指不需要货币发行国当局批准就可以自由兑换成其他货币，或是可以向第三国办理支付的外国货币及其支付手段。自由外汇可以成为国际结算货币，但并不是所有可自由兑换的货币都是国际结算货币。一国可以实行本币的自由兑换，但如果该货币没有被世界上其他国家所接受，用于国际贸易和投资的计价和支付，就不能作为国际结算货币。

（2）记账外汇

记账外汇也称双边外汇，即不经货币发行国批准，不能自由兑换成其他货币，也不能对第三国进行支付的外汇。记账外汇有如下特点：①只在双方国家指定银行开立专门账户记载，并由双方协商决定其汇率、记账方法和使用范围。②协定项下的收支定期轧差，差额由双方协商，可结转到下一年度或折算成双方同意的第三国货币。③不能转给第三国使用，也不能自由兑换。

2. 按外汇的来源与用途划分，分为贸易外汇与非贸易外汇

（1）贸易外汇

贸易外汇是指由商品的输出和输入引起收付的外汇。商品输出可赚取外汇，商品输入则需支付外汇。在一般情况下，贸易外汇收入是一个国家最主要的外汇来源，贸易外汇支出则是外汇的主要用途。

（2）非贸易外汇

非贸易外汇是指由非贸易往来引起收付的外汇，如劳务外汇、旅游外汇和侨汇等。

3. 按外汇买卖交割的期限划分，分为即期外汇与远期外汇

（1）即期外汇

即期外汇又称现汇，一般是指在外汇买卖成交后即日收付或在两个营业日之内办理交割的外汇。

（2）远期外汇

远期外汇又称期汇，是指按远期外汇合同约定的日期在未来某一天办理交割的外汇。远期外汇的交割期限一般为1年以内，在多数情况下是1—6个月，3个月期的最多。

4. 按照外汇持有者身份划分，分为官方外汇与私人外汇

(1)官方外汇

官方外汇是指政府或国际组织持有的外汇。

(2)私人外汇

私人外汇是指企业和家庭持有的外汇。

(四)国际标准化货币符号

为了能够准确而简易地表示各国货币的名称,便于开展国际贸易、金融业务和计算机数据通信,国际标准化组织规定了货币的标准代码。该标准代码为三字符货币代码,前两个字符代表该种货币所属的国家或地区,第三个字符代表货币单位。常用国家或地区的货币名称与货币代码见表7—2。

表7—2 常用国家或地区的货币名称与货币代码表

国家或地区	货币名称	货币代码
China(中国)	Renminbi Yuan(人民币)	CNY
Hong Kong(中国香港)	Hong Kong Dollar(港元)	HKD
Japan(日本)	Yen(日元)	JPY
Korea(韩国)	Won(韩元)	KRW
Singapore(新加坡)	Singapore Dollar(新加坡元)	SGD
Vietnam(越南)	Dong(盾)	VND
Thailand(泰国)	Baht(泰铢)	THB
Malaysia(马来西亚)	Malaysia Ringgit(马来西亚林吉特)	MYR
European Union(欧盟)	Euro(欧元)	EUR
United Kingdom(英国)	Pound Sterling(英镑)	GBP
Switzerland(瑞士)	Swiss Franc(瑞士法郎)	CHF
United States(美国)	US Dollar(美元)	USD
Canada(加拿大)	Canadian Dollar(加拿大元)	CAD
Mexico(墨西哥)	Mexican Peso(墨西哥比索)	MXN
Australia(澳大利亚)	Australian Dollar(澳大利亚元)	AUD
New Zealand(新西兰)	New Zealand Dollar(新西兰元)	NZD

(五)外币的折算

外币折算是指将不同的外币金额换算成等值记账本位币或特定外币的程序,是会计上对原有外币金额的重新表述。外币交易之所以要进行折算,是因为会计计量需要一个单一的尺度。在外币交易中,原始计量货币是不同的,在记入账册之前,企业必须将外币金额折算为等值本国货币;否则,用不同货币单位表述的金额不可能反映经济事项,也不能用于编制财务报表。

二、汇率与标价方法

(一)汇率的概念

汇率是指一个国家的货币用另一个国家的货币所表示的价格,也就是用一个国家的货币兑换成另一个国家的货币时买进、卖出的价格,换句话说,汇率就是两种不同货币之间的交换比率或比价，故又称为“汇价”“兑换率”。

外汇作为一种特殊的商品，可以在外汇市场上买卖，这就是外汇交易。进行交易的外汇必须有价格，因此汇率又被称为“汇价”。由于外汇市场上供求经常变化，汇率也经常发生波动，因此汇率又被称为“外汇行市”。在一些国家，本币兑换外币的汇率通常在银行挂牌对外公布，这时汇率又被称为“外汇牌价”。

（二）汇率的标价方法

确定两种货币之间的比价，首先应确定用哪个国家的货币作为标准。由于确定的标准不同，因此产生了不同的标价方法。无论哪种标价方法，我们把数量固定不变的货币称为标准货币或基准货币，数量不断改变的货币称为报价货币或从价货币。

1. 直接标价法

直接标价法又称为应付标价法，是以一定单位（1 个、100 个或 10 000 个外币单位）的外国货币为标准，折算成若干单位的本国货币来表示，即以本国货币表示外国货币的价格。

【注意】 当今世界上，绝大多数国家使用直接标价法。我国人民币对外币也采用这种标价方法。

在直接标价法下，汇率具有以下两个特征：(1)标准货币是外币，报价货币是本币；(2)外汇汇率的升（贬）值与报价货币数额的多少呈同方向变化。外国货币的数额保持固定不变，本国货币的数额随着外国货币或本国货币币值的变化以及外汇供求条件的变化而变动。如果一定单位的外国货币升值或本国货币贬值，则报价货币的数额增加；反之，如果一定单位的外国货币贬值或本国货币升值，则报价货币的数额减少。

2. 间接标价法

间接标价法又称为应收标价法，是以一定单位的本国货币为标准，折算成若干单位的外国货币来表示，即以外国货币表示本国货币的价格。当今世界上，实行间接标价法的国家或地区较少，主要有英国、美国、欧元区、新西兰、加拿大、澳大利亚等。

在间接标价法下，汇率具有以下两个特征：(1)标准货币是本币，报价货币是外币；(2)外汇汇率的升（贬）值与报价货币数额的多少呈反方向变化。本国货币的数额保持固定不变，外国货币的数额随着本国货币或外国货币币值的变化以及外汇供求条件的变化而变动。如果外国货币升值或本国货币贬值，则报价货币的数额减少；反之，如果外国货币贬值或本国货币升值，则报价货币的数额增加。

3. 美元标价法和非美元标价法

美元标价法（US dollar quotation），是以一定单位的美元为标准，折算成若干单位的其他货币来表示。非美元标价法，是以非美元货币为标准，折算成若干单位的美元来表示。在国际外汇市场上，除英镑、澳大利亚元、新西兰元、欧元、南非兰特等几种货币采用非美元标价法以外，其余大多数货币采用美元标价法。这一惯例已被全世界的市场参与者所接受。

（三）汇率的种类

外汇汇率的种类很多，有各种不同的划分方法，特别是在实际业务中，分类更加复杂，主要有以下几种分类：

1. 从汇率制定的角度，分为基本汇率和套算汇率

(1)基本汇率

基本汇率又称基准汇率，是指一国货币对关键货币的比率。所谓关键货币（key money），是指在国际交往中使用最多、在外汇储备中所占比重最大、在国际上普遍接受的可自由兑换的货币。美

元作为国际上主要的结算货币和储备货币，成为外汇市场的关键货币。因此，目前大多数国家或地区把本国货币与美元的汇率作为基本汇率。基本汇率是确定一国货币与其他国家货币汇率的基础。

(2)套算汇率

套算汇率又称交叉汇率，是通过两种不同货币与关键货币的汇率间接地计算出两种不同货币之间的汇率。套算汇率的计算方法有两种，即“同项相乘法”和“交叉相除法”。“同项相乘法”适用于关键货币不同的套算汇率的计算，“交叉相除法”适用于关键货币相同的套算汇率的计算。套算汇率的具体套算方法可分为以下三种情况：

①如果在两种非美元货币的报价中，美元都是基础货币，则计算的方法是交叉相除法，以被除数所代表的货币作为交叉汇率中的计价货币，以除数所代表的货币作为交叉汇率中的基础货币。

②如果在两种非美元货币的报价中，美元都是计价货币，则计算的方法是交叉相除法，以被除数所代表的货币作为交叉汇率中的基础货币，以除数所代表的货币作为交叉汇率中的计价货币。

【做中学 7－1】 已知 USD/CHF：1.624 0－1.624 8；USD/EUR：0.811 0－0.811 8，计算 EUR/CHF 的汇率。

解：已知的两个汇率中美元均为基础货币，所求交叉汇率 EUR/CHF 中，EUR 为基础货币，原来给定的汇率中含有该基础货币的汇率数 0.811 0－0.811 8 作为分母，并将其交叉；CHF 为标价货币，原来给定的汇率中含有该标价货币的汇率数 1.624 0－1.624 8 作为分子，则

EUR/CHF 的买入价为：1.624 0÷0.811 8＝2.000 5。

EUR/CHF 的卖出价为：1.624 8÷0.811 0＝2.003 5。

交叉汇率为：EUR/CHF：2.000 5－2.003 5。

【解析】在外汇交易中，汇率的表示分为买入价和卖出价。对于交叉汇率的计算，关键在于确定基础货币和标价货币，并依据已知汇率进行相应的运算。已知 USD/CHF 和 USD/EUR 的汇率，在计算 EUR/CHF 交叉汇率时，由于所求汇率中 EUR 为基础货币，所以在已知汇率中找到含有 EUR 的汇率(USD/EUR)，其买入价和卖出价在计算交叉汇率时作为分母。而 CHF 为标价货币，找到含有 CHF 的汇率(USD/CHF)，其买入价和卖出价作为分子。买入价的计算是用 USD/CHF 的买入价除以 USD/EUR 的卖出价，卖出价则是用 USD/CHF 的卖出价除以 USD/EUR 的买入价，这样就能得出 EUR/CHF 的买入价和卖出价，从而确定交叉汇率。

【做中学 7－2】 已知 AUD/USD：0.735 0－0.736 0；GBP/USD：1.587 0－1.588 0，计算 GBP/AUD 的汇率。

解：已知的两个汇率中美元均为标价货币，所求交叉汇率 GBP/AUD 中，GBP 为基础货币，原来给定的汇率中含有该基础货币的汇率数 1.587 0－1.588 0 作为分子；AUD 为标价货币，原来给定的汇率中含有该标价货币的汇率数 0.735 0－0.736 0 作为分母，并将其交叉，则

GBP/AUD 的买入价为：1.587 0÷0.736 0＝2.156 3。

GBP/AUD 的卖出价为：1.588 0÷0.735 0＝2.160 5。

GBP/AUD 的汇率为 2.156 3－2.160 5。

【解析】在外汇汇率体系里，当已知 AUD/USD 和 GBP/USD 的汇率，计算 GBP/AUD 交叉汇率时，因为 GBP 是所求交叉汇率中的基础货币，所以将含有 GBP 的汇率(GBP/USD)的买入价和卖出价作为分子。AUD 是标价货币，含有 AUD 的汇率(AUD/USD)的买入价和卖出价作为分母并交叉。买入价通过 GBP/USD 的买入价除以 AUD/USD 的卖出价得出，卖出价通过 GBP/USD 的卖出价除以 AUD/USD 的买入价得出，以此确定 GBP/AUD 的交叉汇率。

【做中学 7-3】 已知 USD1＝JPY133.68/133.98，GBP1＝USD1.408 3/1.411 3，求：GBP/JPY 的交叉汇率。

解：银行买进日元：GBP1＝JPY188.26(133.68×1.408 3)。

银行卖出日元：GBP1＝JPY189.09(133.98×1.411 3)。

则英镑对日元的汇率为：GBP1＝JPY188.26/189.09。

【解析】 当银行进行外汇交易时，对于买入和卖出有着不同的汇率计算方式。银行买进日元，意味着银行卖出英镑，此时需要将两个汇率相乘。用 USD 兑换 JPY 的买入价 133.68 乘以 GBP 兑换 USD 的买入价 1.408 3，得到 GBP 兑换 JPY 的买入价 188.26。银行卖出日元，也就是银行买入英镑，同样将两个汇率相乘，用 USD 兑换 JPY 的卖出价 133.98 乘以 GBP 兑换 USD 的卖出价 1.411 3，得到 GBP 兑换 JPY 的卖出价 189.09。所以最终得出英镑对日元的交叉汇率为 GBP1＝JPY188.26/189.09。

③如果一种非美元货币的汇率以美元为计价货币，而另一种非美元货币的汇率以美元作为基础货币，则计算的方法是同项相乘法。

2. 从银行买卖外汇的角度，分为买入汇率、卖出汇率、中间汇率、现钞汇率

(1)买入汇率

买入汇率又称买入汇价或买价，是银行从同业或客户买入外汇时所使用的汇率。

(2)卖出汇率

卖出汇率又称卖出汇价或卖价，是银行向同业或客户卖出外汇时所使用的汇率。

买入汇率和卖出汇率都是从银行(报价银行)的角度出发的，外汇银行买卖外汇的目的是追求利润，因此它们总是以低价买入某种货币，然后高价卖出，即外汇银行在经营外汇的过程中始终遵循贱买贵卖原则。买入汇率和卖出汇率二者之间的差额就是银行买卖外汇的收益。

按照汇率标价惯例，无论何种汇率的标价方法，总是数字较小的在前面，数字较大的在后面。为了方便记忆，我们总结出买入汇率和卖出汇率的判断方法：①直接标价法下，“前买后卖”(即买入价在前，卖出价在后)；②间接标价法下，“前卖后买”(即卖出价在前，买入价在后)；③标准货币下，“前买后卖”(即标准货币的买入价在前，卖出价在后)；④报价货币下，“前卖后买”(即报价货币的卖出价在前，买入价在后)。

(3)中间汇率

中间汇率又称中间价，是银行外汇的买入汇率与卖出汇率的平均数，即买入汇率加卖出汇率之和除以 2。中间汇率不是外汇买卖的执行价格，常用于对汇率的分析。报刊、电视报道汇率时，常用中间汇率。

(4)现钞汇率

现钞汇率又称现钞买入价，是银行从客户那里购买外币现钞时所使用的汇率。现钞买入价一般低于现汇买入价，而现钞卖出价与现汇卖出价相同。

3. 按国际货币制度的演变，分为固定汇率和浮动汇率

(1)固定汇率

固定汇率是指一国货币同另一国货币的汇率保持基本固定，汇率的波动限制在一定幅度以内。固定汇率是在金本位制和布雷顿森林货币体系下各国货币汇率安排的主要形式。在金本位制下，货币的含金量是决定汇率的基础，黄金输送点是汇率波动的界限。在这种制度下，各国货币的汇率变动幅度很小，基本上是固定的，故称固定汇率。

(2)浮动汇率

浮动汇率是指一个国家不规定本国货币的固定比价，也没有任何汇率波动幅度的上下限，而是

听任汇率随外汇市场的供求关系自由波动。浮动汇率是自20世纪70年代初布雷顿森林货币体系崩溃以来各国汇率安排的主要形式。

4. 按一国政府是否对外汇市场进行干预,分为管理浮动和自由浮动

(1)管理浮动

管理浮动是指一国在实行浮动汇率的前提下出于一定的经济目的,或明或暗地干预甚至操纵外汇市场汇率变动的汇率安排方式,这种受干预的浮动汇率又称为"肮脏浮动"(dirty floating)。

【提示】目前我国的汇率制度是"以市场供求为基础、参考一篮子货币进行调节、有管理的浮动汇率制度"。

(2)自由浮动

自由浮动是指一国政府对外汇市场不进行任何干预,完全由外汇市场的供求关系决定汇率变动的汇率安排方式,又称为"清洁浮动"(clean floating)。管理浮动是目前浮动汇率的主要形式,几乎没有一个国家能真正实行自由浮动,即便是美国、日本、德国也不时地对外汇市场进行干预。

5. 按一国货币价值是否与其他国家保持某种特殊联系,分为单独浮动、联合浮动、钉住浮动

(1)单独浮动

单独浮动是指本国货币价值不与他国货币发生固定联系,其汇率根据外汇市场的供求变化单独浮动。如美元、日元、瑞士法郎、加拿大元等均采用单独浮动。

(2)联合浮动

联合浮动又称蛇形浮动,是指某些国家出于保护和发展本国经济的需要,组成某种形式的经济联合体,在联合体内各成员国之间制定固定汇率,规定上下波动界限,对成员国以外其他国家的货币汇率则采取共同浮动的办法。1999年1月欧元启动前,欧洲经济共同体成员国的货币一直实行联合浮动。

(3)钉住浮动

钉住浮动是指一国货币与另一国货币挂钩或与另几国货币所组成的"篮子货币"挂钩(即制定它们之间的固定汇率),然后随所挂钩的货币汇率的波动而波动。

【提示】钉住浮动是在当前国际外汇市场动荡不定的情况下,发展中国家汇率安排的主要方式。

6. 按汇率是否适用于不同的来源与用途,分为单一汇率和多种汇率或复汇率

(1)单一汇率

单一汇率是指一国货币对某种货币仅有一种汇率,各种收支都按这种汇率结算。

(2)多种汇率

多种汇率是指一国货币对某一外国货币的比价因用途及交易种类的不同而规定两种或两种以上的汇率,也称复汇率。

7. 按外汇资金用途和性质,分为贸易汇率和金融汇率

(1)贸易汇率

贸易汇率是指用于进出口贸易及其从属费用方面支付结算的汇率。

(2)金融汇率

金融汇率是指用于资本移动、旅游和其他非贸易收支方面支付结算的汇率。一般来说,一国在实行贸易汇率和金融汇率并存的复汇率时,金融汇率要比贸易汇率高一些,这样一方面可以达到鼓励出口、改善贸易收支的目的,另一方面可以控制国际资本流动对本国国际收支和经济发展所带来的冲击。

8. 按各种汇率决定的不同方式,分为官方汇率和市场汇率

(1)官方汇率

官方汇率是指由国家机构(财政部、中央银行或外汇管理机构)规定的汇率。

(2)市场汇率

市场汇率是指在外汇自由市场上自发形成的汇率。

9. 按外汇交易支付工具和付款时间,分为电汇汇率、信汇汇率和票汇汇率

(1)电汇汇率

电汇汇率是指银行以电信方式买卖外汇时所采用的汇率。由于电汇具有收付迅速安全、交易费用相对较高的特点,一方面,电汇汇率要比信汇汇率、票汇汇率高;另一方面,在当前信息社会,国际业务中基本上以电汇业务支付结算,因而电汇汇率是基础汇率,其他汇率都是以电汇汇率为基础来计算的。西方外汇市场上所显示的汇率多为银行的电汇汇率。

(2)信汇汇率

信汇汇率是指以信函方式通知收付款时采用的汇率。信汇业务具有收付时间长、安全性低、交易费用低的特点,因此,一般来说,信汇汇率相对于电汇汇率要低一些。

(3)票汇汇率

票汇汇率是指兑换各种外汇汇票、支票和其他各种票据时所采用的汇率。票汇汇率根据票汇支付期限的不同,又分为即期票汇汇率和远期票汇汇率。即期票汇汇率是银行买卖即期外汇的汇率,较电汇汇率低,大致同信汇汇率相当;远期票汇汇率是银行买卖远期票汇的汇率,由于远期汇票交付时间较长,所以其汇率比即期票汇汇率还要低。

10. 按外汇交割期限不同,分为即期汇率和远期汇率

(1)即期汇率

即期汇率是指买卖双方成交后,于当时或两个工作日之内进行外汇交割时所采用的汇率。

(2)远期汇率

远期汇率是指买卖双方成交后,在约定的日期办理交割时所采用的汇率。

11. 按银行营业时间划分,分为开盘汇率和收盘汇率

(1)开盘汇率

开盘汇率又称开盘价,是指外汇银行在一个营业日开始进行外汇买卖时使用的汇率。

(2)收盘汇率

收盘汇率又称收盘价,是指外汇银行在一个营业日外汇交易终了时使用的汇率。

12. 按银行外汇业务往来的对象,分为同业汇率和商人汇率

(1)同业汇率

同业汇率是指外汇银行与外汇银行同业之间买卖外汇的汇率。同业汇率的形成与变化由外汇市场供求关系决定,因此同业汇率就是外汇市场汇率。同业汇率以市场的银行电汇汇率为基础,买卖之间的差价很小。

(2)商人汇率

商人汇率是指银行与商人即客户之间买卖外汇的汇率。商人汇率是根据同业汇率适当增加一些差价决定的,一般要高于银行同业汇率,因为银行要赚取一定的外汇买卖收益作为银行的经营收入。

三、外汇业务的核算

(一)外汇业务会计核算

1. 外汇管理

外汇管理是指政府制定外汇管理法令、制度,对境内外汇买卖、国际结算和外汇汇率所实施的

管理。

2. 外币业务核算

(1)外币业务核算的程序

外币业务，又称外汇业务，是指外贸企业以记账本位币（人民币）以外的货币进行款项收付、往来结算的经济业务，包括企业购买和销售以外币计价的货物或劳务、借入或借出外币资金、承担或清偿以外汇计价的债务等。外币业务会计核算的基本程序为：

①根据一定的折算汇率将外币金额折算为记账本位币金额，按照折算后的记账本位币金额登记有关记账本位币账户，同时，按照外币金额登记相应的外币账户。企业将外币金额折算为记账本位币金额时，应采用外币业务发生时的汇率，也可以采用外币业务发生当期期初的汇率。

②各种外币账户的金额，期末时应按照期末汇率折合为记账本位币。期末折合后的记账本位币金额与账面记账本位币金额之间的差额，作为汇兑损益处理。

企业为了进行外币业务的核算，应设置相关的外币账户："库存现金"账户核算外币现金的增减变动及结余情况；"银行存款"账户核算各种外币存款的增减变动及结余情况；外币债权结算账户如"应收账款""应收票据""预付账款"等，核算各种外币债权的增减变动及结余情况；"应付账款""应付票据""预收账款""短期借款"等，核算各种外币债务的增减变动及结余情况。

(2)外币业务的记账方法

外币业务的记账方法有外币统账制和外币分账制。

①外币统账制是指企业在发生外币业务时必须及时折算为记账本位币记账，并以此编制会计报表的制度。从我国目前的情况来看，除金融企业外，绝大多数企业采用外币统账制，所以外贸企业通常采用外币统账制。

②外币分账制是指企业对外币业务的日常核算按照外币进行记账，将不同的外币币种分别核算损益和编制会计报表，在资产负债表日，将不同币种的会计报表折算为记账本位币表示的会计报表，并与记账本位币业务编制的会计报表汇总，编制整个企业一定会计期间的会计报表的制度。我国金融企业因外币交易频繁，涉及外币币种较多，一般采用外币分账制记账方法进行日常核算。

(二)记账本位币的确定

记账本位币是指企业经营所处的主要经济环境中的货币。我国企业通常应选择人民币作为记账本位币。业务收支以人民币以外的货币为主的企业，可以选定其中一种货币作为记账本位币，但是编报的财务报表应当折算为人民币。

企业选定记账本位币，应当考虑下列因素：(1)该货币主要影响商品和劳务的销售价格，通常以该货币进行商品与劳务的计价和结算；(2)该货币主要影响商品和劳务所需人工、材料和其他费用等，以该货币进行费用的计价和结算；(3)融资活动获得的货币以及保存从经营活动中收取款项所使用的货币。

(三)汇兑损益

汇兑损益(Exchange Gain or Loss)是汇兑损失和收益的简称，是指进出口企业在进行外币业务核算时一定数额的外币因汇率的变化在不同的时点对应的记账本位币数额的差额。

1. 汇兑损益的会计处理原则

汇兑损益的会计处理原则包括：(1)企业外币兑换、外币交易中发生的汇兑损益，应计入当期损益，在"财务费用"账户或单设"汇兑损益"账户列支。(2)企业为购建固定资产等发生的汇兑损益，在资产达到预定可使用状态之前发生的，可按有关规定予以资本化，计入相关固定资产的购建成本；在此之后发生的，计入当期损益。(3)企业为购建无形资产发生的汇兑损益，计入无形资产的价值。(4)支付给境外投资者的股利或利润发生的汇兑损益，应归属于"汇兑损益"账户。

借方	财务费用——汇兑损益 贷方
汇兑损失	汇兑收益

2. 汇兑损益的结转方法

在外贸企业的具体账务处理中，汇兑损益的结转方法有逐笔结转法和集中结转法两种。

(1)逐笔结转法

逐笔结转法是指企业对每一笔外币业务，均按业务发生日市场汇率或期初汇率入账，每结算一次或收付一次，依据账面汇率计算一次汇兑损益，期末再按市场汇率进行调整，调整后的期末人民币余额与原账面人民币余额的差额作为当期汇兑损益。这种方法的操作特点有：①外币资产和负债的增加采用企业选用的市场汇率折算；②外币资产和负债的减少选用账面汇率进行折算，其账面汇率的计算可以采用先进先出法和加权平均法等确定。逐笔结转法需要随时查找或计算账面汇率，较为复杂，适用于外币业务不多的企业。

(2)集中结转法

集中结转法是指企业对外币账户平时一律按选用的市场汇率(业务发生日汇率或期初汇率)记账，平时不确认汇兑损益，期末将外币账户的余额按期末汇率调整，将调整后的期末人民币余额与原账面余额的差额集中计算一笔汇兑损益。集中结转法平时不需计算汇兑损益，而是将汇兑损益的计算工作集中在期末，适用于外币业务较多的企业。

【提示】逐笔结转法和集中结转法的计算结果是一致的。

3. 汇兑差额的处理

根据《企业会计准则第19号——外币折算》第十一条的规定，在资产负债表日，企业应当分别对外币货币性项目和外币非货币性项目进行会计处理。

(1)外币货币性项目

货币性项目是指企业持有的货币资金和将以固定或可确定的金额收取的资产或者偿付的负债。货币性项目分为货币性资产和货币性负债。货币性资产包括库存现金、银行存款、应收账款、其他应收款、长期应收款等；货币性负债包括短期借款、应付账款、其他应付款、长期借款、应付债券、长期应付款等。对于外币货币性项目，因结算或采用资产负债表日的即期汇率折算而产生的汇兑差额，计入当期损益，同时调增或调减外币货币性项目的记账本位币金额。

(2)外币非货币性项目

非货币性项目是指货币性项目以外的项目，包括存货、长期股权投资、固定资产、无形资产等。以历史成本计量的外币非货币性项目，由于已在交易发生日按当日即期汇率折算，因此资产负债表日不应改变其原记账本位币金额，不产生汇兑差额。以公允价值计量的外币非货币性项目，如交易性金融资产(股票、基金等)，采用公允价值确定日的即期汇率折算，折算后的记账本位币金额与原记账本位币金额的差额，作为公允价值变动(含汇率变动)处理，计入当期损益。

(3)外币投入资本

企业收到投资者以外币投入的资本，无论是否有合同约定汇率，均不得采用合同预定汇率和即期汇率的近似汇率折算，而应采用交易日即期汇率折算。这样外币投入资本与相应的货币性项目的记账本位币金额相等，不产生外币资本折算差额。

(4)实质上构成对境外经营净投资的外币货币性项目

企业编制合并财务报表涉及境外经营的，如有实质上构成对境外经营净投资的外币货币性项目，因汇率变动而产生的汇兑差额，应列入所有者权益中的“外币报表折算差额”项目，处置境外经营时，计入处置当期损益。

（四）外汇业务会计核算

外贸企业的外汇业务会计核算内容，主要分为外币兑换（或汇兑）、外汇收入和外汇支出三种类型。

（1）外币兑换的核算。企业发生外币兑换业务或涉及外币兑换的交易事项，应当以交易实际采用的汇率，即银行买入价或卖出价核算，汇率变动产生的折算差额计入当期损益。

（2）外汇收入的核算。经核准在银行开立外汇存款账户的大型企业和一般企业限额内不办理结汇的外汇收入，其会计处理比较简单：当收入外汇时，根据有关单证的外汇数额办理存款手续，取得回单后，借记“银行存款”账户，贷记有关收入账户。如果企业采用人民币（或其他币种）为记账本位币，则应通过汇率折算为人民币，其会计处理与办理结汇收入的会计处理相同。

（3）外汇支出的核算。根据外汇管理的有关规定，当前涉及企业的外汇支出有三个来源：一是企业自有限额内的外汇存款；二是凭有效单证向银行购付；三是经申请核准支付。前两者可统称为“凭有效单证外汇支出”，后者可称为“凭核准证明外汇支付”。

【做中学7—4】 某外资进出口公司为一般纳税企业，以人民币为记账本位币，对外币交易采用交易日即期汇率折算，按月计算汇兑损益。假定该公司2025年1月1日有关外币账户余额见表7—3。

表7—3 有关外币账户余额表

外币账户名称	外币余额	汇　率	人民币金额
银行存款——外币存款（美元户）	USD100 000	6.100 0	CNY610 000
应收账款——应收外汇账款（B公司）	USD29 000	6.100 0	CNY176 900
应付账款——应付外汇账款（Y公司）	USD23 000	6.100 0	CNY140 300

该公司2025年1月份发生下列经济业务：

（1）3日，根据合同规定对国外B公司出口甲商品10 000件，人民币总成本为252 000元（不含增值税）。出口甲商品外销发票金额为每件外销价CIF5美元，当日交单出口并结转出口商品销售成本，当日即期汇率为1美元＝6.110 0元人民币。编制会计分录如下：

借：应收账款——应收外汇账款（B公司）（USD50 000×6.110 0）　　305 500

　　贷：主营业务收入——自营出口销售收入（USD50 000×6.110 0）　　305 500

借：主营业务成本——自营出口销售成本　　252 000

　　贷：库存商品——库存出口商品（甲商品）　　252 000

【解析】 公司对国外B公司出口甲商品，以外销发票金额和当日即期汇率确定主营业务收入和应收账款。同时，结转出口商品销售成本，遵循收入与成本配比原则。借记“应收账款”，贷记“主营业务收入”，体现了资产的增加和收入的实现；借记“主营业务成本”，贷记“库存商品”，反映了成本的结转。

（2）12日，从银行借入短期外币借款8万美元，当日即期汇率为1美元＝6.110 0元人民币。

借：银行存款——外币存款（USD80 000×6.110 0）　　488 800

　　贷：短期借款（USD80 000×6.110 0）　　488 800

【解析】 从银行借入短期外币借款，按当日即期汇率将借款金额折算为人民币入账。借记“银行存款”，资产增加；贷记“短期借款”，负债增加。

(3)20 日，从法国进口化工材料 10 吨，每吨 FOB 巴黎 2 000 美元，国外运费 3 000 美元，付款方式 T/Tin advanced，海运。款项以外汇银行存款支付，当日即期汇率为 1 美元＝6.100 0 元人民币。

借：在途物资——进口库存商品(化工材料)(USD20 000×6.100 0)　　122 000

　　贷：银行存款——外币存款(USD20 000×6.100 0)　　122 000

【解析】从法国进口化工材料，以进口货物价值、国外运费及当日即期汇率计算在途物资成本，并支付外汇银行存款。借记“在途物资”，资产增加；贷记“银行存款”，资产减少。

(4)21 日，接到银行通知，收到国外 B 公司归还货款 29 000 美元，当日即期汇率为 1 美元＝6.105 0 元人民币。

借：银行存款——外币存款(USD29 000×6.105 0)　　177 045

　　贷：应收账款——应收外汇账款(B 公司)(USD29 000×6.105 0)　　177 045

【解析】收到 B 公司归还货款，按当日即期汇率折算入账，减少应收账款并增加银行存款。借记“银行存款”，贷记“应收账款”，体现了资金的回笼和债权的减少。

(5)23 日，以外汇银行存款偿还前欠国外 Y 公司账款 23 000 美元，当日即期汇率为 1 美元＝6.100 0 元人民币。

借：应付账款——应付外汇账款(Y 公司)(USD23 000×6.100 0)　　140 300

　　贷：银行存款——外币存款(USD23 000×6.100 0)　　140 300

【解析】以外汇银行存款偿还前欠 Y 公司账款，按当日即期汇率折算，减少应付账款和银行存款。借记“应付账款”，贷记“银行存款”，反映了企业债务的清偿。

(6)27 日，收到国外 B 公司出口甲商品货款，由银行划入待核查账户，当日即期汇率为 1 美元＝6.099 0 元人民币。

借：银行存款——外币存款(USD50 000×6.099 0)　　304 950

　　贷：应收账款——应收外汇账款(B 公司)(USD50 000×6.099 0)　　304 950

【解析】收到 B 公司出口甲商品货款，按当日即期汇率折算入账，同样减少应收账款并增加银行存款。

(7)31 日，美元市场即期汇率为 1 美元＝6.090 0 元人民币。

银行存款＝216 000×6.090 0－1 318 495＝1 315 440－1 318 495＝－3 055(元人民币)(损失)

借：财务费用　　3 055

　　贷：银行存款　　3 055

B 公司应收账款＝0×6.090 0－405＝－405(元人民币)(损失)

借：财务费用　　405

　　贷：应收账款——B 公司　　405

短期借款＝80 000×6.090 0－488 800＝－1 600(元人民币)(收益)

借：短期借款　　1 600

　　贷：财务费用　　1 600

【解析】月末根据美元市场即期汇率，对银行存款、应收账款和短期借款进行汇兑损益计算。汇兑损益是由于汇率波动导致的外币账户人民币余额的变动。当资产类账户(如银行存款、应收账款)的期末折算人民币余额小于账面人民币余额时，产生汇兑损失，计入“财务费用”借方；当负债类账户(如短期借款)的期末折算人民币余额小于账面人民币余额时，产生汇兑收益，计入“财务费用”贷方 。

四、国际结算及其会计核算

(一)国际结算的概念和国际结算方式

国际结算是指国际上由于贸易活动所发生的国际货币收支和国际债权债务的结算。国际结算分为记账结算和现汇结算两种类型。(1)记账结算是指按照两国政府签订的支付协定中的有关条款,贸易双方结算都通过两国银行间开立的清算账户办理,平时结算不需要动用现汇支付,至协定年度终了,对账户的差额进行清算。(2)现汇结算是指以两国贸易部门签订的贸易合同为依据,办理进出口业务时,双方均以现汇逐笔结清。

【提示】现汇结算主要采取汇付、托收、信用证三种结算方式。

1. 汇付

(1)汇付的概念

汇付,又称汇款,是指付款人主动通过银行或其他途径将款项汇交收款人的一种支付方式。在汇付方式下,结算工具(委托通知或汇票)的传递方向与资金的流向相同,因此也称为顺汇。

(2)汇付的当事人

①汇款人,是指汇出款项的人,在进出口业务中,通常是合同的买方。

②收款人或受益人,是指汇款人指定接受汇款的人,在进出口业务中,通常是合同的卖方。

③汇出行或汇款行,是指接受汇款人委托汇出款项的银行,通常是汇款人所在地或进口地银行。

④汇入行或解付行,是指接受汇出行委托,解付款项给收款人的银行,通常是收款人所在地或出口地银行。

(3)汇付的种类

按汇兑工具的不同,汇付可分为电汇、信汇、票汇。

①电汇(Telegraphic Transfer,T/T)。它是汇出行应汇款人的申请,通过加押电报、电传或SWIFT指示和授权汇入行解付一定金额给收款人的汇款方式。相对而言,电汇费用高,但速度快,使用最为广泛。

②信汇(Mail Transfer,M/T)。它是汇出行应汇款人的申请,用航空信函指示汇入行解付一定金额给收款人的汇款方式。相对而言,信汇费用低,但速度慢,现在实际业务中已较少使用。

电汇业务流程(见图7—3)说明如下:①汇款人填写电汇申请书,并向汇出行付款;②汇出行向汇款人出具电汇回执;③汇出行拍发电传、电报或环球同业银行金融电讯协会(SWIFT)给汇入行;④汇入行核对密押后将电汇通知书送达收款人;⑤收款人将收款收据盖章,交给汇入行;⑥汇入行借记汇出行账户,解付汇款给收款人;⑦汇入行将付讫借记通知书寄给汇出行。

信汇业务流程(见图7—3)说明如下:①汇款人填写信汇申请书,并向汇出行付款;②汇出行向汇款人出具信汇回执;③汇出行制作委托书,邮寄给汇入行;④汇入行核对签字后将信汇通知书送达收款人;⑤收款人将收款收据盖章,交给汇入行;⑥汇入行借记汇出行账户,解付汇款给收款人;⑦汇入行将借记通知书寄给汇出行。

③票汇(Demand Draft,D/D)。它是汇出行应汇款人的申请,开出银行即期汇票交汇款人,由其自行携带出国或寄送给收款人取款的汇款方式。

票汇业务流程(见图7—4)说明如下:①汇款人填写票汇申请书,并交款付费给银行;②汇出行开立银行即期汇票交给汇款人;③汇款人自行邮寄汇票给收款人或亲自携带汇票出国;④汇出行开立汇票后,将汇款通知书邮寄给国外代理行;⑤收款人持汇票向汇入行取款;⑥汇入行验核汇票与

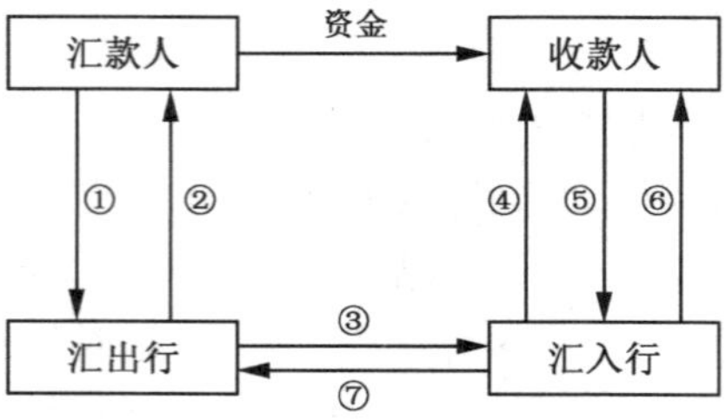

图7—3 电汇、信汇业务流程图

票根无误后，解付票款给收款人；⑦汇入行把付讫借记通知书寄给汇出行；⑧如汇出行与汇入行没有直接账户关系，还需进行头寸清算。

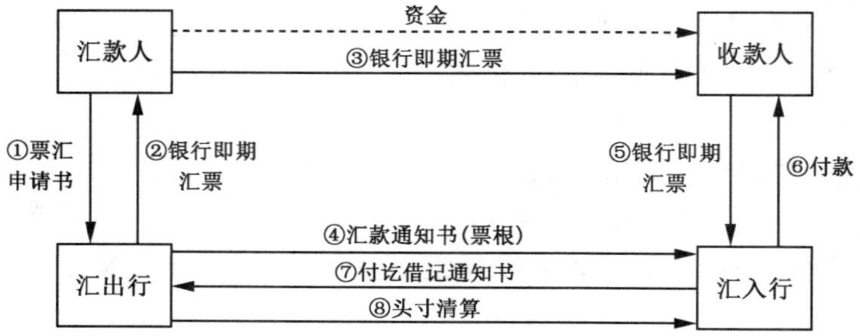

图7—4 票汇业务流程图

上述三种汇款方式各有利弊。电汇使用电报和电传，用密押证实。信汇采用信汇委托书或支付委托书，用印鉴证实。票汇采用银行即期汇票，用签字证实。电汇手续费较高，但速度快，较安全。信汇和票汇的费用略低些，但速度慢，在邮寄途中存在遗失和延误风险。票汇虽有背书转让的灵活性，但汇款人一旦寄出汇票，就不能止付，除非遗失，其挂失手续也比较麻烦。随着电子商务的发展，采用SWIFT计算机网络系统汇款，速度快、费用低，但只有SWIFT会员银行才可提供此种服务。

2. 托收

(1)托收的概念

托收是“委托收款”的简称，是指出口人在货物装运后开具以进口人为付款人的汇票(随附或不随附货运单据)，委托出口地银行通过它在进口地的分行或代理行向进口人收取货款的一种结算方式。托收也属于商业信用，采用的是逆汇法，即资金的流动方向与支付工具的传递方向相反。

(2)托收的当事人

①委托人，是指委托银行办理托收业务的人。由于委托人通常开出汇票委托银行向国外付款人代收货款，因此也称为出票人。在进出口贸易中，通常为出口商。

②托收行，是指接受委托人的委托，代为收取货款的银行，一般为出口地银行。

③代收行，是指接受托收行的委托代向付款人收取票款的银行，一般为进口地银行，且通常是委托行在进口地的分行或代理行。

④付款人，是指汇票中的付款人，也就是代收行向其提示汇票要求付款的债务人，通常为进口商。

⑤提示行，是指向付款人提示汇票和托收单据的银行，属代收行系列。提示行可以是由代收行委托的与付款人有往来账户关系的银行，也可以由代收行自己兼任。

(3)托收的种类

托收按是否随附商业单据，可分为光票托收与跟单托收两大类。

①光票托收。它是出口商仅凭金融票据，不随附商业票据的托收。在实际业务中，用于光票托收的金融单据包括银行汇票、本票、私人支票和商业汇票等。

②跟单托收(Documentary Collection)。它是出口商将汇票连同货运单据一起交给银行委托代收货款，即附带商业票据的托收。根据交付单据的条件分为付款交单和承兑交单。

付款交单，是指代收行以进口商付款为条件向进口商交单，根据付款时间不同又分为即期付款交单和远期付款交单。

A. 即期付款交单(D/P at sight)，是指当代收行向进口商提示汇票和单据时立即付款赎单。

B. 远期付款交单(D/P after sight)，是指出口商开具远期汇票，附带单据通过托收行一并寄代收行，代收行收到单据后，立即向进口商提示汇票和单据，进口商审核后随即予以签字承兑，代收行收回汇票及单据，待汇票到期时再向进口商提示要求其付款，收到其货款后将单据交给进口商。

承兑交单，是指代收行以进口商承兑为条件向进口商交单。进口商承兑汇票后即可领取货运单据，待汇票到期时再付款。

(4)托收结算的操作程序

根据国际商会出版物第522号《托收统一规则》(The Uniform Rules for Collection，简称URC522)的规定，托收委托人(卖方)须提供准确的托收指示，被委托的银行只是尽力替委托人收款，银行不提供付款承诺，托收业务中的商业风险由委托人承担。因此，银行需严格按照委托人的指示办理托收业务，否则要对自己的行为负责。

D/P业务流程(见图7—5)说明如下：①委托人(出口商)向付款人(进口商)发货物；②出口商整理好全套单据交给托收行；③托收行将全套单据寄交代收行；④代收行向进口商提示汇票；⑤进口商见票后立即(或远期)履行付款责任；⑥进口商取得全套单据；⑦代收行将金额如数划拨给托收行；⑧托收行将金额如数划拨给出口商。

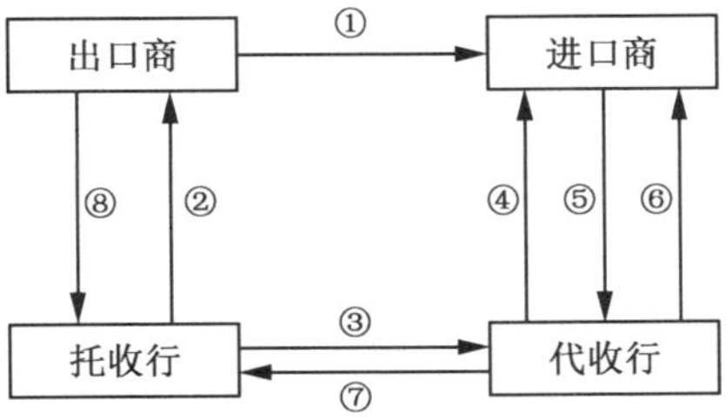

图7—5　D/P业务流程图

D/A业务流程(见图7—6)说明如下：①委托人(出口商)向付款人(进口商)发货物；②出口商整理好全套单据交给托收行；③托收行将全套单据寄交代收行；④代收行向进口商提示汇票；⑤进口商见票后履行承兑责任；⑥进口商取得全套单据；⑦进口商到期履行付款责任；⑧代收行将金额如数划拨给托收行；⑨托收行将金额如数划拨给出口商。

3. 信用证

(1)信用证的概念

信用证(Letter of Credit，L/C)，是指银行(开证行)根据买方(申请人)要求及指示向卖方(受益人)开立的在一定期限内凭符合信用证条款的单据即期或在一个可确定的将来日期兑付一定金额的书面承诺。这种承诺是有条件的，要求提交信用证规定的单据和单证必须相符。信用证包括提

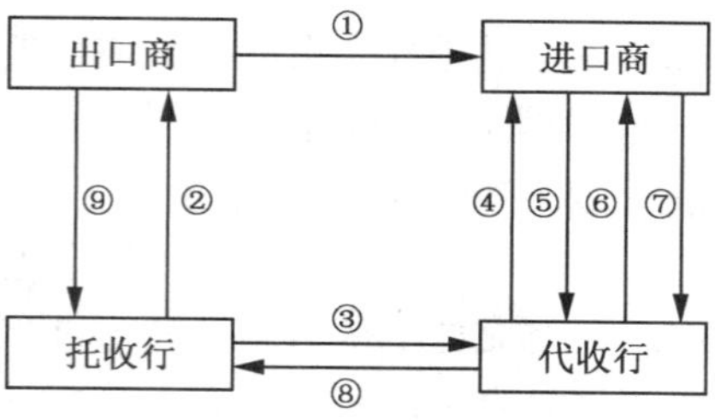

图 7—6 D/A 业务流程图

单、发票、保险单等。它强调开证行的付款或承兑必须是在受益人提供的信用证规定的与信用证条款相符的单据的情况下才能进行，这表明信用证是一家银行对信用证受益人有条件的付款承诺。

(2)信用证的当事人

信用证涉及的当事人很多，且因具体情况不同而有差异。一般来说，信用证的基本当事人有：

①开证申请人。它又称为开证人，是指向银行申请开立信用证的人，一般是进口商或中间商。如果开证银行以自身名义开立信用证，则信用证所涉及的当事人中没有开证申请人。

②受益人。它是信用证上指明有权使用该证并享有权益的人，通常是出口商。

③开证行。它是接受开证申请人的委托，代表申请人或根据自身需要开立信用证并承担付款责任的银行，一般是进口地的银行。开证行通过开证承担了根据受益人提交的符合信用证规定的单据付款的全部责任。

④通知行。它是受开证行的委托，将信用证转交或通知受益人的银行，一般是出口商所在地的银行，且通常是开证行的代理银行。通知行除应谨慎核查信用证的表面真实性，并及时、准确地将其通知受益人外，无须承担其他义务。

【提示】一般来说，上述四方当事人是几乎所有信用证业务都会涉及的，此外，应受益人的要求，还可能出现其他当事人。

⑤议付行。它是根据开证行的授权买入或贴现受益人提交的符合信用证规定的汇票或单据的银行。议付行可以是信用证上指定的银行，也可以是非指定的银行。若议付行遭开证行拒付，则可以向受益人追索。

⑥付款行。它是信用证上指定的付款银行。如果信用证未指定付款银行，则开证行即为付款行。

⑦偿付行。它是受开证行的委托或授权，对议付行或付款行进行垫款清偿的银行，一般是开证行指定的账户行。偿付行仅凭索汇行的索汇证明付款，而不受单、不审单，单据仍是寄给开证行。

⑧保兑行。它是受开证行的请求在信用证上加具保兑的银行，具有与开证行相同的责任和地位。保兑行对信用证独立负责，承担必须付款或议付的责任。在付款或议付后，不论开证行倒闭或无理拒付，保兑行都不能向受益人追索。

(3)信用证方式的特点

①信用证方式属于银行信用，开证行负第一性付款责任。信用证是开证行有条件的付款承诺，开证行一旦开出信用证，就表明其以自己的信用作了付款保证，并因此处于第一性付款人的地位，即只要受益人提交了单证相符的单据，开证行就必须付款，即使进口商倒闭或无力支付货款，开证行仍然要承担付款责任。因此，开证行的资信非常重要。

②信用证是一项自足文件，不依附于贸易合同而独立存在。信用证作为一种结算方式，其依据是买卖合同。信用证上的主要内容也是合同上的内容，即信用证的开具是以合同为基础的，信用证

一经开出，便成为独立于贸易合同的契约，不受贸易合同的约束。银行只对信用证负责，对贸易合同没有审查、监督执行的义务，贸易合同的修改、变更甚至失效都丝毫不影响信用证的效力。

③信用证业务处理的是单据而不是货物。银行只根据表面上符合信用证条款的单据付款，也就是说，银行的信用证业务是纯粹的单据业务，是“四不管”的业务，即不管贸易合同、不管单据真伪、不管货物、不管是否履行。唯一的要求是单据严格符合的原则，即要求受益人提供的单据必须与信用证的要求严格一致，甚至连一个字母都不能与信用证的规定不符。

单证相符强调的是单据表面的内容与信用证条款相符，而不是指单据真正的内容相符。表面的含义可以理解为，如果受益人制作与事实完全不符的假单据，而此假单据和信用证要求一致，就能得到开证行的付款；相反，如果受益人按合同要求装运了货物，但制作单据时忽略了信用证的某个条件，即单证不符，银行就会拒绝接受单据，受益人就不能得到货款。

对开证申请人来说，即使发现单据是伪造的，即被欺诈，但只要单据表面上与信用证条款相符，开证申请人就必须向开证行付款，因为其被欺诈与信用证的开证行没有任何关系，所以银行对此不承担责任。

（4）信用证的一般交易程序

信用证类型不同，其收付程序的具体做法也有所不同，但其基本环节大致相同。以不可撤销跟单信用证为例，信用证操作程序（如图 7—7 所示）如下：

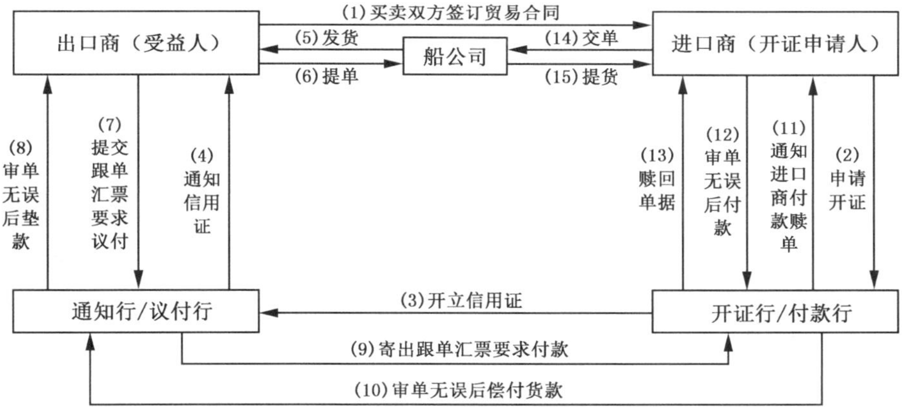

图 7—7 不可撤销跟单信用证操作流程

①进出口双方签订贸易合同，在合同中规定以信用证方式付款。

②进口商按合同规定向当地银行提出申请，填写开证申请书并交纳保证金或提供其他担保，要求开证行开证。开证人申请开证时应填写开证申请书，内容包括：要求开立信用证的内容，也就是开证人按照买卖合同条款要求开证银行在信用证上列明的条款，这是开证银行向受益人或议付银行付款的依据；开证人对开证银行的声明，用于表明双方的责任。

③开证行按申请书内容开立信用证，并寄交通知行办理信用证的通知事宜。

④通知行核对印鉴或密押无误后，将信用证传递给受益人。

⑤受益人审证、改证，确定信用证与合同无误后，备货装运出口。

⑥出口商发货装船后，从船运公司获取正本提单。

⑦出口商将缮制、核对后的全套单据、正本信用证在信用证有效期内交给议付行，要求议付。

⑧议付行审单无误后，向受益人承兑或垫付货款，即按汇票金额扣除利息等费用后付款给受益人。

⑨议付行将汇票和单据寄交付款行索偿。单据通常分为正副两批先后寄发，以免遗失。

⑩付款行收到单据后，核对无误，即对议付行付款。

⑪开证行通知进口商付款赎单。

⑫进口商核对单据无误后，付款赎单。

⑬开证行将单据交给进口商。

⑭进口商将单据交给船运公司提货。

⑮船运公司将货物交给进口商。

(5)信用证的种类

信用证的种类见表7—4。

表7—4　　信用证的种类

分类标准	信用证类型	特　点
修改撤销方式	不可撤销信用证	信用证一经开出，即使开证申请人提出了修改或撤销的要求，如果未征得开证行、保兑行及受益人的同意，信用证则既不能修改也不能撤销。《UCP600》第3条重申："信用证是不可撤销的，即使未如此表明。"
	可撤销信用证	指开证行无须征得受益人的同意，也无须事先通知受益人；在信用证被付款、承兑或议付之前，随时可以修改信用证内容或撤销信用证。
是否保兑	保兑信用证	除开证行以外，还有另一家银行对信用证承担保证兑付责任。
	不保兑信用证	除开证行以外，没有另一家银行对信用证承担保证兑付责任。
兑付方式	议付信用证	开证行在信用证中请其他银行买入汇票及单据，当受益人提交的单据符合信用证条款规定时，议付行扣除利息后将票款付给受益人，是实务中最常见的信用证。
	即期付款信用证	开证行或指定行收到符合信用证条款的即期汇票及单据后，立即履行付款义务。即期付款信用证不需要受益人提供汇票，只凭信用证规定的单据付款。付款行凭单付款后，对受益人没有追索权，对受益人极为有利。
	延期付款信用证	开证行或指定银行收到符合信用证条款规定的单据后，在将来可确定的日期履行付款责任。在延期付款信用证中，不要求受益人提交汇票，因此，它的实质是不用汇票的远期信用证。
	承兑信用证	开证行或指定银行收到符合信用证条款的远期汇票及单据后，不立即付款，而是承兑汇票，待汇票到期时才履行付款责任，是一种需要提供汇票的远期信用证。
附加性质	可转让信用证	信用证的受益人(第一受益人)可以要求授权付款、承担延期付款责任、承兑或议付的银行(转让银行)，或者当信用证是自由议付时，可以要求信用证中特别授权的转让的银行，将信用证全部或部分转让给一个或数个受益人(第二受益人)使用。
	循环信用证	信用证被全部或部分使用后，仍可恢复原金额再使用，分为按时间循环信用证和按金额循环信用证，有自动循环使用、非自动循环使用、半自动循环使用三种循环方式。
	背对背信用证	中间商收到进口商开来的、以其为受益人的信用证后，要求原通知行或其他银行以原证为基础，另外开立一张内容相似的、以其为开证申请人的新的信用证给另一受益人。
	对开信用证	它是通过相互向对方开立信用证进行结算的方式。主要特点是：双方同时开证；第一张信用证的受益人是第二张信用证的申请人；第一张信用证的通知行是第二张信用证的开证行；它们的金额可以相等或不同，可以同时或分别生效。

(二)国际结算方式的账务处理

1. 汇付结算的会计处理

(1)进口商的会计处理

预付货款时,借记"预付账款——预付外汇账款"账户,贷记"银行存款"账户;收到提单和发票账单时,借记"在途物资"账户,贷记"预付账款——预付外汇账款"账户。采取货到付款方式时,借记"在途物资"账户,贷记"应付账款——应付外汇账款"账户;支付时,借记"应付账款——应付外汇账款"账户,贷记"银行存款"账户。

(2)出口商的会计处理

收到货款时,借记"银行存款"账户,贷记"预收账款——预收外汇账款"账户;销售发运商品时,借记"预收账款——预收外汇账款"账户,贷记"主营业务收入——自营出口销售收入"账户。

【做中学7—5】 某企业根据进出口合同规定按货款总值20 000美元预付订金10%即2 000美元,当日汇率为USD1=CNY6.243 0,同时以人民币支付银行手续费150元,编制会计分录如下:

借:预付账款——预付外汇账款(USD2 000×6.243 0)　　12 486
　　财务费用——手续费　　150
　　贷:银行存款——外币存款(USD2 000×6.243 0)　　12 486
　　　　　　　——人民币户　　150

【解析】该业务涉及企业预付订金和支付手续费。预付订金属于企业的一项资产,在支付时,按当日汇率将外币金额折算为人民币入账,借记"预付账款",体现了资产的增加。同时,支付的银行手续费属于财务费用,记入"财务费用——手续费"科目借方。而支付的外币订金和人民币手续费分别减少了银行存款的外币户和人民币户,贷记"银行存款——外币存款"和"银行存款——人民币户"。

【做中学7—6】 某出口公司收到国外进口方根据合同规定按货物总值30 000美元的15%预付货款,即4 500美元,当日汇率为USD1=CNY6.243 0。根据有关单证编制会计分录如下:

借:银行存款——外币存款(USD4 500×6.243 0)　　28 094
　　贷:预收账款——预收外汇账款(USD4 500×6.243 0)　　28 094

【解析】出口公司收到国外进口方的预付货款,这笔款项在货物交付前属于企业的一项负债。按当日汇率将收到的外币金额折算为人民币,记入"银行存款——外币存款"科目借方,体现资产的增加;同时,贷记"预收账款——预收外汇账款",反映了负债的增加。

【做中学7—7】 某单位到国外参加商品博览会,经申请核准以转账支票支付参展费用800美元,当日汇率为USD1=CNY6.243 0。根据支票存根及有关单证编制会计分录如下:

借:销售费用(USD800×6.243 0)　　4 994
　　贷:银行存款——外币存款(USD800×6.243 0)　　4 994

【解析】单位支付参展费用,参展费用属于销售费用范畴,用于促进商品销售和市场推广。以转账支票支付外币参展费用时,按当日汇率将外币金额折算为人民币,借记"销售费用",体现费用的增加;同时,贷记"银行存款——外币存款",反映银行存款外币户的减少。

【做中学7—8】 某企业收到国外客户以汇款方式寄来的样品款200美元,当日汇率为USD1=CNY6.243 0。编制会计分录如下:

借:银行存款——外币存款(USD200×6.243 0)　　1 249
　　贷:其他业务收入(USD200×6.243 0)　　1 249

【解析】企业收到国外客户的样品款,样品款属于企业的其他业务收入。按当日汇率将收到的外币金额折算为人民币，记入“银行存款——外币存款”科目借方，体现资产的增加；同时，贷记“其他业务收入”，反映收入的实现。

2. 托收结算的会计处理

(1)进口商的会计处理

支付款项获取全套货运单据时，借记“在途物资”账户，贷记“银行存款”账户；予以承兑取得全套货运单据时，借记“在途物资”账户，贷记“应付票据——外汇票据”账户；支付时，借记“应付票据——外汇票据”账户，贷记“银行存款”账户。

(2)出口商的会计处理

办妥托收手续时，借记“应收账款——应收外汇账款”账户，贷记“主营业务收入——自营出口销售收入”账户；收到货款时，借记“银行存款”账户，贷记“应收账款——应收外汇账款”账户。

【做中学 7－9】 某外贸公司从美国进口电器一批，收到银行转来的跟单托收付款交单凭证及全套货运单据，货款共计 57 500 美元，已经支付完毕，当日汇率为 USD1＝CNY6.243 0。根据有关单证编制会计分录如下：

借：在途物资(USD57 500×6.243 0)　　358 973

　　贷：银行存款——外币存款(USD57 500×6.243 0)　　358 973

【解析】 外贸公司从美国进口电器，收到跟单托收付款交单凭证及全套货运单据并支付货款，意味着公司取得了这批电器的控制权，同时付出了相应的货币资金。“在途物资”科目专门用于核算企业已支付货款，但尚未验收入库的物资采购成本。这里将进口电器的货款，按照当日汇率 USD1＝CNY6.243 0 折算为人民币 358 973(57 500×6.243 0)元，记入“在途物资”的借方，表明公司的资产增加，因为在途物资未来会转化为企业可用于销售或生产的存货；同时，贷记“银行存款——外币存款”相同金额，反映企业支付外币资金，导致外币存款这一资产减少。

【做中学 7－10】 某外贸公司根据合同规定向美国客户出口服装一批，货款共计 50 000 美元，当日汇率为 USD1＝CNY6.243 0，已办妥跟单托收手续。编制会计分录如下：

借：应收账款——应收外汇账款(USD50 000×6.243 0)　　312 150

　　贷：主营业务收入——自营出口销售收入(USD50 000×6.243 0)　　312 150

【解析】 外贸公司向美国客户出口服装，办妥跟单托收手续，这表明公司已完成商品所有权上主要风险和报酬的转移，满足收入确认条件，同时形成了对美国客户的收款权利。按照会计原则，企业应确认主营业务收入。“主营业务收入——自营出口销售收入”用于记录企业自营出口业务所获取的收入。将出口服装的货款 50 000 美元，按当日汇率 USD1＝CNY6.243 0 折算为人民币 312 150(50 000×6.243 0)元，贷记该科目，体现了企业经营活动收入的实现。同时，借记“应收账款——应收外汇账款”相同金额，表明企业拥有了向美国客户收取相应款项的权利，即形成了一项债权资产。

【做中学 7－11】 沿用【做中学 7－10】的资料，10 天后收到银行转来的美国客户支付 50 000 美元的收款通知，当日汇率为 USD1＝CNY6.233 0。编制会计分录如下：

借：银行存款——外币存款(USD50 000×6.233 0)　　311 650

　　财务费用——汇兑损益　　500

　　贷：应收账款——应收外汇账款(USD50 000×6.243 0)　　312 150

【解析】 10 天后收到美国客户支付的货款，企业的外币银行存款增加，同时相应的应收账款减少。但由于收款当日汇率与确认收入时的汇率不同，产生了汇兑损益。按收款当日汇率将收到的美元折算为人民币金额 311 650(50 000×6.233 0)元，借记“银行存款——外币存款”，反映企业银行存款这一资产的增加；接着，贷记“应收账款——应收外汇账款”，金额为确认收入时按当时汇率折算的312 150元，以冲减之前确认的债权。由于汇率下降，实际收到的人民币金额比应收账款账面金额少了500(312 150－311 650)元，这部分差额属于汇兑损失。在会计核算中，汇兑损益通过“财务费用——汇兑损益”科目核算，汇兑损失记入该科目的借方，因此借记“财务费用——汇兑损益”500元。

3. 信用证方式结算的会计处理

(1)进口商的会计处理

进口商按确定的比率向银行存入保证金时，借记“其他货币资金”账户，贷记“银行存款”账户；进口商付款获取单证时，借记“在途物资”账户，贷记“其他货币资金”或“银行存款”账户。

(2)出口商的会计处理

出口商签发汇票连同全套单据及信用证送存银行办理议付手续时，借记“应收账款——应收外汇账款”账户，贷记“主营业务收入——自营出口销售收入”账户；收到银行转来的收汇通知时，借记“银行存款”账户，贷记“应收账款——应收外汇账款”账户。

【做中学7—12】　某外贸公司从美国客户那里进口商品一批，向银行提出申请开立信用证20 000美元，按开证金额的25%支付保证金5 000美元，当日汇率为USD1＝CNY6.243 0，同时以银行存款人民币支付开证手续费800元。编制会计分录如下：

借：其他货币资金——信用证保证金(USD5 000×6.243 0)　　31 215
　　贷：银行存款——外币存款(USD5 000×6.243 0)　　31 215

【解析】该外贸公司开展进口业务，向银行申请开立信用证。开立信用证是国际贸易中常用的支付方式，通过银行信用保证交易的顺利进行。在这个过程中，公司需要按开证金额的一定比例支付保证金，并支付开证手续费。支付的5 000美元保证金，应从银行存款外币户转出，同时确认为企业的其他货币资金——信用证保证金。这是因为保证金虽然暂时存放在银行特定账户，但仍属于企业的资金，只是其使用受到一定限制，用于保证信用证的履行。按照当日汇率USD1＝CNY6.243 0，将5 000美元折算为人民币31 215(5 000×6.243 0)元，借记“其他货币资金——信用证保证金”，表示企业这部分资产的增加；贷记“银行存款——外币存款”相同金额，反映银行存款外币户资金的减少。

借：财务费用——手续费　　800
　　贷：银行存款——人民币户　　800

【解析】支付的800元人民币开证手续费，属于企业为完成该项信用证业务而发生的费用。在会计核算中，手续费通常计入“财务费用”科目。借记“财务费用——手续费”，体现费用的增加；贷记“银行存款——人民币户”，表明银行存款人民币户资金的减少。

【做中学7—13】　沿用【做中学7—12】的资料，10日后收到银行转来的发票和提单等单据，金额共计20 000美元，当日汇率为USD1＝CNY6.243 0，扣除已支付的25%保证金后，当即付清全部款项。编制会计分录如下：

借：在途物资　　124 860
　　贷：其他货币资金——信用证保证金(USD5 000×6.243 0)　　31 215
　　　　银行存款——外币存款(USD15 000×6.243 0)　　93 645

【解析】10日后，外贸公司收到与进口商品相关的发票和提单等单据，表明货物已完成运输并准备交付，此时，需要根据单据金额结算货款，由于之前已支付了25%的保证金，现在只需扣除保证金后付清剩余款项。进口商品的货款总计20 000美元，按当日汇率USD1＝CNY6.243 0折算为人民币 124 860(20 000×6.243 0)元,应计入“在途物资”科目。“在途物资”用于核算企业已支付货款但尚未验收入库的物资采购成本,这里确认在途物资成本,反映企业取得了该批商品的所有权,尽管商品还在运输或等待验收过程中,资产已经增加。已支付的 5 000 美元保证金,按之前折算的人民币金额 31 215 元,从“其他货币资金——信用证保证金”科目转出,贷记该科目,表示这部分保证金已用于支付货款,相应资产减少。剩余的 15 000(20 000－5 000)美元货款,同样按当日汇率折算为人民币 93 645(15 000×6.243 0)元,从银行存款外币户支付,贷记“银行存款——外币存款”,反映银行存款外币户资金的进一步减少。

【学中做 7－1】　　进出口商外贸业务核算

学中做7-1

一、进口商的核算

(一)预付货款

进口商采取预付货款方式进口商品,预付货款时,借记“预付外汇账款”账户,贷记“银行存款”账户;收到商品提单和发票等单证时,借记“商品采购”账户,贷记“预付外汇账款”账户。

长虹电器进出口公司从韩国首尔公司进口电器商品一批。

(1)7 月 6 日,根据合同规定预先汇付韩国首尔公司货款 30 000 美元,当日汇率为 USD1＝CNY6.233 0。

(2)7 月 20 日,收到韩国首尔公司发来商品的发票、提单等单据,金额共计 30 000 美元,当日汇率为 USD1＝CNY6.243 0。

(二)货到付款

进口商采取货到付款方式进口商品,收到出口商寄来的商品提单和发票等单据时,借记“商品采购”账户,贷记“应付外汇账款”账户;汇付商品货款时,借记“应付外汇账款”账户,贷记“银行存款”账户。

华为服装进出口公司从香港九龙服装公司进口服装一批。

(1)7 月 15 日,收到香港九龙服装公司寄来的商品提单和发票等单据,金额共计 28 000 美元,当日汇率为 USD1＝CNY6.243 0。

(2)7 月 18 日,汇付香港九龙服装公司货款 28 000 美元,当日汇率为 USD1＝CNY6.243 0。

(三)跟单托收

进口商收到银行转来的跟单托收付款交单结算凭证,支付款项获取全套货运单据时,借记“商品采购”账户,贷记“银行存款”账户。进口商收到银行转来的跟单托收承兑交单结算凭证并予以承兑,取得全套货运单据时,借记“商品采购”账户,贷记“应付票据——外汇票据”账户;付清货款时,借记“应付票据——外汇票据”账户,贷记“银行存款”账户。

长虹电器进出口公司从日本进口电器一批,收到银行转来的跟单托收付款交单凭证及全套货运单据,货款共计 37 500 美元,予以支付,当日汇率为 USD1＝CNY6.243 0。

二、出口商的核算

(一)预付货款

出口商出口商品要求进口商采取预付货款方式,收到货款时,借记“银行存款”账户,贷记“预收外汇账款”账户;销售发运商品时,借记“预收外汇账款”账户,贷记“自营出口销售收入”账户。

长虹电器进出口公司向美国纽约公司出口电器一批。

(1)7 月 16 日,根据合同规定预收美国纽约公司订购电器的款项 33 000 美元,存入银行,当日汇率为 USD1＝CNY6.243 0。

(2)7 月 22 日,发运销售给美国纽约公司的电器,金额为 33 000 美元,当日汇率为 USD1＝

CNY6.243 0。

（二）货到付款

在进口商要求采取货到付款方式时，出口商必须先发运商品，寄出商品提单和发票，借记“应收外汇账款”账户，贷记“自营出口销售收入”账户；收到货款时，借记“银行存款”账户，贷记“应收外汇账款”账户。

华为服装进出口公司向香港九龙服装公司出口服装一批。

（1）7 月 25 日，根据合同规定向香港九龙服装公司发出商品，货款共计 28 000 美元，当日汇率为 USD1＝CNY6.243 0。

（2）7 月 28 日，收到香港九龙服装公司服装货款 28 000 美元，当日汇率为 USD1＝CNY6.243 0。

（三）跟单托收

出口商按合同要求装运商品上船，向银行办妥托收手续后，借记“应收外汇账款”账户，贷记“自营出口销售收入”账户；收到货款时，借记“银行存款”账户，贷记“应收外汇账款”账户。

华为服装进出口公司向美国路易斯公司出口服装一批。

（1）9 月 1 日，根据合同规定销售给美国路易斯公司服装，货款共计 48 000 美元，当日汇率为 USD1＝CNY6.243 0，服装已装运上船，并向银行办妥跟单托收手续。

（2）9 月 20 日，收到银行转来的美国路易斯公司支付 48 000 美元的收账通知，当日汇率为 USD1＝CNY6.233 0。

请根据上述内容，进行账务处理。

第三节 外贸企业进出口业务的核算

一、出口业务核算

（一）出口货物的类型

随着我国对外贸易体制的改革和完善，我国出口贸易企业的发展呈现多元化趋势。各行各业的大小企业，经申请核准后均可从事外贸经营业务。这些外贸企业性质不同、行业有别、规模不一。出口贸易业务按其经营的性质不同，主要分为贸易出口、援外出口、补偿贸易出口三种。

1. 贸易出口

贸易出口是指进出口双方经过磋商达成协议，签订合同，通过办理结算与销售货物取得货款的一种交易行为。贸易出口按不同的标准还可划分为具体的经营方式。贸易出口是主要的出口方式，按性质不同又有以下几种分类：

（1）按有无协定，分为协定贸易出口和非协定贸易出口

①协定贸易出口，是指两个国家或几个国家之间根据贸易协定的原则和范围进行对外贸易。在贸易协定的基础上，由双方国家的有关贸易进出口总公司签订合同，具体执行，一般采用记账、立即付款的结算方式，不开信用证。只要有关单据符合双方签订的交货合同条件及合同所规定的要求，付款方银行则立即付款。

②非协定贸易出口，是指两个国家之间在没有签订贸易协定的情况下进行对外贸易，由进出口企业通过交易谈判或函电成交后，以逐笔签订合同或确认书的方式进行，一般采用信用证或托收方式进行结算。

（2）按使用外汇的方式，分为记账外汇出口和现汇外汇出口

①记账外汇出口，是指出口收回的外汇，只能用来抵付从对方国家进口所支付的外汇，而不能

自由地使用，即两国之间的进出口贸易的货款结算由贸易双方指定的银行记账、相互抵销，而不采取逐笔结算的方式。如协定贸易出口，就是记账外汇出口。但外贸企业在交单结汇后，可以从银行取得本位币的销货款。

②现汇外汇出口，是指两国之间的进出口贸易的货款结算，使用现汇的方式，可以自由转移、调拨、对换和使用，通过银行结算。如非协定贸易出口，就是现汇外汇出口。

(3)按外贸企业的经营责任，分为自营出口和代理出口

①自营出口，是指外贸企业自己经营出口业务，经营的盈亏均纳入本企业的总盈亏核算，实行统一核算。

②代理出口，是指企业代理其他单位经营出口业务，经营的盈亏由委托单位负责，而代理企业只收取一定的代理手续费。

(4)按外贸企业的经营方式，分为直接出口、转口贸易出口、易货出口、进料加工出口、以出顶进出口、加工装配出口和中小型补偿贸易出口

①直接出口，是指出口企业直接将出口货物装运并交进口商的出口业务。

②转口贸易出口，是指将进口商品专卖，并运交第三国进口商的出口业务。

③易货出口，是指易货对等交易的出口业务。

④进料加工出口，是指进口原材料由国内生产企业加工后再出口的业务。

⑤以出顶进出口，是指将出口商品在国内以收取外汇的形式销售给进口单位的业务。

⑥加工装配出口，是指由国外生产厂商提供原料、零部件、元器件，由国内企业按照对方的要求进行加工或装配后再出口的业务。

⑦中小型补偿贸易出口，是指国内外贸企业以信贷方式从国外生产企业引进技术设备，进行产品生产并分期偿还引进技术设备货款的业务。

(5)按与国外代理商的关系，分为包销、委托代理、展卖和寄售

①包销，是指在国外一定地区和一定时期内对某种或几种出口商品，由包销商独家专营的业务。

②委托代理，是指委托国外代理商代销，按销售额付给一定比例佣金的业务。

③展卖，是指利用国外的博览会、国内的商品交易会，与国外经销商达成交易的业务。

④寄售，是指委托外商在当地代销，所得货款扣除佣金和规定的费用后，汇交外贸企业的业务。

2. 援外出口

援外出口是由有关部门根据我国与受援国政府之间签订的协定和协议，以行政方式下达或通过招标方式由有关外贸企业组织执行的出口业务。外贸企业组织出口货源，按照规定的交货条件及计价办法，办理对外出口运输和交单结算手续，银行不结汇付款，交货后，按进价加一切费用的保障原则，列出成本单上报，并通过主管部门向外经贸部门办理货款的收归手续。

3. 补偿贸易出口

补偿贸易出口是指在信贷基础上采取从国外客户进口机器设备、技术，作价形成贷款，然后用该机器设备生产的产品偿还贷款的一种特殊贸易出口业务。

(二)出口商品购进的方式及交接方式

1. 出口商品购进的方式

出口商品的购进按照收购方式不同，可分为直接购进和委托代购两种。

(1)直接购进。它是指外贸企业向工矿企业、农场及有关单位直接签订购销合同或协议收购出口产品。它适用于收购大宗工矿产品、农副产品和土特产品。

(2)委托代购。它是指外贸企业以支付手续费的形式委托商业、粮食和供销社收购出口产品。

它适用于收购货源零星分散的农副、土特产品。

2. 出口商品购进的交接方式

出口商品购进的交接方式通常包括：(1)送货制。它是指供货单位将商品送到外贸企业指定的仓库或其他地点，由外贸企业验收入库的一种方式。(2)提货制。它又称取货制，是指外贸企业指派专人到供货单位指定的仓库或其他地点提取并验收商品的一种方式。(3)发货制。它是指供货单位根据购销合同规定的发货日期、品种、规格和数量等条件，将商品委托运输单位由铁路、公路或水路运送到所在地或其他指定地区，如车站、码头等，由外贸企业领取并验收入库的一种方式。(4)厂商就地保管制。它是指外贸企业委托供货厂商代为保管商品，到时凭保管凭证办理商品交接的一种方式。

3. 出口商品采购成本的构成

(1)出口商品采购成本。出口商品采购成本一般包括购买价格、税费、运输费、装卸费、保险费以及其他可归属于存货采购成本的费用。

(2)免征增值税部分。对于直接收购或委托代购的农副产品以及企业从农业生产者手中购买以收购原价加税费作为采购成本的自产农业产品，免征增值税。但按照规定，购进免税农产品内销时准予扣除一部分进项税额。

4. 出口商品购进的入账时间

出口商品购进的入账时间应以出口商品所有权或支配权为标准。在结算凭证先到、商品未到的情况下，以收到结算凭证或开出承兑汇票的时间为购进商品的入账时间；在购进的出口商品先到、结算凭证未到的情况下，仍以收到结算凭证的时间为入账时间。但是，对于月末结算凭证仍未到而无法付款或无法开出承兑商业汇票的入库商品，先按暂估价记入“库存商品”账户，下月初再用红字冲回。

(三)出口商品购进业务的核算

1. 本地收购的核算

(1)送货制。在送货制方式下，外贸企业进货人员在审查供货单位签发的销货发票无误后，填制商品进仓通知单并交给供货单位，通知其将商品送到指定的仓库。仓库验收后，在进仓通知单上加盖“收讫”戳记，据以办理货款结算。送货制是本地收购的主要形式，其货款结算一般采用支票结算方式。

【做中学7－14】 大连开元进出口贸易公司从大连明星制衣服装厂购进10 000元服装用于出口，增值税税率为13%，以银行存款付讫。编制会计分录如下：

借：商品采购——大连明星制衣服装厂　　10 000
　　应交税费——应交增值税(进项税额)　　1 300
　　贷：银行存款　　11 300

【解析】 采购商品时，“商品采购”科目用于归集采购成本，该批服装价值10 000元，借记“商品采购——大连明星制衣服装厂”，表示企业为获取商品所发生的成本支出增加。同时，增值税作为价外税，企业购进货物支付的增值税进项税额可以抵扣未来销售环节的销项税额，因此借记“应交税费——应交增值税(进项税额)”1 300元。以银行存款支付货款及税款，贷记“银行存款”11 300元，反映企业资金的流出。

如果先收货后付款，其会计分录为：

借：库存商品——库存出口商品　　10 000
　　应交税费——应交增值税(进项税额)　　1 300
　　贷：应付账款　　11 300

【解析】货物验收入库时，由于尚未支付货款，货物所有权虽已转移至企业，但形成了对供应商的负债。此时，将商品成本10 000元记入"库存商品——库存出口商品"，表明企业库存资产增加；同时，将应付的货款及税款11 300元贷记"应付账款"，反映企业负债的增加。

支付货款时：

借：应付账款　　11 300

　贷：银行存款　　11 300

【解析】当支付货款时，借记"应付账款"11 300元，减少负债；贷记"银行存款"11 300元，反映资金流出。

(2)提货制。在提货制方式下，外贸企业进货人员对供货单位开出的提货单和销售发票审核无误后，即可办理货款结算手续，同时，由业务部门填制商品进仓通知单连同提货单交储运部门办理提货进仓手续。财会部门根据进仓单和供货单位发票及结算凭证等，进行会计处理。

【做中学7—15】 大连开元进出口贸易公司从大连明星制衣服装厂购进10 000元服装用于出口，增值税税率为13%，储运部门组织办理提货，以银行存款付讫。编制会计分录如下：

借：商品采购——大连明星制衣服装厂　　10 000

　应交税费——应交增值税(进项税额)　　1 300

　贷：银行存款　　11 300

【解析】采购商品时，借记"商品采购——大连明星制衣服装厂"10 000元，归集采购成本；借记"应交税费——应交增值税(进项税额)"1 300元，确认可抵扣的进项税；贷记"银行存款"11 300元，记录资金支付。

借：库存商品——库存出口商品　　10 000

　贷：商品采购——大连明星制衣服装厂　　10 000

【解析】当储运部门办理提货并将商品验收入库时，需将"商品采购"账户归集的成本转入"库存商品"账户。借记"库存商品——库存出口商品"10 000元，表明库存商品增加；贷记"商品采购——大连明星制衣服装厂"10 000元，结清"商品采购"账户。

如果付款在后，则付款时先通过"应付账款"科目进行过渡性核算。实际支付货款时：

借：应付账款　　11 300

　贷：银行存款　　11 300

【解析】若付款在后，在采购时先通过"应付账款"科目核算负债。采购时，借记"商品采购——大连明星制衣服装厂"10 000元、"应交税费——应交增值税(进项税额)"1 300元，贷记"应付账款"11 300元。实际支付货款时，借记"应付账款"11 300元，减少负债；贷记"银行存款"11 300元，记录资金流出。

【注意】在送货制和提货制方式下，会计核算基本上差不多，就是进仓单的流程稍微有所不同。

2. 外地收购的核算

外贸企业从外地收购出口商品，一般采用发货制方式，即由供货单位将商品委托运输部门发运到购货单位所在地的车站、码头交货，同时向当地银行申请办理委托收款结算手续，向购货单位收取货款。由于手续存在时间先后的差异，因此分为以下两种情况：

(1)单到货未到的账务处理

企业应对在途商品的所有权予以确认，先通过"在途物资"账户核算，等商品运达并验收入库后，再结转至"库存商品——库存出口商品"账户。

【做中学 7—16】　大连开元进出口贸易公司从大连华达服装有限公司购进 10 000 元服装用于出口，增值税税率为 13%，结算凭证已到并通过银行付款，但商品仍在运输途中。编制会计分录如下：

借：在途物资——出口商品采购　　10 000

　应交税费——应交增值税（进项税额）　　1 300

　贷：银行存款　　11 300

【解析】结算凭证已到并付款，但商品在运输途中，此时商品的所有权虽已转移至企业，但尚未到达企业仓库。因此，将采购成本 10 000 元记入“在途物资——出口商品采购”，表明企业拥有了在途资产；同时，借记“应交税费——应交增值税（进项税额）”1 300 元，确认进项税；贷记“银行存款”11 300 元，记录资金支付。

货物到达交货地点并验收无误后，财会部门根据进仓单与“在途物资”账户进行账务处理，编制会计分录如下：

借：库存商品——库存出口商品　　10 000

　贷：在途物资——出口商品采购　　10 000

【解析】当货物到达交货地点并验收无误后，将在途物资的成本转入“库存商品”。借记“库存商品——库存出口商品”100 00 元，表明库存商品增加；贷记“在途物资——出口商品采购”10 000 元，结清“在途物资”账户。

（2）货到单未到的账务处理

外贸企业根据运输部门的到货通知单，先由储运部门提货验收进仓，财会部门一般不做会计处理，待收到有关结算凭证并支付货款时再进行有关的会计处理。

【注意】如果月末仍未收到结算凭证，则按暂估价入账，下月初红字冲回。

【做中学 7—17】　上海华德进出口贸易公司于 4 月 20 日从外地光源服装有限公司购进 10 000 元服装用于出口，增值税税率为 13%，货已到位，结算凭证于 5 月 15 日收到并通过开户银行付款。编制会计分录如下：

（1）4 月 30 日，按暂估价 11 000 元入账：

借：库存商品——库存出口商品　　11 000

　贷：应付账款　　11 000

【解析】4 月 20 日货物已到位，但结算凭证未到，为了准确反映企业的资产状况，在 4 月 30 日按暂估价 11 000 元入账。借记“库存商品——库存出口商品”11 000 元，表明库存商品增加；贷记“应付账款”11 000 元，反映企业因货物接收而形成的暂估负债。这是因为虽然尚未取得结算凭证，但企业已实际拥有该商品的控制权，应按暂估价进行账务处理。

（2）5 月初，红字冲回原暂估价部分：

借：库存商品——库存出口商品　　11 000

　贷：应付账款　　11 000

【解析】5 月初，因暂估入账只是临时性处理，在收到结算凭证前，需红字冲回原暂估价部分，以消除暂估影响。编制与暂估入账相同的红字分录，即借记“库存商品——库存出口商品”－11 000 元（红字），贷记“应付账款”－11 000 元（红字），使相关账户恢复到暂估前的状态。

（3）5 月 15 日，收到开户银行转来托收凭证并支付货款时：

借：库存商品——库存出口商品　　10 000

　应交税费——应交增值税（进项税额）　　1 300

贷:银行存款　　11 300

【解析】5月15日收到结算凭证并支付货款,此时按实际采购金额入账。借记"库存商品——库存出口商品"10 000元,记录商品采购成本;借记"应交税费——应交增值税(进项税额)"1 300元,确认进项税;贷记"银行存款"11 300元,记录资金支付。

(四)自营出口销售的核算

1. 商品托运及出口销售收入的核算

外贸企业出口销售通常采用信用证结算,业务部门根据贸易合同和信用证的规定,开具出库单一式数联,由储运部门据以向运输单位办理托运,然后将出库单(记账联和转账联)转给财会部门,财会部门根据出库单(记账联),借记"待运和发出商品"账户,贷记"库存商品"账户。

业务部门在出口商品装船时取得全套货运单据,持出口发票正本向银行交单办理收汇手续,取得银行回单。财会部门取得业务部门转来的发票副本及银行回单时,借记"应收外汇账款"账户,贷记"自营出口销售收入"账户,然后将储运部门转来的出库单(转账联)所列商品的品名、规格、数量与发票副本核对相符后,结转商品销售成本,借记"自营出口销售成本"账户,贷记"待运和发出商品"账户。收到货款时,借记"银行存款"账户,贷记"应收外汇账款"账户。应设置的账户为:

"待运和发出商品"是资产类账户,用以核算企业已经出库待运、尚未确认商品销售的数额。企业发出商品运往码头、车站,准备装船、装车时,记入借方;发运商品销售收入确认,结转自营出口销售成本及商品出仓后退关甩货时,记入贷方;余额在借方,表示尚未确认销售的待运和发出商品的结存额。

"应收外汇账款"是资产类账户,用以核算企业因出口销售商品、向国外提供劳务等应向外商收取的外汇账款,发生时,记入借方;收回时,记入贷方;余额在借方,表示尚未收回外汇账款的数额。

【做中学7-18】 大连食品进出口公司根据出口贸易合同销售给日本大阪酒业公司黄酒200吨,采用信用证结算。

(1)3月1日,收到储运部门转来出库单(记账联),列明出库黄酒200吨,每吨为2 500元,予以转账。编制会计分录如下:

借:待运和发出商品——黄酒　　500 000

　　贷:库存商品——库存出口商品　　500 000

【解析】当收到储运部门转来的出库单,表明黄酒已准备发运但尚未实现销售,此时将库存商品转入"待运和发出商品"科目。借记"待运和发出商品——黄酒"500 000元,贷记"库存商品——库存出口商品"500 000元,这一处理体现了商品状态的转变,从库存商品转为待运状态,资产的存放形式发生变化,但所有权仍属于企业。

(2)3月5日,收到业务部门转来销售黄酒的发票副本和银行回单,发票列明黄酒200吨,每吨400美元CIF价格,货款共计80 000美元,当日汇率为USD1=CNY6.240 0。编制会计分录如下:

借:应收外汇账款——大阪酒业公司(USD80 000×6.240 0)　　499 200

　　贷:自营出口销售收入——货款(USD80 000×6.240 0)　　499 200

【解析】收到销售发票副本和银行回单,标志着销售实现。按当日汇率将美元货款折算为人民币,确认"应收外汇账款"和"自营出口销售收入"。借记"应收外汇账款——大阪酒业公司(USD80 000×6.240 0)"499 200元,贷记"自营出口销售收入——货款(USD80 000×6.240 0)"499 200元,反映了企业因销售商品而获得的债权以及相应的收入。

(3)3月5日,根据出库单(转账联)结转出口黄酒销售成本。编制会计分录如下:

借:自营出口销售成本　　500 000

贷:待运和发出商品——黄酒　　500 000

【解析】根据出库单结转销售成本,借记"自营出口销售成本"500 000 元,贷记"待运和发出商品——黄酒"500 000 元,遵循了收入与成本配比原则,将已销售商品的成本从待运状态结转为销售成本。

(4)3 月 15 日,收到银行收汇通知,80 000 美元已收汇,银行扣除 100 美元手续费后将其余部分已存入外汇存款账户,当日汇率为 USD1=CNY6.230 0。编制会计分录如下:

借:银行存款——外币存款(USD79 900×6.230 0)　　497 777

　　财务费用——手续费(USD100×6.230 0)　　623

　　汇兑损益　　800

　贷:应收外汇账款——大阪酒业公司(USD80 000×6.240 0)　　499 200

【解析】收到银行收汇通知,银行扣除 100 美元手续费后存入外汇存款账户。按收汇当日汇率折算实际收到的款项,同时确认手续费和汇兑损益。借记"银行存款——外币存款(USD79 900×6.230 0)"497 777 元,记录实际收到的款项;借记"财务费用——手续费(USD100×6.230 0)"623 元,体现银行手续费支出;借记"汇兑损益"800 元,反映因汇率变动产生的损失(由于收款当日汇率低于销售确认收入当日汇率);贷记"应收外汇账款——大阪酒业公司(USD80 000×6.240 0)"499 200 元,冲减之前确认的应收外汇账款,表明债权的收回。

2. 支付国内费用的核算

外贸企业在商品出口贸易过程中发生的商品自所在地发运至边境、口岸的各项运杂费、装船费等费用,均应列入"销售费用"账户。

【做中学 7—19】 3 月 4 日,大连食品进出口公司签发转账支票支付绍兴运输公司将黄酒运送至上海港的运杂费 6 000 元,并信汇上海港黄酒的装船费 1 500 元。编制会计分录如下:

借:销售费用——运杂费　　6 000

　　　　　——装卸费　　1 500

　贷:银行存款　　7 500

【解析】大连食品进出口公司为将黄酒运送至上海港并完成装船,发生了运杂费和装船费。这些费用属于销售过程中为使商品达到可销售状态而发生的直接费用,应计入"销售费用"。借记"销售费用——运杂费"6 000 元、"销售费用——装卸费"1 500 元,分别核算不同类型的销售费用;贷记"银行存款"7 500 元,反映企业资金的流出。

(五)外贸企业代理出口销售业务的核算

1. 代理出口商品收发的核算

外贸企业根据合同规定收到委托单位发来代理出口商品时,应根据储运部门转来代理业务入库单上所列的金额,借记"受托代销商品"账户,贷记"代销商品款"账户。代理商品出库后,应根据储运部门转来的代理业务出库单上所列的金额,借记"待运和发出商品——受托代销商品"账户,贷记"受托代销商品"账户。

【做中学 7—20】 大连华发服装进出口公司受理常熟服装厂代理出口服装业务,男西服已运到。

(1)9 月 2 日,收到储运部门转来代理业务入库单,列明入库男西服 800 套,每套 350 元。编制会计分录如下:

借:受托代销商品——常熟服装厂　　280 000

　贷:代销商品款——常熟服装厂　　280 000

【解析】 收到代理业务入库单，表明企业受托代销的商品已入库。"受托代销商品"是企业接受委托代销的商品，"代销商品款"是企业接受代销商品的价款，两者形成对应关系。借记"受托代销商品——常熟服装厂"280 000 元，贷记"代销商品款——常熟服装厂"280 000 元，反映了企业对受托代销商品的管理和核算，虽然商品所有权不属于企业，但企业有责任对其进行核算和管理。

(2)9 月 5 日，收到储运部门转来代理业务出库单，列明出库男西服 800 套，每套 350 元。编制会计分录如下：

借：待运和发出商品——受托代销商品　　280 000
　　贷：受托代销商品——常熟服装厂　　280 000

【解析】 收到代理业务出库单，商品从仓库发出准备销售。将"受托代销商品"转入"待运和发出商品——受托代销商品"，借记"待运和发出商品——受托代销商品"280 000 元，贷记"受托代销商品——常熟服装厂"280 000 元，体现了商品从库存状态到待销售发出状态的转变。

2. 代理出口商品销售收入的核算

外贸企业代理出口商品交单办理收汇手续，取得银行回单时就意味着销售已经确认，然而这是委托单位的销售收入，因此通过"应付账款"账户核算。根据代理出口商品的销售金额，借记"应收外汇账款"账户，贷记"应付账款"账户；同时结转代理出口商品的销售成本，根据代理出口商品的出库金额，借记"代销商品款"账户，贷记"待运和发出商品——受托代销商品"账户。

【做中学 7－21】 大连华发服装进出口公司根据代理出口合同销售给美国波斯顿公司男西服。

(1)9 月 6 日，收到业务部转来代理销售男西服的发票副本和银行回单，发票列明男西服 800 套，每套 62.5 美元 CIF 价格，货款共计 50 000 美元，佣金 1 000 美元，当日汇率为 USD1＝CNY6.240 0。编制会计分录如下：

借：应收外汇账款(USD49 000×6.240 0)　　305 760
　　贷：应付账款——常熟服装厂(USD49 000×6.240 0)　　305 760

【解析】 收到代理销售发票副本和银行回单，确认应收外汇账款和应付给常熟服装厂的款项。由于存在佣金 1 000 美元，实际应收外汇账款为扣除佣金后的金额。按当日汇率折算后，借记"应收外汇账款(USD49 000×6.240 0)"305 760 元，贷记"应付账款——常熟服装厂(USD49 000×6.240 0)"305 760 元，反映了企业因代理销售形成的债权和对委托方的债务关系。

(2)9 月 6 日，根据代理业务出库单(转账联)结转代理出口男西服销售成本。编制会计分录如下：

借：代销商品款——常熟服装厂　　280 000
　　贷：待运和发出商品——受托代销商品　　280 000

【解析】 根据代理业务出库单结转代理出口男西服销售成本，借记"代销商品款——常熟服装厂"280 000 元，贷记"待运和发出商品——受托代销商品"280 000 元，完成了代销商品成本的结转，与销售行为相匹配。

3. 垫付国内外直接费用的核算

外贸企业在垫付国内外直接费用时，借记"应付账款"账户，贷记"银行存款"账户。

【做中学 7－22】 大连华发服装进出口公司代理销售男西服发生国内外直接费用。

(1)9 月 7 日，签发转账支票两张，分别支付大连运输公司将西服运送大连港的运杂费 956 元、支付大连港西服的装船费 700 元。编制会计分录如下：

借：应付账款——常熟服装厂　　1 656

贷:银行存款　　　　1 656

【解析】支付国内运杂费和装船费,这些费用应由委托方常熟服装厂承担,所以计入“应付账款——常熟服装厂”。借记“应付账款——常熟服装厂”1 656 元,贷记“银行存款”1 656 元,反映了企业代垫费用,增加了对委托方的债权(以减少应付账款的形式体现)。

(2)9 月 8 日,签发转账支票两张,分别支付外轮运输公司的运费 800 美元、保险公司的保险费 150 美元,当日汇率为 USD1=CNY6.240 0。编制会计分录如下:

借:应付账款——常熟服装厂(USD950×6.240 0)　　　　5 928

贷:银行存款——外币存款(USD950×6.240 0)　　　　5 928

【解析】支付国外运费和保险费,同样应由委托方承担。按当日汇率折算后,借记“应付账款——常熟服装厂(USD950×6.240 0)”5 928 元,贷记“银行存款——外币存款(USD950×6.240 0)”5 928 元。

4. 代理出口销售收汇的核算

外贸企业代理出口销售收汇时,如采取异地结汇法,收到银行转来的垫付代理出口商品的国内外直接费用和代理手续费时,根据收到的金额,借记“银行存款”账户,贷记“应收外汇账款”账户,并根据业务部门转来按代理出口销售收入金额的一定比例收取代理手续费发票的金额,借记“应收外汇账款”账户,贷记“其他业务收入”账户;同时根据银行划拨委托单位的金额,借记“应付账款”账户,贷记“应收外汇账款”账户。

【做中学 7—23】 大连华发服装进出口公司代理销售男西服,采取异地结汇法,代理业务的手续费率为 2%,发生收汇业务。

(1)9 月 20 日,收到银行转来分割收结汇的收账通知,金额为 2 150 美元,其中,代理业务代垫国内运费 956 元、装船费 700 元,代垫国外运费 800 美元、保险费 150 美元,代理手续费 1 000 美元,款项全部存入外币存款户,当日汇率为 USD1=CNY6.240 0。编制会计分录如下:

借:银行存款——外币存款(USD2 150×6.240 0)　　　　13 416

贷:应收外汇账款(USD2 150×6.240 0)　　　　13 416

(2)9 月 20 日,根据代理业务收取代理手续费发票(记账联)金额 1 000 美元。编制会计分录如下:

借:应收外汇账款——常熟服装厂(USD1 000×6.240 0)　　　　6 240

贷:其他业务收入(USD1 000×6.240 0)　　　　6 240

(3)9 月 20 日,根据银行转来分割结汇通知,划拨常熟服装厂收汇余额 47 850 美元。编制会计分录如下:

借:应付账款——常熟服装厂(USD47 850×6.240 0)　　　　298 584

贷:应收外汇账款(USD47 850×6.240 0)　　　　298 584

【解析】收到银行分割收结汇的收账通知,将收到的款项按当日汇率折算后存入外币存款户。借记“银行存款——外币存款(USD2 150×6.240 0)”13 416 元,贷记“应收外汇账款(USD2 150×6.240 0)”13 416 元,反映了企业收汇情况,冲减相应的应收外汇账款。同时,根据代理业务收取代理手续费发票,确认代理手续费收入。借记“应收外汇账款——常熟服装厂(USD1 000×6.240 0)”6 240 元,贷记“其他业务收入(USD1 000×6.240 0)”6 240 元,表明企业因代理业务获得的收入。另外,根据银行转来的分割结汇通知,划拨常熟服装厂收汇余额。借记“应付账款——常熟服装厂(USD47 850×6.240 0)”298 584 元,贷记“应收外汇账款(USD47 850×6.240 0)”298 584 元,完成了与委托方之间的款项结算。

外贸企业代理出口销售业务如采取全额收(结)汇法，收到银行转来收汇通知收取全部款项时，借记“银行存款——外币存款”账户，贷记“应收外汇账款”账户，然后由业务部门按代理出口销售收入的一定比例开具收取代理手续费的发票，其中一联记账联送交财会部门扣款。财会部门根据代理出口销售收入金额减去垫付的国内外费用后的差额借记“应付账款”账户；根据业务部门转来的代理手续费发票记账联贷记“其他业务收入”账户，将两者之间的差额汇付委托单位，根据汇款回单，贷记“银行存款”账户。应设置的账户为：

“受托代销商品”是资产类账户，用以核算企业接受其他单位委托代理出口的商品和代销的商品。企业收到其他单位代理出口商品或代销商品时，记入借方；代理出口商品发运后或代销商品销售后，结转其成本时，记入贷方；余额在借方，表示委托代理出口商品和代销商品的结存额。

“代销商品款”是负债类账户，用以核算企业接受代理出口商品和代销商品的货款。企业收到代理出口商品或代销商品时，记入贷方；代理出口商品或代销商品销售时，记入借方；余额在贷方，表示尚未销售的代理出口商品和代销商品的数额。

5. 代理出口销售业务税金的核算

外贸企业代理出口销售业务的退税由委托单位自行办理。外贸企业代理出口销售业务所取得的代理手续费收入，根据税法规定，按规定的税率缴纳增值税，在月末提取时，借记“其他业务成本”账户，贷记“应交税费”账户；次月初在向税务机关缴纳增值税时，借记“应交税费”账户，贷记“银行存款”账户。

【做中学 7—24】 大连华发服装进出口公司按代理出口销售手续费收入 6 240 元的 6%计提增值税。编制会计分录如下：

借：其他业务成本	374.4	
贷：应交税费——应交增值税		374.4

【解析】 企业按规定对代理手续费收入 6 240 元的 6%计提增值税。增值税作为一种流转税，在确认收入的同时需要计提相应的应交税费。借记“其他业务成本”374.4 元，反映因取得手续费收入而产生的成本增加；贷记“应交税费——应交增值税”374.4 元，表明企业应向税务机关缴纳的增值税金额。

二、进口业务核算

(一)进口货物的分类

1. 自营进口货物

自营进口货物是指外贸企业根据国内市场的需求，自行确定进口方案，自行寻找国内市场，自行与国外供货客户签订合同而组织进口，进口后一次或分次供应国内厂商或消费者，并自行负担进口经营盘亏。

2. 代理进口货物

代理进口货物是指涉外企业受有关单位或企业的委托，与国外供货客户签订合同并负责对外履行，进口环节所发生的全部税费、业务盈亏均由委托方承担，代理企业只按代理货款收取一定的手续费。

3. 进料加工

进料加工是指从国外进口原材料或零部件等，经过加工后再出口的一种贸易方式，其中，进口是一个环节。由于进料加工业务的原料和成品“两头在外”，因此国家对进口料件实行税收优惠政策。

4. 易货贸易

易货贸易是一种非货币交易，是“以我之有易我之无，进出结合”的贸易方式。易货贸易包括出口和进口两个环节，其形式大体可分为直接易货、对开信用证易货、记账易货，目前主要是边境地区的双边直接易货贸易。

5. 代销国外商品

代销国外商品是指国内企业接受国外供货商提供的商品代其在国内销售，并收取一定的手续费。

(二)自营进口商品购进的核算

外贸企业采购国外商品主要采用信用证结算方式。收到银行转来国外全套结算单据，将其与信用证或合同条款核对相符，通过银行向国外出口商承付款项时，借记“商品采购”账户，贷记“银行存款”账户。支付国外运费和保险费时，借记“商品采购”账户，贷记“银行存款”账户。进口商品运抵我国口岸，向海关申报进口关税、消费税和增值税时，根据进口关税和消费税的合计数(增值税是价外税，暂不作账务处理)，借记“商品采购”账户，贷记“应交税费”账户。外贸企业收到出口商付来佣金时，借记“银行存款”账户，贷记“商品采购”账户。进口商品采购完毕，验收入库，结转其采购成本时，借记“库存商品”账户，贷记“商品采购”账户。外贸企业支付进口商品的关税、消费税和增值税时，借记“应交税费”账户，贷记“银行存款”账户。

【做中学7—25】 东方食品进出口公司根据进口贸易合同从美国奥尔良公司进口美国卷烟一批，采用信用证结算方式。

(1)6月1日，接到银行转来国外全套结算单据，开列卷烟500箱，每箱96美元FOB价格，货款共计48 000美元，审核无误后，购汇予以支付，当日卖出汇率为USD1＝CNY6.780 0。编制会计分录如下：

借：商品采购——美国卷烟(USD48 000×6.780 0)　　325 440
　贷：银行存款(USD48 000×6.780 0)　　325 440

【解析】接到银行转来的结算单据，确认进口卷烟的货款为48 000美元，按当日卖出汇率USD1＝CNY6.780 0购汇支付。“商品采购”科目用于归集进口商品的成本，所以借记“商品采购——美国卷烟(USD48 000×6.780 0)”325 440元，贷记“银行存款(USD48 000×6.780 0)”325 440元，此分录反映了企业为获取进口卷烟所支付的款项，将其计入商品采购成本。

(2)6月2日，购汇支付进口卷烟国外运费1 890美元、保险费110美元，当日卖出汇率为USD1＝CNY6.780 0。编制会计分录如下：

借：商品采购——美国卷烟(USD2 000×6.780 0)　　13 560
　贷：银行存款(USD2 000×6.780 0)　　13 560

【解析】购汇支付进口卷烟的国外运费1 890美元和保险费110美元，共计2 000美元，同样按当日卖出汇率折算后计入商品采购成本，借记“商品采购——美国卷烟(USD2 000×6.780 0)”13 560元，贷记“银行存款(USD2 000×6.780 0)”13 560元，因为运费和保险费是使商品达到可使用状态的必要支出，应计入商品采购成本。

(3)6月19日，卷烟运达我国口岸，向海关申报卷烟应纳进口关税税额84 750元，应纳消费税税额282 500元，应纳增值税税额120 062.5元。编制会计分录如下：

借：商品采购——美国卷烟　　367 250
　贷：应交税费——应交进口关税　　84 750
　　　　　　——应交消费税　　282 500

【解析】卷烟运达我国口岸，需向海关申报缴纳进口关税、消费税和增值税。进口关税和消费税是构成商品成本的一部分，所以借记“商品采购——美国卷烟”367 250 元，贷记“应交税费——应交进口关税”84 750 元、“应交税费——应交消费税”282 500 元。此分录体现了将应缴纳的关税和消费税计入商品采购成本，同时确认了企业的纳税义务。

(4)6 月 20 日，美国奥尔良公司付来佣金 1 500 美元，当日买入汇率为 USD1＝CNY6.760 0，收到银行转来结汇水单。编制会计分录如下：

借：银行存款(USD1 500×6.760 0)　　10 140

　　贷：商品采购——美国卷烟(USD1 500×6.760 0)　　10 140

【解析】美国奥尔良公司付来佣金 1 500 美元，按当日买入汇率 USD1＝CNY6.760 0 折算后，冲减商品采购成本，借记“银行存款 (USD1 500×6.760 0)”10 140 元，贷记“商品采购——美国卷烟 (USD1 500×6.760 0)”10 140 元，因为佣金是对采购成本的一种抵减，所以冲减“商品采购”科目。

(5)6 月 21 日，500 箱进口卷烟验收入库，结转其采购成本。编制会计分录如下：

借：库存商品——库存进口商品　　706 250

　　贷：商品采购——美国卷烟　　706 250

【解析】500 箱进口卷烟验收入库，将之前归集在“商品采购”科目的成本结转至“库存商品”科目，借记“库存商品——库存进口商品”706 250 元，贷记“商品采购——美国卷烟”706 250 元，这标志着商品从采购阶段进入库存阶段，完成了资产形态的转变。

(6)6 月 26 日，以银行存款支付进口卷烟的进口关税、消费税和增值税。编制会计分录如下：

借：应交税费——应交进口关税　　84 750.0

　　　　　　——应交消费税　　282 500.0

　　　　　　——应交增值税(进项税额)　　120 062.5

　　贷：银行存款　　487 312.5

【解析】以银行存款支付进口卷烟的进口关税、消费税和增值税，借记“应交税费——应交进口关税”84 750 元、“应交税费——应交消费税”282 500 元、“应交税费——应交增值税 (进项税额)”120 062.5 元，贷记“银行存款”487 312.5 元。此分录反映了企业履行纳税义务，支付之前确认的各项税费。

(三)自营进口商品销售的核算

1. 自营进口商品销售采取单到结算的核算

外贸企业自营进口商品采取单到结算方式，在银行转来国外全套结算单据时，就可以向国内客户办理货款结算，这样进口在途物资的核算与销售的核算几乎同时进行。然而进口商品采购成本的归集有一个过程，只有在途物资成本归集完毕后才能结转商品销售成本。由于商品没有入库就已经销售，因此可以将归集的在途物资成本直接从“商品采购”账户转入“自营进口销售成本”账户。

【做中学 7－26】 浦江照相器材进出口公司根据合同从日本大阪公司进口日本照相机 300 只，采用信用证结算方式，采取单到结算方式销售给静安公司。

(1)7 月 5 日，接到银行转来国外全套结算单据开列照相机 200 只，每只 300 美元 CIF 价格，货款共计 60 000 美元，佣金 1 200 美元，经审核无误，扣除佣金后，购汇支付货款，当日卖出汇率为 USD1＝CNY6.800 0。编制会计分录如下：

借：商品采购——日本照相机(USD58 800×6.800 0)　　399 840

　　贷：银行存款(USD58 800×6.800 0)　　399 840

【解析】接到银行转来的结算单据，照相机货款 60 000 美元，扣除佣金 1 200 美元后，按当日卖出汇率 USD1＝CNY6.800 0 购汇支付。借记“商品采购——日本照相机(USD58 800×6.800 0)”399 840 元，贷记“银行存款(USD58 800×6.800 0)”399 840 元，将扣除佣金后的货款计入商品采购成本，反映了采购业务的资金支出。

(2)7 月 6 日，接到业务部门转来增值税专用发票，列明照相机 200 只，每只 2 900 元，货款 580 000 元，增值税税额 75 400 元，收到静安公司签发并承兑的商业汇票。编制会计分录如下：

借：应收票据	655 400	
贷：自营进口销售收入		580 000
应交税费——应交增值税(销项税额)		75 400

【解析】接到业务部门转来的增值税专用发票，向静安公司销售照相机，收到商业汇票，借记“应收票据”655 400 元，贷记“自营进口销售收入”580 000 元、“应交税费——应交增值税（销项税额）”75 400 元，此分录确认了销售收入和销项税额，同时因收到商业汇票增加了应收票据资产。

(3)7 月 15 日，照相机运抵我国口岸，向海关申报应纳进口关税税额 99 960 元，应交增值税税额 84 966 元。编制会计分录如下：

借：商品采购——日本照相机	99 960	
贷：应交税费——应交进口关税		99 960

【解析】照相机运抵我国口岸，申报应纳进口关税和增值税，借记“商品采购——日本照相机”99 960 元，贷记“应交税费——应交进口关税”99 960 元，将进口关税计入商品采购成本，确认纳税义务。

(4)7 月 20 日，照相机采购完毕，结转其销售成本。编制会计分录如下：

借：自营进口销售成本	499 800	
贷：商品采购——日本照相机		499 800

【解析】照相机采购完毕，将归集在“商品采购”科目的成本结转至“自营进口销售成本”，借记“自营进口销售成本”499 800 元(399 840＋99 960)，贷记“商品采购——日本照相机”499 800 元，遵循了收入与成本配比原则，将已销售商品的成本结转，以准确核算销售利润。

(5)7 月 25 日，支付进口照相机的进口关税和增值税。编制会计分录如下：

借：应交税费——应交进口关税	99 960	
——应交增值税(进项税额)	84 966	
贷：银行存款		184 926

【解析】支付进口照相机的进口关税和增值税，借记“应交税费——应交进口关税”99 960 元、“应交税费——应交增值税（进项税额）”84 966 元，贷记“银行存款”184 926 元，反映企业实际支付了之前确认的税费。

2. 自营进口商品销售采取货到结算的核算

外贸企业自营进口商品采取货到结算方式，在进口商品运达我国港口时，进口商品采购成本的归集已经完成，因此，与国内客户办理货款结算时，在反映自营进口商品销售收入的同时，也可以结转其销售成本。具体核算方法与自营进口商品销售采取单到结算的核算方法相同，不再重述。

3. 自营进口商品销售采取出库结算的核算

外贸企业自营进口商品采取出库结算方式。进口商品在验收入库后，已记入“库存商品”账户，具体核算方法在本节自营进口商品购进部分已做了阐述，这里不再重复。

已入库的进口商品再出库销售给国内客户时，根据应收的款项借记“应收账款”或“应收票据”账户；根据销售金额贷记“自营进口销售收入”账户，根据应收的增值税税额贷记“应交税费”账户；同时根据其采购成本结转销售成本，借记“自营进口销售成本”账户，贷记“库存商品”账户。

(四)代理进口业务的账务处理

外贸企业代理进口业务通常要求委托单位预付货款,在收到委托单位的预付货款时,借记"银行存款"账户,贷记"预收账款"或"预收外汇账款"账户。收到银行转来国外全套结算单据,将其与信用证或合同条款核对无误后,通过银行向国外出口商承付款项时,借记"预收账款"账户,贷记"银行存款"账户。

外贸企业业务部门根据代理进口商品金额CIF价格的一定比例开具收取代理手续费的发票,财会部门根据业务部门转来的发票(记账联)确认代理进口业务销售收入的实现,借记"预收账款"账户,贷记"其他业务收入"账户。应设置的账户为:

"其他业务收入"是损益类账户,用以核算企业除自营业务收入以外的代理业务收入、出租资产业务收入等。企业发生代理业务手续费收入、出租资产业务收入时,记入贷方;月末结转"本年利润"账户时,记入借方。

"其他业务成本"是损益类账户,用以核算企业除自营业务成本以外的其他业务所发生的支出,包括代理业务和出租资产业务所发生的相关成本和费用以及相关的税费。发生时,记入借方;月末结转"本年利润"账户时,记入贷方。

【做中学7—27】 大连东风日化进出口公司受理武宁公司代理进口法国香水业务,以FOB价格成交。

(1)8月1日,收到武宁公司预付代理进口法国香水款项1 366 100元。编制会计分录如下:

借:银行存款　　1 366 100
　　贷:预收账款　　1 366 100

【解析】收到武宁公司预付的代理进口款项,借记"银行存款"1 366 100元,贷记"预收账款"1 366 100元,此分录确认了企业收到的预付款,形成了对武宁公司的一项负债。

(2)8月12日,购汇支付法国塞纳公司香水的国外运费1 424美元、保险费176美元,当日卖出价为USD1=CNY6.240 0。编制会计分录如下:

借:预收账款(USD1 600×6.240 0)　　9 984
　　贷:银行存款(USD1 600×6.240 0)　　9 984

【解析】购汇支付香水的国外运费和保险费,共计1 600美元,按当日卖出价USD1=CNY6.240 0折算后,从预收账款中扣除。借记"预收账款(USD1 600×6.240 0)"9 984元,贷记"银行存款(USD1 600×6.240 0)"9 984元,反映了代武宁公司支付运费和保险费,减少了预收账款。

(3)8月15日,收到银行转来法国塞纳公司全套结算单据,开列香水200箱,每箱400美元FOB价格,货款共计80 000美元,佣金1 600美元,审核无误,扣除佣金后支付货款,当日卖出价为USD1=CNY6.240 0。编制会计分录如下:

借:预收账款(USD78 400×6.240 0)　　489 216
　　贷:银行存款(USD78 400×6.240 0)　　489 216

【解析】收到全套结算单据,扣除佣金后支付货款,共计78 400美元,按当日卖出价折算后从预收账款中扣除,借记"预收账款(USD78 400×6.240 0)"489 216元,贷记"银行存款(USD78 400×6.240 0)"489 216元。

(4)8月15日,同时按代理进口香水货款CIF价格的2.5%向武宁公司收取代理手续费2 000美元,当日中间价为USD1=CNY6.240 0。编制会计分录如下:

借:预收账款(USD2 000×6.240 0)　　12 480
　　贷:其他业务收入(USD2 000×6.240 0)　　12 480

【解析】按代理进口香水货款 CIF 价格的 2.5%收取代理手续费 2 000 美元,按当日中间价 USD1=CNY6.240 0 折算后,确认其他业务收入。借记“预收账款(USD2 000×6.240 0)”12 480 元,贷记“其他业务收入(USD2 000×6.240 0)”12 480 元,此分录既处理了货款支付,又确认了代理手续费收入。

(5)8 月 25 日,法国香水运达我国口岸,向海关申报应纳进口关税税额 148 680 元、消费税税额 346 920 元、增值税税额 196 588 元。编制会计分录如下:

借:预收账款　　692 188
　　贷:应交税费——应交进口关税　　148 680
　　　　　　　——应交消费税　　346 920
　　　　　　　——应交增值税(进项税额)　　196 588

【解析】法国香水运达我国口岸,申报应纳进口关税、消费税和增值税,从预收账款中扣除。借记“预收账款”692 188 元,贷记“应交税费——应交进口关税”148 680 元、“应交税费——应交消费税”346 920 元、“应交税费——应交增值税(进项税额)”196 588 元,确认了企业代武宁公司承担的纳税义务,并减少了预收账款。

(6)8 月 31 日,支付代理进口香水的进口关税、消费税和增值税。编制会计分录如下:

借:应交税费——应交进口关税　　148 680
　　　　　——应交消费税　　346 920
　　　　　——应交增值税(进项税额)　　196 588
　　贷:银行存款　　692 188

【解析】支付代理进口香水的进口关税、消费税和增值税。借记“应交税费——应交进口关税”148 680 元、“应交税费——应交消费税”346 920 元、“应交税费——应交增值税(进项税额)”196 588 元,贷记“银行存款”692 188 元,反映企业实际支付了代武宁公司申报的各项税费。

应知考核

一、单项选择题

1. 外汇业务核算中,外币兑换的核算应采用(　　)。

A. 当日市场汇率　　B. 期初汇率　　C. 年平均汇率　　D. 固定汇率

2. 外贸企业收到国外客户预付货款时,应记入(　　)会计科目。

A.“预付账款”　　B.“预收账款”　　C.“应收账款”　　D.“其他应收款”

3. 在汇付结算方式中,汇款人是指(　　)。

A. 收款人　　B. 付款人　　C. 汇出行　　D. 汇入行

4. 外贸企业采用信用证结算方式时,收到银行转来的信用证,应记入(　　)会计科目。

A.“应收账款”　　B.“预收账款”　　C.“其他货币资金”　　D.“银行存款”

5. 在进出口业务核算中,汇兑损益应计入(　　)会计科目。

A.“财务费用”　　B.“管理费用”　　C.“销售费用”　　D.“其他业务成本”

二、多项选择题

1. 外汇业务核算中,以下(　　)项目属于外币货币性项目。

A. 银行存款　　B. 应收账款　　C. 库存现金　　D. 存货

2. 在进出口业务核算中,以下(　　)费用应计入出口商品的成本。

A. 购买价格　　B. 运输费　　C. 装卸费　　D. 保险费

3. 在进出口业务核算中，汇兑损益的处理方法包括(　　)。

A. 计入财务费用　　B. 资本化处理　　C. 计入管理费用　　D. 计入销售费用

4. 在进出口业务核算中，以下(　　)项目属于外币非货币性项目。

A. 存货　　B. 固定资产　　C. 无形资产　　D. 应收账款

5. 外贸企业收到国外客户预付货款时，涉及的会计科目包括(　　)。

A. "预收账款"　　B. "银行存款"　　C. "主营业务收入"　　D. "应收账款"

三、判断题

1. 在进出口业务核算中，出口商品的销售收入应按收款日汇率折算为记账本位币。　(　　)
2. 在进出口业务核算中，出口商品的销售收入确认时，应同时结转销售成本。　(　　)
3. 外贸企业采用托收结算方式时，代收行承担第一性付款责任。　(　　)
4. 外贸企业采用即期外汇进行结算时，汇率波动不会产生汇兑损益。　(　　)
5. 外贸企业采用信用证结算方式时，开证行承担第一性付款责任。　(　　)

应会考核

■ 观念应用

【背景资料】

海昌进出口公司外币业务核算与汇兑损益处理

海昌进出口公司采用当日汇率对外币业务进行折算，并按月计算汇兑损益。

(1)该公司 2024 年 12 月 31 日有关外币账户期末余额如下(期末汇率为 100 美元＝613.45 元人民币)：应收账款 100 万美元，应付账款 50 万美元，银行存款 200 万美元。

(2)该公司 2025 年 1 月份发生外币业务如下：①1 月 5 日，对外销售产品一批，销售收入为 100 万美元，当日汇率为 100 美元＝613.05 元人民币，款项尚未收回。②1 月 10 日，从银行借入短期外币 20 万美元，当日汇率为 100 美元＝612.86 元人民币。③1 月 12 日，从国外免税进口原材料一批，共计 50 万美元，款项用外币存款支付，当日汇率为 100 美元＝613.02 元人民币。④1 月 20 日，收到 1 月 5 日赊销款 100 万美元，当日汇率为 100 美元＝613.12 元人民币。⑤1 月 31 日，偿还 1 月 10 日借入的外币 20 万美元，当日汇率为 100 美元＝612.95 元人民币。

【考核要求】

根据上述背景资料，编制该企业 1 月份外币业务的会计分录；计算 1 月份的汇兑损益并进行账务处理。

■ 技能应用

外贸企业进出口业务的核算

资料 1：山东美泰进出口有限公司受淄博服装厂委托代理出口棉质男式睡衣业务。根据代理出口合同销售给美国波斯顿公司棉质男式睡衣 800 套，每套 CIF 纽约 80 美元，货款总额 64 000 美元，假设代理手续费率为 2%。代理业务发生的国内外直接费用由淄博服装厂负担，代理出口销售货款采取全额结汇法，增值税税率为 6%。山东美泰进出口公司的有关代理业务如下：

(1)收到储运部门转来代理业务入库单，列明入库棉质男式睡衣 800 套，每套 420 元。

(2)收到储运部门转来代理业务出库单，棉质男式睡衣发往港口装船，列明出库棉质男式睡衣

800套，每套420元。

(3)收到银行转来的发票，分别为支付淄博运输公司运杂费600元、港口装船费650元，外轮运输公司运费800美元、保险公司保险费150美元，当日汇率为100美元=613.82元人民币，经审核无误，当即签发转账支票予以支付。

(4)收到业务部门转来代理出口的发票副本和银行回单，发票列明棉质男式睡衣800套，每套CIF纽约80美元，货款总额64 000美元，当日汇率为100美元=613.22元人民币。

(5)按代理协议，银行转来结汇通知，扣除银行手续费20美元，并收取货款，当日汇率为100美元=613.02元人民币。

(6)业务部门转来按代理出口销售收入金额的2%开具代理手续费发票1 280美元，当日汇率为100美元=613.02元人民币。

(7)财会部门根据代理出口协议扣除垫付的各项国内外直接费用、应收取的代理手续费后，将外汇余款通过银行转付给淄博服装厂。

(8)按代理手续费收入7 846.66元的6%计提增值税。

资料2：上海申达进出口公司为一般纳税企业，以人民币为记账本位币，对外币交易采用交易日即期汇率折算。上海申达进出口公司本期发生业务如下：

(1)根据外销合同规定对外出口G商品15箱，每箱重量0.49吨，总体积为10.676立方米。由上海装中国远洋运输公司轮船(班轮)，经香港转船至苏丹港。上列出口G商品发票金额为每吨外销价CIF 15 000美元，今日交单出口，当日即期汇率为1美元=6.350 0元人民币，货款尚未收到。该商品采购成本为每吨80 000元。

(2)上列出口G商品根据合同规定应付国外中间商0.8%的佣金，当日即期汇率为1美元=6.350 0元人民币。

(3)上列出口G商品应付海运运费，其计算资料为G商品属于10级货，计算标准按总体积计算，中国内地—中国香港航线费率表中10级货的费率为25美元，香港中转费为15美元，香港—红海航线费率表中10级货的费率为100美元，当日即期汇率为1美元=6.350 0元人民币。

(4)应付上列出口G商品保险费，其计算资料为投保金额为发票金额的110%，保险费率为0.68%，当日即期汇率为1美元=6.340 0元人民币。

(5)该月仅此一笔出口业务，出口退税率为13%，月末出口退税单证已收齐，向税务局申报出口退税。

资料3：浙江海岭进出口公司为一般纳税人企业，以人民币为记账本位币，其外币交易采用交易日即期汇率折算。该公司本期自营进口业务如下：

(1)根据合同从日本进口仪表一批，进货价格条件为FOB东京，货款共计250 000美元。今接到银行转来全套进口单证，经审核无误后，货款以外汇银行存款对外付款，当日即期汇率为1美元=6.330 0元人民币。

(2)收到中国人民保险公司有关单据，上列进口仪表保险费3 120美元，今以外汇银行存款支付保险费，当日即期汇率为1美元=6.330 0元人民币。

(3)今收到外运公司的有关单据，应付上列进口仪表的国外运费5 700美元，当日即期汇率为1美元=6.340 0元人民币。

(4)上列进口仪表到达口岸后，以银行存款支付进口关税及增值税，关税税率为10%，增值税税率为13%，当日即期汇率为1美元=6.340 0元人民币。

(5)上列进口仪表验收入库，仓库保管员转来入库单。

(6)现将上列进口仪表全部销售给国内大华公司，今开出增值税发票售价2 000 000元，增值税税率为13%。上列销售款项已收到，同时根据仓库保管员开来的货物出仓凭证，结转上列销售进口仪表的销售成本。

【技能要求】

(1)根据上述资料1，编制代理出口销售业务的相关会计分录。

(2)根据上述资料2，编制自营出口销售业务的会计分录。

(3)根据上述资料3，编制进口商品购进的会计分录。

■ 案例分析

【情景与背景】

光明进出口公司的汇率风险管理与业务优化

光明进出口公司是一家从事电子产品和机械零部件进出口业务的中型企业。公司采用当日汇率对外币业务进行折算，并按月计算汇兑损益。2025年2月，公司面临一系列外币业务操作，包括销售、借款、进口支付、收款和还款等。这些业务涉及不同时间点的汇率变动，给公司带来了潜在的汇率风险。具体业务如下：

(1)2月3日，对外销售电子产品一批，销售收入为150万美元，当日汇率为100美元=613.50元人民币，款项尚未收回。

(2)2月8日，从银行借入短期外币30万美元，当日汇率为100美元=613.20元人民币。

(3)2月10日，从国外进口机械零部件一批，共计70万美元，款项用外币存款支付，当日汇率为100美元=613.30元人民币。

(4)2月20日，收到2月3日赊销款150万美元，当日汇率为100美元=613.60元人民币。

(5)2月25日，偿还2月8日借入的外币30万美元，当日汇率为100美元=613.40元人民币。

【分析要求】

(1)评估汇率波动对公司财务状况的影响。

(2)提出汇率风险管理建议。

(3)分析公司在进出口业务中可能面临的风险，并提出应对措施。

本章实训

【实训内容】

外贸企业会计

【实训情境】

假设你入职了一家名为“星辰外贸有限公司”的企业，该公司主要从事电子产品的进出口业务。公司与多个国家的供应商和客户建立了长期合作关系，业务涉及采购、销售、运输、保险、报关等多个环节，同时面临着复杂的汇率波动和国际贸易政策变化。

星辰外贸有限公司近期有以下业务情况：

(1)出口业务。与美国的一家大型电子产品零售商“TechLink”签订了一份出口合同，向其销售一批智能手表，共计10 000只，每只售价100美元FOB上海。合同约定在本月底交货，货款在交货后30天内支付。目前货物已准备就绪，即将发运。

(2)进口业务。从韩国的“K-Electronics”公司进口一批电子芯片，用于生产自有品牌的电子产品。该批芯片的CIF价格为500 000美元，已通过信用证方式支付货款。货物正在运输途中，预计下周到达国内港口。

(3)代理业务。受国内一家电子企业“华创电子”委托,代理进口一批生产设备。代理合同约定,星辰外贸有限公司按照进口设备 CIF 价格的 3%收取代理手续费。目前已收到华创电子支付的预付款项,用于支付进口设备的货款、运费、保险费等相关费用。

【实训任务】

任务一:出口业务会计处理

根据上述出口业务信息,编制货物发运时的会计分录,确认销售收入。

(1)假设在资产负债表日,美元对人民币汇率发生波动,从签订合同时的 1 美元=6.5 元人民币变为 1 美元=6.4 元人民币。计算并编制因汇率变动产生的汇兑损益会计分录。

(2)当 30 天后收到美国客户“TechLink”支付的货款时,假设当日汇率为 1 美元=6.45 元人民币,编制收款时的会计分录,包括对之前汇兑损益的调整。

任务二:进口业务会计处理

编制进口电子芯片支付货款时的会计分录,考虑信用证结算方式的相关处理。

(1)货物到达国内港口后,需向海关申报缴纳进口关税和增值税。假设进口关税税率为 10%,增值税税率为 13%,计算应缴纳的关税和增值税金额,并编制相应的会计分录。

(2)电子芯片验收入库,编制结转采购成本的会计分录。

任务三:代理业务会计处理

(1)收到华创电子支付的预付款项时,编制会计分录。支付进口设备的货款、运费、保险费等相关费用,共计 400 000 美元,假设当日汇率为 1 美元=6.55 元人民币,编制相应的会计分录。

(2)按照代理合同约定,计算并确认代理手续费收入,编制会计分录。

(3)与华创电子进行结算,多退少补预付款项,假设结算时汇率为 1 美元=6.5 元人民币,编制相关会计分录。

<table>
<tr><td colspan="3">《外贸企业会计》实训报告</td></tr>
<tr><td>实训班级:</td><td>实训小组:</td><td>实训组成员:</td></tr>
<tr><td>实训时间:　　年　　月　　日</td><td>实训地点:</td><td>实训成绩:</td></tr>
<tr><td colspan="3">实训目的:</td></tr>
<tr><td colspan="3">实训步骤:</td></tr>
<tr><td colspan="3">实训结果:</td></tr>
<tr><td colspan="3">实训感言:</td></tr>
</table>

第八章　农业企业会计

● 知识目标

理解:农业企业的概念与特点;农业企业会计的概念与目标。

熟知:农业企业会计核算的对象与范围;农业企业会计核算的特点。

掌握:农业企业业务的核算。

● 技能目标

能够熟练掌握农业企业各类生物资产的确认、计量与账务处理,能够精准归集和分配农产品成本;严格依据《企业会计准则第 14 号——收入》,准确判断农业收入的确认时机,对农产品销售、农业劳务提供等收入进行正确核算;针对分期收款销售农产品、政府补助与农业收入的特殊情况,能够运用恰当的会计方法进行处理,合理分摊未实现融资收益。

● 素质目标

培养严谨、细致的专业态度,在处理农业企业复杂的会计业务时,能够做到数据准确、账目清晰;不断提升自身的会计专业知识储备,关注会计准则的更新和行业动态,及时调整会计处理方法,保持专业的敏锐度;面对农业企业会计核算中受自然因素影响、生物资产动态变化等特殊问题,能够运用所学知识,深入分析问题根源,提出切实可行的解决方案。

● 思政目标

树立社会责任意识,深刻认识农业企业在保障国家粮食安全、推动乡村振兴中的重要作用;秉持诚实守信、廉洁奉公的职业道德准则,坚守职业底线,维护农业企业会计行业的良好形象;鼓励关注农业领域的科技创新和新质生产力的发展,如智能化农业设备、大数据在农业生产中的应用等,培养创新思维和适应新时代农业发展的能力。

● 课程引例

绿色田野农业公司的财务转型之路

绿色田野农业公司是一家集粮食种植、农产品加工和销售为一体的综合性农业企业。近年来,随着农业现代化进程的加速,公司积极响应国家政策,加大了在农业科技创新方面的投入,引进了智能化灌溉系统和无人机植保技术，以提高生产效率和农产品质量。

在会计核算方面，公司遇到了一系列新问题。例如，智能化设备的采购成本如何准确分摊到农产品成本中？政府为鼓励企业采用新技术给予的补贴该如何进行账务处理？此外，由于气候变化，公司的农作物遭受了一次严重的旱灾，部分生物资产受损，保险理赔的核算也成为一个难题。这些问题不仅考验着公司的会计人员的专业能力，也对公司的财务管理和决策产生了重要影响。

- **引例反思**

绿色田野农业公司的经历为我们清晰展现了农业企业在发展进程中遭遇的一系列会计核算难题。从这些实际困境出发，深入反思，能让我们更全面地理解农业企业会计工作的要点与挑战。

(1)专业知识的应用。绿色田野农业公司的案例凸显了农业企业会计人员不断更新专业知识的紧迫性。随着农业科技创新的不断推进，新的资产类型和业务模式不断涌现，会计人员需要及时掌握相关的会计处理方法，如对智能化设备的资产确认和折旧计算，以及政府补助的分类核算等，以确保财务数据的准确性和合规性。

(2)应对风险的能力。自然灾害对农业企业的影响巨大，会计人员需要具备应对此类风险的能力。在生物资产受损时，如何准确评估损失、进行资产减值核算以及处理保险理赔，都需要严谨的专业判断和规范的会计操作。这要求会计人员不仅要熟悉财务知识，还需了解农业生产的特点和风险，以便更好地服务于企业的风险管理。

(3)政策理解与执行。政府对农业企业的政策支持力度不断加大，会计人员需要深入理解政策内涵，准确执行相关的会计政策；在处理政府补助时，要严格按照会计准则和政策要求，区分与资产相关和与收益相关的补助，正确进行账务处理，确保政府补助资金的合理使用和有效监管。

第一节 农业企业会计概述

一、农业企业的概念与特点

(一)农业企业的概念

农业企业(Agricultural Enterprises)是指从事种植业、养殖业或以其为依托，进行农工商综合经营，实行独立核算和具有法人地位的经济组织。这类企业涵盖了从农作物种植、畜禽养殖，到农产品加工、销售等多个环节，是农业产业链的重要组成部分。例如，大型的粮食种植基地、现代化的畜牧养殖场以及集农产品种植与加工为一体的综合性企业都属于农业企业范畴。

(二)农业企业的特点

1. 自然再生产与经济再生产相互交织

农业生产活动依赖自然条件，如土壤、气候、光照等，这决定了其生产过程具有季节性和周期性，是自然再生产的过程。同时，农业生产又投入人力、物力、财力，追求经济效益，属于经济再生产。以种植小麦为例，从播种到收获受自然气候影响，而在这个过程中又需要投入种子、化肥、农机设备及人工等成本，最终收获的小麦用于销售，获取收入。

2. 资产构成的特殊性

在农业企业的资产中，生物资产占比较大。生物资产包括消耗性生物资产(如生长中的蔬菜、待售的生猪等)、生产性生物资产(如产奶的奶牛、结果的果树等)和公益性生物资产(如防风固沙的林木)。这些生物资产具有生命特征，其价值随着生长、繁殖等生物转化活动不断变化，与一般企业的固定资产、存货等资产的核算方式有显著区别。

3. 成本核算复杂

农业生产的成本受自然因素影响大，不同地区、不同年份的农产品成本可能差异明显。同时，农业生产周期长，期间费用的分摊较为复杂。比如，种植葡萄时，除了直接的种子、肥料成本外，葡萄园的维护费用、土地租赁费用在不同生长阶段如何合理分摊到葡萄成本中，需要综合考虑多种因素。

二、农业企业会计的概念与目标

(一)农业企业会计的概念

农业企业会计(Accounting for Agricultural Enterprises)是以货币为主要计量单位，运用专门的会计方法，对农业企业的生产经营活动进行连续、系统、全面的核算和监督，为农业企业的利益相关者提供财务信息的一种经济管理活动。它针对农业企业的特殊业务和经济活动，遵循会计准则和相关制度，对资产、负债、所有者权益、收入、费用和利润等要素进行确认、计量、记录和报告。

(二)农业企业会计的目标

1. 提供决策有用信息

农业企业会计为投资者、债权人、政府部门等利益相关者提供准确、及时的财务信息，帮助他们了解企业的财务状况、经营成果和现金流量，以便做出合理的投资、信贷和监管决策。例如，投资者通过分析农业企业的财务报表，判断企业的盈利能力和发展潜力，决定是否对其进行投资；政府部门依据企业的会计信息，制定农业扶持政策和税收政策。

2. 反映受托责任履行情况

农业企业的管理层对投资者等委托方负有受托责任，会计通过记录和报告企业的经济活动，反映管理层对企业资源的管理和运用情况，评估管理层是否有效履行了受托责任，保障委托方的利益。

三、农业企业会计核算的对象与范围

(一)农业企业会计核算的对象

农业企业会计核算的对象是农业企业生产经营过程中的资金运动，具体包括资金的筹集、投放、使用、回收和分配等环节。在资金筹集阶段，企业通过吸收投资、借款等方式获取资金；资金投放于购买土地、种苗、饲料、农机设备等生产要素；在生产经营过程中，资金在不同形态间转换，如原材料转化为在产品、产成品；销售产品后资金回收，最后对利润进行分配。

(二)农业企业会计的核算范围

1. 生物资产核算

生物资产核算涵盖各类生物资产的初始计量、后续计量、收获与处置等环节。例如，消耗性生物资产按照成本进行初始计量，在生长过程中根据实际情况进行成本归集和核算；生产性生物资产除初始成本计量外，还需考虑折旧、减值等情况。

2. 农产品成本核算

对农产品生产过程中的各项成本，如种子、化肥、农药、人工、机械作业等费用进行归集、分配和计算，确定农产品的生产成本，为农产品定价和成本控制提供依据。

3. 农业收入核算

农业收入核算包括农产品销售收入、农产品加工收入、出租农业资产收入等。准确核算农业收入，要遵循收入确认原则，在满足收入确认条件时及时确认收入，反映企业的经营成果。

4. 农业企业特殊业务核算

农业企业特殊业务核算，如政府农业补贴的核算、农业保险理赔的核算等。政府给予农业企业的补贴，根据补贴性质和用途，按照相关会计准则进行账务处理；农业保险理赔收入用于弥补企业因自然灾害等造成的损失，其核算也有特定的方法和要求。

四、农业企业会计核算的特点

（一）遵循特殊会计准则

除遵循一般企业会计准则外，农业企业还需遵循《企业会计准则第 5 号——生物资产》等专门针对农业业务的准则。这些准则对生物资产的确认、计量和披露做出了详细规定，与一般企业资产核算准则有所不同。

（二）注重生物资产的动态核算

由于生物资产的生长、繁殖、衰老等特性，其价值处于不断变化中。会计核算需要跟踪生物资产的动态变化，定期对生物资产进行盘点和评估，及时调整账面价值，准确反映其实际价值。

（三）成本核算方法的多样性

根据不同的农业生产类型和生产组织方式，农业企业可采用品种法、分批法、分步法等多种成本核算方法。例如，对于大规模、单一种类农作物种植，可采用品种法归集和分配成本；对于分批饲养不同批次畜禽的养殖场，可采用分批法核算成本。

（四）受自然因素影响的核算调整

自然因素如自然灾害、病虫害等对农业生产影响巨大。当发生自然灾害导致生物资产受损或农产品减产时，会计核算时需要及时进行调整，如计提资产减值准备、调整成本和收入等，以反映实际经济损失。

学思践悟农业会计，悟有所得知识升华

【学思践悟】

党的二十大报告明确指出，要加快建设农业强国，全方位夯实粮食安全根基，这为农业企业的发展指明了方向。农业企业作为农业产业链的关键环节，在保障国家粮食安全和推动农业现代化进程中肩负着重要使命。从国家政策导向来看，对农业企业的扶持力度不断加大，无论是在资金支持、税收优惠，还是在技术研发补贴等方面，都体现了国家对农业企业发展的重视。

在这样的时代背景下，农业企业会计的重要性越发凸显。准确的会计核算能够清晰反映企业的生产经营状况，为企业管理者提供决策依据，助力企业合理规划资源配置，提高生产效率。比如，通过精准的成本核算，企业可以明确在种子、化肥、人工等方面的投入产出比，进而优化种植或养殖方案，降低生产成本，提升经济效益。同时，详实的财务信息披露也有助于政府部门了解农业企业的实际运营情况，为制定更具针对性的农业扶持政策提供数据支撑。

党的二十届二中、三中全会进一步强调了经济高质量发展的重要性，农业企业要实现高质量发展，离不开会计工作的有力支持。当下，新质生产力正成为推动各行业发展的关键要素，在农业领域也不例外。新质生产力以科技创新、数字化转型等为核心驱动力，为农业企业带来全新的发展机遇。会计不仅要准确记录经济业务，更要从战略高度参与企业管理，通过财务分析，挖掘企业潜在的发展机会和风险隐患，为企业借助新质生产力实现转型升级提供财务视角的建议。例如，在农业企业引入智能化种植设备、大数据分析系统等新质生产力要素拓展农产品加工业务或发展生态农业时，会计人员可以通过成本效益分析、资金预算等手段，评估项目的可行性，保障企业投资决策的科学性。通过核算智能化设备的采购成本、后续维护费用以及可能带来的产量提升和成本节约，可以判断其长期经济效益，助力企业更好地利用新质生产力实现飞跃。

【悟有所得】

农业企业会计是连接农业生产经营与国家宏观政策的重要纽带。它不仅仅是对企业经济活动的记录，更是推动农业企业适应政策导向、实现可持续发展的关键力量。新质生产力的崛起，为农业企业会计赋予了新的使命。

从生物资产核算到农产品成本核算，从农业收入核算到特殊业务核算，每一个环节都紧密关系到农业企业的经济效益和社会效益。在遵循特殊会计准则的同时，注重生物资产的动态变化以及成本核算方法的多样性，能够使会计信息更真实、准确地反映农业企业的生产经营特点。这不仅有助于企业内部管理，还能为投资者、债权人等利益相关者提供可靠的决策依据，吸引更多的社会资本投入农业领域，促进农业产业的发展壮大。在实际工作中，农业企业会计人员应不断提升自身专业素养，紧跟国家政策步伐，深入理解政策内涵，将政策要求融入日常会计核算和财务管理中。例如，在核算政府对新质生产力相关的农业补贴时，农业企业会计人员应严格按照相关规定进行账务处理，确保补贴资金的合理使用和有效监管；在面对自然灾害等突发情况时，及时、准确地进行会计核算调整，如实反映企业损失，为企业争取合理的保险理赔和政策支持提供依据。同时，关注新质生产力在农业企业中的应用，通过财务数据评估新技术、新设备的投资回报率，为企业持续引入和发展新质生产力提供有力支持。只有这样，才能充分发挥农业企业会计在农业企业发展中的重要作用，为加快建设农业强国贡献力量。

第二节　农业企业业务的核算

一、生物资产的核算

（一）生物资产的分类与确认

1. 生物资产的分类

生物资产（Biological Assets）是指有生命的动物和植物，可分为消耗性生物资产、生产性生物资产和公益性生物资产。

（1）消耗性生物资产，是为出售而持有的、或在将来收获为农产品的生物资产。例如，生长在田间的玉米、白菜等大田作物，菜地里的各类蔬菜，用于砍伐获取木材的用材林，以及养殖场里存栏待售的生猪、肉牛等牲畜。

（2）生产性生物资产，是为产出农产品、提供劳务或出租等目的而持有的生物资产。像果园里的果树，每年能产出水果；林场中的薪炭林，可用于提供燃料；养殖企业用于繁殖幼崽的母猪、母牛等产畜，以及帮助劳作的耕牛等役畜都属于此类。

（3）公益性生物资产，是以防护、环境保护为主要目的的生物资产。例如，在沙漠边缘种植的防风固沙林，能有效阻挡风沙侵蚀；在河流两岸种植的水土保持林，可防止水土流失；在水源地周边种植的水源涵养林，有助于保护水源质量。

2. 生物资产的确认条件

生物资产同时满足以下条件才能予以确认：

（1）企业因过去的交易或者事项而拥有或者控制该生物资产，比如，企业购买了一批鱼苗，从支付款项并取得鱼苗控制权时起就满足了这一条件。

(2)与该生物资产有关的经济利益或服务潜能很可能流入企业。例如,企业种植的苹果树,预计未来能够结出果实用于销售获取收入,或者用于提供观光旅游服务,就表明存在经济利益或服务潜能流入。

(3)该生物资产的成本能够可靠地计量。如果企业自行繁殖的家畜在繁殖过程中所耗费的饲料、人工等成本能够准确核算,就符合这一条件。例如,某农业企业购买了一批仔猪用于育肥出售,企业支付了购买价款并取得了相关凭证,就满足了确认消耗性生物资产的条件。

(二)账户设置

为了反映和监督生产性生物资产的生产、耗费、产出等情况,企业需要设置"生产性生物资产""生产性生物资产累计折旧"等账户。

1."生产性生物资产"账户

"生产性生物资产"属于资产类账户,用于核算企业(农、林、牧、渔业)持有的生产性生物资产的原价(成本)。借方登记外购、自行营造的林木、自行繁殖产畜和役畜等增加的生产性生物资产成本,如企业购入一批产奶的奶牛,支付的购买价款、运输费、保险费等相关成本都计入借方;贷方登记出售、报废、毁损、对外投资等减少的生产性生物资产原价(成本),当企业将老化不再产奶的奶牛出售时,按其成本从贷方转出。期末借方余额,反映企业(农、林、牧、渔业)生产性生物资产的原价(成本)。本科目应按照"未成熟生产性生物资产"和"成熟生产性生物资产",分别生物资产的种类、群别等进行明细核算。比如,企业可以按奶牛的不同生长阶段分为"未成熟奶牛"和"成熟奶牛"进行明细核算。

2."生产性生物资产累计折旧"账户

"生产性生物资产累计折旧"属于资产类的农业专业账户,用于核算企业(农、林、牧、渔业)成熟生产性生物资产的累计折旧。贷方登记企业按月计提成熟生产性生物资产的折旧,比如企业按月对产奶的奶牛计提折旧时,计入该账户贷方;借方登记处置生产性生物资产结转的生产性生物资产累计折旧,当企业出售已计提折旧的生产性生物资产时,将其累计折旧从借方转出。期末贷方余额,反映企业成熟生产性生物资产的累计折旧额。本科目应按照生产性生物资产的种类、群别等进行明细核算,以便准确反映不同资产的折旧情况。

(三)生产性生物资产的账务处理

1. 生物资产的初始计量

(1)外购生物资产

按照购买价款、相关税费、运输费、保险费以及可直接归属于购买该资产的其他支出作为初始入账成本。

【做中学 8-1】 某奶牛养殖企业外购一批奶牛,每头奶牛的购买价款为 5 000 元,共购买 100 头,支付运输费 5 000 元、保险费 3 000 元,另外支付了因购买奶牛产生的相关税费 2 000 元。那么这批奶牛的初始入账成本=5 000×100+5 000+3 000+2 000=510 000(元),会计分录为:

借:生产性生物资产——奶牛　　510 000

　　贷:银行存款　　510 000

【解析】 本例中,奶牛养殖企业外购奶牛,根据生物资产初始计量原则,每头奶牛购买价款 5 000 元,共 100 头,这部分是主要的购置成本,为 5 000×100=500 000 元。运输费 5 000 元、保险费 3 000 元以及相关税费 2 000 元,这些费用都是为了使奶牛能够到达企业并正常投入养殖生产所必需的支出,所以都应计入奶牛这一生产性生物资产的初始入账成本。最终这批奶牛的初始入账成本为 5 000×100+5 000+3 000+2 000=510 000(元)。在会计分录处理上,"生产性生物资产——奶牛”属于资产类科目，增加记借方，反映企业取得奶牛这一生产性生物资产的成本；“银行存款”是资产类科目，减少记贷方，表明企业为购买奶牛支付了相应的款项。

(2)自行繁殖、营造的生物资产

对于自行繁殖的育肥畜，其成本包括出售前发生的饲料费、人工费和应分摊的间接费用等必要支出。自行营造的林木类消耗性生物资产，其成本包括郁闭前发生的造林费、抚育费、营林设施费、良种试验费、调查设计费和应分摊的间接费用等必要支出。

【做中学 8—2】 某林场自行营造一片用材林，在郁闭前共发生造林费 80 000 元，其中，购买种苗花费 30 000 元，支付肥料费用 20 000 元，剩余的为人工造林费用；抚育费 20 000 元，其中，购买农药花费 8 000 元，人工抚育费用 12 000 元，另外还支付了营林设施费 5 000 元。会计分录为：

借：消耗性生物资产——用材林	105 000	
贷：原材料——种苗		30 000
——肥料		20 000
——农药		8 000
应付职工薪酬(人工费用)		42 000
银行存款(营林设施费)		5 000

【解析】 本例中，造林费 80 000 元，其中购买种苗 30 000 元、肥料 20 000 元，这两部分属于直接用于营造林木的原材料成本，计入“原材料——种苗”和“原材料——肥料”科目贷方，表示原材料的减少。剩余的人工造林费用为(80 000－30 000－20 000＝)30 000 元，通过“应付职工薪酬”核算，体现企业对人工成本的负债。抚育费 20 000 元，购买农药 8 000 元，同样计入“原材料——农药”贷方，人工抚育费用 12 000 元计入“应付职工薪酬”。另外支付的营林设施费 5 000 元，直接用银行存款支付，减少银行存款。这些成本共同构成了用材林的初始成本，计入“消耗性生物资产——用材林”借方，反映企业营造用材林所投入的成本。

(3)公益性生物资产

公益性生物资产，是以防护、环境保护为主要目的的生物资产，如防风固沙林、水土保持林和水源涵养林等。与消耗性生物资产和生产性生物资产不同，公益性生物资产并不直接为企业带来经济利益流入，但其具有重要的生态和社会效益。在对公益性生物资产进行初始计量时，同样要将为构建该资产所发生的必要支出计入成本，这些支出涵盖从项目筹备到资产形成过程中的各项费用，包括购买相关物资、支付人工费用以及为项目开展而产生的前期勘察设计等费用。

【做中学 8—3】 某环保企业响应政府号召，在沙漠边缘开展植树造林项目，以营造防风固沙的公益性生物资产。在项目实施过程中，该环保企业购买树苗花费 50 000 元，支付人工种植费用 30 000 元，购置用于灌溉的设备花费 10 000 元，设备预计使用年限 10 年，采用直线法计提折旧，当年计提折旧 1 000 元，另外，还支付了项目前期的勘察设计费 5 000 元。会计分录如下：

①购买树苗、支付人工费用和勘察设计费时：

借：公益性生物资产——防风固沙林	85 000	
贷：原材料——树苗		50 000
应付职工薪酬(人工费用)		30 000
银行存款(勘察设计费)		5 000

②购置灌溉设备时：

借：固定资产——灌溉设备	10 000	
贷：银行存款		10 000

③当年计提灌溉设备折旧时(折旧计入公益性生物资产成本)：

借：公益性生物资产——防风固沙林　　1 000

　　贷：累计折旧　　1 000

【解析】在本例中，营造防风固沙林作为公益性生物资产，其成本涵盖了多个方面。购买树苗的 50 000 元是直接用于构建公益性生物资产的物资成本，计入"原材料——树苗"贷方，同时增加"公益性生物资产——防风固沙林"的借方金额。人工种植费用 30 000 元通过"应付职工薪酬"核算，体现企业对人工成本的负债，也构成了公益性生物资产的成本。项目前期的勘察设计费 5 000 元是为了开展该项目而产生的必要支出，同样计入公益性生物资产成本。对于购置的灌溉设备，先确认为固定资产，其成本为 10 000 元。由于设备是为营造公益性生物资产服务，所以按照直线法计提的折旧，当年 1 000 元折旧额计入"公益性生物资产——防风固沙林"成本。"累计折旧"增加，反映固定资产价值随着使用而逐渐减少，完整地展现了公益性生物资产从构建到使用过程中的成本核算和会计处理。

2. 生物资产的后续计量

(1)成本模式

在成本模式下，企业对生物资产进行后续计量时，要按照成本减去累计折旧(针对生产性生物资产)和累计减值准备后的余额计量。

【提示】生产性生物资产按照一定的方法计提折旧，折旧方法包括年限平均法、工作量法、产量法等。

【做中学 8—4】　某企业的生产性生物资产采用年限平均法计提折旧，该资产原值为 100 000 元，预计使用年限 10 年，预计净残值为 5 000 元，假设该生产性生物资产用于农产品生产，则每年应计提折旧＝(100 000－5 000)÷10＝9 500(元)，会计分录为：

借：生产成本　　9 500

　　贷：生产性生物资产累计折旧　　9 500

【解析】本例中，企业采用年限平均法对生产性生物资产计提折旧，这是一种较为常用且简单的折旧方法。计算公式为：(资产原值－预计净残值)÷预计使用年限。该生产性生物资产原值 100 000 元，预计净残值 5 000 元，预计使用年限 10 年，所以每年应计提折旧＝(100 000－5 000)÷10＝9 500(元)。由于该生产性生物资产用于农产品生产，其折旧费用应计入农产品的生产成本，"生产成本"科目增加记借方；"生产性生物资产累计折旧"是生产性生物资产的备抵科目，增加记贷方，表示生产性生物资产随着使用其价值逐渐减少，通过累计折旧来体现。

(2)公允价值模式

采用公允价值模式计量生物资产，应当同时满足以下两个条件：一是生物资产所在地有活跃的交易市场；二是能够从交易市场上取得同类或类似生物资产的市场价格及其他相关信息，从而对生物资产的公允价值做出合理估计。

【注意】在公允价值模式下，生物资产的账面价值随公允价值的变动而调整，不计提折旧和减值准备。

【做中学 8—5】　某花卉种植企业的观赏性花卉满足公允价值计量条件，期初花卉账面价值为 50 000 元，期末公允价值变为 55 000 元，经市场调研，该花卉价格上涨是由于市场需求大增，且有同类花卉交易价格作为参考。会计分录为：

借：消耗性生物资产——花卉　　5 000

贷:公允价值变动损益 5 000

【解析】本例中,花卉价格上涨是由于市场需求大增,且有同类花卉交易价格作为参考,满足公允价值变动的条件。期初花卉账面价值 50 000 元,期末变为 55 000 元,公允价值增加了 5 000 元。“消耗性生物资产——花卉”的账面价值需要根据公允价值的变动进行调整,增加记借方;“公允价值变动损益”属于损益类科目,反映因公允价值变动而产生的收益或损失,公允价值增加,所以贷记“公允价值变动损益”,表明企业因花卉公允价值上升而获得收益,该收益会影响企业的当期利润。

3. 生物资产的收获与处置

(1)生物资产的收获

消耗性生物资产收获农产品时,按照其账面价值结转成本。

【做中学 8-6】 某企业收获小麦,消耗性生物资产——小麦在生长过程中累计投入种子、肥料、人工等成本共计 30 000 元,账面价值为 30 000 元,会计分录为:

借:农产品 30 000

　　贷:消耗性生物资产——小麦 30 000

【解析】当消耗性生物资产收获农产品时,按照其账面价值结转成本。该企业收获小麦,在小麦生长过程中累计投入种子、肥料、人工等成本共计 30 000 元,此时小麦作为消耗性生物资产的账面价值为 30 000 元。收获的小麦成为企业的农产品,“农产品”科目属于资产类科目,增加记借方,表示企业收获了新的资产;“消耗性生物资产——小麦”减少记贷方,因为小麦已从生长状态转变为收获后的农产品状态,消耗性生物资产相应减少,其成本结转为农产品成本。

(2)生物资产的处置

生物资产出售时,应按实际收到的金额,借记“银行存款”等科目,贷记“主营业务收入”等科目;同时,按其账面价值,借记“主营业务成本”等科目,贷记“生物资产”科目。若生物资产发生盘亏或死亡、毁损,则应先扣除残料价值、可收回的保险赔偿和过失人赔偿,将净损失计入“营业外支出”科目。

【做中学 8-7】 某企业出售一头生产性生物资产奶牛,售价为 8 000 元,该奶牛账面价值为 6 000 元,在出售过程中,通过银行转账收到款项。会计分录为:

借:银行存款 8 000

　　贷:主营业务收入 8 000

借:主营业务成本 6 000

　　贷:生产性生物资产——奶牛 6 000

【解析】企业出售生产性生物资产奶牛,售价 8 000 元,通过银行转账收到款项。在会计处理上,收到款项时,“银行存款”增加记借方;同时,出售奶牛实现了主营业务收入。“主营业务收入”属于损益类科目,增加记贷方,贷记 8 000 元,反映企业销售奶牛所获得的收入。该奶牛账面价值为 6 000 元,出售时需要结转成本,“主营业务成本”属于损益类科目,增加记借方,借记 6 000 元;“生产性生物资产——奶牛”减少记贷方,反映企业减少了这一生产性生物资产,其成本从资产中扣除,以准确反映企业的经营成果和资产状况。

二、农产品成本的核算

(一)农产品成本核算的对象与项目

对农产品成本核算的对象,应根据企业的生产特点和管理要求确定。一般来说,种植业以每种或每类农作物为核算对象，如小麦、玉米、棉花等；养殖业以每批或每种畜禽为核算对象，如猪、牛、羊的不同批次。对于主要农产品，应单独核算成本；对于次要农产品，可适当合并核算成本。例如，大型粮食种植企业会对水稻、小麦等主要粮食作物分别单独核算成本，而对于一些产量较小、价值较低的杂粮可以合并核算成本。

农产品成本项目主要包括直接材料、直接人工、机械作业费、其他直接费用和间接费用。

(1)直接材料，是指在农产品生产过程中直接耗用的种子、种苗、肥料、农药等。例如，种植玉米时使用的玉米种子、化肥以及防治病虫害的农药都属于直接材料。

(2)直接人工，是指直接从事农产品生产的人员的职工薪酬。比如，种植户雇用农民进行播种、除草、收割等工作支付的工资。

(3)机械作业费，是指使用农业机械进行作业所发生的费用，如使用拖拉机耕地、收割机收割庄稼产生的油料费、设备折旧费等。

(4)其他直接费用，是指除直接材料、直接人工和机械作业费以外的可直接归属于农产品生产的费用，例如，为农产品生产租用的专用设备租金等。

(5)间接费用，是指应分摊计入农产品成本的制造费用，如生产部门管理人员的薪酬、折旧费、水电费等。例如，农业生产基地仓库的折旧费、水电费等需要分摊到农产品成本中。

(二)农产品成本的归集与分配

企业应设置“农业生产成本”科目，归集农产品生产过程中发生的各项成本。

【做中学 8—8】 在种植玉米过程中，领用种子 5 000 元，假设该种子是从企业仓库领用，该批种子购买时取得增值税专用发票，税率为 9%。会计分录为：

借：农业生产成本——玉米——直接材料　　5 000

　贷：原材料——种子　　5 000

【解析】在种植玉米过程中领用种子，种子从企业仓库领用，购买时取得增值税专用发票(此处增值税专用发票在该业务中不影响成本核算，仅作为背景信息)。“农业生产成本”用于归集农产品生产过程中的各项成本，“农业生产成本——玉米——直接材料”是其明细科目，领用种子属于直接材料成本，增加记借方，表明玉米种植成本增加了 5 000 元；“原材料——种子”是资产类科目，减少记贷方，反映仓库中种子的减少，即企业将种子投入玉米种植生产中。

对于能直接计入某种农产品成本的费用，直接计入该种农产品成本；对于不能直接计入的共同费用，应按照一定的分配标准在受益对象之间进行分配。分配标准可根据实际情况选择，如种植面积、产量、工时等。

【做中学 8—9】 某农业企业同时种植小麦和玉米，本月发生机械作业费 10 000 元，小麦种植面积为 500 亩，玉米种植面积为 300 亩，按照种植面积分配机械作业费。另外，已知小麦和玉米的种植工时分别为 800 小时和 400 小时，假设该企业还发生了一笔 2 400 元的其他直接费用，按照工时进行分配。

①机械作业费分配率＝10 000÷(500＋300)＝12.5(元/亩)

小麦应分配的机械作业费＝500×12.5＝6 250(元)

玉米应分配的机械作业费＝300×12.5＝3 750(元)

②其他直接费用分配率＝2 400÷(800＋400)＝2(元/小时)

小麦应分配的其他直接费用＝800×2＝1 600(元)

玉米应分配的其他直接费用＝400×2＝800(元)

会计分录为：

借:农业生产成本——小麦——机械作业费 6 250
——小麦——其他直接费用 1 600
——玉米——机械作业费 3 750
——玉米——其他直接费用 800
贷:累计折旧(或银行存款等,根据费用支付方式) 10 000
银行存款(支付的其他直接费用) 2 400

【解析】对于不能直接计入某种农产品成本的共同费用,需要按照一定的分配标准在受益对象之间进行分配。本例中,机械作业费 10 000 元,按照种植面积分配。先计算机械作业费分配率,即 10 000÷(500+300)=12.5(元/亩),这表示每亩应分配的机械作业费。小麦种植面积 500 亩,所以应分配的机械作业费为 500×12.5=6 250(元);玉米种植面积 300 亩,应分配 300×12.5=3 750(元)。另外,2 400 元的其他直接费用按照工时分配,先计算分配率为 2 400÷(800+400)=2 元/小时,小麦种植工时 800 小时,应分配 800×2=1 600 元;玉米种植工时 400 小时,应分配 400×2=800 元。在会计分录中,"农业生产成本——小麦——机械作业费""农业生产成本——小麦——其他直接费用""农业生产成本——玉米——机械作业费""农业生产成本——玉米——其他直接费用"这些明细科目分别增加记借方,反映小麦和玉米应承担的相应成本;贷方根据费用支付方式,如果机械作业费是由自有农机设备产生的折旧,则贷记"累计折旧",如果是支付给外部的费用,则贷记"银行存款"等;支付的其他直接费用贷记"银行存款",体现费用的支付和成本的归集。

(三)农产品成本的计算与结转

在农产品收获时,计算其总成本和单位成本。总成本为生产过程中归集的各项成本之和,单位成本=总成本÷产量。

【做中学 8-10】 某企业种植的水稻,在生产过程中归集的直接材料成本为 30 000 元,直接人工成本为 20 000 元,机械作业费 15 000 元,其他直接费用 5 000 元,间接费用分摊 10 000 元,总产量为 40 000 千克,则水稻总成本=30 000+20 000+15 000+5 000+10 000=80 000 元,单位成本=80 000÷40 000=2(元/千克)。

农产品验收入库时,将其成本从"农业生产成本"科目结转到"农产品"科目。会计分录为:

借:农产品——水稻 80 000
贷:农业生产成本——水稻 80 000

【解析】计算农产品成本时,总成本为生产过程中归集的各项成本之和。该企业种植水稻,直接材料成本 30 000 元、直接人工成本 20 000 元、机械作业费 15 000 元、其他直接费用 5 000 元、间接费用分摊 10 000 元,所以水稻总成本=30 000+20 000+15 000+5 000+10 000=80 000(元)。单位成本=总成本÷产量,已知总产量为 40 000 千克,所以单位成本=80 000÷40 000=2(元/千克)。农产品验收入库时,要将成本从"农业生产成本"结转到"农产品"科目。"农产品——水稻"增加记借方,反映企业收获的水稻资产增加;"农业生产成本——水稻"减少记贷方,表明生产水稻的成本已转化为农产品成本,完成了成本的结转,准确反映企业资产形态的转变和成本的归属。

三、农业收入的核算

(一)农业收入的确认原则

农业企业应当按照《企业会计准则第 14 号——收入》规定的原则确认农业收入。一般情况下,企业在履行了合同中的履约义务,即在客户取得相关商品控制权时确认收入。对于农产品销售,通常在农产品发出并收到货款或取得收款权利时确认收入。例如,某农业企业向超市销售一批水果,水果已交付超市，超市验收合格并支付了货款，此时农业企业应确认收入。若企业与超市签订合同，约定在水果交付后30天内付款，当水果交付超市时，企业虽然未收到货款，但取得了收款权利，也应确认收入。

（二）农业收入的核算方法

1. 销售农产品收入

企业销售农产品时，按实际收到或应收的金额，借记“银行存款”“应收账款”等科目，按实现的销售收入，贷记“主营业务收入”科目。

【做中学8—11】 某企业销售小麦，售价为50 000元，其中20 000元以银行存款支付，剩余30 000元对方企业承诺一个月后支付。会计分录为：

借：银行存款	20 000	
应收账款	30 000	
贷：主营业务收入		50 000

【解析】 企业销售小麦，售价50 000元，其中20 000元以银行存款支付，“银行存款”增加记借方；剩余30 000元对方企业承诺一个月后支付，形成企业的应收账款，“应收账款”增加记借方，反映企业拥有对客户的收款权利。同时，企业实现了主营业务收入，“主营业务收入”增加记贷方，贷记50 000元，表明企业通过销售小麦获得了收入，该收入会增加企业的利润，准确记录了企业的销售业务和收入实现情况。

2. 提供农业劳务收入

企业提供农业劳务，如代耕、代种、代养等，应根据劳务完成情况确认收入。劳务完成时，企业按应收取的款项，借记“银行存款”“应收账款”等科目，贷记“主营业务收入”科目。

【做中学8—12】 某企业为其他农户提供代耕服务，双方约定代耕费用为3 000元，服务完成后，农户先支付了1 000元，剩余款项约定在农作物收获后支付。会计分录为：

借：银行存款	1 000	
应收账款	2 000	
贷：主营业务收入		3 000

【解析】 企业为其他农户提供代耕服务，这属于提供农业劳务。双方约定代耕费用3 000元，服务完成后，农户先支付了1 000元，“银行存款”增加记借方；剩余2 000元约定在农作物收获后支付，形成应收账款，“应收账款”增加记借方。企业在劳务完成时按照应收取的款项确认主营业务收入，“主营业务收入”增加记贷方，贷记3 000元，体现企业因提供代耕劳务而获得收入，遵循了收入确认原则，反映企业的经营成果。

（三）农业收入的特殊情况处理

1. 政府补助与农业收入

政府补助如果与企业销售商品或提供劳务等活动密切相关，且是企业商品或服务的对价或者是对价的组成部分，应当按照收入准则的规定进行会计处理，而不是作为政府补助。政府为鼓励企业种植特定农作物，按照企业销售该农作物的数量给予补贴，该补贴应确认为收入。

【做中学8—13】 假设政府按照企业销售某农作物的数量，每销售1吨补贴100元，企业本月销售该农作物10吨，收到补贴1 000元。会计分录为：

借：银行存款	1 000	
贷：主营业务收入		1 000

【解析】 政府按照企业销售某农作物的数量给予补贴，每销售 1 吨补贴 100 元，企业本月销售 10 吨，收到补贴 1 000 元。由于该补贴与企业销售商品活动密切相关，是企业商品对价的组成部分，所以应按照收入准则确认为主营业务收入。收到补贴时，“银行存款”增加记借方；“主营业务收入”增加记贷方，贷记 1 000 元，表明企业的收入增加，这种会计处理方式准确反映了补贴的性质和对企业收入的影响，与一般政府补助的会计处理相区分。

2. 分期收款销售农产品

采用分期收款方式销售农产品，实质上具有融资性质的，应当按照应收的合同或协议价款的公允价值确定销售商品收入金额。应收的合同或协议价款与其公允价值之间的差额，应当在合同或协议期间内按照应收款项的摊余成本和实际利率计算确定的金额进行摊销，冲减财务费用。

【做中学 8－14】 某企业采用分期收款方式销售一批农产品，合同约定售价为 100 000 元，分 5 年等额收取，每年收取 20 000 元。该批农产品的现销价格为 80 000 元，实际利率经计算为 7.93%。假设该批农产品成本为 60 000 元。

(1)销售实现时：

借：长期应收款　　100 000

　　贷：主营业务收入　　80 000

　　　　未实现融资收益　　20 000

同时，结转成本：

借：主营业务成本　　60 000

　　贷：库存商品(或农产品)　　60 000

【解析】 企业采用分期收款方式销售农产品，合同约定售价 100 000 元，分 5 年等额收取，每年收取 20 000 元，但该批农产品现销价格为 80 000 元，这表明合同约定价款与现销价格存在差异，具有融资性质。按照规定，应按照应收的合同或协议价款的公允价值(即现销价格 80 000 元)确定销售商品收入金额，因此贷记“主营业务收入”80 000 元；合同约定价款 100 000 元与公允价值 80 000 元的差额 20 000 元，确认为“未实现融资收益”，贷记该科目，反映企业在未来期间通过分期收款将实现的融资收益。同时，企业需要结转销售成本，该批农产品成本为 60 000 元，“主营业务成本”增加记借方，借记 60 000 元；“库存商品(或农产品)”减少记贷方，反映企业销售了农产品，库存减少。

(2)每年收款时，按照实际利率计算并摊销未实现融资收益，同时确认收款：

①第一年，首先计算应摊销的未实现融资收益：

未实现融资收益摊销额＝期初长期应收款摊余成本×实际利率

期初长期应收款摊余成本＝长期应收款账面余额－未实现融资收益账面余额＝100 000－20 000＝80 000(元)

第一年应摊销的未实现融资收益＝80 000×7.93%＝6 344(元)

会计分录为：

A. 收到款项时：

借：银行存款　　20 000

　　贷：长期应收款　　20 000

B. 摊销未实现融资收益：

借：未实现融资收益　　6 344

　　贷：财务费用　　6 344

【解析】 首先计算第一年应摊销的未实现融资收益。未实现融资收益摊销额＝期初长期应收款摊余成本×实际利率。期初长期应收款摊余成本＝长期应收款账面余额－未实现融资收益账面余额＝100 000－20 000＝80 000元，实际利率为7.93%，所以第一年应摊销的未实现融资收益＝80 000×7.93%＝6 344（元）。收到款项20 000元时，“银行存款”增加记借方，“长期应收款”减少记贷方，反映企业收到款项，收款权利减少。摊销未实现融资收益时，“未实现融资收益”减少记借方，“财务费用”减少记贷方，因为未实现融资收益的摊销本质上是对融资成本的调整，摊销收益冲减财务费用，体现企业在分期收款过程中实现的融资收益对财务费用的影响。

②第二年，计算应摊销的未实现融资收益：

第二年期初长期应收款摊余成本＝(100 000－20 000)－(20 000－6 344)＝66 344（元）

第二年应摊销的未实现融资收益＝66 344×7.93%≈5 261.08（元）

会计分录为：

A.收到款项时：

借：银行存款	20 000	
贷：长期应收款		20 000

B.摊销未实现融资收益：

借：未实现融资收益	5 261.08	
贷：财务费用		5 261.08

【解析】计算第二年应摊销的未实现融资收益，第二年期初长期应收款摊余成本＝(100 000－20 000)－(20 000－6 344)＝66 344（元），这是因为第一年收到20 000元款项，同时摊销了6 344元未实现融资收益。第二年应摊销的未实现融资收益＝66 344×7.93%≈5 261.08（元）。收到款项和摊销未实现融资收益的会计分录原理与第一年相同，通过计算和账务处理，准确反映企业在第二年的收款和融资收益实现情况。

③第三年，计算应摊销的未实现融资收益：

第三年期初长期应收款摊余成本＝66 344－(20 000－5 261.08)＝51 605.08（元）

第三年应摊销的未实现融资收益＝51 605.08×7.93%≈4 092.28（元）

会计分录为：

A.收到款项时：

借：银行存款	20 000	
贷：长期应收款		20 000

B.摊销未实现融资收益：

借：未实现融资收益	4 092.28	
贷：财务费用		4 092.28

【解析】第三年期初长期应收款摊余成本＝66 344－(20 000－5 261.08)＝51 605.08（元），第三年应摊销的未实现融资收益＝51 605.08×7.93%≈4 092.28（元）。同样，按照收款和摊销的会计处理原则进行账务处理，体现企业在该年度的业务情况。

④第四年，计算应摊销的未实现融资收益：

第四年期初长期应收款摊余成本＝51 605.08－(20 000－4 092.28)＝35 697.36（元）

第四年应摊销的未实现融资收益＝35 697.36×7.93%≈2 830.80（元）

会计分录为：

A.收到款项时：

借：银行存款	20 000	
贷：长期应收款		20 000

B. 摊销未实现融资收益：

借：未实现融资收益　　2 830.80

　　贷：财务费用　　2 830.80

【解析】第四年期初长期应收款摊余成本＝51 605.08－(20 000－4 092.28)＝35 697.36(元)，第四年应摊销的未实现融资收益＝35 697.36×7.93%≈2 830.80(元)，账务处理与前几年一致，持续跟踪和记录企业分期收款业务的财务状况。

⑤第五年，计算应摊销的未实现融资收益：

第五年期初长期应收款摊余成本＝35 697.36－(20 000－2 830.80)＝18 528.16(元)

第五年应摊销的未实现融资收益＝20 000－18 528.16＝1 471.84(元)(倒轧计算，以确保未实现融资收益全部摊销完毕)

会计分录为：

A. 收到款项时：

借：银行存款　　20 000

　　贷：长期应收款　　20 000

B. 摊销未实现融资收益：

借：未实现融资收益　　1 471.84

　　贷：财务费用　　1 471.84

【解析】第五年期初长期应收款摊余成本＝35 697.36－(20 000－2 830.80)＝18 528.16(元)，第五年应摊销的未实现融资收益＝20 000－18 528.16＝1 471.84(元)，这里采用倒轧计算，是为了确保未实现融资收益在最后一年全部摊销完毕。通过这种方式，完整地反映了企业分期收款销售农产品业务从销售实现到款项全部收回过程中的收入确认、成本结转、融资收益摊销等财务处理情况。

四、农业企业其他业务的核算

(一)农业资产租赁业务核算

1. 出租方核算

农业企业出租农业资产，如出租土地、农机设备等，在租赁期内，应按照合同约定的租金收入确认时间和金额，借记“银行存款”“应收账款”等科目，贷记“其他业务收入”科目。同时，对于出租资产计提的折旧或摊销，借记“其他业务成本”科目，贷记“累计折旧”“累计摊销”等科目。

【做中学8－15】 某企业出租一台拖拉机，租赁期为1年，每月租金为2 000元，租金按季度收取。该拖拉机每月应计提折旧500元，购买时原值为60 000元，预计使用年限为10年。

(1)本季度首月确认租金收入时：

借：应收账款　　2 000

　　贷：其他业务收入　　2 000

【解析】企业出租拖拉机，每月租金为2 000元，租金按季度收取。在本季度首月，虽然尚未收到租金，但按照权责发生制原则，企业已经提供了一个月的租赁服务，应确认租金收入。“应收账款”增加记借方，反映企业拥有对承租方的收款权利；“其他业务收入”增加记贷方，因为出租拖拉机属于企业的其他业务，确认的租金收入会增加企业的利润。

(2)本季度第三个月收到租金时：

借：银行存款　　6 000

贷：应收账款　　6 000

【解析】 企业收到本季度三个月的租金共 6 000 元，“银行存款”增加记借方，反映企业实际收到款项；“应收账款”减少记贷方，因为之前确认的应收账款在收到款项后得以冲减，记录了企业的收款情况和债权债务关系的变化。

(3)每月计提折旧时：

借：其他业务成本　　500

　贷：累计折旧　　500

【解析】 拖拉机每月应计提折旧 500 元，购买时原值 60 000 元，预计使用年限 10 年。拖拉机作为出租资产，其折旧应计入其他业务成本。“其他业务成本”增加记借方，反映企业因出租资产而产生的成本增加；“累计折旧”增加记贷方，作为拖拉机固定资产的备抵科目，反映固定资产随着使用其价值逐渐减少，体现了收入与成本相配比的原则。

2. 承租方核算

承租方租入农业资产，支付租金时，借记“农业生产成本”“制造费用”等科目（根据资产用途确定借方科目），贷记“银行存款”等科目。

【做中学 8－16】 某农户租入土地用于种植蔬菜，租赁期为两年，每年支付租金 10 000 元，租金需在每年年初支付。第一年年初支付租金时：

借：农业生产成本——蔬菜　　10 000

　贷：银行存款　　10 000

【解析】 第一年年初支付租金时，由于租入土地用于蔬菜种植，属于农业生产成本的范畴。“农业生产成本——蔬菜”增加记借方，反映种植蔬菜的成本增加；“银行存款”减少记贷方，表明农户支付了租金，资金减少，记录了农户为种植蔬菜而发生的成本支出。

（二）农业保险理赔业务核算

农业企业投保支付农业保险费时，借记“农业生产成本”“管理费用”等科目，贷记“银行存款”等科目。

【做中学 8－17】 某养殖企业为养殖的生猪投保，保险期限为 1 年，支付保险费 5 000 元，其中 3 000 元应计入养殖成本，2 000 元为管理部门承担的财产综合保险费。会计分录为：

借：农业生产成本——生猪　　3 000

　管理费用　　2 000

　贷：银行存款　　5 000

【解析】 对于计入养殖成本的 3 000 元，“农业生产成本——生猪”增加记借方，反映养殖生猪的成本增加；管理部门承担的 2 000 元保险费，“管理费用”增加记借方，因为管理费用是企业为组织和管理生产经营活动而发生的费用。“银行存款”减少记贷方，反映企业支付了保险费，资金减少，按照费用的归属和性质进行准确的会计核算，反映企业的费用支出情况。

当发生保险事故并获得保险理赔时，若理赔金额小于或等于损失金额，借记“银行存款”科目，贷记“农业生产成本”“营业外支出”等科目（根据损失情况确定贷方科目）；若理赔金额大于损失金额，则将超出部分贷记“营业外收入”科目。

【做中学 8－18】 承接【做中学 8－17】，该养殖企业的生猪因疫病死亡，损失金额为 8 000 元，获得保险理赔 6 000 元，假设该损失全部为养殖成本。会计分录为：

借：银行存款　　6 000

营业外支出　　　　2 000
　贷：农业生产成本——生猪　　　　8 000

【解析】养殖企业的生猪因疫病死亡，损失金额为 8 000 元，获得保险理赔 6 000 元，假设该损失全部为养殖成本。收到保险理赔款时，"银行存款"增加记借方；由于实际损失 8 000 元，理赔 6 000 元，还有 2 000 元损失无法得到补偿，这部分净损失计入"营业外支出"。"营业外支出"增加记借方，反映企业发生了非日常经营活动导致的损失；"农业生产成本——生猪"减少记贷方，表明这部分因生猪死亡损失对应的成本被扣除，反映了企业遭受损失及获得理赔后的财务状况变化。

【做中学 8－19】 承接【做中学 8－18】，若保险理赔金额为 9 000 元，则会计分录为：

借：银行存款　　　　9 000
　贷：农业生产成本——生猪　　　　8 000
　　营业外收入　　　　1 000

【解析】若保险理赔金额为 9 000 元，收到理赔款时，"银行存款"增加记借方。因为实际损失是 8 000 元，理赔金额超出损失 1 000 元，超出的部分属于企业的额外收益，贷记"营业外收入"。"营业外收入"增加记贷方，反映企业获得了非日常经营活动产生的额外收入，"农业生产成本——生猪"依旧减少记贷方，用以冲减因生猪死亡产生的成本，完整展现企业在这种特殊情况下的财务处理和收益情况。

（三）政府补助业务核算

企业收到与资产相关的政府补助，如用于购买农业设备的补助，应当确认为递延收益，并在相关资产使用寿命内平均分配，计入当期损益。

【做中学 8－20】 某企业收到政府补助 100 000 元用于购买农业灌溉设备，设备购买价款为 200 000 元，使用寿命为 10 年，采用直线法计提折旧。

（1）收到补助时：

借：银行存款　　　　100 000
　贷：递延收益　　　　100 000

【解析】企业收到政府补助 100 000 元用于购买农业灌溉设备，这属于与资产相关的政府补助，按照会计准则，应先确认为递延收益。"递延收益"是负债类科目，增加记贷方，表示企业收到政府补助后需要在未来期间按照一定方式将其确认为收益；"银行存款"增加记借方，反映企业实际收到了这笔补助资金。

（2）购买设备时：

借：固定资产　　　　200 000
　贷：银行存款　　　　200 000

【解析】企业用银行存款 200 000 元购买农业灌溉设备，"固定资产"增加记借方，反映企业资产增加，拥有了新的灌溉设备；"银行存款"减少记贷方，体现企业为购买设备支付了相应的款项。

（3）每年计提折旧时（200 000÷10＝20 000 元）：

借：农业生产成本　　　　20 000
　贷：累计折旧　　　　20 000

【解析】设备采用直线法计提折旧，使用寿命为 10 年，每年折旧额为 200 000÷10＝20 000 元。由于设备用于农业生产，折旧费用计入"农业生产成本"。"农业生产成本"增加记借方，反映农产品生产过程中成本的增加；"累计折旧"增加记贷方，作为固定资产的备抵科目，反映固定资产随着使用价值逐渐减少。

(4)每年分配递延收益时：

借：递延收益　　10 000

　　贷：其他收益　　10 000

【解析】与资产相关的政府补助需要在相关资产使用寿命内平均分配，计入当期损益。每年分配递延收益10 000元，“递延收益”减少记借方，反映递延收益在逐年减少；“其他收益”增加记贷方。“其他收益”是损益类科目，用于核算与企业日常活动相关但不宜确认收入或冲减成本费用的政府补助收益，体现企业将政府补助在资产使用期间逐步确认为收益，遵循了权责发生制和收入与成本费用相配比的原则。

用于补偿企业以后期间的相关费用或损失的，确认为递延收益，并在确认相关费用的期间，计入当期损益；用于补偿企业已发生的相关费用或损失的，直接计入当期损益。

【做中学8－21】 政府补助企业50 000元，用于补偿下一年度农产品种植的预计亏损。企业收到补助时：

借：银行存款　　50 000

　　贷：递延收益　　50 000

【解析】政府补助企业50 000元用于补偿下一年度农产品种植的预计亏损，企业收到补助时，由于是对未来期间费用或损失的补偿，应先确认为递延收益。“银行存款”增加记借方，反映企业实际收到补助资金；“递延收益”增加记贷方，体现企业获得了未来用于弥补亏损的资金来源。

下一年度发生亏损，确认相关费用时：

借：递延收益　　50 000

　　贷：其他收益　　50 000

【解析】下一年度发生亏损，确认相关费用时，“递延收益”减少记借方，表明递延收益开始用于弥补亏损；“其他收益”增加记贷方，将递延收益转为收益，用以弥补亏损对利润的影响，准确反映政府补助在不同期间的会计处理和对企业财务状况的影响。

若政府补助企业50 000元，用于补偿上年度农产品种植的亏损，则企业收到补助时会计分录为：

借：银行存款　　50 000

　　贷：营业外收入　　50 000

【解析】政府补助企业50 000元用于补偿上年度农产品种植的亏损，因为是对已发生的费用或损失进行补偿，所以直接计入当期损益。“银行存款”增加记借方，反映企业收到补助资金；“营业外收入”增加记贷方。“营业外收入”用于核算企业发生的与日常活动无直接关系的各项利得，这里政府补助用于弥补上年度亏损属于非日常经营活动产生的利得，直接计入营业外收入，准确体现了政府补助的性质和会计处理方式。

【学中做8－1】　丰收农业的财务之旅

学中做8－1

丰收农业科技有限公司在扩大种植规模过程中发生了一系列经济业务。公司购入了一批价值50 000元的番茄种苗，运输费和保险费共计2 000元，款项均以银行存款支付。同时，公司自行繁殖了一批用于运输农产品的役牛，在繁殖过程中消耗饲料费用8 000元、人工费用5 000元。另外，公司为了改善种植环境，营造了一片防风林，购买树苗花费10 000元、人工种植费用6 000元。在农产品成本核算方面，种植番茄过程中领用肥料3 000元、农药1 000元，发生机械作业费2 000元(按照种植面积在番茄和黄瓜之间分配，番茄种植面积占比60%)。在收入核算环节，公司销售了一批成熟的番茄，售价为15 000元，款项尚未收到。

请问：

(1)请对购入番茄种苗、自行繁殖役牛、营造防风林的业务进行生物资产的初始计量，编制相关会计分录。

(2)计算番茄应分配的机械作业费，并编制农产品成本归集的会计分录。

(3)对销售番茄的业务进行收入核算，编制会计分录。

应知考核

一、单项选择题

1. 下列不属于农业企业特点的是(　　)。

A. 自然再生产与经济再生产相互交织　　B. 资产构成中生物资产占比较大

C. 成本核算相对简单　　D. 受自然因素影响大

2. 某企业外购生产性生物资产，买价 50 万元，运输费 2 万元，保险费 1 万元，安装调试费 3 万元，该生物资产的入账价值为(　　)万元。

A. 50　　B. 52　　C. 53　　D. 56

3. 某农业企业收获一批小麦，成本为 20 万元，会计分录为(　　)。

A. 借：库存商品　200 000；贷：生产成本　200 000

B. 借：农产品　200 000；贷：消耗性生物资产　200 000

C. 借：原材料　200 000；贷：消耗性生物资产　200 000

D. 借：库存商品　200 000；贷：消耗性生物资产　200 000

4. 政府补助企业 20 万元用于购买农业生产设备，企业收到补助时，应贷记(　　)。

A. 营业外收入　200 000　　B. 其他业务收入　200 000

C. 递延收益　200 000　　D. 资本公积　200 000

5. 生产性生物资产采用产量法计提折旧，资产原值 100 万元，预计净残值 10 万元，预计总产量 90 万件，本期产量 10 万件，本期应计提折旧(　　)万元。

A. 10　　B. 11.11　　C. 12　　D. 9

二、多项选择题

1. 农业企业会计核算的特点有(　　)。

A. 遵循特殊会计准则　　B. 注重生物资产的动态核算

C. 成本核算方法单一　　D. 受自然因素影响小

2. 下列属于消耗性生物资产的有(　　)。

A. 生长中的棉花　　B. 待售的肉牛

C. 产奶的奶牛　　D. 为出售而种植的杨树

3. 生产性生物资产后续计量的方法有(　　)。

A. 成本模式　　B. 公允价值模式

C. 重置成本模式　　D. 可变现净值模式

4. 对于与收益相关的政府补助，下列会计处理正确的有(　　)。

A. 用于补偿企业以后期间的相关费用或损失的，确认为递延收益

B. 在确认相关费用的期间，计入当期损益

C. 用于补偿企业已发生的相关费用或损失的，直接计入当期损益

D. 无论何种情况都先确认为递延收益

5. 采用成本模式计量生物资产时,需要考虑的因素有(　　)。

A. 生物资产的原始成本　　B. 预计净残值

C. 折旧方法　　D. 资产减值情况

三、判断题

1. 公益性生物资产是以获取经济利益为主要目的的生物资产。(　　)
2. 自行营造的林木类生产性生物资产,郁闭后的管护费用应计入资产成本。(　　)
3. 采用公允价值模式计量生物资产时,生物资产不计提折旧和减值准备。(　　)
4. 农产品成本核算时,间接费用应直接计入农产品成本。(　　)
5. 农业企业出租农业设备,设备折旧应计入"其他业务成本"。(　　)

应会考核

■ 观念应用

【背景资料】

科技兴农浪潮里,会计核算如何助力农业腾飞

在农业现代化加速推进的当下,某农业企业紧跟时代步伐,积极投身于科技兴农的浪潮之中。企业引入了先进的智能灌溉系统和无人机植保技术,极大地提高了生产效率。同时,为了优化生产布局,企业购置了一批新的农业生产设备,并获得了政府的专项补贴。在销售方面,企业不仅通过传统渠道销售农产品,还积极拓展电商平台,实现线上线下融合销售。此外,为应对自然灾害风险,企业购买了农业保险。

【考核要求】

根据上述背景资料,回答下列问题:

(1)企业引入智能灌溉系统和无人机植保技术,相关设备和技术服务应如何进行账务处理?

(2)企业获得政府专项补贴用于购置农业生产设备,应如何进行会计处理?

(3)企业通过电商平台销售农产品,收入确认和账务处理有何要点?

(4)企业购买农业保险,支付保险费和获得理赔时应如何进行账务处理?

(5)企业利用农业科技提高农产品产量和质量,在成本核算和收入核算方面会产生哪些影响?

■ 技能应用

解锁农业会计核心技能的通关秘籍

(1)阳光农业公司购买一批果苗用于种植,买价 50 000 元,运输费 2 000 元,保险费 1 000 元,款项以银行存款支付。

(2)公司自行营造一片防护林,在营造过程中购买树苗花费 30 000 元,支付人工费用 20 000 元,以银行存款支付。

(3)阳光农业公司种植的葡萄,在生长过程中领用肥料 3 000 元、农药 1 000 元。

(4)公司的生产性生物资产果树,原值 800 000 元,预计净残值 50 000 元,预计使用年限 10 年,采用年限平均法计提折旧,计算每月折旧额。

(5)阳光农业公司收获一批苹果,"消耗性生物资产——苹果"的账面价值为 40 000 元。

(6)公司销售一批水果给某超市,售价 60 000 元,款项尚未收到。

(7)阳光农业公司出租一台农业机械,每月租金3 000元,本月已收到租金。

(8)公司为种植的水果购买农业保险,支付保险费5 000元,其中4 000元应计入种植成本,1 000元为管理部门承担的财产综合保险费。

(9)阳光农业公司收到政府补助30 000元,用于补偿上年度农产品种植的亏损。

(10)公司采用分期收款方式销售一批农产品,合同约定售价100 000元,分5年等额收取,每年收取20 000元,该批农产品的现销价格为80 000元,实际利率经计算为7.93%。

【技能要求】

根据上述资料,编制相关会计分录。

■ 案例分析

【情景与背景】

阳光农业公司的会计核算问题

阳光农业公司是一家从事水果种植与销售的中型企业,在会计核算过程中暴露出诸多问题。首先,在生物资产核算方面,公司将购买的一批用于果园防护的树苗错误地计入消耗性生物资产,而实际上这些树苗应属于公益性生物资产。其次,在成本核算时,对于灌溉费用、果园维护费用等间接费用,没有合理分摊到不同种类水果的生产成本中,导致成本核算不准确,无法为定价和成本控制提供可靠依据。最后,在收入确认环节,公司与某大型超市签订了长期供货合同,在货物发出后,因未及时收到货款,未确认收入,违反了收入确认原则。

【分析要求】

(1)阳光农业公司将防护树苗错误分类,会对财务报表产生哪些影响?

(2)对于灌溉费用、果园维护费用等间接费用,应如何合理分摊到不同种类水果的生产成本中?

(3)阳光农业公司在与超市签订供货合同后的收入确认问题上应如何正确处理?

本章实训

【实训内容】

农业企业会计

【实训情境】

假设你入职了一家名为"丰收农业科技有限公司"的中型农业企业。该公司主要从事蔬菜种植、加工及销售业务,同时还经营农业观光旅游项目。公司拥有自己的种植基地,配备现代化的农业生产设备,采用科学的种植技术和管理模式,在经营过程中涉及生物资产的培育与管理、农产品的生产与销售、农业资产租赁以及政府补助等业务。

【实训任务】

任务一:生物资产核算

(1)根据公司购入一批蔬菜种苗、自行繁殖种畜、营造防风林等业务,进行生物资产的初始计量,编制相关会计分录,登记"消耗性生物资产""生产性生物资产""公益性生物资产"明细账。

(2)对公司现有的生产性生物资产(如用于运输的役畜、加工设备等),按照规定的折旧方法(年限平均法、工作量法等)计算折旧,并进行后续计量的账务处理。

(3)当蔬菜收获、种畜淘汰出售等情况发生时,进行生物性资产的收获与处置的账务处理,核算收获农产品的成本及处置损益。

任务二:农产品成本核算

(1)收集公司在蔬菜种植过程中的各项成本数据,包括种子、肥料、农药、人工、机械作业等费用,按照成本核算对象(不同品种蔬菜)和成本项目进行分类归集。

(2)对于不能直接计入某品种蔬菜成本的共同费用,如灌溉费用、种植基地管理人员薪酬等,选择合适的分配标准(种植面积、产量等)进行分配,计算各品种蔬菜的总成本和单位成本。

(3)在蔬菜验收入库时,编制农产品成本结转的会计分录,登记“农业生产成本”“农产品”明细账。

任务三:农业收入及其他业务核算

(1)依据公司销售蔬菜、提供农业观光旅游服务、出租农业设备等业务,按照收入确认原则确认收入,编制相应的会计分录,登记“主营业务收入”“其他业务收入”明细账。

(2)对公司收到的政府为支持农业科技创新的补助资金、因自然灾害获得的农业保险理赔款等特殊业务,进行正确的会计处理,编制会计分录并登记相关账户。

(3)期末,对公司的各项收入、成本、费用进行结转,计算本期利润,编制利润表,分析公司的经营成果。

《农业企业会计》实训报告		
实训班级:	实训小组:	实训组成员:
实训时间:　　年　　月　　日	实训地点:	实训成绩:
实训目的:		
实训步骤:		
实训结果:		
实训感言:		

第九章 行政事业单位会计

● **知识目标**

理解:行政事业单位会计的组成体系和概念;行政事业单位会计规范、会计构成和组成系统。

熟知:行政事业单位会计的职能和基本假设、会计信息质量要求、会计核算基础。

掌握:行政事业单位会计对象、会计要素和会计等式;行政事业单位业务的核算。

● **技能目标**

能够准确运用行政事业单位会计的核算方法,进行日常经济业务的账务处理,包括资产、负债、净资产、收入、费用等的核算;具备运用会计软件进行行政事业单位会计核算的能力,提高工作效率和准确性;掌握行政事业单位财务风险的识别、评估和应对方法,能够为单位的财务管理提供有效的建议和措施。

● **素质目标**

培养严谨、细致、认真的工作态度,确保会计信息的准确性和可靠性;提高分析问题和解决问题的能力,能够在复杂的经济业务中准确把握关键信息,提出合理的解决方案;增强团队协作精神,能够与其他部门有效沟通和协作,共同完成单位的财务管理工作;树立创新意识,不断探索和应用新的会计理论、方法和技术,提高会计工作的质量和效率。

● **思政目标**

树立爱国情怀和社会责任感,深刻认识行政事业单位会计工作在国家治理体系中的重要作用;树立正确的价值观和职业道德观,严格遵守会计法律法规和职业道德规范,做到诚实守信、廉洁奉公、客观公正;增强法治意识,自觉遵守国家的法律法规,维护国家和集体的利益;培养艰苦奋斗、勇于担当的精神,能够保持积极乐观的态度,勇于承担责任,努力克服困难。

● 课程引例

小县城图书馆的资金困境与突破

在一个宁静的小县城里,有一座承载着当地居民知识梦想的图书馆。随着时代的发展,图书馆需要更新大量的图书资源,改善阅读环境,以满足居民日益增长的文化需求。然而,图书馆作为一个事业单位,资金来源主要依赖于财政拨款和少量的社会捐赠,资金十分有限。

图书馆的会计人员小李深知责任重大,开始仔细梳理图书馆的财务状况。通过对以往资金使用情况的分析,他发现图书馆在图书采购方面存在一些不合理之处,部分图书的采购频率过高,但利用率很低,造成了资金的浪费。同时,在固定资产管理方面也存在漏洞,一些设备的维护费用过高,影响了资金的有效使用。

面对这些问题,小李并没有退缩。他积极与财政部门沟通,争取更多的财政支持。同时,他还主动联系当地的企业和社会组织,寻求社会捐赠。在内部管理方面,他制订了更加科学、合理的图书采购计划,根据读者的需求和借阅情况,有针对性地采购图书,提高了资金的使用效率。对于固定资产,他建立了完善的管理制度,定期进行维护和盘点,降低了维护成本。

经过一段时间的努力,图书馆的资金状况得到了明显改善。新采购的图书受到了读者的广泛欢迎,阅读环境也得到了极大的提升。图书馆的人气越来越旺,成为当地居民休闲学习的好去处。

● 引例反思

小县城图书馆资金困境的案例为行政事业单位会计人员提供了丰富的启示。在新时代,会计人员要以更高的标准要求自己,不断提升专业素养、综合能力和职业道德水平,勇于担当、积极创新,为行政事业单位的发展和国家治理体系的现代化建设贡献自己的智慧和力量。

(1)会计工作的重要性。从这个案例可以看出,行政事业单位的会计工作不仅仅是简单的记账和算账,更是关系到单位的生存和发展。会计人员通过对财务数据的分析和管理,能够发现单位在资金使用方面存在的问题,并提出合理的解决方案,这不仅有助于提高单位的资金使用效率,而且能为单位的发展提供有力的支持。

(2)责任与担当。小李作为图书馆的会计人员,在面对资金困境时没有选择逃避,而是积极主动地承担起责任,通过与各方的沟通和协调以及内部管理的优化,成功解决了问题,这体现了会计人员应具备的责任意识和担当精神。在实际工作中,我们也应该像小李一样,勇于面对困难,积极寻找解决问题的方法,为单位的发展贡献自己的力量。

(3)创新与协作。在解决问题的过程中,小李充分发挥了创新精神,通过制定科学、合理的采购计划和完善固定资产管理制度,提高了资金的使用效率。同时,他还积极与财政部门、企业和社会组织进行沟通协作,争取到更多的资金支持。这告诉我们,在行政事业单位会计工作中,创新和协作至关重要。

(4)依法依规与职业道德。在整个过程中,小李始终严格遵守国家的法律法规和会计职业道德规范。他在争取财政支持和社会捐赠的过程中如实提供图书馆的财务状况和发展需求,没有任何虚假信息;在制订采购计划和管理制度时,严格按照相关规定进行操作,确保资金的使用合法合规,这体现了会计人员应具备的法治意识和职业道德。

(5)对新时代行政事业单位会计人员的启示。这个案例为新时代行政事业单位会计人员提供了许多宝贵的启示。在新时代,行政事业单位面临着新的发展机遇和挑战,会计人员的角色和职责也发生了深刻的变化。会计人员不仅要具备扎实的专业知识和技能,还要具备良好的综合素质和创新能力。

第一节 行政事业单位会计概述

一、行政事业单位会计的组成体系和概念

(一)会计的组成体系

会计按其核算、监督的对象以及适用范围,可分为企业会计和政府会计两大体系。

(1)企业会计也称营利性组织会计,是以资本循环为中心,以营利为目的,以成本核算为重点,用以核算和监督各类企业的生产经营活动中资金运动过程和结果的专业会计。

(2)政府会计也称非营利性会计,是用于确认、计量、记录和报告政府与事业单位预算执行情况和财务收支活动及其受托责任的履行情况的会计体系。政府会计由预算会计和财务会计构成。

(二)行政单位会计的概念

行政单位会计(administrative unit accounting)是国家各级行政单位对单位预算资金的执行情况和结果以及财务状况等进行全面、系统、连续的核算和监督的专业会计。

【提示】行政单位是指从事国家管理和行使国家权力的机关,包括国家权力机关、国家行政机关、审判机关、检察机关等,如地方各级人民代表大会和人民政府、各级人民法院和检察院等,行使国家权力,管理国家事务。

(三)事业单位会计的概念

事业单位会计(public institution accounting)是各类事业单位对其财务状况、现金流量和预算资金执行情况等进行全面、系统、连续的核算和监督的专业会计。

【提示】事业单位是指国家为了社会公益目的,由国家机关或者其他组织利用国有资产举办的从事除政府职能以外的管理社会事务的组织。它参与社会事务的管理,履行管理和服务职能,以提供社会服务为宗旨,主要从事教育、科技、文化、卫生等活动。事业单位涉及社会经济生活的各个方面,如常见的学校、医院、科研所、公共图书馆等,与人民群众的生活息息相关,在经济、政治、文化生活中起重要的作用。

二、行政事业单位会计的职能

行政事业单位会计具有会计核算和会计监督两项基本职能。

(一)会计核算

会计核算是会计对经济业务事项的确认、计量、记录、计算和报告的工作过程。会计确认是一种定性工作,是对单位发生的经济业务事项是否作为会计要素加以记录和列入报表的过程;会计计量是一种定量工作,是用货币或其他度量单位计算各项经济业务事项和结果的过程;会计记录是用专门的会计方法在会计凭证、会计账簿、会计报告中登记经济业务事项的过程;会计计算是在记账的基础上对一定时期的收入、支出、资产、负债、净资产进行计算的过程;会计报告是确认、计量、记录、计算的过程,即在计算的基础上针对一定时期的财务状况、经营成果,以财务会计报告的形式向有关方面进行报告的过程。

(二)会计监督

会计监督是会计对经济业务事项的合法性、真实性、准确性、完整性进行审查的过程。合法性是指会计确认经济业务事项或生成会计资料的程序必须符合会计法律法规和其他相关法律法规的规定;真实性是指会计计量、记录的经济业务事项必须是实际发生或按规定生成的会计资料,避免

会计资料因人为因素的失真;准确性是指生产经营过程中产生的各种会计资料所记录的会计数据之间应当吻合;完整性是指在会计核算过程中形成和提供的各种会计资料应齐全。

【注意】会计的两项基本职能是相辅相成的,会计核算是会计监督的基础,会计监督是会计核算的保证。

三、行政事业单位会计的基本假设

行政事业单位会计的基本假设(前提)包括会计主体、持续运行、会计期间和货币计量四个方面。

(一)会计主体

会计主体是指行政事业单位会计工作特定的空间范围。行政事业单位会计的会计主体是指与本级政府财政部门直接或者间接发生预算拨款关系的国家机关、军队、政党组织、社会团体、事业单位和其他单位。

(二)持续运行

持续运行是指会计核算应当以行政事业单位各项业务活动能够持续不断地运行下去,在可预见的未来将正常进行下去。它要求会计人员以持续运行为前提进行会计核算,如各项债权将在到期时可以收回,发生的债务将在到期时承担还款责任,材料可按领用数分期摊销等。

【注意】《政府会计准则——基本准则》规定,行政事业单位会计核算应当以行政事业单位持续运行为前提。

(三)会计期间

会计期间是指将行政事业单位持续运行的时间划分为一定的期间,分期结算账目,按规定编制决算报告和财务报告。会计期间通常为1年,称为会计年度。我国行政单位会计年度采用日历年度。为了及时提供会计信息,在年度内还可以划分为若干较短的期间,如季度和月份。

(四)货币计量

货币计量是指行政事业单位在会计核算中应当以人民币为记账本位币。根据《基本准则》规定,行政事业单位会计核算应当以人民币作为记账本位币,发生外币业务时,应将有关外币金额折算为人民币金额计量,同时登记外币金额。

四、行政事业单位的会计信息质量要求

(一)可靠性

可靠性也称真实性、客观性,是指行政事业单位应以实际发生的经济业务或事项为依据进行会计核算,如实反映预算单位财务和政府财政的收支状况与结果,保证会计信息真实可靠,切实做到内容真实、数字准确、资料可靠、项目完整、手续完备,并贯穿于会计核算的各个环节。可靠性要求是对会计核算工作和会计信息的基本质量要求。

(二)相关性

相关性也称有用性,是指行政事业单位会计提供的信息应当与行政事业单位受托责任履行情况的反映以及会计信息使用者的管理、监督、决策需要相关,有助于会计信息使用者对行政事业单位过去、现在或者未来的情况做出评价或者预测。相关性以可靠性为基础,所提供的会计信息必须符合国家宏观经济管理的要求,满足上级主管部门及有关方面了解财务状况和收支情况的需要,有利于单位内部加强管理的需要。

（三）可比性

可比性是指行政事业单位会计核算应当按照规定的会计处理方法进行，同类会计指标应当口径一致、互相可比。可比性要求的目的是解决同类会计在不同主体之间会计信息的横向比较问题，只有按照准则、制度规定的方法，才能达到相互可比。

（四）全面性

全面性也称完整性，是指行政事业单位应将发生的各项经济业务或事项统一纳入会计核算，确保会计信息能够全面地反映行政事业单位预算执行情况和财务状况、运行情况、现金流量等。

（五）及时性

及时性是指行政事业单位的各项经济业务，应当按时限要求及时进行会计核算，以便会计信息及时被利用。及时性要求会计人员应及时依据原始凭证编制记账凭证，据以登记账簿，并按规定时日编制会计报表，不得拖延和积压。

（六）明晰性

明晰性也称可理解性，是指行政事业单位会计的记录和报告应当清晰明了，便于信息使用者理解和运用。明晰性要求会计核算各个环节和步骤清晰明了、通俗易懂，以利于会计信息使用者理解会计报表和利用会计信息，同时也有利于审计人员进行审计。

（七）实质重于形式

实质重于形式是指政府会计主体应按照经济业务或者事项的经济实质进行会计核算，不限于以经济业务或者事项的法律形式为依据。按实质或经济事实来核算和反映而不看其表现形式，当经济事实与法律形式不一致时，按事实来记录和反映。

五、行政事业单位会计核算基础

行政事业单位会计核算基础采用收付实现制和权责发生制。

（一）收付实现制

收付实现制是指以现金的实际收付为标志来确定本期收入和支出的会计核算基础。凡在当期实际收到的现金收入和实际付出的现金支出，均应作为当期的收入和支出；凡是不属于当期的现金收入和支出，均不应当作为当期的收入和支出。

（二）权责发生制

权责发生制是指以取得收取款项的权利和支付款项的义务为标志来确定本期收入和费用的会计核算基础。凡是当期已经实现的收入和已经发生的或应当负担的费用，不论款项是否收付，都应当作为当期的收入和费用；凡是不属于当期的收入和费用，即使款项已在当期收付，也不应当作为当期的收入和费用。

六、行政事业单位会计构成和组成系统

（一）行政事业单位会计构成

按照会计功能，行政事业单位会计由财务会计和预算会计构成。

行政事业单位财务会计是指以权责发生制为基础对行政事业单位发生的各项经济业务和事项进行会计核算，反映和监督政府的财务状况、运行情况、运行成本和现金流量等信息的会计。

行政事业单位预算会计是指以收付实现制为基础，对行政事业单位预算执行过程中发生的全部收入和全部支出进行会计核算，主要反映和监督预算收支执行情况的会计。

（二）行政事业单位组织系统

（1）主管会计单位，是向同级财政部门领报经费并发生预算管理关系，下面有所属会计单位的

行政单位。

(2)二级会计单位，是向主管会计单位或上级单位领报经费并发生预算管理关系，下面有所属会计单位的行政单位。

(3)基层会计单位，向上级单位领报经费并发生预算管理关系，下面没有所属会计单位的行政单位。向同级财政部门领报经费并发生预算管理关系，下面没有所属会计单位的，视同基层会计单位。

【提示】主管会计单位、二级会计单位和基层会计单位实行独立会计核算，负责组织和管理本部门、本单位的全部会计工作。

因为行政单位大多为主管部门，所以大多数行政单位为一级会计单位；因为事业单位大多为行政单位的下属机构，所以大多数事业单位为二级会计单位。

【注意】不具备独立核算条件的行政单位，实行单据报账制度，作为"报销单位"管理。

七、行政事业单位会计特点

(一)具备"双系统"和"双功能"

行政事业单位会计由财务会计和预算会计两个系统构成，由此同一行政事业单位会计核算应具备财务会计和预算会计双重功能。财务会计系统进行资产、负债、净资产、收入、费用五个要素的核算；预算会计系统进行预算收入、预算支出和预算结余三个要素的核算。"双功能"能够实现财务会计与预算会计的适度分离①和相互衔接②，全面、清晰地反映单位财务信息和预算执行信息。

(二)采用"双基础"和"双要素"

行政事业单位财务会计核算以权责发生制为基础；预算会计核算以收付实现制为基础，国务院另有规定的，依照其规定。行政事业单位会计要素包括财务会计要素和预算会计要素。财务会计要素包括资产、负债、净资产、收入和费用五类；预算会计要素包括预算收入、预算支出和预算结余三类。

(三)实行"双报告"和"双目标"

行政事业单位会计应编制财务报告和决算报告。

(1)行政事业单位财务会计主要以权责发生制为基础，以财务会计核算生成的数据为准编制财务报告。财务报告应包括财务报表(主要包括资产负债表、收入费用表、现金流量表和附注)以及其他应当在财务报告中披露的相关信息与资料。

(2)行政事业单位预算会计主要以收付实现制为基础，以预算会计核算生成的数据为准编制决算报告。决算报告应包括决算报表(主要包括预算收入支出表、预算结转结余变动表和财政拨款预算收入支出表)以及其他应当在决算报告中反映的相关信息与资料。

行政事业单位财务报告与决算报告的目标不同。行政事业单位财务报告的目标是向财务报告使用者提供与行政事业单位的财务状况、运行情况(含运行成本)和现金流量等有关的信息，反映行政事业单位公共受托责任的履行情况，有助于财务报告使用者做出决策或者进行监督与管理。行政事业单位财务报告使用者包括各级人民代表大会常务委员会、债权人、各级政府及其有关部门、

---

① 所谓适度分离，是指适度分离行政单位预算会计和财务会计功能、决算报告和财务报告功能，全面反映行政单位的预算执行信息和财务信息。适度分离主要体现在"双功能""双基础"和"双报告"等方面。

② 所谓相互衔接，是指在同一会计核算系统中行政单位预算会计要素和相关财务会计要素相互协调，决算报告和财务报告相互补充，共同反映行政单位的预算执行信息和财务信息。"相互衔接"主要体现在平行记账以及财务报表与预算会计报表之间存在勾稽关系等方面。

行政事业单位自身和其他利益相关者。

（四）实行平行记账

所谓平行记账，是指行政事业单位对纳入部门预算管理的现金收支在进行财务会计核算的同时也进行预算会计核算；而对于其他业务，仅需要进行财务会计核算。

【提示】 平行记账是行政事业单位财务会计和预算会计功能适度分离又相互衔接的核算模式的典型特征，目的在于满足行政单位会计实现“双功能”的需要。

八、行政事业单位会计对象

会计对象又称会计客体，是会计所核算和监督的内容，即社会再生产过程中能以货币表现的资金运动。

行政事业单位会计对象是行政事业单位会计所核算和监督的内容。行政事业单位会计以货币计量为前提，因此，行政事业单位会计的对象是能够以货币表现的行政事业单位的资金运动。

九、行政事业单位会计要素

行政事业单位会计要素包括预算会计三要素和财务会计五要素。

（一）预算会计要素

预算会计要素包括预算收入、预算支出与预算结余。

(1)预算收入，是指政府会计主体在预算年度内依法取得并纳入预算管理的现金流入。

(2)预算支出，是指政府会计主体在预算年度内依法发生并纳入预算管理的现金流出。

(3)预算结余，是指政府会计主体预算年度内预算收入扣除预算支出后的资金余额，以及历年滚存的资金余额。

（二）财务会计要素

财务会计要素包括资产、负债、净资产、收入和费用。

(1)资产是指政府会计主体过去的经济业务或者事项形成的、由政府会计主体控制的、预期能够产生服务潜力或者带来经济利益流入的经济资源。资产按其流动性，分为流动资产和非流动资产。流动资产是指预计在 1 年内(含 1 年)耗用或者可以变现的资产，包括货币资金、短期投资、应收及预付款项、存货等。非流动资产是指流动资产以外的资产，包括固定资产、在建工程、无形资产、长期投资、公共基础设施、政府储备资产、文物资源、保障性住房和自然资源资产等。

(2)负债是指政府会计主体过去的经济业务或者事项形成的、预期会导致经济资源流出政府会计主体的现时义务。负债按其流动性，分为流动负债和非流动负债。流动负债是指预计在 1 年内(含 1 年)偿还的负债，包括应付及预收款项、应付职工薪酬、应缴款项等。非流动负债是指流动负债以外的负债，包括长期应付款、应付政府债券和政府依法担保形成的债务等。

(3)净资产是指政府会计主体资产扣除负债后的净额。

(4)收入是指报告期内引起政府会计主体净资产增加的、含有服务潜力或者经济利益的经济资源的流入。

(5)费用是指报告期内导致政府会计主体净资产减少的、含有服务潜力或者经济利益的经济资源的流出。

十、行政事业单位会计等式

会计等式也称会计平衡公式，是对各会计要素的内在经济关系利用数学公式所做的概括表达，是反映各会计要素数量关系的等式。基于政府会计制度,行政事业单位的资产、负债、净资产、收入和费用五大会计要素分为两组,组成了两个会计等式;预算收入、预算支出和预算结余组成了一个会计等式。

(一)资产、负债和净资产的基本关系

净资产是资产减去负债后的差额,或者表达为资产必然等于负债加净资产。这说明一个行政事业单位所拥有的资产与负债和净资产实际上是同一资金的两个不同方面,即有一定数额的资产,就有一定数额的负债和净资产;反之,有一定数额的负债和净资产,就有一定数额的资产。资产与负债和净资产的这种相互依存关系,决定了在数量上资产总额与负债和净资产的总额必定相等,即

资产=负债+净资产

等式表明,行政事业单位的资产由负债和净资产组成。其中,负债是资产的一个来源。资产与负债还是同增同减的关系,如果负债不变,则资产与净资产也同增同减。

【提示】"资产=负债+净资产"是行政事业单位财务会计编制资产负债表的平衡公式。

(二)收入和费用的基本关系

行政事业单位为实现其职能,必然会依法取得一定数额的收入,也必然会发生一定数额的费用,收入和费用相抵后的差额为盈余,由此决定了一个行政事业单位的收入和费用的差额必然与其盈余数额相等,即

收入-费用=盈余

等式表明,收入与费用存在着对应关系。盈余是行政事业单位净资产的一个组成部分,虽然决定着净资产的变化,但它并不是一个独立的会计要素,不同于企业会计中的利润。

【提示】"收入-费用=盈余"是行政事业单位财务会计编制收入费用表的依据。

(三)预算收入和预算支出的基本关系

行政事业单位为实现其职能,必然会依法取得一定数额的预算收入,也必然会发生一定数额的预算支出,预算收入和预算支出相抵后的差额为预算结余,由此决定了一个行政事业单位的预算收入和预算支出的差额必然与其预算结余数额相等,即

预算收入-预算支出=预算结余

等式表明,预算收入和预算支出存在着对应关系。预算结余是预算会计的一个独立会计要素,但不同于企业会计中的利润。

【提示】"预算收入-预算支出=预算结余"是行政事业单位预算会计编制预算收入支出表的依据。

为了保证会计信息的可比性,财政部分别规定了行政事业单位财务会计科目(见表9-1)和行政事业单位预算会计科目(见表9-2)。

表9-1　　行政事业单位财务会计科目

类别	序号	科目编号	科目名称	核算内容
资产类	1	1001	库存现金	核算单位的库存现金
	2	1002	银行存款	核算单位存入银行和其他金融机构的各种存款
	3	1011	零余额账户用款额度	核算实行国库集中支付的单位根据财政部门批复的用款计划收到和支用的零余额账户用款额度

续表

类别	序号	科目编号	科目名称	核算内容
资产类	4	1021	其他货币资金	核算单位的外埠存款、银行本票存款、银行汇票存款、信用卡存款等各种其他货币资金
	5	1101	短期投资	核算事业单位按照规定取得的，持有时间不超过 1 年(含 1 年)的投资
	6	1201	财政应返还额度	核算实行国库集中支付的单位应收财政返还的资金额度
	7	1211	应收票据	核算事业单位因开展经营活动销售产品、提供有偿服务等而收到的商业汇票
	8	1212	应收账款	核算事业单位提供服务、销售产品等应收取的款项，以及单位出租资产、出售物资等应收取的款项
	9	1214	预付账款	核算单位按照购货、劳务合同或协议规定预付给供应单位的款项，以及按照合同规定向承包工程的施工企业预付的备料款和工程款
	10	1215	应收股利	核算事业单位持有长期股权投资应当收取的现金股利或应当分得的利润
	11	1216	应收利息	核算事业单位长期债券投资应当收取的利息
	12	1218	其他应收款	核算单位除财政应返还额度、应收票据、应收账款、预付账款、应收股利、应收利息以外的其他各项应收及暂付款项
	13	1219	坏账准备	核算事业单位对收回后不需上缴财政的应收账款和其他应收款提取的坏账准备
	14	1301	在途物品	核算单位采购材料等物资时货款已付或已开出商业汇票但尚未验收入库的在途物品的采购成本
	15	1302	库存物品	核算单位在开展业务活动及其他活动中为耗用或出售而储存的各种材料、产品、包装物、低值易耗品，以及达不到固定资产标准的用具、装具、动植物等的成本
	16	1303	加工物品	核算单位自制或委托外单位加工的各种物品的实际成本
	17	1401	待摊费用	核算单位已经支付，但应当由本期和以后各期分别负担的分摊期在 1 年以内(含 1 年)的各项费用
	18	1501	长期股权投资	核算事业单位按照规定取得的，持有时间超过 1 年(不含 1 年)的股权性质的投资
	19	1502	长期债券投资	核算事业单位按照规定取得的，持有时间超过 1 年(不含 1 年)的债券投资
	20	1601	固定资产	核算单位固定资产的原值
	21	1602	固定资产累计折旧	核算单位计提的固定资产累计折旧
	22	1611	工程物资	核算单位为在建工程准备的各种物资的成本
	23	1613	在建工程	核算单位在建的建设项目工程的实际成本
	24	1701	无形资产	核算单位无形资产的原值
	25	1702	无形资产累计摊销	核算单位对使用年限有限的计提的累计摊销
	26	1703	研发支出	核算单位自行研究开发项目研究阶段和开发阶段发生的各项支出

续表

类别	序号	科目编号	科目名称	核算内容
资产类	27	1801	公共基础设施	核算单位控制的公共基础设施的原值
	28	1802	公共基础设施累计折旧(摊销)	核算单位计提的公共基础设施累计折旧和累计摊销
	29	1811	政府储备物资	核算单位控制的政府储备物资的成本
	30	1821	文物资源	核算单位为满足社会公共需求而控制的文物文化资产的成本
	31	1831	保障性住房	核算单位为满足社会公共需求而控制的保障性住房的原值
	32	1832	保障性住房累计折旧	核算单位计提的保障性住房的累计折旧
	33	1891	受托代理资产	核算单位接受委托方委托管理的各项资产
	34	1901	长期待摊费用	核算单位已经支出,但应由本期和以后各期负担的分摊期限在1年以上(不含1年)的各项费用
	35	1902	待处理财产损溢	核算单位在资产清查过程中查明的各种资产盘盈、盘亏和报废、毁损的价值
负债类	36	2001	短期借款	核算事业单位经批准向银行或其他金融机构等借入的期限在1年内(含1年)的各种借款
	37	2101	应交增值税	核算单位按照税法规定计算应缴纳的增值税
	38	2102	其他应交税费	核算单位按照税法等规定计算应缴纳的除增值税以外的各种税费
	39	2103	应缴财政款	核算单位取得或应收的按照规定应上缴财政的款项
	40	2201	应付职工薪酬	核算单位按照有关规定应付给职工(含长期聘用人员)及为职工支付的各种薪酬
	41	2301	应付票据	核算事业单位因购买材料、物资等而开出、承兑的商业汇票
	42	2302	应付账款	核算单位因购买物资、接受服务、开展工程建设等而应付的偿还期限在1年以内(含1年)的款项
	43	2303	应付政府补贴款	核算负责发放政府补贴的行政单位,按照规定应支付给政府补贴接受者的各种政府补贴款
	44	2304	应付利息	核算事业单位按照合同约定应支付的借款利息
	45	2305	预收账款	核算事业单位预先收取但尚未结算的款项
	46	2307	其他应付款	核算单位除应交增值税、其他应交税费、应缴财政款、应付职工薪酬、应付票据、应付账款、应付政府补贴款、应付利息、预收账款以外,其他各项偿还期限在1年内(含1年)的应付及暂收款项
	47	2401	预提费用	核算单位预先提取的已经发生但尚未支付的费用
	48	2501	长期借款	核算事业单位经批准向银行或其他金融机构等借入的期限超过1年(不含1年)的各种借款本息
	49	2502	长期应付款	核算单位发生的偿还期限超过1年(不含1年)的应付款项
	50	2601	预计负债	核算单位对因或有事项所产生的现时义务而确认的负债
	51	2901	受托代理负债	核算单位接受委托取得受托代理资产时形成的负债

续表

类别	序号	科目编号	科目名称	核算内容
净资产类	52	3001	累计盈余	核算单位历年实现的盈余扣除盈余分配后滚存的金额，以及因无偿调入调出资产产生的净资产变动额
	53	3101	专用基金	核算事业单位按照规定提取或设置的具有专门用途的净资产
	54	3201	权益法调整	核算事业单位持有的长期股权投资采用权益法核算时，按照被投资单位除净损益和利润分配以外的所有者权益变动份额调整长期股权投资账面余额而计入净资产的金额
	55	3301	本期盈余	核算单位本期各项收入、费用相抵后的余额
	56	3302	本年盈余分配	核算单位本年度盈余分配的情况和结果
	57	3401	无偿调拨净资产	核算单位无偿调入或调出非现金资产所引起的净资产变动金额
	58	3501	以前年度盈余调整	核算单位本年度发生的调整以前年度盈余的事项
收入类	59	4001	财政拨款收入	核算单位从同级政府财政部门取得的各类财政拨款
	60	4101	事业收入	核算事业单位开展专业业务活动及其辅助活动实现的收入
	61	4201	上级补助收入	核算事业单位从主管部门和上级单位取得的非财政拨款收入
	62	4301	附属单位上缴收入	核算事业单位取得的附属独立核算单位按照有关规定上缴的收入
	63	4401	经营收入	核算事业单位在专业业务活动及其辅助活动之外开展非独立核算经营活动取得的收入
	64	4601	非同级财政拨款收入	核算单位从非同级政府财政部门取得的经费拨款
	65	4602	投资收益	核算事业单位股权投资和债券投资所实现的收益或发生的损失
	66	4603	捐赠收入	核算单位接受其他单位或者个人捐赠取得的收入
	67	4604	利息收入	核算单位取得的银行存款利息收入
	68	4605	租金收入	核算单位经批准利用国有资产出租取得并按照规定纳入本单位预算管理的租金收入
	69	4609	其他收入	核算单位取得的除财政拨款收入、事业收入、上级补助收入、附属单位上缴收入、经营收入、非同级财政拨款收入、投资收益、捐赠收入、利息收入、租金收入以外的各项收入
费用类	70	5001	业务活动费用	核算单位为实现其职能目标，依法履职或开展专业业务活动及其辅助活动所发生的各项费用
	71	5101	单位管理费用	核算事业单位本级行政及后勤管理部门开展管理活动发生的各项费用
	72	5201	经营费用	核算事业单位在专业业务活动及其辅助活动之外开展非独立核算经营活动发生的各项费用
	73	5301	资产处置费用	核算单位经批准处置资产时发生的费用

续表

类别	序号	科目编号	科目名称	核算内容
费用类	74	5401	上缴上级费用	核算事业单位按照财政部门和主管部门的规定上缴上级单位款项发生的费用
	75	5501	对附属单位补助费用	核算事业单位用财政拨款收入之外的收入对附属单位补助发生的费用
	76	5801	所得税费用	核算有企业所得税缴纳义务的事业单位按规定缴纳企业所得税所形成的费用
	77	5901	其他费用	核算单位发生的除业务活动费用、单位管理费用、经营费用、资产处置费用、上缴上级费用、对附属单位补助费用、所得税费用以外的各项费用

表 9—2 行政事业单位预算会计科目

类别	序号	科目编号	科目名称	核算内容
预算收入类	1	6001	财政拨款预算收入	核算单位从同级政府财政部门取得的各类财政拨款
	2	6101	事业预算收入	核算事业单位开展专业业务活动及其辅助活动取得的现金流入
	3	6201	上级补助预算收入	核算事业单位从主管部门和上级单位取得的非财政补助现金流入
	4	6301	附属单位上缴预算收入	核算事业单位取得附属独立核算单位根据有关规定上缴的现金流入
	5	6401	经营预算收入	核算事业单位在专业业务活动及其辅助活动之外开展非独立核算经营活动取得的现金流入
	6	6501	债务预算收入	核算事业单位按照规定从银行和其他金融机构等借入的、纳入部门预算管理的、不以财政资金作为偿还来源的债务本金
	7	6601	非同级财政拨款预算收入	核算单位从非同级政府财政部门取得的财政拨款
	8	6602	投资预算收益	核算事业单位取得的按照规定纳入部门预算管理的属于投资收益性质的现金流入
	9	6609	其他预算收入	核算单位除财政拨款预算收入、事业预算收入、上级补助预算收入、附属单位上缴预算收入、经营预算收入、债务预算收入、非同级财政拨款预算收入、投资预算收益之外的纳入部门预算管理的现金流入
预算支出类	10	7101	行政支出	核算行政单位履行其职责实际发生的各项现金流出
	11	7201	事业支出	核算事业单位开展专业业务活动及其辅助活动实际发生的各项现金流出
	12	7301	经营支出	核算事业单位在专业业务活动及其辅助活动之外开展非独立核算经营活动实际发生的各项现金流出
	13	7401	上缴上级支出	核算事业单位按照财政部门和主管部门的规定上缴上级单位款项发生的现金流出
	14	7501	对附属单位补助支出	核算事业单位用财政拨款预算收入之外的收入对附属单位补助发生的现金流出

续表

类别	序号	科目编号	科目名称	核算内容
预算支出类	15	7601	投资支出	核算事业单位以货币资金对外投资发生的现金流出
	16	7701	债务还本支出	核算事业单位偿还自身承担的纳入预算管理的从金融机构举借的债务本金的现金流出
	17	7901	其他支出	核算单位除行政支出、事业支出、经营支出、上缴上级支出、对附属单位补助支出、投资支出、债务还本支出以外的各项现金流出
预算结余类	18	8001	资金结存	核算单位纳入部门预算管理的资金的流入、流出、调整和滚存等情况
	19	8101	财政拨款结转	核算单位取得的同级财政拨款结转资金的调整、结转和滚存情况
	20	8102	财政拨款结余	核算单位取得的同级财政拨款项目支出结余资金的调整、结转和滚存情况
	21	8201	非财政拨款结转	核算单位除财政拨款收支、经营收支以外各非同级财政拨款专项资金的调整、结转和滚存情况
	22	8202	非财政拨款结余	核算单位历年滚存的非限定用途的非同级财政拨款结余资金
	23	8301	专用结余	核算事业单位按照规定从非财政拨款结余中提取的具有专门用途的资金的变动和滚存情况
	24	8401	经营结余	核算事业单位本年度经营活动收支相抵后的余额弥补以前年度经营亏损后的余额
	25	8501	其他结余	核算单位本年度除财政拨款收支、非同级财政专项资金收支和经营收支以外各项收支相抵后的余额
	26	8701	非财政拨款结余分配	核算事业单位本年度非财政拨款结余分配的情况和结果

十一、行政事业单位会计规范

行政事业单位会计规范体系主要包括会计法律、会计行政法规和会计规章。

（一）会计法律

作为行政事业单位会计规范构成部分的会计法律是规范行政事业单位财务活动和会计关系的法律总称，由全国人民代表大会及其常务委员会制定，主要包括《中华人民共和国预算法》（以下简称《预算法》）和《中华人民共和国会计法》（以下简称《会计法》）。

《预算法》是规范行政事业单位财务活动的基本法律。我国现行的预算法根据 2014 年 8 月 31 日第十二届全国人民代表大会常务委员会第十次会议《全国人民代表大会常务委员会关于修改〈中华人民共和国预算法〉的决定》修正，自 2015 年 1 月 1 日起施行。《预算法》是制定《基本准则》《行政事业单位财务规则》等的主要依据。

《会计法》是规范各级政府、政府单位会计行为的基本法律。我国现行的会计法根据 2017 年 11 月 4 日第十二届全国人民代表大会常务委员会第三十次会议《关于修改〈中华人民共和国会计法〉等十一部法律的决定》第二次修正。《会计法》是会计法律制度中层次最高的法律规范，是制定《基本准则》的重要依据。

（二）会计行政法规

会计行政法规是指调整某些方面会计关系的法律规范，由最高国家行政机关国务院制定发布，或者由国务院有关部门拟定，经国务院批准发布，主要包括《中华人民共和国预算法实施条例》(以下简称《预算法实施条例》)、国务院批转的财政部《权责发生制政府综合财务报告制度改革方案》(以下简称《改革方案》)等。

《预算法实施条例》是为更好地贯彻《预算法》、进一步增强预算管理的规范性和可操作性的主要行政法规。现行的《预算法实施条例》于 1995 年 11 月 2 日经国务院第三十七次常务会议通过，由国务院于 1995 年 11 月 22 日发布实施。随着 2015 年新修订预算法的实施，《预算法实施条例》难以全面落实预算法的精神，因此 2015 年 6 月 24 日，国务院法制办发布《中华人民共和国预算法实施条例(修订草案征求意见稿)》，面向社会各界征求意见。《预算法实施条例》也是制定《基本准则》《行政事业单位财务规则》等的重要依据，为了细化预算法的有关规定，将近年来财税体制改革和预算管理实践成果以法规形式固定下来，确保公共财政资金节用裕民，根据《中华人民共和国预算法》而制定的行政法规。《预算法实施条例》经多次修订，最新版本于 2020 年 8 月公布，自 2020 年 10 月 1 日起施行。

《改革方案》是推进权责发生制政府综合财务报告制度改革的主要行政法规。2014 年 12 月 12 日，国务院发布《关于批转财政部权责发生制政府综合财务报告制度改革方案的通知》(国发〔2014〕63 号)，要求各省、自治区、直辖市人民政府，国务院各部委、各直属机构认真执行。《改革方案》确立了政府会计改革的指导思想、总体目标、基本原则、主要任务、具体内容、配套措施、实施步骤和组织保障。《改革方案》成为制定政府会计基本准则、具体准则及应用指南和健全完善政府会计制度的重要法规依据。

(三)会计规章

会计规章是指由主管全国会计工作的行政部门——财政部，就会计工作中某些方面的内容所制定的规范性文件，具体包括《政府会计准则——基本准则》、政府会计具体准则及其应用指南、政府会计准则解释、《政府会计制度》等。

2018 年 8 月 16 日财政部印发的《关于贯彻实施政府会计准则制度的通知》(财会〔2018〕21 号)规定，自 2019 年 1 月 1 日起，政府会计准则制度在全国各级各类行政事业单位全面施行，具体包括以下内容：

1. 政府会计基本准则

政府会计基本准则是我国政府会计的“概念框架”，主要起到统驭政府会计具体准则和政府会计制度的作用，并为政府会计实务问题提供处理原则，为编制政府财务报告提供基础标准。

2015 年 10 月 23 日财政部印发《政府会计准则——基本准则》(财政部令第 78 号)，自 2017 年 1 月 1 日起施行。《基本准则》适用于各级政府、各部门、各单位(统称政府会计主体)。所称各部门、各单位是指与本级政府财政部门直接或者间接发生预算拨款关系的国家机关、军队、政党组织、社会团体、行政事业单位和其他单位。军队、已纳入企业财务管理体系的单位和执行《民间非营利组织会计制度》的社会团体，不适用本准则。

2. 政府会计具体准则

政府会计具体准则主要规定了政府会计主体发生的经济业务或事项的会计处理原则，具体规定了经济业务或事项引起的会计要素变动的确认、计量和报告。

根据《基本准则》，财政部陆续发布了以下具体准则：2016 年 7 月 6 日印发《政府会计准则第 1 号——存货》《政府会计准则第 2 号——投资》《政府会计准则第 3 号——固定资产》《政府会计准则第 4 号——无形资产》(财会〔2016〕12 号)，自 2017 年 1 月 1 日起施行；2017 年 4 月 17 日印发《政府会计准则第 5 号——公共基础设施》(财会〔2017〕11 号)，自 2018 年 1 月 1 日起施行；2017 年 7 月 28 日印发《政府会计准则第 6 号——政府储备物资》(财会〔2017〕23 号)，自 2018 年 1 月 1 日起施行；2018年10月21日印发《政府会计准则第7号——会计调整》(财会〔2018〕28号)，自2019年1月1日起施行；2018年11月9日印发《政府会计准则第8号——负债》(财会〔2018〕31号)，自2019年1月1日起施行；《政府会计准则第9号——财务报表编制和列报》，自2019年1月1日起实施；《政府会计准则第10号——政府和社会资本合作项目合同》，自2021年1月1日起施行。《政府会计准则第11号——文物资源》财会〔2023〕19号，自2025年1月1日起施行。

3. 政府会计具体准则应用指南

政府会计具体准则应用指南是对具体准则的实际应用做出操作性规定。

2017年2月21日印发《〈政府会计准则第3号——固定资产〉应用指南》(财会〔2017〕4号)。该指南根据《基本准则》和《政府会计准则第3号——固定资产》制定，主要对政府会计的固定资产折旧年限、折旧计提时点等内容做出了规范。《政府会计准则第10号——政府和社会资本合作项目合同》应用指南，主要对适用范围的判断、“双特征”的说明、“双特征”标准的说明、“政府方承担向社会资本方支付款项的义务”说明、会计科目设置及主要账务处理、财务报表项目、新旧衔接规定等内容作出了规定。2023年11月20日印发《政府会计准则第11号——文物资源》(应用指南)(财务〔2023〕11号)。为贯彻落实习近平总书记关于文物保护的重要讲话精神，主要适用核算由政府会计主体承担管理收藏职责的文物资源。

4. 政府会计制度

政府会计制度主要规范政府会计科目及其使用说明、报表格式及其编制说明等，便于会计人员进行日常核算。

2017年10月24日财政部印发《政府会计制度——行政事业单位会计科目和报表》(财会〔2017〕25号)，自2019年1月1日起施行，且鼓励行政事业单位提前执行。《政府会计制度》适用于各级各类行政单位和行政事业单位，但纳入企业财务管理体系执行企业会计准则或小企业会计准则的单位不执行该制度。

为了规范医院、高等学校、科学行政事业单位等行业行政事业单位特殊经济业务或事项的会计核算，确保《政府会计制度》自2019年起能够顺利施行，结合行业单位实际情况，财政部又对《政府会计制度》做出了必要补充。2018年7月12日、7月22日、8月14日、8月20日、8月27日、8月31日财政部陆续发布了《关于印发国有林场和苗圃执行〈政府会计制度——行政事业单位会计科目和报表〉的补充规定和衔接规定的通知》(财会〔2018〕11号)、《关于印发测绘行政事业单位执行〈政府会计制度——行政事业单位会计科目和报表〉的衔接规定的通知》(财会〔2018〕16号)和《关于印发地质勘查行政事业单位执行〈政府会计制度——行政事业单位会计科目和报表〉的衔接规定的通知》(财会〔2018〕17号)、《关于印发高等学校执行〈政府会计制度——行政事业单位会计科目和报表〉的补充规定和衔接规定的通知》(财会〔2018〕19号)和《关于印发中小学校执行〈政府会计制度——行政事业单位会计科目和报表〉的补充规定和衔接规定的通知》(财会〔2018〕20号)、《关于印发科学事业单位执行〈政府会计制度——行政事业单位会计科目和报表〉的补充规定和衔接规定的通知》(财会〔2018〕23号)、《关于印发医院执行〈政府会计制度——行政事业单位会计科目和报表〉的补充规定和衔接规定的通知》(财会〔2018〕24号)、《关于印发基层医疗卫生机构执行〈政府会计制度——行政事业单位会计科目和报表〉的补充规定和衔接规定的通知》(财会〔2018〕25号)和《关于印发彩票机构执行〈政府会计制度——行政事业单位会计科目和报表〉的补充规定和衔接规定的通知》(财会〔2018〕26号)(上述系列补充规定以下简称政府会计制度补充规定)，自2019年1月1日起施行。政府会计制度补充规定主要对《政府会计制度》中未完全体现的部分行业行政事业单位的特殊业务的会计核算做出规范。政府会计制度补充规定是政府会计制度的重要补充和有机组成部分。

此外，2023年10月17日财政部发布了《政府财务报告编制办法》和《政府部门财务报告编制操作指南》,并对之前的试行办法进行了修订。新办法自 2024 年 1 月 1 日起施行。

截至目前,从已经颁布的有关行政事业单位会计规范来看,我国行政事业单位会计规范体系如图 9—1 所示。

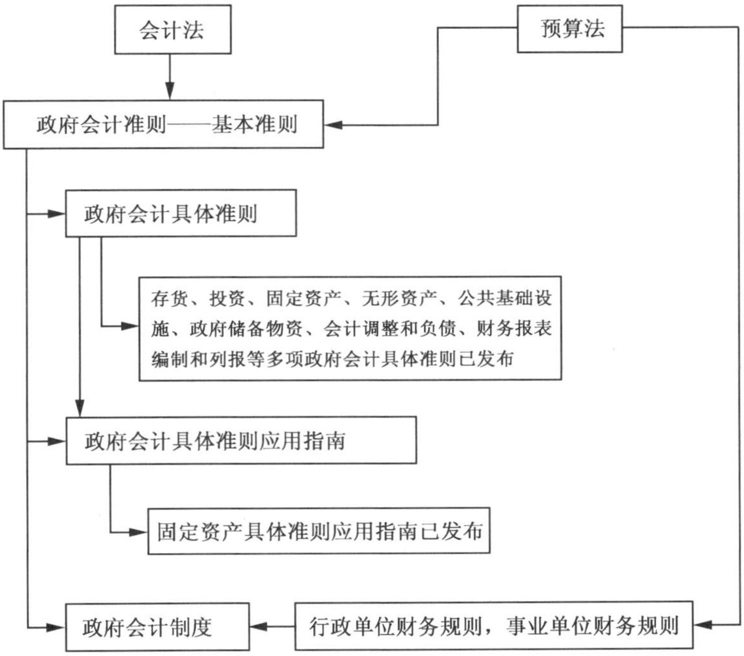

图 9—1　行政事业单位会计规范体系

学行政事业单位会计,践新时代财经使命

【学思践悟】

"经济越发展,会计越重要"。在新时代的浪潮中,行政事业单位会计作为国家治理体系和治理能力现代化的重要基石,其角色越发凸显。面对复杂多变的经济形势,以及党的二十大报告和党的二十届二中、三中全会的战略指引,行政事业单位会计工作正迎来前所未有的机遇与挑战。

党的二十大报告明确提出,要加快构建新发展格局,推动高质量发展。这不仅要求行政事业单位会计准确记录财务状况,更要成为决策者的得力助手,为经济社会发展注入强劲动力。在当前经济形势下,资金使用的效率和效益成为焦点,会计人员需凭借精准的核算与分析,确保每一笔资金都能发挥最大效用,提升公共资源的配置效率。党的二十届二中、三中全会强调了深化改革、提升国家治理效能的重要性。行政事业单位会计作为国家治理的关键一环,必须紧跟改革步伐,完善会计制度和核算方法。在权责发生制政府综合财务报告制度改革的推动下,会计人员需深刻领会改革精神,精心编制和分析财务报告,为政府宏观决策提供全面、准确的财务信息支持。同时,行政事业单位会计工作还需时刻警惕财务风险。在经济下行压力增大的背景下,部分单位可能面临资金紧张、债务累积等问题。会计人员需增强风险意识,建立健全风险预警机制,及时采取有效措施防范和化解风险,确保单位财务稳健运行。

数字化和智能化技术的飞速发展,为行政事业单位会计工作带来了革命性变革。通过引入自动化财务管理系统、电子表格和数据分析工具,会计人员能够实现财务数据的实时更新和深度分析，显著提升工作效率和准确性。然而，数字化转型也伴随着挑战，数据的准确性和安全性成为关键议题。会计人员需加强数据治理，确保数据完整、真实，并提升对数据安全和隐私保护的意识。

【悟有所得】

在新时代背景下，行政事业单位会计人员应以党的二十大报告和党的二十届二中、三中全会精神为指引，不断提升专业素养和综合能力，为国家治理贡献智慧与力量。

首先，要坚守职业道德底线。行政事业单位会计工作涉及公共资金管理，会计人员需秉持诚实守信、廉洁奉公的原则，确保财务信息的真实性和可靠性，维护公共利益。其次，要持续学习和更新知识。面对经济形势的变化和会计制度的改革，会计人员需紧跟时代步伐，及时掌握最新的会计理论和方法，提高业务水平；同时，要关注国家政策法规和宏观经济形势，将会计工作与国家发展战略紧密结合。最后，要注重实践能力的培养。会计是一门实践性很强的学科，会计人员需积极参与单位的财务管理和决策过程，通过实践锻炼提升解决实际问题的能力。

总之，行政事业单位会计工作责任重大、使命光荣。我们要以新时代的要求为导向，不断学习、思考和实践，努力成为政治素质高、业务能力强、职业道德好的会计人员，为实现国家治理体系和治理能力现代化贡献自己的智慧和力量。

第二节　行政事业单位业务的核算

一、政府会计核算的模式

政府会计由预算会计和财务会计构成。政府会计核算模式实现了预算会计与财务会计适度分离并相互衔接，全面、清晰地反映政府财务信息和预算执行信息。这种核算模式，能够使公共资金管理中预算管理、财务管理和绩效管理相互联结、融合，全面提高管理水平和资金使用效率，对于规范政府会计行为、夯实政府会计主体预算和财务管理基础、强化政府绩效管理具有重要影响。

【做中学 9－1】 2025 年 6 月 1 日，某事业单位采用国库授权支付方式购置一项价值为 120 000 元的固定资产，折旧年限为 10 年。假定不考虑其他因素，有关财务的账务处理如下：

(1)6 月 1 日，单位收到代理银行转来的“授权支付到账通知书”时，应同时编制如下会计分录：

财务会计	预算会计
借：零余额账户用款额度　120 000 　贷：财政拨款收入　120 000	借：资金结存——零余额账户用款额度　120 000 　贷：财政拨款预算收入　120 000

【解析】在国库授权支付方式下，单位收到“授权支付到账通知书”，意味着财政为单位在零余额账户中下达了可用的资金额度。在财务会计中，“零余额账户用款额度”增加，同时确认“财政拨款收入”；预算会计中，“资金结存——零余额账户用款额度”增加，确认“财政拨款预算收入”，体现了预算资金的到账情况。

(2) 6 月 1 日，单位购买固定资产时，应同时编制如下会计分录：

财务会计	预算会计
借：固定资产　120 000 　贷：零余额账户用款额度　120 000	借：事业支出——财政拨款支出　120 000

贷:资金结存——零余额账户用款额度 120 000

【解析】财务会计中,“固定资产”增加,同时减少“零余额账户用款额度”,反映了资产的购置;预算会计中,“事业支出——财政拨款支出”增加,“资金结存——零余额账户用款额度”减少,体现了预算资金的支出。

(3)6月末,单位计提固定资产折旧时,应编制如下会计分录:

财务会计		预算会计
借:业务活动费用	1 000	—
贷:固定资产累计折旧	1 000	

【解析】财务会计中,按照权责发生制原则,固定资产在使用过程中会产生损耗,需要计提折旧,计入“业务活动费用”,同时增加“固定资产累计折旧”。而预算会计采用收付实现制,折旧不涉及现金收支,所以不做处理。

二、政府单位会计的核算

(一)政府单位会计核算概述

行政事业单位(以下简称单位)是政府会计主体的重要组成部分。单位预算会计通过预算收入、预算支出和预算结余三个要素,全面反映单位预算收支执行情况。预算会计恒等式为“预算收入－预算支出＝预算结余”。为了保证单位预算会计要素单独循环,在日常核算时,单位应当设置“资金结存”科目,核算纳入年度部门预算管理的资金的流入、流出、调整和滚存等情况。根据资金支付方式及资金形态,“资金结存”科目应设置“零余额账户用款额度”“货币资金”“财政应返还额度”三个明细科目。年末预算收支结转后,“资金结存”科目借方余额与预算结转结余科目贷方余额相等。

单位财务会计通过资产、负债、净资产、收入、费用五个要素,全面反映单位的财务状况、运行情况和现金流量情况。反映单位财务状况的等式为“资产－负债＝净资产”,反映运行情况的等式为“收入－费用＝本期盈余”,本期盈余经分配后最终转入净资产。财务会计实行权责发生制。

单位预算会计通过预算收入、预算支出和预算结余三个要素,全面反映单位预算收支执行情况。预算会计恒等式为“预算收入－预算支出＝预算结余”。单位预算会计采用收付实现制,国务院另有规定的从其规定。为了保证单位预算会计要素单独循环,在日常核算时,单位应当设置“资金结存”科目,核算纳入部门预算管理的资金的流入、流出、调整和滚存等情况。根据资金支付方式及资金形态,“资金结存”科目应设置“零余额账户用款额度”“货币资金”“财政应返还额度”三个明细科目。年末预算收支结转后“资金结存”科目借方余额与预算结转结余科目贷方余额相等。

单位对于纳入部门预算管理的现金收支业务,在采用财务会计核算的同时应当进行预算会计核算;对于其他业务,仅需进行财务会计核算。这里的现金,是指单位的库存现金以及其他可以随时用于支付的款项,包括库存现金、银行存款、其他货币资金、零余额账户用款额度、财政应返还额度,以及通过财政直接支付方式支付的款项。对于单位受托代理的现金以及应上缴财政的现金所涉及的收支业务,仅需要进行财务会计处理,不需要进行预算会计处理。

另外,单位会计核算的一个重要特点是关于明细科目的设置及运用。比如,为了满足决算报表的编制要求,单位应当在预算会计“行政支出”“事业支出”科目下分别按照“财政拨款支出”“非财政专项资金支出”和“其他资金支出”“基本支出”和“项目支出”等进行明细核算,并按照《政府收支分类科目》[1]中“支出功能分类科目”的项级科目进行明细核算；“基本支出”和“项目支出”明细科目下应当按照《政府收支分类科目》中“部门预算支出经济分类科目”的款级科目进行明细核算，同时在“项目支出”明细科目下按照具体项目进行明细核算。又如，为了满足成本核算需要，单位应当在财务会计“业务活动费用”和“单位管理费用”科目下按照“工资福利费用”“商品和服务费用”“对个人和家庭的补助费用”“对企业补助费用”“固定资产折旧费”“无形资产摊销费”“公共基础设施折旧(摊销)费”“保障性住房折旧费”“计提专用基金”等成本项目设置明细科目，归集能够直接计入业务活动或采用一定方法计算后计入业务活动的费用。此外，单位财务会计核算中关于应交增值税的会计处理与企业会计基本相同，但是在预算会计处理中，预算收入和预算支出包含了销项税额和进项税额，实际缴纳增值税时计入预算支出。为了简化起见，本节内容在账务处理介绍中一般不涉及增值税的会计处理。

（二）国库集中支付业务

国库集中收付，是指以国库单一账户体系为基础，将所有财政资金都纳入国库单一账户体系管理，收入直接缴入国库和财政专户，支出通过国库单一账户体系支付到商品和劳务供应者或用款单位的一项国库管理制度。对于实行国库集中支付的单位，财政资金的支付方式包括财政直接支付和财政授权支付。

1. 财政直接支付业务

在财政直接支付方式下，对直接支付的支出，单位在收到“财政直接支付入账通知书”时，按照通知书中直接支付的金额，在预算会计中借记“行政支出”“事业支出”等科目，贷记“财政拨款预算收入”科目；同时在财务会计中借记“库存物品”“固定资产”“应付职工薪酬”“ 业务活动费用”“单位管理费用”等科目，贷记“财政拨款收入”科目。

年末，根据本年度财政直接支付预算指标数与其实际支出数的差额，在预算会计中借记“资金结存——财政应返还额度”科目，贷记“财政拨款预算收入”科目；同时在财务会计中借记“财政应返还额度——财政直接支付”科目，贷记“财政拨款收入”科目。

下年度恢复财政直接支付额度后，单位以财政直接支付方式发生实际支出时，在预算会计中借记“行政支出”“事业支出”等科目，贷记“资金结存——财政应返还额度”科目；同时在财务会计中借记“库存物品”“固定资产”“应付职工薪酬”“业务活动费用”“单位管理费用”等科目，贷记“财政应返还额度——财政直接支付”科目。

【做中学 9—2】 2025 年 6 月 9 日，某事业单位根据经过批准的部门预算和用款计划，向同级财政部门申请支付第三季度水费 105 000 元。6 月 18 日，财政部门经审核后，以财政直接支付方式向自来水公司支付该单位的水费 105 000 元。6 月 23 日，该事业单位收到“财政直接支付入账通知书”。该事业单位应作如下账务处理：

财务会计			预算会计		
借：单位管理费用	105 000		借：事业支出	105 000	
贷：财政拨款预算收入		105 000	贷：财政拨款预算收入		105 000

【解析】 在财政直接支付方式下，单位在收到“财政直接支付入账通知书”时进行账务处理。财务会计中，“单位管理费用”增加，同时确认“财政拨款收入”，因为财政直接将款项支付给供应商，相当于单位获得了财政拨款用于支付费用；预算会计中，“事业支出”增加，确认“财政拨款预算收入”，反映了预算资金的支出和收入情况。

---

[1] 政府收支分类科目分为类、款、项、目四级，它们共同构成了一个完整的政府收支分类体系，每一级科目都有其特定的含义和作用。

【做中学9—3】 2024年12月31日，某行政单位财政直接支付指标数与当年财政直接支付实际支出数之间的差额为100 000元。2025年年初，财政部门恢复了该单位的财政直接支付额度。2025年1月15日，该单位以财政直接支付方式购买一批办公用品(属于上年预算指标数)，支付给供应商50 000元价款。该行政单位的相关会计处理为：

(1)2024年12月31日补记指标：

财务会计	预算会计
借：财政应返还额度——财政直接支付　100 000	借：资金结存——财政应返还额度　100 000
贷：财政拨款收入　100 000	贷：财政拨款预算收入　100 000

【解析】 年末，财政直接支付指标数大于实际支出数，说明单位还有未使用的预算指标。在财务会计中，增加"财政应返还额度——财政直接支付"，同时确认"财政拨款收入"；预算会计中，增加"资金结存——财政应返还额度"，确认"财政拨款预算收入"，以记录这部分未使用的预算指标。

(2)2025年1月15日使用上年预算指标购买办公用品：

财务会计	预算会计
借：库存物品　50 000	借：行政支出　50 000
贷：财政应返还额度——财政直接支付　50 000	贷：资金结存——财政应返还额度　50 000

【解析】 下年度恢复财政直接支付额度后，单位使用上年预算指标购买办公用品。财务会计中，"库存物品"增加，减少"财政应返还额度——财政直接支付"；预算会计中，"行政支出"增加，减少"资金结存——财政应返还额度"，体现了预算资金的使用。

2. 财政授权支付业务

在财政授权支付方式下，单位收到代理银行盖章的"授权支付到账通知书"时，根据通知书所列数额，在预算会计中借记"资金结存——零余额账户用款额度"科目，贷记"财政拨款预算收入"科目；同时在财务会计中借记"零余额账户用款额度"科目，贷记"财政拨款收入"科目。

按规定支用额度时，按照实际支用的额度，在预算会计中借记"行政支出""事业支出"等科目，贷记"资金结存——零余额账户用款额度"科目；同时在财务会计中借记"库存物品""固定资产""应付职工薪酬""业务活动费用""单位管理费用"等科目，贷记"零余额账户用款额度"科目。

年末，依据代理银行提供的对账单作注销额度的相关账务处理，在预算会计中借记"资金结存——财政应返还额度"科目，贷记"资金结存——零余额账户用款额度"科目；同时在财务会计中借记"财政应返还额度——财政授权支付"科目，贷记"零余额账户用款额度"科目。下年年初恢复额度时，在预算会计中借记"资金结存——零余额账户用款额度"科目，贷记"资金结存——财政应返还额度"科目；同时在财务会计中借记"零余额账户用款额度"科目，贷记"财政应返还额度——财政授权支付"科目。

年末，单位本年度财政授权支付预算指标数大于零余额账户用款额度下达数的，根据未下达的用款额度，在预算会计中借记"资金结存——财政应返还额度"科目，贷记"财政拨款预算收入"科目；同时在财务会计中借记"财政应返还额度——财政授权支付"科目，贷记"财政拨款收入"科目。下年度收到财政部门批复的上年年末未下达零余额账户用款额度时，在预算会计中借记"资金结存——零余额账户用款额度"科目，贷记"资金结存——财政应返还额度"科目；同时在财务会计中借记"零余额账户用款额度"科目，贷记"财政应返还额度财政授权支付"科目。

【做中学9—4】 2025年3月，某科研所根据经过批准的部门预算和用款计划，向同级财政部门申请财政授权支付用款额度 180 000 元。4 月 6 日，财政部门经审核后，以财政授权支付方式下达了 170 000 元的用款额度。4 月 8 日，该科研所收到代理银行转来的“授权支付到账通知书”，该科研所的预算会计账务处理为：

财务会计		预算会计	
借：零余额账户用款额度	170 000	借：资金结存——零余额账户用款额度	170 000
贷：财政拨款收入	170 000	贷：财政拨款预算收入	170 000

【解析】在财政授权支付方式下，单位收到代理银行转来的“授权支付到账通知书”时，财务会计中，“零余额账户用款额度”增加，确认“财政拨款收入”；预算会计中，“资金结存——零余额账户用款额度”增加，确认“财政拨款预算收入”，表明单位获得了财政授权的可用资金额度。

（三）非财政拨款收支业务

单位的收支业务除国库收付业务外，还包括事业活动、捐赠活动等形成的非财政拨款收支。为核算和监督事业（预算）收入，单位应当分别设置“事业收入”和“事业预算收入”科目。

1. 事业（预算）收入

（1）采用财政专户返还方式管理的事业（预算）收入，在实现应上缴财政专户的事业收入时，事业单位按照实际收到或应收的金额，借记“银行存款”“应收账款”等科目，贷记“应缴财政款”科目。向财政专户上缴款项时，按照实际上缴的款项金额，借记“应缴财政款”科目，贷记“银行存款”等科目。收到从财政专户返还的事业收入时，按照实际收到的返还金额，借记“银行存款”等科目，贷记“事业收入”科目；同时，在预算会计中借记“资金结存——货币资金”科目，贷记“事业预算收入”科目。

【做中学 9—5】 某事业单位部分事业收入采用财政专户返还的方式管理。2025 年 10 月 5 日，该单位收到应上缴财政专户的事业收入 5 000 000 元。10 月 15 日，该单位将上述款项上缴财政专户。11 月 15 日，该单位收到从财政专户返还的事业收入 5 000 000 元。财会部门根据有关凭证，应编制如下会计分录：

①10 月 5 日，收到应上缴财政专户的事业收入时，应编制如下财务会计分录：

借：银行存款　　5 000 000

　贷：应缴财政款　　5 000 000

【解析】财务会计中，“银行存款”增加，同时确认“应缴财政款”，因为这部分收入需要上缴财政专户，单位并没有实际的收入确认权。

②10 月 15 日，向财政专户上缴款项时，应编制如下财务会计分录：

借：应缴财政款　　5 000 000

　贷：银行存款　　5 000 000

【解析】财务会计中，减少“应缴财政款”和“银行存款”，完成款项的上缴。

③11 月 15 日，收到从财政专户返还的事业收入时，应同时编制如下会计分录：

财务会计		预算会计	
借：银行存款	5 000 000	借：资金结存——货币资金	5 000 000
贷：事业收入	5 000 000	贷：事业预算收入	5 000 000

【解析】财务会计中，“银行存款”增加，确认“事业收入”；预算会计中，“资金结存——货币资金”增加，确认“事业预算收入”，此时单位才真正实现了事业收入。

（2）采用预收款方式确认的事业（预算）收入，在实际收到预收款项时，按照收到的款项金额，借记“银行存款”等科目，贷记“预收账款”科目，同时，在预算会计中借记“资金结存——货币资金”科目，贷记“事业预算收入”科目；以合同完成进度确认事业收入时，按照基于合同完成进度计算的金额，借记“预收账款”科目，贷记“事业收入”科目。

(3)采用应收款方式确认的事业收入，根根合同完成进度计算本期应收的款项，借记“应收账款”科目，贷记“事业收入”科目；实际收到款项时，借记“银行存款”等科目，贷记“应收账款”科目；同时，在预算会计中借记“资金结存——货币资金”科目，贷记“事业预算收入”科目。

单位以合同完成进度确认事业收入时，应当根据业务实质，选择累计实际发生的合同成本占合同预计总成本的比例、已经完成的合同工作量占合同预计总工作量的比例、已经完成的时间占合同期限的比例、实际测定的完工进度等方法，合理确定合同完成进度。

(4)对于其他方式下确认的事业预算收入，按照实际收到的金额，借记“银行存款”“库存现金”等科目，贷记“事业收入”科目；同时，在预算会计中借记“资金结存——货币资金”科目，贷记“事业预算收入”科目。

(5)事业活动中涉及增值税业务的，财务会计中事业收入按照实际收到的金额扣除增值税销项税之后的金额入账，预算会计中事业预算收入按照实际收到的金额入账。

【做中学 9—6】 2025 年 3 月，某科研事业单位(为增值税一般纳税人)对开展技术咨询服务开具的增值税专用发票上注明的劳务收入为 200 000 元，增值税税额为 12 000 元，全部款项已存入银行。该事业单位作出如下账务处理：

①收到劳务收入时，应同时编制如下会计分录：

财务会计		预算会计	
借：银行存款	212 000	借：资金结存——货币资金	212 000
贷：事业收入	200 000	贷：事业预算收入	212 000
应交增值税——应交税金(销项税额)	12 000		

【解析】 财务会计中，“银行存款”增加，按照实际收到的金额扣除增值税销项税之后的金额确认“事业收入”，同时确认“应交增值税——应交税金(销项税额)”；预算会计中，按照实际收到的金额确认“事业预算收入”，因为预算会计不考虑增值税的影响，只关注实际收到的现金金额。

②实际缴纳增值税时，应同时编制如下会计分录：

财务会计		预算会计	
借：应交增值税——应交税金(已交税金)	12 000	借：事业支出	12 000
贷：银行存款	12 000	贷：资金结存——货币资金	12 000

【解析】 财务会计中，减少“应交增值税——应交税金(已交税金)”和“银行存款”，反映了增值税的缴纳；预算会计中，“事业支出”增加，减少“资金结存——货币资金”，体现了缴纳增值税这一预算资金的支出。

(6)事业单位对于因开展专业业务活动及其辅助活动取得的非同级财政拨款收入(包括两大类：一类是从同级财政以外的同级政府部门取得的横向转拨财政款，另一类是从上级或下级政府取得的各类财政款)，应当通过“事业收入”和“事业预算收入”科目下的“非同级财政拨款”明细科目核算；对于其他非同级财政拨款收入，应当通过“非同级财政拨款收入”和“非同级财政拨款预算收入”科目核算。

2. 捐赠(预算)收入和支出

(1)捐赠(预算)收入

捐赠收入，是指单位接受其他单位或者个人捐赠取得的收入，包括现金捐赠收入和非现金捐赠收入。捐赠预算收入指单位接受捐赠的现金资产。

单位接受捐赠的货币资金，按照实际收到的金额，在财务会计中借记“银行存款”“库存现金”等科目，贷记“捐赠收入”科目；同时在预算会计中借记“资金结存——货币资金”科目，贷记“其他预算收入——捐赠预算收入”科目。

单位接受捐赠的存货、固定资产等非现金资产，按照确定的成本，在财务会计中借记“库存物品”“固定资产”等科目，按照发生的相关税费、运输费等，贷记“银行存款”等科目，按照其差额，贷记“捐赠收入”科目；同时在预算会计中，按照发生的相关税费、运输费等支出金额，借记“其他支出”科目，贷记“资金结存——货币资金”科目。

【做中学 9—7】 2025 年 6 月 5 日，某事业单位接受其他部门捐赠物资一批，该批物资在调出方的账面价值为 20 000 元，经验收合格后入库。物资调入过程中该单位以银行存款支付了运输费 1 000 元。财会部门根据有关凭证，不考虑相关税费，应同时编制如下会计分录：

财务会计			预算会计		
借：库存物品	21 000		借：其他支出	1 000	
贷：银行存款		1 000	贷：资金结存——货币资金		1 000
捐赠收入		20 000			

【解析】 财务会计中，“库存物品”按照物资在调出方的账面价值加上运输费入账，“银行存款”减少支付的运输费，两者的差额确认为“捐赠收入”，反映了接受捐赠物资的实际成本和相关收入；预算会计中，运输费属于实际的现金支出，因此“其他支出”增加，“资金结存——货币资金”减少。

(2)捐赠(支出)费用

单位对外捐赠现金资产的，按照实际捐赠的金额，在财务会计中借记“其他费用”，贷记“银行存款”“库存现金”等科目；同时在预算会计中借记“其他支出”科目，贷记“资金结存——货币资金”科目。

单位对外捐赠库存物品、固定资产等非现金资产的，在财务会计中应当将资产的账面价值转入“资产处置费用”科目，如未支付相关费用，预算会计则不做账务处理。

(四)预算结转结余及分配业务

单位在预算会计中应当严格区分财政拨款结转结余和非财政拨款结转结余。财政拨款结转结余不参与事业单位的结余分配，单独设置“财政拨款结转”和“财政拨款结余”科目核算。非财政拨款结转结余通过设置“ 非财政拨款结转”“ 非财政拨款结余”“专用结余”“经营结余”“非财政拨款结余分配”等科目核算。

1. 财政拨款结转结余的核算

(1)财政拨款结转的核算

“财政拨款结转”科目核算单位滚存的财政拨款结转资金。财政拨款结转的主要账务处理如下：

①年末，将财政拨款收入和对应的财政拨款支出结转入“财政拨款结转”科目。

②按照规定从其他单位调入财政拨款结转资金的，按照实际调增的额度数额或调入的资金数额，在预算会计中借记“资金结存”科目，贷记“财政拨款结转——归集调入”科目；同时在财务会计中借记“零余额账户用款额度”“财政应返还额度”等科目，贷记“累计盈余”科目。

按规定上缴(或注销)财政拨款结转资金、向其他单位调出财政拨款结转资金，按照实际上缴资金数额、实际调减的额度数额或调出的资金数额，在预算会计中借记“财政拨款结转——归集上缴、归集调出”科目，贷记“资金结存”科目；同时在财务会计中借记“累计盈余”科目，贷记“零余额账户用款额度”“财政应返还额度”等科目。

因发生会计差错等事项调整以前年度财政拨款结转资金的，按照调整的金额，在预算会计中借记或贷记“资金结存”科目，贷记或借记“财政拨款结转——年初余额调整”科目；同时在财务会计中借记或贷记“以前年度盈余调整”科目，贷记或借记“零余额账户用款额度”“银行存款”等科目。

③年末，冲销有关明细科目余额。将“财政拨款结转——本年收支结转、年初余额调整、归集调入、归集调出、归集上缴、单位内部调剂”科目余额转入“财政拨款结转——累计结转”科目。

④年末，完成上述财政拨款收支结转后，应当对财政拨款结转各明细项目执行情况进行分析，按照有关规定将符合财政拨款结余性质的项目余额转入财政拨款结余，借记“财政拨款结转累计结转”科目，贷记“财政拨款结余——结转转入”科目。

【做中学9－8】 2025年6月，某事业单位收到财政拨款收入2 500 000元，“事业支出”科目下“财政拨款支出(基本支出)”明细科目的当期发生额为2 400 000元。月末，该事业单位将本月财政拨款收入和支出结转，应编制如下会计分录：

①结转财政拨款收入时：

借：财政拨款预算收入——基本支出　　　　2 500 000

　　贷：财政拨款结转——本年收支结转——基本支出结转　　　　2 500 000

【解析】 在预算会计中，将“财政拨款预算收入——基本支出”结转到“财政拨款结转——本年收支结转——基本支出结转”，目的是核算财政拨款的收支情况，以便准确计算财政拨款的结转资金。

②结转财政拨款支出时：

借：财政拨款结转——本年收支结转——基本支出结转　　　　2 400 000

　　贷：事业支出——财政拨款支出(基本支出)　　　　2 400 000

【解析】 在预算会计中，把“事业支出——财政拨款支出(基本支出)”结转到“财政拨款结转——本年收支结转——基本支出结转”，通过结转，反映出财政拨款的收支结余情况。

(2)财政拨款结余

财政拨款结余，是指单位取得的同级财政拨款项目支出结余资金的调整、结转和滚存情况。

①年末，单位对财政拨款结转各明细项目执行情况进行分析后，按照有关规定将符合财政拨款结余性质的项目余额转入财政拨款结余，借记“财政拨款结转——累计结转”科目，贷记“财政拨款结余——结转转入”科目。

②经财政部门审批对财政拨款结余资金改变用途，调整用于本单位基本支出或其他未完成项目支出的，按照批准调剂的金额，借记“财政拨款结余——单位内部调剂”科目，贷记“财政拨款结转——单位内部调剂”科目。

③按照规定上缴财政拨款结余或注销财政拨款结余资金额度的，按照实际上缴资金数额或注销的资金额度数额，在预算会计中借记“财政拨款结余——归集上缴”科目，贷记“资金结存——财政应返还额度、零余额账户用款额度、货币资金”科目；同时，在财务会计中借记“累计盈余”科目，贷记“零余额账户用款额度”“财政应返还额度”等科目。

④因发生会计差错等事项调整以前年度财政拨款结余资金的，单位按照调整的金额，在预算会计中借记或贷记“资金结存——财政应返还额度、零余额账户用款额度、货币资金”科目，贷记或借记“财政拨款结余——年初余额调整”科目；同时，在财务会计中借记或贷记“零余额账户用款额度”

“财政应返还额度”“银行存款”科目，贷记或借记“以前年度盈余调整”等科目。

⑤年末，单位冲销有关明细科目，将本科目的“年初余额调整”“归集上缴”“单位内部调剂”“结转转入”明细科目余额转入本科目的“累计结余”明细科目。

【做中学 9—9】 2024 年年末，某事业单位完成财政拨款收支结转后，对财政拨款各明细项目进行分析，按照有关规定将某项目结余资金 65 000 元转入财政拨款结余，该单位应编制如下会计分录：

将项目结余转入财政拨款结余时：

借：财政拨款结转——累计结转——项目支出结转　　65 000

　　贷：财政拨款结余——结转转入　　65 000

【解析】 年末，单位对财政拨款结转各明细项目执行情况进行分析后，将符合财政拨款结余性质的项目余额进行结转。在预算会计中，从“财政拨款结转——累计结转——项目支出结转”科目转出，转入“财政拨款结余——结转转入”科目，体现了对财政拨款资金不同性质结余的区分和管理，保证了财政资金使用的规范性和透明度。

2. 非财政拨款结转结余

(1)非财政拨款结转的核算

非财政拨款结转资金，是指单位除财政拨款收支、经营收支以外的各非同级财政拨款专项资金收入与其相关支出相抵后剩余滚存的、需按规定用途使用的结转资金。

①年末，单位将事业预算收入、上级补助预算收入、附属单位上缴预算收入、非同级财政拨款预算收入、债务预算收入、其他预算收入本年发生额中的专项资金收入转入本科目，借记“事业预算收入”“上级补助预算收入”“附属单位上缴预算收入”“非同级财政拨款预算收入”“债务预算收入”“其他预算收入”科目下各专项资金收入明细科目，贷记“非财政拨款结转——本年收支结转”科目；将行政支出、事业支出、其他支出本年发生额中的非财政拨款专项资金支出转入本科目，借记“非财政拨款结转——本年收支结转”科目，贷记“行政支出”“事业支出”“其他支出”科目下各非财政拨款专项资金支出明细科目。

②单位按照规定从科研项目预算收入中提取项目间接费用或管理费用时，按照提取金额，在预算会计中借记“非财政拨款结转——项目间接费用或管理费”科目，贷记“非财政拨款结余——项目间接费用或管理费”科目；同时，在财务会计中借记“单位管理费用”科目，贷记“预提费用——项目间接费用或管理费”科目。

单位按照规定缴回非财政拨款结转资金的，按照实际缴回资金数额，在预算会计中借记“非财政拨款结转——缴回资金”科目，贷记“资金结存——货币资金”科目；同时，在财务会计中借记“累计盈余”科目，贷记“银行存款”等科目。

③因会计差错更正等事项调整非财政拨款结转资金的，单位按照收到或支出的金额，在预算会计中借记或贷记“资金结存——货币资金”科目，贷记或借记“非财政拨款结转——年初余额调整”科目；同时，在财务会计中借记或贷记“银行存款”科目，贷记或借记“以前年度盈余调整”等科目。

④年末，单位冲销有关明细科目余额，将“非财政拨款结转——年初余额调整、缴回资金、本年收支结转”科目余额转入“非财政拨款——累计结转”科目。结转后，“非财政拨款结转”科目除“累计结转”明细科目外，其他明细科目应无余额。

完成上述结转后，单位应当对非财政拨款专项资金各项目情况进行分析，将留归本单位使用的非财政拨款专项(项目已完成)剩余资金转入非财政拨款结余，借记“非财政拨款结转——累计结转”科目，贷记“非财政拨款结余——结转转入”科目。

【做中学 9—10】 2024 年 1 月，某事业单位启动一项科研项目。当年收到上级主管部门拨付的非财政专项资金 5 000 000 元，为该项目发生事业支出 4 800 000 元。2024 年 12 月，项目结项，经上级主管部门批准，该项目的结余资金留归事业单位使用。该事业单位应编制如下会计分录：

①收到上级主管部门拨付款项时，应同时编制如下会计分录：

财务会计		预算会计	
借：银行存款	5 000 000	借：资金结存——货币资金	5 000 000
贷：上级补助收入	5 000 000	贷：上级补助预算收入	5 000 000

【解析】 财务会计中，"银行存款"增加，确认"上级补助收入"；预算会计中，"资金结存——货币资金"增加，确认"上级补助预算收入"，记录了非财政专项资金的流入。

②发生业务活动费用（事业支出）时，应同时编制如下会计分录：

财务会计		预算会计	
借：业务活动费用	4 800 000	借：事业支出——非财政专项资金支出	4 800 000
贷：银行存款	4 800 000	贷：资金结存——货币资金	4 800 000

【解析】 财务会计中，"业务活动费用"增加，"银行存款"减少；预算会计中，"事业支出——非财政专项资金支出"增加，"资金结存——货币资金"减少，体现了专项资金的使用。

③年末结转上级补助预算收入中该科研专项资金收入时：

借：上级补助预算收入　　5 000 000

　贷：非财政拨款结转——本年收支结转　　5 000 000

④年末结转事业支出中该科研专项支出时：

借：非财政拨款结转——本年收支结转　　4 800 000

　贷：事业支出——非财政专项资金支出　　4 800 000

【解析】 预算会计中，将"上级补助预算收入"结转到"非财政拨款结转——本年收支结转"，将"事业支出——非财政专项资金支出"也结转到"非财政拨款结转——本年收支结转"，便于核算该项目的收支结余。

⑤经批准确定结余资金留归本单位使用时：

借：非财政拨款结转——累计结转　　200 000

　贷：非财政拨款结余——结转转入　　200 000

【解析】 将"非财政拨款结转——累计结转"中的结余资金转入"非财政拨款结余——结转转入"，完成了非财政专项资金结余的处理，使资金的使用和管理符合规定。

（2）非财政拨款结余的核算

非财政拨款结余，是指单位历年滚存的非限定用途的非同级财政拨款结余资金，主要为非财政拨款结余扣除结余分配后滚存的金额。

①年末，单位将留归本单位使用的非财政拨款专项（项目已完成）剩余资金转入本科目，借记"非财政拨款结转——累计结转"科目，贷记"非财政拨款结余——结转转入"科目。

②单位按照规定从科研项目预算收入中提取项目间接费用或管理费用时，按照提取金额，在预算会计中借记"非财政拨款结转——项目间接费用或管理费"科目，贷记"非财政拨款结余——项目间接费用或管理费"科目；同时，在财务会计中借记"单位管理费用"科目，贷记"预提费用——项目间接费用或管理费"科目。

③有企业所得税缴纳义务的事业单位实际缴纳企业所得税时，按照缴纳金额，在预算会计中借记"非财政拨款结余——累计结余"科目，贷记"资金结存——货币资金"科目；同时，在财务会计中

借记“其他应交税费——单位应交所得税”科目，贷记“银行存款”等科目。

④因会计差错更正等调整非财政拨款结余资金的，单位按照收到或支出的金额，在预算会计中借记或贷记“资金结存——货币资金”科目，贷记或借记“非财政拨款结余——年初余额调整”科目；同时，在财务会计中借记或贷记“银行存款”科目，贷记或借记“以前年度盈余调整”科目。

⑤年末，单位冲销有关明细科目余额，将“非财政拨款结余——年初余额调整、项目间接费用或管理费、结转转入”科目余额结转入“非财政拨款结余——累计结余”科目。结转后，本科目除“累计结余”明细科目外，其他明细科目应无余额。

⑥年末，事业单位将“非财政拨款结余分配”科目余额转入非财政拨款结余，“非财政拨款结余分配”科目为借方余额的，借记“非财政拨款结余——累计结余”科目，贷记“非财政拨款结余分配”科目；“非财政拨款结余分配”科目为贷方余额的，借记“非财政拨款结余分配”科目，贷记“非财政拨款结余——累计结余”科目。

⑦年末，行政单位将“其他结余”科目余额转入非财政拨款结余，“其他结余”科目为借方余额的，借记“非财政拨款结余——累计结余”科目，贷记“其他结余”科目；“其他结余”科目为贷方余额的，借记“其他结余”科目，贷记“非财政拨款结余——累计结余”科目。

(3)专用结余的核算

专用结余，是指事业单位按照规定从非财政拨款结余中提取的具有专门用途的资金。为核算和监督专用结余的变动和滚存情况，事业单位应当在预算会计中设置“专用结余”科目。根据有关规定从本年度非财政拨款结余或经营结余中提取基金的，按照提取金额，借记“非财政拨款结余分配”科目，贷记“专用结余”科目。根据规定使用从非财政拨款结余或经营结余中提取的专用基金时，按照使用金额，借记“专用结余”科目，贷记“资金结存——货币资金”科目。“专用结余”科目年末贷方余额，反映事业单位从非同级财政拨款结余中提取的专用基金的累计滚存数额。

(4)经营结余的核算

经营结余，是指事业单位用在本年度经营活动收支相抵后的余额弥补以前年度经营亏损后的余额。

为核算和监督经营结余，事业单位应当在预算会计中设置“经营结余”科目。期末，事业单位应当结转本期经营收支，根据经营收入本期发生额，借记“经营预算收入”科目，贷记“经营结余”科目；根据经营支出本期发生额，借记“经营结余”科目，贷记“经营支出”科目。年末，如“经营结余”科目为贷方余额，将余额结转至“非财政拨款结余分配”科目，借记“经营结余”科目，贷记“非财政拨款结余分配”科目；如为借方余额，即为经营亏损，不予结转。

(5)其他结余的核算

“其他结余”科目，核算单位本年度除财政拨款收支、非同级财政专项资金收支和经营收支以外各项收支相抵后的余额。年末，行政单位将本科目余额转入“非财政拨款结余——累计结余”科目；事业单位将本科目余额转入“非财政拨款结余分配”科目。

(6)非财政拨款结余分配的核算

“非财政拨款结余分配”科目，核算事业单位本年度非财政拨款结余分配的情况和结果。年末，事业单位应将“其他结余”科目余额和“经营结余”科目贷方余额转入“非财政拨款结余分配”科目。根据有关规定提取专用基金的，按照提取的金额，借记“非财政拨款结余分配”科目，贷记“专用结余”科目；同时在财务会计中按照相同金额，借记“本年盈余分配”科目，贷记“专用基金”科目，然后，将“非财政拨款结余分配”科目余额转入非财政拨款结余。

【做中学 9－11】 2025 年 6 月 30 日，某事业单位对其收支科目进行分析，事业收入和上级补助收入本月发生额中的非专项资金收入分别为 1 200 000 元、300 000 元，事业支出和其他支出本期发生额中的非财政非专项资金支出分别为 900 000 元、200 000 元，对附属单位补助支出本月发生额为 200 000 元。经营收入本月发生额为 88 000 元，经营支出本月发生额为 64 000 元。月末，该事业单位应编制如下会计分录：

①结转本月非财政、非专项资金收入时：

借：事业预算收入　　1 200 000
　　上级补助预算收入　　300 000
　贷：其他结余　　1 500 000

【解析】 预算会计中，将"事业预算收入"和"上级补助预算收入"中的非专项资金收入结转到"其他结余"，以汇总该类收入情况。

②结转本月非财政、非专项资金支出时：

借：其他结余　　1 300 000
　贷：事业支出——其他资金支出　　900 000
　　　其他支出　　200 000
　　　对附属单位补助支出　　200 000

【解析】 把"事业支出——其他资金支出""其他支出""对附属单位补助支出"结转到"其他结余"，通过与收入的对比，计算出非财政、非专项资金的收支结余。

③结转本月经营收入时：

借：经营预算收入　　88 000
　贷：经营结余　　88 000

【解析】 预算会计中，将"经营预算收入"结转到"经营结余"，反映经营活动的收入情况。

④结转本月经营支出时：

借：经营结余　　64 000
　贷：经营支出　　64 000

【解析】 把"经营支出"结转到"经营结余"，与经营收入对比，可计算出经营活动的结余情况。

【做中学 9—12】 2024 年年终结账时，某事业单位当年其他结余的贷方余额为 50 000 元，经营结余的贷方余额为 40 000 元。该事业单位按照有关规定提取职工福利基金 12 000 元。该事业单位应编制如下会计分录：

①结转其他结余时：

借：其他结余　　50 000
　贷：非财政拨款结余分配　　50 000

【解析】 将"其他结余"的贷方余额结转到"非财政拨款结余分配"科目，这一步是为了将本年度除财政拨款收支、非同级财政专项资金收支和经营收支以外各项收支相抵后的余额纳入结余分配流程，以便进行后续的分配操作。

②结转经营结余时：

借：经营结余　　40 000
　贷：非财政拨款结余分配　　40 000

【解析】 把"经营结余"的贷方余额结转到"非财政拨款结余分配"科目，意味着将本年度经营活动收支相抵后的余额弥补以前年度经营亏损后的余额纳入分配范围。若"经营结余"为借方余额（即经营亏损），则不予结转。

③提取专用基金时：

财务会计		预算会计	
借:本年盈余分配	12 000	借:非财政拨款结余分配	12 000
贷:专用基金——职工福利基金	12 000	贷:专用结余——职工福利基金	12 000

【解析】财务会计中,从“本年盈余分配”科目中提取资金,贷记“专用基金——职工福利基金”,体现了对盈余的分配;预算会计中,从“非财政拨款结余分配”科目提取资金,贷记“专用结余——职工福利基金”,反映了预算层面的资金分配情况,确保了财务会计和预算会计在处理该业务时的衔接。

④将“非财政拨款结余分配”的余额转入非财政拨款结余时:

借:非财政拨款结余分配 78 000

贷:非财政拨款结余 78 000

【解析】完成上述分配和提取操作后,将“非财政拨款结余分配”的余额转入“非财政拨款结余”,完成了非财政拨款结余的最终分配,使得非财政拨款资金的结余情况得到清晰反应和规范管理。

三、净资产业务

(一)本期盈余及本年盈余分配

(1)本期盈余

“本期盈余”科目核算单位本期各项收入、费用相抵后的余额。期末,单位应当将各类收入科目和各类费用科目本期发生额转入“本期盈余”科目。年末,单位应当将“本期盈余”科目余额转入“本年盈余分配”科目。

(2)本年盈余分配

“本年盈余分配”科目核算单位本年度盈余分配的情况和结果。年末,单位应当将“本期盈余”科目余额转入本科目。根据有关规定从本年度非财政拨款结余或经营结余中提取专用基金的,按照预算会计下计算的提取金额,借记“本年盈余分配”科目,贷记“专用基金”科目,然后,将“本年盈余分配”科目余额转入“累计盈余”科目。

(二)专用基金

专用基金是指事业单位按照规定提取或设置的具有专门用途的净资产,主要包括职工福利基金、科技成果转换基金等。事业单位从本年度非财政拨款结余或经营结余中提取专用基金的,在财务会计中通过“专用基金”科目核算的同时,还应在预算会计的“专用结余”科目进行核算。

(三)无偿调拨净资产

按照行政事业单位资产管理相关规定,政府单位之间可以无偿调拨资产。通常情况下,无偿调拨非现金资产不涉及资金业务,因此不需要进行预算会计核算(除非以现金支付相关费用等)。从本质上讲,无偿调拨资产业务属于政府间净资产的变化,调入调出方不确认相应的收入和费用。单位应当设置“无偿调拨净资产”科目,核算无偿调入或调出非现金资产所引起的净资产变动金额。年末,单位应将“无偿调拨净资产”科目余额转入“累计盈余”科目。

【做中学 9-13】 2025 年 6 月 5 日,某行政单位接受其他部门无偿调入物资一批,该批物资在调出方的账面价值为 20 000 元,经验收合格后入库。在物资调入过程中该单位以银行存款支付了运输费 1 000 元。财会部门根据有关凭证,不考虑相关税费,应编制如下会计分录:

财务会计		预算会计	
借:库存物品	21 000	借:其他支出	1 000

贷:银行存款	1 000	贷:资金结存——货币资金	1 000
无偿调拨净资产	20 000		

【解析】 财务会计中,"库存物品"按照调出方的账面价值加上运输费入账,"银行存款"减少支付的运输费,两者的差额确认为"无偿调拨净资产",这反映了资产的调入以及由此引起的净资产变动;预算会计中,运输费属于实际的现金支出,因此"其他支出"增加,"资金结存——货币资金"减少。由于无偿调拨非现金资产通常不涉及资金业务,所以除了支付的运输费外,不需要进行更多的预算会计核算。

(四)权益法调整

"权益法调整"科目核算事业单位持有的长期股权投资采用权益法核算时,按照被投资单位除净损益和利润分配以外的所有者权益变动份额调整长期股权投资账面余额而计入净资产的金额。年末,按照被投资单位除净损益和利润分配以外的所有者权益变动应享有(或应分担)的份额,借记或贷记"长期股权投资——其他权益变动"科目,贷记或借记"权益法调整"科目。处置长期股权投资时,按照原计入净资产的相应部分金额,借记或贷记"权益法调整"科目,贷记或借记"投资收益"科目。

(五)以前年度盈余调整

"以前年度盈余调整"科目核算单位本年度发生的调整以前年度盈余的事项,包括本年度发生的重要前期差错更正涉及调整以前年度盈余的事项。单位对相关事项调整后,应当及时将"以前年度盈余调整"科目余额转入" 累计盈余"科目,借记或贷记"累计盈余"科目,贷记或借记"以前年度盈余调整"科目。

(六)累计盈余

"累计盈余"科目核算单位历年实现的盈余扣除盈余分配后滚存的金额,以及因无偿调入调出资产产生的净资产变动额。年末,将"本年盈余分配"科目的余额转入"累计盈余"科目,借记或贷记"本年盈余分配"科目,贷记或借记"累计盈余"科目;将"无偿调拨净资产"科目的余额转入"累计盈余"科目,借记或贷记"无偿调拨净资产"科目,贷记或借记"累计盈余"科目。

按照规定上缴、缴回、单位间调剂结转结余资金产生的净资产变动额,以及对以前年度盈余的调整金额,也通过"累计盈余"科目核算。

四、资产业务

(一)资产业务的几个共性内容

1. 资产取得

单位资产取得的方式包括外购、自行加工或自行建造、接受捐赠、无偿调入、置换换入、租赁等。资产在取得时按照成本进行初始计量,并分别不同取得方式进行会计处理。

(1)外购的资产,其成本通常包括购买价款、相关税费(不包括按规定可抵扣的增值税进项税额),以及使资产达到目前场所和状态或交付使用前所发生的归属于该项资产的其他费用。

(2)自行加工或自行建造的资产,其成本包括该项资产至验收入库或交付使用前所发生的全部必要支出。

(3)接受捐赠的非现金资产,对于存货、固定资产、无形资产而言,其成本按照有关凭据注明的金额加上相关税费等确定;没有相关凭据可供取得,但按规定经过资产评估的,其成本按照评估价值加上相关税费等确定;没有相关凭据可供取得也未经资产评估的,其成本比照同类或类似资产的市场价格加上相关税费等确定;没有相关凭据且未经资产评估、同类或类似资产的市场价格也无法可靠取得的,按照名义金额(人民币 1 元)入账。对于投资和公共基础设施、政府储备物资、保障性住房、文物文化资产等经管资产而言，其初始成本只能按照前三个层次进行计量，不能采用名义金额计量。盘盈资产的入账成本参照上述办法确定。

单位对于接受捐赠的资产，其成本能够确定的，应当按照确定的成本减去相关税费后的净额计入捐赠收入。资产成本不能确定的，应单独设置备查簿进行登记，相关税费等计入当期费用。

(4)无偿调入的资产，其成本按照调出方账面价值加上相关税费等确定，根据确定的成本减去相关税费后的金额计入无偿调拨净资产。

(5)置换换入的资产，其成本按照换出资产的评估价值，加上支付的补价或减去收到的补价，加上为换入资产发生的其他相关支出确定。

2. 资产处置

按照规定，资产处置的形式包括无偿调拨、出售、出让、转让、置换、对外捐赠、报废、毁损以及货币性资产损失核销等。单位应当按规定报经批准后对资产进行处置。通常情况下，单位应当将被处置资产账面价值转销计入资产处置费用，并按照"收支两条线"将处置净收益上缴财政。如按规定将资产处置净收益纳入单位预算管理的，应将净收益计入当期收入。对于资产盘盈、盘亏、报废或毁损的，应当在报经批转前将相关资产账面价值转入"待处理财产损溢"科目，待报经批准后再进行资产处置。

对于无偿调出的资产，单位应当在转销被处置资产账面价值时冲减无偿调拨净资产。对于置换换出的资产，应当与换入资产一同进行相关会计处理。

(二)固定资产

固定资产一般分为六类：房屋及构筑物；专用设备；通用设备；文物和陈列品；图书、档案；家具、用具、装具及动植物。单位价值虽未达到规定标准，但是使用年限超过1年(不含1年)的大批同类物资，如图书、家具、用具、装具等，应当确认为固定资产。

为核算和监督固定资产，单位应当设置"固定资产""固定资产累计折旧"等科目。购入需要安装的固定资产，应当先通过"在建工程"科目核算，安装完毕交付使用时再转入"固定资产"科目核算。购入需要安装的固定资产，应当先通过"在建工程"科目核算，安装完毕交付使用时再转入"固定资产"科目核算。

单位应当根据相关规定以及固定资产的性质和使用情况，合理确定固定资产的使用年限：(1)因改建、扩建等而延长固定资产使用年限的，应当重新确定固定资产的折旧年限。(2)单位盘盈、无偿调入、接受捐赠以及置换的固定资产，应当考虑该项资产的新旧程度，按照其尚可使用的年限计提折旧。(3)固定资产提足折旧后，无论能否继续使用，均不再计提折旧；提前报废的固定资产，也不再计提折旧。(4)已提足折旧的固定资产，可以继续使用的，应当继续使用，并规范实物管理。(5)单位按月计提固定资产折旧时，按照应计提折旧金额，借记"业务活动费用""单位管理费用""经营费用""加工物品""在建工程"等科目，贷记"固定资产累计折旧"科目。

固定资产应当按月计提折旧，当月增加的固定资产，当月开始计提折旧；当月减少的固定资产，当月不再计提折旧。固定资产提足折旧后，无论能否继续使用，均不再计提折旧；提前报废的固定资产，也不再补提折旧。已提足折旧的固定资产，可以继续使用的，应当继续使用，规范实物管理。

【做中学9-14】　2025年5月18日，某事业单位(为增值税一般纳税人)经批准购入一台不需安装就能投入使用的检测专用设备，取得的增值税专用发票上注明的设备价款为800 000元，增值税额为104 000元。该单位以银行存款支付了相关款项。财会部门根据有关凭证，应编制如下会计分录：

2025年5月18日购入设备时，应同时编制如下会计分录：

财务会计

借:固定资产 800 000

应交增值税——应交税金(进项税额) 104 000

贷:银行存款 904 000

预算会计

借:事业支出 904 000

贷:资金结存——货币资金 904 000

【解析】财务会计中,“固定资产”按照设备价款入账,同时确认可抵扣的“应交增值税——应交税金(进项税额)”,“银行存款”减少支付的设备价款和增值税额;预算会计中,“事业支出”按照实际支付的全部金额入账,“资金结存——货币资金”减少,体现了预算资金的支出用于购置固定资产。

【做中学 9-15】 2025 年 5 月 30 日,某事业单位计提本月固定资产折旧 50 000 元。财会部门根据有关凭证,应编制如下会计分录:

借:业务活动费用 50 000

贷:固定资产累计折旧 50 000

【解析】财务会计中,按照权责发生制原则,固定资产在使用过程中会产生损耗,需要计提折旧。“业务活动费用”增加,反映了固定资产折旧作为一种费用计入当期业务活动成本;“固定资产累计折旧”增加,体现了固定资产价值的减少。由于折旧不涉及现金收支,预算会计采用收付实现制,所以不做处理。

【学中做 9-1】 行政事业单位会计核算之设备采购与捐赠处理

学中做9-1

某行政单位在 2025 年发生了以下业务:该单位通过财政授权支付方式采购了一批办公设备,价值 30 万元。设备已到货并验收合格,款项通过零余额账户支付。同时,单位收到了一家企业捐赠的一批电脑,市场价值为 8 万元,另以银行存款支付了运输费 5 000 元用于接收这批捐赠电脑。

问题:针对上述采购办公设备业务和捐赠电脑业务,编制财务会计和预算会计分录。

五、负债业务

单位负债的财务会计核算与企业会计基本相同。下面主要介绍应缴财政款和应付职工薪酬的核算。

(一)应缴财政款

应缴财政款是指单位取得或应收的按照规定应当上缴财政的款项,包括应缴国库的款项和应缴财政专户的款项。为核算应缴财政的各类款项,单位应当设置“应缴财政款”科目。单位按照国家税法等有关规定应当缴纳的各种税费,通过“应交增值税”“其他应交税费”科目核算,不通过本科目核算。

单位取得或应收按照规定应缴财政的款项时,借记“银行存款”“应收账款”等科目,贷记“应缴财政款”科目。单位上缴应缴财政的款项时,按照实际上缴的金额,借记“应缴财政款”科目,贷记“银行存款”科目。由于应缴财政的款项不属于纳入部门预算管理的现金收支,因此不进行预算会计处理。

(二)应付职工薪酬

应付职工薪酬是指按照有关规定应付给职工(含长期聘用人员)及为职工支付的各种薪酬,包括基本工资、国家统一规定的津贴补贴、规范津贴补贴(绩效工资)、改革性补贴、社会保险费(如职工基本养老保险费、职业年金、基本医疗保险费等)、住房公积金等。为核算应付职工薪酬业务,单位应当设置“应付职工薪酬”科目。该科目应当根据国家有关规定按照“基本工资(含离退休费)”

"国家统一规定的津贴补贴""规范津贴补贴(绩效工资)""改革性补贴""社会保险费""住房公积金""其他个人收入"等进行明细核算。其中,"社会保险费""住房公积金"明细科目核算内容包括单位从职工工资中代扣代缴的社会保险费、住房公积金,以及单位为职工计算缴纳的社会保险费、住房公积金。

【做中学 9－16】 2025 年 4 月,某事业单位为开展专业业务活动及其辅助活动人员发放基本工资 500 000 元、津贴 300 000 元、奖金 100 000 元,按规定应代扣代缴个人所得税 30 000 元,该单位以银行转账方式支付薪酬并上缴代扣的个人所得税。财会部门根据有关凭证,应编制如下会计分录:

①计算应付职工薪酬时:

借:业务活动费用 900 000

贷:应付职工薪酬 900 000

【解析】 财务会计中,"业务活动费用"增加,反映了人员薪酬作为业务活动成本的支出;同时贷记"应付职工薪酬",确认了单位对职工的薪酬负债。

②代扣个人所得税时:

借:应付职工薪酬 30 000

贷:其他应交税费——应交个人所得税 30 000

【解析】 从"应付职工薪酬"中扣除应代扣代缴的个人所得税,贷记"其他应交税费——应交个人所得税",体现了单位作为扣缴义务人履行代扣代缴义务。

③实际支付职工薪酬,应同时编制如下会计分录:

财务会计		预算会计	
借:应付职工薪酬	870 000	借:事业支出	870 000
贷:财政拨款收入	870 000	贷:财政拨款预算收入	870 000

【解析】 财务会计中,减少"应付职工薪酬",同时确认"财政拨款收入",因为薪酬由财政拨款支付;预算会计中,"事业支出"增加,确认"财政拨款预算收入",反映了预算资金用于支付职工薪酬的情况。

④上缴代扣的个人所得税时,应同时编制如下会计分录:

财务会计		预算会计	
借:其他应交税费——应交个人所得税	30 000	借:事业支出	30 000
贷:财政拨款收入	30 000	贷:财政拨款预算收入	30 000

【解析】 财务会计中,减少"其他应交税费——应交个人所得税"和"财政拨款收入";预算会计中,"事业支出"增加,确认"财政拨款预算收入",体现了缴纳代扣个人所得税这一预算资金的支出。

应知考核

一、单项选择题

1. 行政事业单位会计核算基础采用( )。

A. 权责发生制　　B. 收付实现制

C. 权责发生制和收付实现制　　D. 以上都不对

2. 下列不属于行政事业单位财务会计要素的是(　　)。

A. 预算收入　　B. 资产　　C. 负债　　D. 净资产

3. 行政事业单位固定资产当月增加,其折旧计提的时间是(　　)。

A. 当月开始　　B. 下月开始　　C. 下季度开始　　D. 下年度开始

4. 某事业单位采用财政专户返还方式管理事业收入,收到应上缴财政专户的事业收入时,应贷记(　　)科目。

A."事业收入"　　B."应缴财政款"　　C."财政拨款收入"　　D."其他收入"

5. 下列关于行政事业单位预算会计恒等式的表述,正确的是(　　)。

A. 资产=负债+净资产　　B. 收入-费用=盈余

C. 预算收入-预算支出=预算结余　　D. 以上都不对

二、多项选择题

1. 下列属于行政单位的有(　　)。

A. 上海市人民检察院　　B. 教育部

C. 沈阳市第二人民医院　　D. 大连市四十八中学

2. 下列属于事业单位的有(　　)。

A. 大连市图书馆　　B. 大连市疾病预防控制中心

C. 大连医科大学附属第二医院　　D. 大连市第八中学

3. 行政事业单位会计的职能包括(　　)。

A. 会计核算　　B. 会计监督　　C. 会计决策　　D. 会计预测

4. 行政事业单位国库集中支付业务的支付方式有(　　)。

A. 财政直接支付　　B. 财政授权支付

C. 银行转账支付　　D. 现金支付

5. 行政事业单位会计规范体系主要包括(　　)。

A. 会计法律　　B. 会计行政法规

C. 会计规章　　D. 企业会计准则

三、判断题

1. 行政事业单位会计核算仅采用收付实现制。(　　)

2. 会计主体假设界定了行政事业单位会计工作特定的空间范围。(　　)

3. 行政事业单位的预算收入和预算支出相抵后的差额为盈余。(　　)

4. 行政事业单位固定资产提足折旧后,若仍可继续使用,则应继续计提折旧。(　　)

5. 行政事业单位的应缴财政款需要进行预算会计处理。(　　)

应会考核

■ 观念应用

【背景资料】

地方综合性高校资金管理困境与破局之道

近年来,随着国家对高等教育的重视和投入增加,各高校的资金规模不断扩大,资金来源也日益多元化。某高校作为一所地方综合性大学,其资金来源主要包括财政拨款、事业收入(学费、科研收入等)、社会捐赠等。在资金管理方面,学校遵循国家相关政策和财务制度,采用政府会计制度进行会计核算,同时加强预算管理,以确保资金的合理使用。

然而,在实际运营过程中,学校遇到了一些问题。2025 年,学校计划开展一项重大科研项目,预计需要资金 500 万元。该项目部分资金由财政专项拨款 200 万元,其余通过学校自筹解决。在项目执行过程中,由于对科研进度估计不足,部分实验设备采购延迟,导致财政专项拨款资金使用进度缓慢。同时,学校在事业收入管理上,由于学费催缴不力,部分学生欠费现象严重,影响了学校的资金周转。此外,在固定资产管理方面,学校发现部分老旧设备闲置,未得到有效利用,而新购置的设备又存在重复采购的情况。

【考核要求】

(1)针对该高校科研项目财政专项拨款资金使用进度缓慢的问题,从会计核算和预算管理角度分析可能的原因,并提出改进措施。

(2)分析学校事业收入中学费欠费问题对会计核算和预算执行的影响,并给出解决欠费问题的建议。

(3)阐述学校在固定资产管理方面存在的问题,并说明如何通过会计核算和内部控制来改善固定资产管理状况。

■ 技能应用

行政事业单位常见业务实操

(1)某行政单位通过财政直接支付方式购买办公设备一台,价值 50 000 元。

(2)某事业单位收到财政授权支付额度到账通知书,本月财政授权支付额度为 8 000 元,用于支付水电费。

(3)某行政单位接受某企业捐赠的一批电脑,价值 30 000 元,发生运输费 1 000 元,以银行存款支付。

(4)某事业单位对其拥有的办公大楼计提本月折旧 5 000 元。

(5)某事业单位开展专业业务活动,取得收入 20 000 元,款项已存入银行。

(6)某行政单位通过财政直接支付方式支付本月职工薪酬 100 000 元,其中代扣个人所得税 5 000 元。

(7)某事业单位以银行存款 50 000 元对外进行短期投资。

(8)某事业单位开展经营活动,取得收入 15 000 元,款项尚未收到。

(9)某行政单位偿还之前借入的短期借款本金 20 000 元、利息 1 000 元,以银行存款支付。

(10)某事业单位发生业务招待费 3 000 元,以现金支付。

【技能要求】

根据上述资料,编制相关会计分录。

■ 案例分析

【情景与背景】

新政府会计制度下某基层卫生院财务困境与应对

某基层卫生院位于一个偏远乡镇,主要负责周边居民的基本医疗服务和公共卫生工作。以往,卫生院采用较为简单的收付实现制进行会计核算,财务工作重点主要在于记录收支流水。

随着新政府会计制度的推行,要求卫生院采用财务会计权责发生制和预算会计收付实现制“双基础”进行核算,这给卫生院的财务工作带来了巨大挑战。一方面,在资产核算上,卫生院此前对固定资产管理较为松散，购置很多设备后未准确登记入账，也未进行折旧计提。新制度下，需要对固定资产进行全面清查盘点，重新评估入账价值并补提折旧，这使得卫生院财务报表上资产净值大幅下降，影响了卫生院的财务状况评估。另一方面，在收入确认上，以往卫生院按实际收到的患者缴费确认收入。但新制度下，对于医保报销部分，需在提供医疗服务时按权责发生制确认收入，而医保报销款往往存在延迟到账情况，导致卫生院账面收入增加，但实际资金并未同步到账，加剧了资金周转压力。同时，在预算管理方面，卫生院过去预算编制简单、粗略，缺乏科学性和前瞻性。新制度要求全面、精细地编制预算，涵盖各项收支，这让卫生院在编制预算时漏洞百出，难以合理安排资金。

【分析要求】

(1)从会计核算角度分析，新政府会计制度给卫生院带来的主要核算难点有哪些？

(2)探讨医保报销款延迟到账导致账面收入与实际资金不同步，对卫生院财务状况和运营有哪些影响。

(3)针对卫生院预算编制的问题，提出如何提高预算编制的科学性和准确性的建议。

本章实训

【实训内容】

行政事业单位会计

【实训情境】

假设你入职了某县级教育局(行政单位)下属的一所公立中学(事业单位)，担任会计岗位。该教育局和中学在日常运营中涉及多种财政资金收支、资产管理、预算执行等业务。目前，正值新一年度的财务工作开展初期，同时要对上一年度的财务情况进行整理和总结，以应对上级部门的检查和审计。

【实训任务】

任务一：日常账务处理

根据下列业务编制财务会计和预算会计分录：

(1)教育局收到财政部门通过财政直接支付方式拨付的办公设备购置款 500 000 元，用于购买一批电脑和打印机等设备。

(2)中学收到财政授权支付额度到账通知书，本月财政授权支付额度为 80 000 元，用于支付水电费和日常办公用品采购。

(3)中学接受当地企业捐赠的一批图书，价值 30 000 元，同时发生运输费 1 000 元，以银行存款支付。

(4)教育局计提本月固定资产折旧 20 000 元，其中办公大楼折旧 15 000 元、办公设备折旧 5 000 元。

(5)对上述业务涉及的原始凭证进行审核和整理，确保其真实性、合法性和完整性。

任务二：预算管理与执行

(1)协助中学编制新一年度的部门预算，包括收入预算和支出预算。收入预算主要考虑财政拨款、学费收入、捐赠收入等；支出预算涵盖人员经费、公用经费、项目支出等方面。要求运用零基预算法进行编制，确保预算的科学性和合理性。

(2)在预算执行过程中，对各项支出进行监控和分析。假设在学期中，中学发现教学设备采购项目支出超出预算 10 000 元，分析超支原因，并提出相应的改进措施和建议，形成书面报告。

任务三:财务报表编制与分析

(1)分别为教育局和中学编制年终财务报表,包括资产负债表、收入费用表、预算收入支出表等,确保报表数据准确、内容完整、格式规范。

(2)对编制完成的财务报表进行分析,计算关键财务指标,如资产负债率、预算执行率、人均费用支出等。通过与上一年度数据对比以及同行业平均水平比较,评价教育局和中学的财务状况和运营绩效,撰写财务分析报告,指出存在的问题并提出改进建议 。

《行政事业单位会计》实训报告		
实训班级:	实训小组:	实训组成员:
实训时间: 年 月 日	实训地点:	实训成绩:
实训目的:		
实训步骤:		
实训结果:		
实训感言:		

第十章　民间非营利组织会计

● **知识目标**

理解：民间非营利组织的概念和特征；民间非营利组织会计的概念。

熟知：民间非营利组织会计的范围；民间非营利组织会计的目标与确认、计量方法；民间非营利组织的会计要素与会计科目。

掌握：民间非营利组织资产、负债、净资产、收入及费用的核算。

● **技能目标**

能够熟练掌握民间非营利组织会计科目的运用，能够准确无误地进行日常账务处理，包括各类收入、支出、资产和负债的核算记录，保证每一笔账目清晰明了；学会运用专业财务软件，高效处理民间非营利组织的财务数据，并能通过软件分析功能，挖掘数据背后的信息，为组织决策提供有力的数据支持。

● **素质目标**

培养严谨、细致的职业素养，对待每一笔财务数据都保持高度的专注和认真，确保财务信息的准确性和可靠性；提升团队协作能力，能够与组织内其他部门密切配合，共同推动组织业务的顺利开展；增强风险防范意识，通过对财务数据的分析和对组织运营情况的了解，及时发现潜在的财务风险，并提出合理的应对措施，保障组织的财务安全。

● **思政目标**

树立诚实守信的价值观，坚决杜绝弄虚作假、虚报瞒报等行为，维护民间非营利组织的诚信形象，为社会公益事业营造良好的诚信氛围；强化服务社会的意识，将个人的职业发展与社会公益事业紧密结合，积极为组织的发展贡献自己的力量；培养廉洁自律的品质，在面对各种利益诱惑时坚守道德底线，确保组织的资金和资源都用于合法合规的公益活动，不谋取个人私利。

● **课程引例**

爱心基金会的财务困境

阳光社区环保协会长期致力于在社区内开展垃圾分类宣传、环保植树等公益活动。随着协会的影响力扩大，获得了越来越多的政府补贴和社会捐赠。但在准备年度汇报时，工作人员发现账目混乱、捐赠物资的进出库记录不全、政府补贴的使用明细也模糊不清。由于财务数据无法准确提供，不仅影响了与合作单位的续约，还导致部分志愿者对协会的信任度下降，招募新志愿者也变得困难重重。

● **引例反思**

(1)会计核算规范性反思。阳光社区环保协会财务数据的混乱，表明其在会计核算基础工作上的严重缺失。会计凭证记录不完整、物资管理缺乏规范账目，无法准确反映协会经济活动的真实情况，违背了会计核算的准确性与完整性原则，这是导致后续一系列问题的根源。

(2)财务管理重要性反思。协会对补贴和捐赠的使用缺乏有效规划与明细管理，体现出财务管理的薄弱。没有建立完善的财务预算与监督机制，使得资金和物资使用处于无序状态，难以保障公益资源的合理分配与高效利用。

(3)组织公信力维护反思。财务问题致使协会与合作单位、志愿者之间的信任关系受损，充分说明民间非营利组织的财务透明度直接关联其社会公信力。缺乏清晰的财务状况展示，会削弱外界支持，阻碍组织持续发展，这警示各组织务必重视财务规范，以良好的财务形象赢得社会认可。

第一节　民间非营利组织会计概述

一、民间非营利组织的概念和特征

(一)民间非营利组织的概念

民间非营利组织(Non-Profit Non-Governmental Organizations，NPNGOs)是为社会提供政府和企业难以充分提供或不便提供的服务的组织，是介于第一部门(政府组织)和第二部门(营利组织，一般指企业)之间的第三部门(除政府组织和营利组织之外的一切社会组织)。由于公立的非营利组织被纳入政府会计核算范畴，因此我国的非营利组织一般是指民间非营利组织，简称“民非组织”。

(二)民间非营利组织的特征

民间非营利组织包括依照国家法律、行政法规登记的社会团体、基金会、社会服务机构、宗教活动场所、国际性社会团体、外国商会和境外非政府组织在中国境内依法登记设立的代表机构等组织。尽管民间非营利组织种类繁多，但根据我国《民间非营利组织会计制度》(以下简称《民非制度》)的规定，各种民间非营利组织应当同时具备以下特征：

1. 为公益目的或者其他非营利目的成立

民间非营利组织不以营利为目的，这是民间非营利组织与营利性企业之间的本质区别。对于营利性企业来说，其设立和业务活动的最终目标都是增加其利润，为投资者积累更多的资本。营利性组织决策是否成功、业务活动的最终目标是否能够实现，很大程度上取决于赚取利润的多少。而对于民间非营利组织来讲，其设立和开展业务活动并不是为了追逐利润，其目的在于按照资金提供者的期望和要求,为社会提供更多的服务或商品。

2. 资源提供者向该组织投入资源不取得经济回报

营利性企业的资源是投资者出资形成的,其所有权归属于出资者,投资者出资的目的是将其资源投入生产经营过程后,与其他生产要素相结合,生产社会所需要的产品或服务,并使投入的资本增值。同时,营利性企业的所有者将资产交付组织后,不但保留收回投资的权利,而且对经营利润以及解散、破产的剩余财产也有按一定比例分享的权利。而非营利组织财产的提供者,其出资目的并不是期望得到同等或成比例的出资回报,而是希望组织为整个社会或特定团体提供更多的服务或商品,他们不指望获取对非营利组织净资产予以分享的权利。

3. 资源提供者对该组织的财产不保留或享有任何财产权利

营利性组织的资产归出资者所有,因积累形成的新资产也归属其出资者。而民间非营利组织的净资产既不属于组织所有,也不属于出资者(如捐赠人、会员等)。任何单位或个人不因为出资而拥有民间非营利组织的所有权,也不存在该组织一旦清算就可以分享剩余财产的净资产。非营利组织一旦进行清算,清算后的剩余财产只能交给政府或其他非营利组织或继续服务社会的公益事业。

二、民间非营利组织会计的概念

民间非营利组织会计是以民间非营利组织的基本业务活动和其他业务活动为核算对象的专业会计。民间非营利组织会计有助于资源提供者、服务对象、债权人、政府和社会监管部门了解民间非营利组织财务资源的运用情况和业务的运营情况,对于加强民间非营利组织管理有着重要的作用。由于公立的非营利组织(事业单位)纳入预算会计范畴,所以,我国的民间非营利组织会计就是非营利组织会计。

为加强民间非营利组织的管理、规范民间非营利组织的会计行为,财政部于 2004 年 8 月颁布了《民间非营利组织会计制度》,自 2005 年 1 月 1 日起施行。2024 年 12 月 20 日,财政部对其进行了修订,修订后的制度自 2026 年 1 月 1 日起施行。

三、民间非营利组织会计的范围

依法设立符合规定特征的民间非营利组织执行《民间非营利组织会计制度》。民间非营利组织包括依照国家法律、行政法规登记的社会团体、基金会、民办非企业单位和寺院、宫观、清真寺、教堂等。

(1)社会团体。社会团体是依照《社会团体登记管理条例》的规定设立的,为实现共同意愿而由公民自愿组成的社会组织,包括各种学会、协会、联合会、研究会等。

(2)民办非企业单位。民办非企业单位是依照《民办非企业单位登记管理暂行条例》的规定设立的,从事非营利性社会服务活动的非公立社会组织,包括民办学校、医院、福利院、养老院、研究所、文化中心及宗教组织等。

(3)基金会。基金会是依照《基金会管理条例》的规定设立的,利用社会捐赠的财产从事社会公益活动的社会组织,包括各类教育基金会、慈善基金会、奖励基金会、扶贫基金会等。

(4)宗教组织,包括寺院、宫观、清真寺、教堂等。

四、民间非营利组织会计的目标与确认、计量方法

(一)民间非营利组织会计的目标

《民间非营利组织会计制度》第八条规定,“会计核算所提供的信息应当能够满足会计信息使用者(如捐赠人、会员、监管者等)的需要”。

【提示】民间非营利组织会计属于财务会计的范畴，是对外报告会计，侧重为捐赠人、会员、监管者等外部会计信息使用者服务。

民间非营利组织会计的目标，是向会计信息使用者提供有用的会计信息，反映其受托责任履行情况，满足会计信息使用者经济决策和监督管理的需要。

民间非营利组织的财务资源主要来源于社会各界的捐赠、会员缴纳的会费、接受服务对象缴纳的服务费，以及取得的各种借入资金。民间非营利组织的财务资源是社会公共资源，需要接受政府和社会各界的监督管理。因此，民间非营利组织的会计信息使用者主要包括资源提供者、服务对象、债权人、政府和社会监管部门等。(1)资源提供者关心所提供的财务资源是否按规定的用途使用；(2)服务对象关心财务资源的使用效果及收费的合理性；(3)债权人关心民间非营利组织资产的流动性及偿债能力；(4)政府和社会监管部门关心财务资源的运用是否符合法律制度的规定。因此，民间非营利组织会计应当提供反映其受托责任履行情况和有助于做出经济决策的会计信息。

(二)民间非营利组织会计的确认基础

《民间非营利组织会计制度》第七条规定，“会计核算应当以权责发生制为基础”。民间非营利组织会计以外部信息使用者为主要服务对象，需要反映其受托责任履行情况，对非营利组织的运营业绩进行评价与考核。因此，民间非营利组织会计要求以权责发生制为确认基础。

民间非营利组织的收入需要区分为交换交易形成的收入和非交换交易形成的收入，分别界定其确认标准。民间非营利组织应当加强成本核算，其费用需要区分业务活动成本和期间费用。

(三)民间非营利组织会计的计量方法

《民间非营利组织会计制度》第十六条规定，“资产在取得时应当按照实际成本计量，但本制度有特别规定的，按照特别规定的计量基础进行计量”。民间非营利组织会计在以历史成本为主要计量属性的基础上较多地引入了历史成本以外的计量属性(包括重置成本、可变现净值、现值和公允价值等)，以反映资产的现时价值。

(1)初始计量。民间非营利组织的各项资产、负债应当按照实际发生的金额或者取得时的实际成本入账，进行初始计量。但是，对于民间非营利组织接受捐赠的非现金资产，如果捐赠方没有提供有关凭据的，受赠资产应当以其公允价值作为入账价值。民间非营利组织如发生非货币性交易，应当以换出资产的账面价值，加上应支付的相关税费，作为换入资产的入账价值。

(2)后续计量。民间非营利组织需要对资产进行后续计量。民间非营利组织应当按月计提固定资产折旧和无形资产摊销，以便真实地反映其价值。民间非营利组织应当定期或者至少于每年年度终了对短期投资、应收款项、存货、长期投资等资产是否发生了减值进行检查。如果这些资产发生了减值，则应当计提减值准备，确认减值损失。对于固定资产、无形资产等其他资产，如果发生了重大减值，则也应当计提减值准备，确认减值损失。

五、民间非营利组织的会计要素与会计科目

(一)民间非营利组织的会计要素

会计要素是对会计对象的基本分类，是进行会计确认、计量、记录和报告的基础。《民间非营利组织会计制度》规定，民间非营利组织设置资产、负债、净资产、收入和费用五个会计要素。

(二)民间非营利组织的会计科目

根据新《民间非营利组织会计制度》的规定，民间非营利组织会计共设置会计科目 56 个，其中，资产类 26 个、负债类 12 个、净资产类 3 个、收入类 8 个、费用类 7 个。各民间非营利组织要根据《民间非营利组织会计制度》设置一级会计科目，根据具体的业务核算要求设置各级明细科目。民间非营利组织会计科目见表 10－1。

表 10—1 民间非营利组织会计科目表

序号	编号	科目名称	序号	编号	科目名称
一、资产			30	2203	预收账款
1	1001	现金	31	2204	应付职工薪酬
2	1002	银行存款	32	2206	应交税费
3	1009	其他货币资金	33	2209	其他应付款
4	1101	短期投资	34	2301	预提费用
5	1102	短期投资跌价准备	35	2501	长期借款
6	1111	应收票据	36	2502	长期应付款
7	1121	应收账款	37	2503	预计负债
8	1122	其他应收款	38	2601	受托代理负债
9	1131	坏账准备	三、净资产		
10	1141	预付账款	39	3101	非限定性净资产
11	1201	存货	40	3102	限定性净资产
12	1202	存货跌价准备	41	3201	以前年度净资产调整
13	1301	待摊费用	四、收入		
14	1401	长期股权投资	42	4101	捐赠收入
15	1402	长期债权投资	43	4201	会费收入
16	1403	其他长期投资	44	4301	提供服务收入
17	1421	长期投资减值准备	45	4401	政府补助收入
18	1501	固定资产	46	4501	商品销售收入
19	1502	累计折旧	47	4601	投资收益
20	1505	在建工程	48	4701	总部拨款收入
21	1506	文物资源	49	4901	其他收入
22	1509	固定资产清理	五、费用		
23	1601	无形资产	50	5101	业务活动成本
24	1602	累计摊销	51	5201	税金及附加
25	1701	长期待摊费用	52	5301	管理费用
26	1801	受托代理资产	53	5401	筹资费用
二、负债			54	5501	资产减值损失
27	2101	短期借款	55	5601	所得税费用
28	2201	应付票据	56	5901	其他费用
29	2202	应付账款			

以政策为笔，以新制度为墨，绘民间非营利组织会计蓝图

【学思践悟】

党的二十大报告明确提出“引导、支持有意愿有能力的企业、社会组织和个人积极参与公益慈善事业”，党的二十届三中全会进一步强调“健全社会组织管理制度”，这为民间非营利组织的发展指明了方向。从会计视角来看，这赋予民间非营利组织会计更为重要的使命。随着民间非营利组织在社会公益领域发挥的作用日益凸显，其会计信息质量直接关系到资源的合理配置与有效利用。

2024 年 12 月 20 日，财政部新修订的《民间非营利组织会计制度》发布，自 2026 年 1 月 1 日起施行，这正是顺应时代发展与政策导向的关键举措。此次修订增加了适用制度的组织类型，与相关法律法规相衔接，完善了民间非营利组织的特征表述，使得会计核算范围更加精准，能更好地覆盖各类民间非营利组织的业务活动。例如，增加国际性社会团体、外国商会等组织类型，有助于规范这些组织在国内的财务行为，提升整个行业的透明度。新增的服务捐赠会计处理规定，反映了社会捐赠形式的多元化发展，使得民间非营利组织能够更全面地记录和反映其资源获取情况，为社会各界提供更准确的财务信息。同时，新制度对风险准备金等核算规定的补充，以及相关会计科目的增设，如“其他长期投资”“长期待摊费用”等，适应了民间非营利组织业务创新和规模扩大的需求。在信息披露方面，新制度加强了关联方披露，细化长期股权投资的披露要求，增加披露担任慈善信托的委托人和受托人的情况，这一系列举措有助于增强组织的透明度，提升社会公信力，使民间非营利组织在资源获取和社会信任方面更具优势，更好地践行公益使命，与国家对社会组织发展的期望相契合。

【悟有所得】

民间非营利组织会计不仅是简单的财务记录，更是组织践行公益宗旨、实现社会价值的重要保障。

从实践操作层面来看，新制度的实施要求会计人员不断提升专业素养，在处理收入和费用核算时，要准确区分限定性和非限定性，尤其在期末结转时严格按照新规定进行账务处理，确保净资产核算的准确性；在资产核算方面，对于新增的会计科目，要熟练掌握其核算内容和账务处理方法，例如，“长期待摊费用”科目的使用，能够更合理地分摊长期费用，准确反映资产价值。

从组织管理角度出发，新制度的信息披露要求促使民间非营利组织建立更完善的内部管理机制。为了满足关联方披露、分支机构设立情况说明等要求，组织需要加强内部信息收集与整理，规范业务流程，提升管理效率，这不仅有助于组织自身的可持续发展，而且能增强与外部利益相关者的沟通与信任，吸引更多社会资源投入公益事业。在国家大力支持社会组织发展的背景下，民间非营利组织应充分利用新制度带来的规范与便利，提升财务管理水平，为社会公益事业贡献更大力量，实现组织与社会的共同发展。

第二节　民间非营利组织资产的核算

一、资产的内容与分类

（一）资产的内容

资产是指过去的交易或者事项形成的并由民间非营利组织拥有或者控制的资源，该资源预期会给民间非营利组织带来经济利益或者服务潜力。民间非营利组织会计的资产应当具有以下特征：第一，资产是由过去的交易或事项形成的；第二，资产是民间非营利组织拥有或控制的；第三，资产预期能够给民间非营利组织带来经济利益和服务潜力。

（二）资产的分类

民间非营利组织的资产按其流动性分为流动资产、非流动资产和受托代理资产。

（1）流动资产是指预期可在1年内（含1年）变现或者耗用的资产，包括货币资产、短期投资、应收及预付款项、存货等。

（2）非流动资产是指变现或者耗用周期在1年以上（不含1年）的资产，包括长期投资、固定资产、文物资源、在建工程、无形资产等。

（3）受托代理资产是指民间非营利组织接受委托方委托从事受托代理业务而收到的资产。

二、流动资产

（一）货币资产的核算

民间非营利组织的货币资产包括现金、银行存款和其他货币资金。民间非营利组织会计设置"现金"科目，核算民间非营利组织的库存现金；设置"银行存款"科目，核算民间非营利组织存入银行或其他金融机构的存款；设置"其他货币资金"科目，核算民间非营利组织的外埠存款、银行汇票存款、银行本票存款、信用卡存款等各种其他货币资金。

【做中学10－1】 某民间非营利组织接受捐赠收到一张支票，金额为6 000元。现将收到的支票连同填制的进账单送交开户银行，取得银行盖章的收款凭证。

借：银行存款　　6 000

　　贷：捐赠收入　　6 000

【解析】 当收到捐赠资产时，应按照实际收到的金额或公允价值确认捐赠收入。在本题中，收到的是支票，属于银行存款增加，银行存款是资产类科目，增加记借方；捐赠收入是收入类科目，增加记贷方，所以借记"银行存款"6 000元，贷记"捐赠收入"6 000元，即资产和收入同时增加。

（二）短期投资的核算

民间非营利组织会计设置"短期投资"科目，核算民间非营利组织持有的能够随时变现并且持有时间不准备超过1年（含1年）的投资，包括股票、债券投资等。短期投资在取得时应当按照投资成本计量。短期投资的利息或现金股利应当于实际收到时冲减投资的账面价值。期末应当对短期投资是否发生了减值进行检查，如果短期投资的市价低于其账面价值，应当计提短期投资跌价准备。

（三）应收及预付款项的核算

民间非营利组织的应收及预付款项包括应收票据、应收账款、其他应收款和预付账款。民间非营利组织会计设置"应收票据"科目，核算民间非营利组织因销售商品、提供服务等而收到的商业汇票；设置"应收账款"科目，核算民间非营利组织因销售商品、提供服务等主要业务活动，应当向会员、购买单位或接受服务单位等收取的但尚未实际收到的款项；设置"其他应收款"科目，核算民间非营利组织除应收票据、应收账款以外的其他各项应收、暂付款项；设置"预付账款"科目，核算民间非营利组织预付给商品供应单位或者服务提供单位的款项。

【做中学10－2】 某民间非营利组织月初向某单位提供一项咨询服务，价款为2 500元。咨询服务已经于当月完成，但款项尚未收到。

借：应收账款——某单位　　2 500

贷:提供服务收入——咨询服务 2 500

【解析】按照权责发生制原则,只要服务已经提供完成,无论款项是否收到,都应确认为收入。“应收账款”是资产类科目,用于核算组织因业务活动应向对方收取但尚未收到的款项,增加记借方;“提供服务收入”是收入类科目,增加记贷方,因此,借记“应收账款——某单位”2 500 元,贷记“提供服务收入——咨询服务”2 500 元。

(四)存货的核算

民间非营利组织会计设置“存货”科目,核算民间非营利组织在日常业务活动中持有以备出售或捐赠的,或者为了出售或捐赠仍处在生产过程中的,或者将在生产、提供服务或日常管理过程中耗用的材料、物资、商品等,包括材料、库存商品、委托加工材料,以及达不到固定资产标准的工具、器具等。存货在取得时应当以其实际成本入账。存货成本包括采购成本、加工成本和其他成本。存货在发出时应当根据实际情况采用个别计价法、先进先出法或者加权平均法,确定发出存货的实际成本;期末,应当对存货是否发生了减值进行检查。如果存货的可变现净值低于其账面价值,则应当按照可变现净值低于账面价值的差额计提存货跌价准备,确认存货跌价损失并计入当期费用。

【做中学 10—3】 某民间非营利组织收到捐赠物资一批,捐赠方提供的发票表明该批物资价值为 52 000 元。取得捐赠物资时,发生运输费用 500 元,以支票支付。

借:存货 52 500

贷:捐赠收入 52 000

银行存款 500

【解析】对于接受捐赠的存货,以捐赠方提供的发票金额加上相关税费、运输费等必要支出作为入账成本。“存货”是资产类科目,增加记借方;“捐赠收入”是收入类科目,按捐赠物资的价值确认,增加记贷方;“银行存款”是资产类科目,支付运输费用导致其减少,减少记贷方,所以借记“存货”52 500 元(52 000+500),贷记“捐赠收入”52 000 元,“银行存款”500 元。

三、非流动资产

(一)固定资产的核算

民间非营利组织会计设置“固定资产”科目,核算民间非营利组织固定资产的原价。固定资产是指同时具有以下特征的有形资产:(1)为行政管理、提供服务、生产商品或者出租目的而持有的;(2)预计使用年限超过 1 年;(3)单位价值较高。固定资产在取得时应当按取得时的实际成本入账。取得时的实际成本包括买价、包装费、运输费、缴纳的有关税金等相关费用,以及为使固定资产达到预定可使用状态前所必要的支出。固定资产在使用期间应当按期计提固定资产折旧。期末,如果固定资产发生了重大的减值,则应当增设“固定资产减值准备”科目,计提固定资产减值准备。

【做中学 10—4】 某民间非营利组织购入一台计算机设备,价款为 12 750 元,款项通过银行转账支付。该设备不需要安装,已经交付使用。

借:固定资产——计算机 12 750

贷:银行存款 12 750

【解析】固定资产在取得时,按取得时的实际成本入账,包括买价等相关费用。“固定资产”是资产类科目,增加记借方;“银行存款”是资产类科目,支付价款导致其减少,减少记贷方,因此借记“固定资产——计算机”12 750 元,贷记“银行存款”12 750 元。

(二)在建工程的核算

民间非营利组织会计设置“在建工程”科目,核算民间非营利组织已经发生必要支出,但尚未完工交付使用的各种建筑工程、安装工程、技术改造工程的实际成本。在建工程应当按照实际发生的支出确定其工程成本。对于自营工程，按照直接材料、直接人工、直接机械使用费等确定其成本。对于出包工程，按照应支付的工程价款等确定其成本。所购建的固定资产已达到预定可使用状态时，应将在建工程成本转入固定资产核算。

【做中学 10－5】 某民间非营利组织购入一台网络服务器，价款为 65 200 元，款项通过银行转账支付。该设备需要安装，预计工期为 20 天。

借：在建工程——服务器安装工程　　65 200

　贷：银行存款　　65 200

【解析】“在建工程”科目用于核算已经发生必要支出，但尚未完工交付使用的各种建筑工程、安装工程等的实际成本。在设备安装期间，相关支出先归集在“在建工程”科目。“在建工程”是资产类科目，增加记借方；“银行存款”是资产类科目，支付价款导致其减少，减少记贷方，因此，借记“在建工程——服务器安装工程”65 200 元，贷记“银行存款”65 200 元。

（三）文物资源的核算

民间非营利组织会计设置“文物资源”科目，核算民间非营利组织文物文化资产的原价。文物资源是指按照《中华人民共和国文物保护法》等有关法律、行政法规规定被认定为文物的有形资产和尚未被认定为文物的古籍等藏品。民间非营利组织会计将文物资源与固定资产进行了区分，分别设置会计科目进行核算。文物资源的核算方法与固定资产的基本相同，只是不必计提折旧。在资产负债表中，应当单列“文物资源”项目予以反映。

文物资源在取得时，如果取得了有关凭据，则应当按照凭据上标明的金额作为入账价值；如果未取得有关凭据，则应当按照名义金额计量。取得文物资源时，发生的应归属于其自身的相关税费、运输费等，应当计入当期费用。

(1)外购的文物资源，按照取得的购买凭证上注明的金额，借记本科目，贷记“银行存款”“应付账款”等科目。如果一笔购入多项文物资源，取得的购买凭证上没有单独标价的，则应当将各项文物资源按照系统、合理的方法对总成本进行分配，分别确定各项文物资源的入账价值。

(2)接受捐赠的文物资源，如果取得了发票等有关凭据，则应当按照凭据上标明的金额，借记本科目，贷记“捐赠收入”科目；如果未取得发票等有关凭据，应当按照名义金额，借记本科目，贷记“捐赠收入”科目。

(3)民间非营利组织为取得文物资源发生的相关支出，包括文物资源入藏前发生的保险费、运输费、装卸费以及专业人员服务费等，应当按照实际支付的金额，借记“其他费用”等科目，贷记“银行存款”“应付账款”等科目。

民间非营利组织对于文物资源本体的修复修缮等保护支出，应当在发生时按照实际发生的费用，借记“其他费用”等科目，贷记“银行存款”等科目。民间非营利组织对于文物资源安防、消防及防雷等保护性设施建设支出，符合相关资产确认条件的，应当计入固定资产等其他相关资产成本。

民间非营利组织对文物资源应当定期或者至少每年实地盘点一次。对盘盈、盘亏的文物资源，应当及时查明原因，并根据管理权限，报经批准后，在期末前结账处理完毕：

①如为文物资源盘盈或普查发现，按照名义金额，借记本科目，贷记“其他收入”科目。②如为文物资源盘亏，按照有关规定履行报批程序后，按照文物资源的账面余额扣除可以收回的保险赔偿和过失人的赔偿等后的金额，借记“管理费用”科目，按照可以收回的保险赔偿和过失人赔偿等，借记“现金”“其他应收款”等科目，按照文物资源的账面余额，贷记“银行存款”。

【做中学 10－6】 某民间非营利组织为博物馆，接受捐赠一件历史文物，参照市场价值为

520 000 元。

借：文物资源　　520 000

　　贷：捐赠收入——非限定性收入　　520 000

【解析】 接受捐赠的文物资源，如果取得了有关凭据(本题参照市场价值)，则应当按照凭据上标明的金额作为入账价值。"文物资源"是资产类科目，增加记借方；"捐赠收入"是收入类科目，增加记贷方，所以借记"文物资源"520 000 元，贷记"捐赠收入——非限定性收入"520 000 元。

(四)无形资产的核算

民间非营利组织会计设置"无形资产"科目，核算民间非营利组织无形资产的原价。无形资产是指民间非营利组织为开展业务活动、出租给他人或为管理目的而持有的且没有实物形态的非货币性长期资产，包括专利权、非专利技术、商标权、著作权、土地使用权等。无形资产在取得时应当按照取得时的实际成本入账。无形资产的成本，应在预计使用年限、合同规定的受益年限或法律规定的有效年限内分期平均摊销。期末，如果无形资产发生了重大减值，则应当增设"无形资产减值准备"科目，计提无形资产减值准备。

【做中学 10—7】 某民间非营利组织购入一项文艺作品的著作权，支付著作权所有人款项 68 000 元，支付相关税费 3 400 元。款项通过银行转账支付。

借：无形资产——著作权　　71 400

　　贷：银行存款　　71 400

【解析】 无形资产在取得时，按照取得时的实际成本入账，包括支付给著作权所有人的款项以及相关税费。"无形资产——著作权"是资产类科目，增加记借方；"银行存款"是资产类科目，支付款项导致其减少，减少记贷方。因此，借记"无形资产——著作权"71 400 元(68 000+3 400)，贷记"银行存款"71 400 元。

(五)长期股权投资和长期债权投资的核算

1. 长期股权投资的核算

民间非营利组织会计设置"长期股权投资"科目，核算民间非营利组织持有时间准备超过 1 年(不含 1 年)的各种股权性质的投资，包括长期股票投资和其他长期股权投资。对于因接受股权捐赠形成的表决权、分红权与股权比例不一致的长期股权投资，民间非营利组织应当根据《民非制度》的规定，并结合经济业务实质判断是否对被投资单位具有控制、共同控制或重大影响关系。民间非营利组织因对外投资对被投资单位具有控制权的，应当按照《民非制度》的规定采用权益法进行核算，并在会计报表附注中披露投资净损益和被投资单位的财务状况、经营成果等信息。

长期股权投资在取得时应当按取得时的实际成本作为初始投资成本。长期股权投资应当区别不同情况，分别采用成本法或者权益法核算。期末，民间非营利组织应当对长期股权投资是否发生了减值进行检查。如果长期股权投资的可收回金额低于其账面价值，则应当按照可收回金额低于账面价值的差额计提长期投资减值准备。

【做中学 10—8】 某民间非营利组织与某公司签订投资协议，以银行存款 500 000 元对该公司进行股权投资，取得该公司 15%的股权。

借：长期股权投资——某公司　　500 000

　　贷：银行存款　　500 000

【解析】 长期股权投资在取得时，按取得时的实际成本作为初始投资成本。"长期股权投资"是资产类科目，增加记借方；"银行存款"是资产类科目，支付投资款导致其减少，减少记贷方，所以借记"长期股权投资——某公司"500 000 元，贷记"银行存款"500 000 元。

民间非营利组织出资设立其他民间非营利组织，所设立民间非营利组织与实现本组织的业务活动目标相关的，相关出资记入“业务活动成本”科目；所设立民间非营利组织与实现本组织的业务活动目标不相关的，相关出资记入“其他费用”科目。

2. 长期债权投资的核算

民间非营利组织会计设置“长期债权投资”科目，核算民间非营利组织购入的在 1 年内（不含 1 年）不能变现或不准备随时变现的债券和其他债权投资。长期债权投资在取得时，应当按取得时的实际成本作为初始投资成本。

长期债权投资应当按照票面价值与票面利率按期计算确认利息收入。长期债权投资的初始投资成本与债券面值之间的差额，应当在债券存续期间按照直线法于确认相关债券利息收入时予以摊销。期末，民间非营利组织应当对长期债权投资是否发生了减值进行检查。如果长期债权投资的可收回金额低于其账面价值，则应当按照可收回金额低于账面价值的差额计提长期投资减值准备。

【做中学 10—9】 某民间非营利组织以 224 000 元的价格购入国债，该国债 5 年期，2 年前发行，面值为 200 000 元，票面利率为 6%，到期一次还本付息。

借：长期债权投资——债券投资——债券面值	200 000	
——应收利息	24 000	
贷：银行存款		224 000

【解析】“长期债权投资——债券投资——债券面值”用于核算债券的面值，增加记借方；“长期债权投资——应收利息”用于核算已到付息期但尚未领取的利息，增加记借方；“银行存款”是资产类科目，支付价款导致其减少，减少记贷方。本题中，债券面值 200 000 元，已产生的利息＝200 000×6%×2＝24 000（元），所以借记“长期债权投资——债券投资——债券面值”200 000 元，“长期债权投资——应收利息”24 000 元，贷记“银行存款”224 000 元。

【注意】民间非营利组织按规定出资设立其他民间非营利组织，不属于《民非制度》规定的长期股权投资，应当计入当期费用。设立与实现本组织业务活动目标相关的民间非营利组织的，相关出资金额记入“业务活动成本”科目；设立与实现本组织业务活动目标不相关的民间非营利组织的，相关出资金额记入“其他费用”科目。

四、受托代理资产

（一）受托代理资产的内容

受托代理资产是民间非营利组织接受委托方委托从事受托代理业务而收到的资产。在受托代理过程中，民间非营利组织通常只是从委托方收到受托资产，并按照委托人的意愿将资产转赠给指定的其他组织或者个人。民间非营利组织本身只是在委托代理过程中起中介作用，无权改变受托代理资产的用途或者变更受益人。

【提示】民间非营利组织的受托代理业务不同于捐赠业务，受托代理资产的受益人并非民间非营利组织，而是委托人指定的第三方。

受托代理业务是民间非营利组织的一项经常性业务，特别是一些基金会、慈善机构会接受其他社会机构或个人的委托，将相关资产按委托人的意愿转赠给指定的受益人。按惯例，民间非营利组织可以按一定比例从受托代理资产中提取一定数额的费用，用于受托代理业务的开支。民间非营利组织收到的受托代理资产，可以是现金、银行存款，也可以是物资、设备等。

“受托代理业务”有明确的转赠或者转交协议，或者虽然无协议但同时满足以下条件的业务：

(1)民间非营利组织在取得资产的同时即产生了向具体受益人转赠或转交资产的现时义务，不会导致自身净资产的增加。

(2)民间非营利组织仅起到中介而非主导发起作用，帮助委托人将资产转赠或转交给指定的受益人，并且没有权利改变受益人，也没有权利改变资产的用途。

(3)委托人已明确指出了具体受益人个人的姓名或受益单位的名称，包括从民间非营利组织提供的名单中指定一个或若干个受益人。

(二)受托代理资产的核算

民间非营利组织会计设置“受托代理资产”科目，核算民间非营利组织接受委托而收到的资产。民间非营利组织受托代理资产的确认和计量比照接受捐赠资产的确认和计量原则处理，在确认一项受托代理资产时，应当同时确认一项受托代理负债。如果收到的受托代理资产为货币资金，则可以不通过本科目核算，而在“现金”“银行存款”“其他货币资金”科目下设置“受托代理资产”明细科目进行核算。

【注意】民间非营利组织从事受托代理业务时发生的应归属于其自身的相关税费、运输费等，应当计入当期费用，借记“其他费用”科目，贷记“银行存款”等科目。

【做中学 10－10】 某民间非营利组织接受某企业委托，将一批价值 50 000 元的教学设备和现款 30 000 元转赠西部地区某学校，用于帮助其改善教学条件。

借：受托代理资产——教学设备	50 000	
银行存款——受托代理资产	30 000	
贷：受托代理负债——某学校		80 000

【解析】在受托代理业务中，收到受托代理资产时，应同时确认受托代理负债。对于收到的非货币性资产(教学设备)，借记“受托代理资产——教学设备”；对于收到的货币资金(现款)，在“银行存款”下设置“受托代理资产”明细科目核算，借记“银行存款——受托代理资产”。“受托代理负债”是负债类科目，增加记贷方，所以贷记“受托代理负债——某学校”80 000 元。

五、长期待摊费用

民间非营利组织应当设置“长期待摊费用”科目，核算已经发生但应由本期和以后各期负担的分摊期限在 1 年以上(不含 1 年)的各项费用，如以经营租赁方式租入的固定资产发生的改良支出等。

民间非营利组织发生长期待摊费用时，借记“长期待摊费用”科目，贷记“银行存款”等科目。摊销长期待摊费用时，借记“业务活动成本”“管理费用”等科目，贷记“长期待摊费用”科目。“长期待摊费用”科目期末借方余额，反映民间非营利组织尚未摊销完毕的长期待摊费用。民间非营利组织应当在资产负债表资产部分“无形资产”项目与“受托代理资产”项目之间增加“长期待摊费用”项目。本项目应当根据“长期待摊费用”科目的期末余额填列。

六、资产减值损失

民间非营利组织应当设置“资产减值损失”一级科目，核算民间非营利组织各项资产减值准备所形成的损失，不再通过“管理费用”科目核算。民间非营利组织对于因提取短期投资、应收款项、存货、长期投资、固定资产、无形资产等资产减值准备而确认的资产减值损失，借记“资产减值损失”科目，贷记相关资产减值准备科目。冲减或转回资产减值准备，借记相关资产减值准备科目，贷记

"资产减值损失"科目。期末,将"资产减值损失"科目本期发生额转入非限定性净资产,借记"非限定性净资产"科目,贷记"资产减值损失"科目。

民间非营利组织应当在业务活动表费用部分"筹资费用"项目与"其他费用"项目之间增加"资产减值损失"项目。本项目应当根据"资产减值损失"科目的本期发生额分析填列。

【提示】会计报表附注应当披露"重大资产减值情况的说明"。民间非营利组织应当在"管理费用"科目下设置"资产减值损失"明细科目,核算因提取资产减值准备而确认的资产减值损失。

【注意】长期投资、固定资产、无形资产的资产减值损失一经确认,在以后会计期间不得转回。

第三节 民间非营利组织负债的核算

一、负债的内容与分类

(一)负债的内容

负债是指过去的交易或者事项形成的现时义务,履行该义务预期会导致含有经济利益或者服务潜力的资源流出民间非营利组织。负债应当具有以下特征:第一,负债是民间非营利组织承担的现时义务;第二,该义务的履行会导致民间非营利组织的经济利益或服务潜力流出;第三,该义务的金额能够可靠地计量。

(二)民间非营利组织负债的分类

民间非营利组织的负债按其流动性分为流动负债、非流动负债和受托代理负债等。

(1)流动负债是指将在1年内(含1年)偿还的负债,包括短期借款、应付款项、应付工资、应交税金、预收账款、预提费用和预计负债等。

(2)非流动负债是指偿还期限在1年以上(不含1年)的负债,包括长期借款、长期应付款和其他长期负债。

(3)受托代理负债是指民间非营利组织因从事受托代理交易、接受受托代理资产而产生的负债。

二、流动负债

(一)短期借款的核算

民间非营利组织会计设置"短期借款"科目,核算民间非营利组织向银行或其他金融机构等借入的期限在1年以下(含1年)的各种借款。短期借款在借入时按照实际借得的金额入账。短期借款在归还时按照还款的金额冲销。短期借款应当按照借款本金和确定的利率按期计提利息,计入当期筹资费用。借入各种短期借款时,按照实际借得的金额,借记"银行存款"科目,贷记本科目;发生短期借款利息时,借记"筹资费用"科目,贷记"预提费用""银行存款"等科目。归还借款时,借记本科目,贷记"银行存款"科目,本科目期末贷方余额,反映民间非营利组织尚未偿还的短期借款本金。

【做中学10—11】 某民间非营利组织从工商银行××分行取得借款150 000元,期限为6个月,年利率为6%。

借:银行存款	150 000	
贷:短期借款——工商银行		150 000

每月计提利息时:

首先计算每月利息，年利率为6%，则月利率=6%÷12=0.5%。

每月利息=150 000×0.5%=750(元)

会计分录为：

借：筹资费用　　750

　贷：预提费用　　750

6个月后到期归还本金和利息时：

6个月的利息共计=750×6=4 500(元)

归还本金和利息的会计分录为：

借：短期借款——工商银行　　150 000

　　预提费用　　4 500

　贷：银行存款　　154 500

【解析】该组织借入短期借款时，按照实际借得的金额入账，借记"银行存款"科目，贷记"短期借款"科目。每月计提利息时，首先计算每月利息，年利率为6%，则月利率为0.5%。每月利息为150 000×0.5%=750(元)。利息计提时，借记"筹资费用"科目，贷记"预提费用"科目。6个月后到期归还本金和利息时，6个月的利息共计750×6=4 500(元)。归还本金和利息时，借记"短期借款"科目和"预提费用"科目，贷记"银行存款"科目。

(二)应付及预收款项的核算

民间非营利组织的应付及预收款项包括应付票据、应付账款、预收账款、应付职工薪酬、应交税费、其他应付款等。民间非营利组织会计设置"应付票据"科目，核算民间非营利组织购买材料、商品和接受服务供应等而开出、承兑的商业汇票。设置"应付账款"科目，核算民间非营利组织因购买材料、商品和接受服务供应等而应付给供应单位的款项；设置"预收账款"科目，核算民间非营利组织向服务和商品购买单位预收的各种款项；设置"应付职工薪酬"科目，核算民间非营利组织应付给职工的工资总额，包括各种工资、奖金、津贴等；设置"应交税费"科目，核算民间非营利组织按照有关国家税法规定应当缴纳的各种税费；设置"其他应付款"科目，核算民间非营利组织应付、暂收其他单位或个人的款项。

【做中学10-12】 某民间非营利组织开展一项咨询服务，预先向某单位收取款项8 500元，咨询服务尚未完成。

借：银行存款　　8 500

　贷：预收账款——某单位　　8 500

【解析】将预收的款项确认为负债，因为服务尚未提供，该组织有义务在未来提供服务或退还预收款，因此，借记"银行存款"科目，贷记"预收账款"科目。这种处理方式符合权责发生制原则，确保了收入确认的时点与服务提供的时间相匹配，避免了提前确认收入，从而更准确地反映组织的财务状况和经营成果。

(三)其他流动负债的核算

民间非营利组织的其他流动负债包括预提费用、预计负债等。民间非营利组织会计设置"预提费用"科目，核算民间非营利组织按照规定预先提取的已经发生但尚未支付的费用，如预提的租金、保险费、借款利息等。民间非营利组织会计设置"预计负债"科目，核算民间非营利组织对因或有事项所产生的现时义务而确认的负债，包括因对外提供担保、商业承兑票据贴现、未决诉讼等确认的负债。

【做中学10-13】 某民间非营利组织因捐赠款项使用问题与捐赠方发生纠纷，捐赠方向法院提起诉讼，要求的赔偿金额为72 000元。经法律咨询，该民间非营利组织败诉的可能性较大。

借：管理费用　　72 000

　　贷：预计负债——未决诉讼　　72 000

【解析】在这种情况下，该组织需要确认预计负债，以反映可能发生的赔偿义务，因此，借记“管理费用”科目，贷记“预计负债”科目。这种处理方式体现了谨慎性原则，要求组织对可能发生的损失进行合理估计和确认，以便更真实地反映组织的财务状况和潜在风险，为利益相关者提供更准确的信息。

三、非流动负债

(一)长期借款的核算

民间非营利组织会计设置“长期借款”科目，核算民间非营利组织向银行或其他金融机构借入的期限在1年以上(不含1年)的各项借款。借入长期借款时，按照实际借入额，借记“银行存款”科目，贷记本科目。发生的借款费用，借记“筹资费用”科目，贷记本科目，如为购建固定资产而发生的专门借款的费用，在允许资本化的期间内按照专门借款的费用实际发生额，借记“在建工程”科目，贷记本科目。归还长期借款时，借记本科目，贷记“银行存款”科目。本科目期末贷方余额，反映民间非营利组织尚未偿还的长期借款本息

【做中学10－14】 某民间非营利组织因业务发展需要，从中国银行××分行借款500 000元，期限为3年，年利率为8%，到期一次还本付息处理。

借：银行存款　　500 000

　　贷：长期借款——中国银行　　500 000

由于该长期借款年利率为8%，每年应计提的利息＝500 000×8%＝40 000(元)。借款费用通常计入“筹资费用”，除非为购建固定资产而发生的专门借款且在允许资本化的期间内，所以每年年末计提利息的分录如下：

借：筹资费用　　40 000

　　贷：长期借款——应计利息　　40 000

注：如果长期借款是分期付息、到期还本，那么贷方应记“应付利息”科目；如果是到期一次还本付息，则通过“长期借款——应计利息”核算。本题未明确说明付息方式。

3年累计的利息＝40 000×3＝120 000(元)，到期归还本金和利息时的分录为：

借：长期借款——中国银行　　500 000

　　　　　　——应计利息　　120 000

　　贷：银行存款　　620 000

若为购建固定资产专门借款且符合资本化条件，假设该借款是为了购建一项固定资产，且在允许资本化的期间内。在资本化期间，借款费用应计入“在建工程”。比如在第一年，资本化期间为全年，那么第一年的会计分录如下：

每年年末计提利息(资本化期间)：

借：在建工程　　40 000

　　贷：长期借款——应计利息　　40 000

非资本化期间(假设后两年不符合资本化条件)：

借：筹资费用　　40 000

　　贷：长期借款——应计利息　　40 000

3年后到期归还本金和利息：

借：长期借款——中国银行　500 000

——应计利息　120 000

贷：银行存款　620 000

【解析】借入长期借款时，按照实际借入额，借记“银行存款”科目，贷记“长期借款”科目。每年年末计提利息时，计算利息为500 000×8%=40 000(元)。如果借款费用通常计入“筹资费用”，除非为购建固定资产而发生的专门借款且在允许资本化的期间内。因此，每年年末计提利息的分录为：借记“筹资费用”科目，贷记“长期借款——应计利息”科目。3年累计的利息为40 000×3=120 000(元)，到期归还本金和利息时，借记“长期借款”科目和“应计利息”科目，贷记“银行存款”科目。这种处理方式确保了长期借款的利息在借款期间内逐步计提，符合权责发生制原则。

(二)长期应付款的核算

民间非营利组织会计设置“长期应付款”科目，核算民间非营利组织的各项长期应付款项，如融资租入固定资产的租赁费，以及跨年度分期付款购入固定资产的价款等。

【做中学10-15】 某民间非营利组织购入一台设备。该设备的价款为48 000元，取得设备时支付价款24 000元，其余款项于次年支付。该设备不需要安装，已经通过验收。

借：固定资产　48 000

贷：银行存款　24 000

其他应付款——设备款　24 000

【解析】在这种情况下，组织应将设备的总成本确认为固定资产，并将未支付的款项确认为负债。因此，借记“固定资产”科目48 000元，贷记“银行存款”科目24 000元，贷记“其他应付款——设备款”科目24 000元。

四、受托代理负债

民间非营利组织会计设置“受托代理负债”科目，核算民间非营利组织因从事受托代理业务、接受受托代理资产而产生的负债。受托代理负债与受托代理资产相对应，在收到受托代理资产的同时确认受托代理负债，在转出受托代理资产的同时冲销受托代理负债。

第四节　民间非营利组织净资产的核算

净资产是民间非营利组织某一时点的资产净额，体现业务活动的结果。民间非营利组织应当加强净资产的会计核算与管理。

一、净资产的内容

民间非营利组织的净资产是指资产减去负债后的余额，是民间非营利组织拥有的资产净值。净资产的确认依赖于资产、负债的确认，净资产的数额取决于资产和负债的计量结果。

净资产=资产-负债

本期净资产变动额=本期收入-本期费用±调整本期净资产

期末净资产=期初净资产+本期净资产变动额

二、净资产的分类

由于民间非营利组织的收入分为限定性收入和非限定性收入，净资产应当按照其是否受到限制，分为限定性净资产和非限定性净资产。

（一）限定性净资产

如果资产或者资产所产生的经济利益的使用受到资产提供者或者国家有关法律、行政法规所设置的时间限制或（和）用途限制，则由此形成的净资产即为限定性净资产。

【注意】“限制”，是指由民间非营利组织之外的资产提供者或者国家有关法律、行政法规所设置的。该限制只有在比民间非营利组织的宗旨、目的或章程等关于资产使用的要求更为具体、明确时，才能成为《民非制度》所称的“限制”。

（1）限定主体。限定性净资产的限定主体包括资产提供者和国家的法律、法规两个方面。第一，资产提供者限定。资产提供者在向民间非营利组织提供资产时可能会提出一定的限制条件，规定资产的用途或使用时间。第二，国家法律、法规的限定。国家可以通过制定一些法律、行政法规对净资产进行限制。

（2）限定条件。限定性净资产的限定条件包括时间限定、用途限定和时间与用途双重限定三种情况。①时间限定，是指资产提供者或者国家有关法律、行政法规要求民间非营利组织在收到资产后的特定时期之内或特定日期之后使用该项资产，或者对该项资产的使用设置了永久限制。②用途限定，是指资产提供者或者国家有关法律、行政法规要求民间非营利组织将收到的资产用于某一特定的用途。③时间与用途双重限定，是指一项净资产同时存在用途和时间两项限制条件，要求该项资产在规定的时间内用于特定的用途。

民间非营利组织会计设置“限定性净资产”科目，核算民间非营利组织限定性净资产的增减变化情况。民间非营利组织会计应当在期末进行限定性净资产结转，反映最终形成的限定性净资产数额。

限定性净资产的主要账务处理如下：

（1）期末，将各收入类科目所属“限定性收入”明细科目的余额转入“限定性净资产”科目，借记“捐赠收入——限定性收入”“政府补助收入——限定性收入”等科目，贷记“限定性净资产”科目。

（2）如果限定性净资产的限制已经解除，则应当对净资产进行重新分类，将限定性净资产转为非限定性净资产，按照实际使用的相关资产金额或者实际发生的相关费用金额，借记“限定性净资产”科目，贷记“非限定性净资产”科目。

（3）如果因调整以前会计期间收入、费用项目而涉及调整限定性净资产，则应当就需要调整的金额，借记或贷记有关科目，贷记或借记“限定性净资产”科目。

（二）非限定性净资产

如果资产或者资产所产生的经济利益的使用没有受到资产提供者或者国家有关法律、行政法规所设置的时间限制或（和）用途限制，则由此形成的净资产即为非限定性净资产。民间非营利组织的净资产中，除限定性净资产之外的净资产即为非限定性净资产。

如果限定性净资产的限制已经解除，则应当对净资产进行重新分类，将限定性净资产转为非限定性净资产。当存在下列情况之一时，可以认为限定性净资产的限制已经解除，需要将限定性净资产转为非限定性净资产。条件如下：（1）被限定的净资产的限制时间已经到期；（2）被限定的净资产规定的用途已经实现（或者目的已经达到）；（3）资产提供者或者国家有关法律、行政法规撤销了所设置的限制。如果限定性净资产受到两项或两项以上的限制，则应当在最后一项限制解除时才能认为该项限定性净资产的限制已经解除。

民间非营利组织会计设置“非限定性净资产”科目，核算民间非营利组织非限定性净资产的增减变化情况。民间非营利组织应当在期末将当期非限定性收入的实际发生额、当期费用的实际发生额和当期由限定性净资产转为非限定性净资产的金额转入“非限定性净资产”科目。

非限定性净资产的主要账务处理如下：

(1)期末，将各收入类科目所属“非限定性收入”明细科目的余额转入“非限定性净资产”科目，借记“捐赠收入——非限定性收入”“会费收入——非限定性收入”“提供服务收入——非限定性收入”“政府补助收入——非限定性收入”“商品销售收入——非限定性收入”“投资收益——非限定性收入”“其他收入——非限定性收入”等科目，贷记“非限定性净资产”科目；同时，将各费用类科目的余额转入“非限定性净资产”科目，借记“非限定性净资产”科目，贷记“业务活动成本”“管理费用”“筹资费用”“其他费用”等科目。

(2)如果限定性净资产的限制已经解除，则应当对净资产进行重新分类，将限定性净资产转为非限定性净资产，借记“限定性净资产”科目，贷记“非限定性净资产”科目。

(3)如果因调整以前会计期间的收入、费用类项目而涉及调整非限定性净资产，则应当就需要调整的金额，借记或贷记有关科目，贷记或借记“非限定性净资产”科目。

三、限定性净资产转为非限定性净资产

民间非营利组织应当根据《民非制度》的规定，区分以下限制解除的不同情况，确定将限定性净资产转为非限定性净资产的金额：

(1)对于因资产提供者或者国家有关法律、行政法规要求在收到资产后的特定时期之内使用该项资产而形成的限定性净资产，应当在相应期间之内按照实际使用的相关资产金额转为非限定性净资产。

(2)对于因资产提供者或者国家有关法律、行政法规要求在收到资产后的特定日期之后使用该项资产而形成的限定性净资产，应当在该特定日期全额转为非限定性净资产。

(3)对于因资产提供者或者国家有关法律、行政法规设置用途限制而形成的限定性净资产，应当在使用时按照实际用于规定用途的相关资产金额转为非限定性净资产。

其中，对固定资产、无形资产仅设置用途限制的，应当自取得该资产开始，按照计提折旧或计提摊销的金额，分期将相关限定性净资产转为非限定性净资产。在处置固定资产、无形资产时，应当将尚未重分类的相关限定性净资产全额转为非限定性净资产。

(4)如果资产提供者或者国家有关法律、行政法规要求民间非营利组织在特定时期之内或特定日期之后将限定性净资产用于特定用途，应当在相应期间之内或相应日期之后按照实际用于规定用途的相关资产金额转为非限定性净资产。

其中，要求在收到固定资产、无形资产后的某个特定时期之内将该项资产用于特定用途的，应当在该规定时期内对相关限定性净资产金额按期平均分摊，转为非限定性净资产。

要求在收到固定资产、无形资产后的某个特定日期之后将该项资产用于特定用途的，应当在特定日期之后自资产用于规定用途开始，在资产预计剩余使用年限内，对相关限定性净资产金额按期平均分摊，转为非限定性净资产。

与限定性净资产相关的固定资产、无形资产，应当按照《民非制度》规定计提折旧或计提摊销。

(5)对于资产提供者或者国家有关法律、行政法规撤销对限定性净资产所设置限制的，应当在撤销时全额转为非限定性净资产。

【提示】资产提供者或者国家有关法律、行政法规对以前期间未设置限制的资产增加限制时，

应当将相关非限定性净资产转为限定性净资产，借记“非限定性净资产”科目，贷记“限定性净资产”科目。

【做中学 10－16】 某民间非营利组织 2024 年 12 月结账前，各收入、费用类账户余额见表 10—2。表中没有区分限定性收入和非限定性收入的项目，均为非限定性收入。

表 10—2 **收入、费用类账户余额表** 单位：元

收入类	金　额	费用类	金　额
捐赠收入	60 000	业务活动成本	90 000
限定性收入	50 000	管理费用	30 000
非限定性收入	10 000	筹资费用	5 000
政府补助收入	30 000	其他费用	2 000
限定性收入	20 000		
非限定性收入	10 000		
会费收入	10 000		
提供服务收入	60 000		
商品销售收入	280 000		
投资收益	220 000		
其他收入	2 500		
合　计	662 500		127 000

(1)将本月限定性收入结转至“限定性净资产”科目。

借：捐赠收入——限定性收入　　50 000
　　政府补助收入——限定性收入　　20 000
　贷：限定性净资产　　70 000

(2)将本月非限定性收入结转至“非限定性净资产”科目。

借：捐赠收入——非限定性收入　　10 000
　　政府补助收入——非限定性收入　　10 000
　　会费收入——非限定性收入　　10 000
　　提供服务收入——非限定性收入　　60 000
　　商品销售收入——非限定性收入　　280 000
　　投资收益——非限定性收入　　220 000
　　其他收入——非限定性收入　　2 500
　贷：非限定性净资产　　592 500

(3)将本月发生的各项费用结转至“非限定性净资产”科目。

借：非限定性净资产　　127 000
　贷：业务活动成本　　90 000
　　　管理费用　　30 000
　　　筹资费用　　5 000
　　　其他费用　　2 000

(4)将本期已经解除限制的限定性净资产转为非限定性净资产。

经过分析,本期限定性净资产中,有18 000元已经解除限制,将其转为非限定性净资产。

借:限定性净资产　　18 000

　　贷:非限定性净资产　　18 000

【解析】在进行期末结转时,首先将限定性收入和非限定性收入分别结转至"限定性净资产"和"非限定性净资产"科目。限定性收入包括捐赠收入中的限定性部分和政府补助收入中的限定性部分,共计70 000元,因此借记相关收入科目,贷记"限定性净资产"科目。非限定性收入包括捐赠收入、政府补助收入、会费收入、提供服务收入、商品销售收入、投资收益和其他收入中的非限定性部分,共计592 500元,因此借记相关收入科目,贷记"非限定性净资产"科目。接着,将本月发生的各项费用结转至"非限定性净资产"科目,包括业务活动成本、管理费用、筹资费用和其他费用,共计127 000元,因此借记"非限定性净资产"科目,贷记相关费用科目。最后,将本期已经解除限制的限定性净资产转为非限定性净资产。经过分析,本期限定性净资产中有18 000元已经解除限制,因此借记"限定性净资产"科目18 000元,贷记"非限定性净资产"科目18 000元。

第五节　民间非营利组织收入的核算

民间非营利组织开展各项公益性活动,必须以取得一定的收入作保障。民间非营利组织会计应当严格按照收入的概念确认各项收入,对于不符合收入概念要求的事项,不得确认为收入。

一、收入的内容与分类

(一)收入的内容

收入是指民间非营利组织开展业务活动取得的、导致本期净资产增加的经济利益或者服务潜力的流入。收入具有以下两项主要特征:第一,收入是指民间非营利组织经济利益或者服务潜力的流入;第二,收入会导致本期净资产的增加。民间非营利组织的收入包括以下内容:(1)捐赠收入,是指民间非营利组织接受其他单位或者个人捐赠所取得的收入。(2)政府补助收入,是指民间非营利组织接受政府拨款或者政府机构给予的补助而取得的收入。(3)提供服务收入,是指民间非营利组织根据章程等的规定向其服务对象提供服务取得的收入。(4)会费收入,是指民间非营利组织根据章程等的规定向会员收取的会费。(5)商品销售收入,是指民间非营利组织销售商品(如出版物、药品等)所形成的收入。(6)投资收益,是指民间非营利组织因对外投资取得的投资净损益。(7)其他收入,是指除上述主要业务活动收入以外的其他收入。

(二)收入的分类

1. 收入按交易性质分类

收入按其交易的性质不同,分为交换交易收入和非交换交易收入。交换交易收入和非交换交易收入应当采用不同的会计确认方法。

(1)交换交易收入是交换交易所形成的收入。民间非营利组织的商品销售收入、提供服务收入,均以交换交易为基础,为交换交易收入。

(2)非交换交易收入是非交换交易所形成的收入。民间非营利组织的捐赠收入、政府补助收入,均以非交换交易为基础,为非交换交易收入。

2. 收入按限定性分类

民间非营利组织的收入应当按是否存在限定区分为限定性收入和非限定性收入。限定性收入和非限定性收入应当采用不同的核算方法。

(1)限定性收入是存在一定限制条件的收入,如果资产提供者或法律、法规对资产的使用设置了时间限制或者(和)用途限制,此项收入为限定性收入。民间非营利组织会计的捐赠收入和政府补助收入如果存在一定的限制条件,则为限定性收入。

(2)非限定性收入是不存在任何限制条件的收入,如果资产提供者或法律、法规对资产的使用没有设置任何限制,此项收入为非限定性收入。民间非营利组织的会费收入、提供服务收入、商品销售收入和投资收益一般为非限定性收入,除非相关资产提供者对资产的使用设置了限制。

民间非营利组织会计在取得收入时需要区分为交换交易收入和非交换交易收入,以及限定性收入和非限定性收入,并根据收入的类别不同,采用不同的会计确认与记录方法。各项收入所属的类型如图10—1所示。

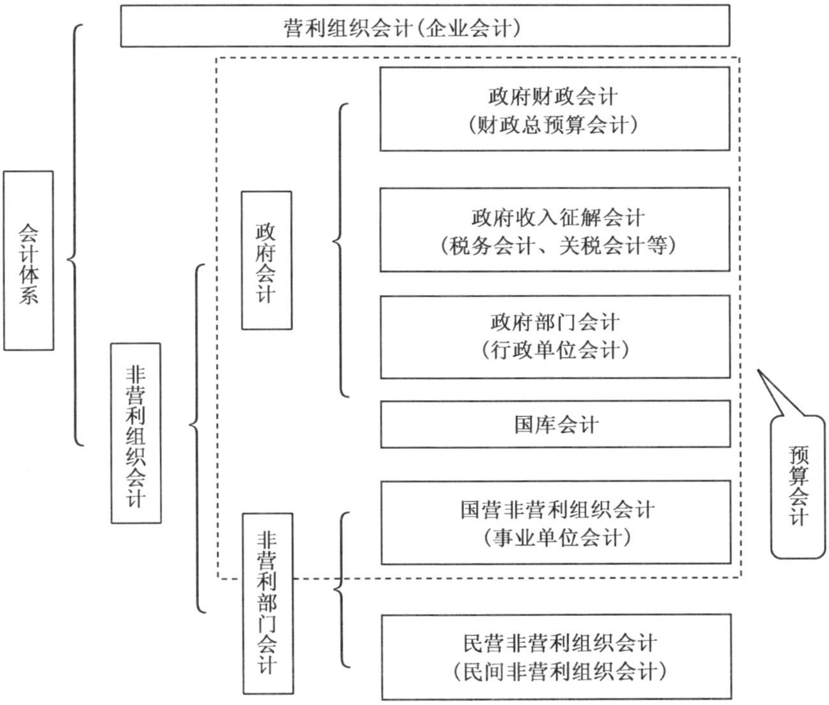

图10—1 收入的分类

【注意】会费收入、提供服务收入、商品销售收入、投资收益和其他收入在一般情况下属于非限定性收入,但不排除在特殊情况下存在限定的可能性,如民间非营利组织有些公益性义卖,所取得的收入要求用于指定的方面,取得的收入就是限定性商品销售收入。

二、非交换交易收入

(一)非交换交易收入的确认

非交换交易是民间非营利组织通过非交换交易取得的收入。在非交换交易中,某一主体取得资产、获得服务或解除债务时,不必向交易对方支付等值或者大致等值的现金,或者提供等值或大致等值的货物、服务等,或者某一主体在对外提供货物、服务等时,没有收到等值或大致等值的现金、货物等。民间非营利组织会计的许多收入是通过非交换交易形式取得的,并不需要以交换作为前提。非交换交易收入主要包括捐赠收入和政府补助收入。会费收入通常也属于非交换交易收入，因为会员缴纳的会费并不要求与会员服务完全相对应。

非交换交易收入确认的前提是要符合收入的概念，同时满足非交换交易收入的确认条件。非交换交易收入应当在同时满足下列条件时予以确认：与交易相关的含有经济利益或服务潜力的资源能够流入民间非营利组织并为其所控制，或者相关的债务能够得到解除；交易能够引起净资产的增加；收入的金额能够可靠地计量。

（二）捐赠收入的核算

民间非营利组织会计应当设置"捐赠收入"科目，核算民间非营利组织接受其他单位或者个人捐赠所取得的收入。慈善机构、基金会等机构，以捐赠收入为主要收入来源。

民间非营利组织的捐赠收入，需要区分为限定性捐赠收入和非限定性捐赠收入。如果资产捐赠者对所捐赠资产设置了用途限制和（或）时间限制，则确认为限定性捐赠收入；否则，确认为非限定性捐赠收入。限定性捐赠收入要求设立专户进行专项核算，按捐赠的限制条件使用。

民间非营利组织接受捐赠，应当在满足规定的收入确认条件时确认捐赠收入，一般情况下，应当在收到捐赠资产或取得资产的控制权时确认收入。

民间非营利组织在确认捐赠收入时应该注意：(1)因受托代理业务收到的资产不应确认为捐赠收入，而应同时作为受托代理资产和受托代理负债核算；(2)捐赠承诺不确认为捐赠收入，因为收到捐赠承诺时，并不能确信经济资源能够流入组织，数额也不能可靠地计量，不满足收入的确认条件，捐赠承诺应通过其他形式记录；(3)劳务捐赠不确认为捐赠收入。志愿者向民间非营利组织提供的无偿劳务，可以减少费用支出，但其数额无法可靠计量，也不符合收入的确认条件。劳务捐赠可以在会计报表附注中披露。

民间非营利组织因接受捐赠所得的现金资产，应当按照实际收到的金额入账。对于民间非营利组织因接受捐赠所得的非现金资产，如接受捐赠的短期投资、存货、长期投资、固定资产和无形资产等，应当按照以下方法确定其入账价值：(1)如果捐赠方提供了有关凭据（如发票、报关单、有关协议等），应当按照凭据上标明的金额作为入账价值。如果凭据上标明的金额与受赠资产公允价值相差较大，受赠资产应当以其公允价值作为入账价值。(2)如果捐赠方没有提供有关凭据，受赠资产应当以其公允价值作为入账价值。

【做中学 10－17】 某民间非营利组织收到慈善捐赠款 100 000 元，其中 30 000 元为限定用途的捐赠，捐赠款项已经到账。

借：银行存款	100 000	
贷：捐赠收入——非限定性收入		70 000
——限定性收入		30 000

【解析】"捐赠收入"需区分限定性与非限定性。收到款项时，银行存款增加记借方，即借记"银行存款"100 000 元；无用途限制的 70 000 元确认为非限定性收入，贷记"捐赠收入——非限定性收入"70 000 元；有特定用途限制的 30 000 元确认为限定性收入，贷记"捐赠收入——限定性收入"30 000 元。

【做中学 10－18】 3 月 1 日，某民间非营利组织因接受捐赠收到一批计算机设备，发票标明其价值为 100 000 元，限制在 6 个月内用于指定的公益性用途，期满后可自行处理。

借：固定资产	100 000	
贷：捐赠收入——限定性收入		100 000

【解析】接受捐赠非现金资产，捐赠方提供发票标明价值，按此入账。"固定资产"增加记借方，借记"固定资产"100 000 元；限定性捐赠收入增加记贷方，贷记"捐赠收入——限定性收入"100 000 元。

【做中学 10—19】 9 月 1 日，某民间非营利组织收到捐赠的计算机设备的约定限定时间 6 个月已经期满，其折余价值为 90 000 元，转为非限定性收入。

借：捐赠收入——限定性收入　　90 000

　　贷：捐赠收入——非限定性收入　　90 000

【解析】 限定性净资产限制解除应重新分类。从“捐赠收入——限定性收入”转出，贷记“捐赠收入——限定性收入”90 000 元；转入“捐赠收入——非限定性收入”，借记“捐赠收入——非限定性收入”90 000 元。

【做中学 10—20】 某民间非营利组织与某企业达成协议，该企业承诺出资 600 000 元，用于资助一项教育发展项目，款项分三次支付。现收到企业支付的第一笔款项 200 000 元，确认为捐赠收入，另外 400 000 元暂不确认。

借：银行存款　　200 000

　　贷：捐赠收入——限定性收入　　200 000

【解析】 收入确认需满足条件，收到捐赠资产时满足。银行存款增加，借记“银行存款”200 000 元；限定性捐赠收入增加，贷记“捐赠收入——限定性收入”200 000 元。

【学中做 10—1】　民间非营利组织新会计制度的应用与实践

学中做10-1

某民间非营利组织（以下简称“阳光公益组织”）自 2025 年 1 月 1 日起开始执行财政部新修订的《民间非营利组织会计制度》。2025 年 2 月，阳光公益组织收到一笔服务捐赠，价值 50 000 元，捐赠方要求该笔资金用于特定项目的实施。2025 年 3 月，阳光公益组织设立了一个分支机构，用于开展新的公益项目。该组织需要按照新制度的要求进行会计核算和信息披露。

分析要求：

(1)如何在新制度下核算服务捐赠？

(2)分支机构设立情况的披露：如何在新制度下披露分支机构的设立情况？

(3)长期待摊费用的核算：假设阳光公益组织在 2025 年 4 月支付了一笔为期 3 年的租赁费用，总计 36 000 元，如何进行会计处理？

(三)接受非现金资产捐赠的核算

对于民间非营利组织接受捐赠的存货、固定资产等非现金资产，应当按照《民非制度》的规定确定其入账价值。

对于以公允价值作为其入账价值的非现金资产，民间非营利组织应当按照《民非制度》所规定的顺序确定公允价值。

《民非制度》规定的“市场价格”，一般指取得资产当日捐赠方自产物资的出厂价、捐赠方所销售物资的销售价、政府指导价、知名大型电商平台同类或者类似商品价格等。

《民非制度》规定的“合理的计价方法”，包括由第三方机构进行估价等。

对于民间非营利组织接受非现金资产捐赠时发生的应归属于其自身的相关税费、运输费等，应当计入当期费用，借记“筹资费用”科目，贷记“银行存款”等科目。

民间非营利组织接受捐赠资产的有关凭据或公允价值以外币计量的，应当按照取得资产当日的市场汇率将外币金额折算为人民币金额记账。当汇率波动较小时，也可以采用当期期初的汇率进行折算。

(四)政府补助收入的核算

民间非营利组织会计应当设置“政府补助收入”科目，核算民间非营利组织因政府拨款或者政府机构给予补助而取得的收入。政府为支持社会公益事业的发展，通过财政拨款补助的方式，向民间非营利组织提供资助。民间非营利组织的政府补助收入，需要区分为限定性补助收入和非限定性补助收入。如果政府对其所提供的补助设置了用途限制和(或)时间限制，则应确认为限定性补助收入；否则，确认为非限定性补助收入。限定性补助收入要求设立专户进行专项核算，按政府的限制条件使用。

【做中学10－21】 某民间非营利组织收到政府提供的补助款100 000元，资助某专项课题研究。款项已经到账。

借：银行存款　　100 000

　　贷：政府补助收入——限定性收入　　100 000

【解析】“政府补助收入”需区分限定性与非限定性。收到款项时，银行存款增加，借记“银行存款”100 000元；因用途限定，贷记“政府补助收入——限定性收入”100 000元。

【做中学10－22】 某民间非营利组织收到政府提供的补助款150 000元，资助其开展公益事业。款项已经到账。

借：银行存款　　150 000

　　贷：政府补助收入——非限定性收入　　150 000

【解析】无限制条件的政府补助收入确认为非限定性。收到款项时，银行存款增加，借记“银行存款”150 000元；非限定性政府补助收入增加，贷记“政府补助收入——非限定性收入”150 000元。

民间非营利组织对于从政府取得的收入，应当区分交换交易所形成的收入和非交换交易所形成的收入。承接政府购买服务属于交换交易，取得的相关收入应记入“提供服务收入”等科目，不记入“政府补助收入”科目。

(五)会费收入的核算

民间非营利组织会计应当设置“会费收入”科目，核算民间非营利组织根据章程等的规定向会员收取的会费收入。一些社会团体，如各种协会、学会、联合会、研究会、联谊会、促进会、商会等，以会员的形式发展成员，以收取会费的形式取得收入，为会员提供相应的服务。由于收取的会费与提供的服务不直接对应，所以会费收入一般认为是非交换交易收入。

【提示】一般情况下，民间非营利组织的会费收入为非限定性收入，相关资产提供者对资产的使用设置了限制的除外。

【做中学10－23】 某民间非营利组织为协会组织，根据章程规定，每年3月份会员应缴纳会费。到截止日，已经收到会费80 000元，存入银行。经查明，会员欠交会费20 000元。

借：银行存款　　80 000

　　应收账款　　20 000

　　贷：会费收入——非限定性收入　　100 000

【解析】“会费收入”核算向会员收取的会费。收到款项时，银行存款增加，借记“银行存款”80 000元；未收到的会费形成应收账款，借记“应收账款”20 000元；确认会费收入，贷记“会费收入——非限定性收入”100 000元。

【做中学10－24】 某民间非营利组织收到会员一次性缴纳的今明两年会费共计2 000元，已经存入银行。

借：银行存款　　2 000

　　贷：会费收入——非限定性收入　　1 000

预收账款　　1 000

【解析】跨期会费收入按权责发生制，当年应确认部分贷记“会费收入——非限定性收入”1 000 元；次年部分确认为预收账款，贷记“预收账款”1 000 元；银行存款增加借记“银行存款”2 000 元。

三、交换交易收入

（一）交换交易收入的内容

交换交易收入是民间非营利组织通过交换交易取得的收入。交换交易是指按照等价交换原则所从事的交易，即当某一主体取得资产、获得服务或者解除债务时，需要向交易对方支付等值或大致等值的现金，或者提供等值或大致等值的货物、服务等的交易。民间非营利组织的交换交易收入主要包括商品销售收入、提供服务收入和投资收益。

民间非营利组织的交换交易收入是以销售商品、提供劳务或让渡资产使用权为条件取得的，是一种有偿收入，其会计确认方法不同于非交换交易收入。交换交易收入应当分别销售商品、提供劳务或让渡资产使用权三种情况，采用不同的确认标准。

（二）商品销售收入的核算

民间非营利组织会计应当设置“商品销售收入”科目，核算民间非营利组织销售商品所形成的收入。有些民间非营利组织以生产、销售商品的形式向社会提供公益性服务。例如，杂志社、出版社等出版单位发行的报纸、刊物、图书等，医院、保健站等医疗单位提供的药品、器械等。一般情况下，民间非营利组织的商品销售收入为非限定性收入，除非相关资产提供者对资产的使用设置了限制。

销售商品取得收入时，按照实际收到或应当收取的价款，借记“现金”“银行存款”“应收票据”“应收账款”等科目，按照应当确认的商品销售收入金额，贷记本科目“非限定性收入”明细科目（如果存在限定性商品销售收入，则应当贷记本科目“限定性收入”明细科目）；按照预收的价款，贷记“预收账款”科目。在以后期间确认商品销售收入时，借记“预收账款”科目，贷记本科目“非限定性收入”明细科目，如果存在限定性商品销售收入，应当贷记本科目“限定性收入”明细科目。

【做中学 10－25】 某民间非营利组织为民营医院，出售药品价值 30 000 元，存入银行。

借：银行存款　　30 000

　　贷：商品销售收入——非限定性收入　　30 000

【解析】“商品销售收入”核算销售商品形成的收入。销售实现时，银行存款增加，借记“银行存款”30 000 元；商品销售收入增加，贷记“商品销售收入——非限定性收入”30 000 元。

【做中学 10－26】 某民间非营利组织为出版社出售图书一批，价值 100 000 元，合同规定付款期为 3 个月，若在 1 个月内付款，有 5%的现金折扣，即信用条件为（5/30，n/90）。

借：应收账款　　100 000

　　贷：商品销售收入——非限定性收入　　100 000

【解析】满足商品销售收入确认条件时，按售价确认收入。因未收款，形成应收账款，借记“应收账款”100 000 元；确认商品销售收入，贷记“商品销售收入——非限定性收入”100 000 元。

【做中学 10－27】 承接【做中学 10－26】，若上述销售图书的款项在 30 天内（现金折扣期内）收到。

借：银行存款　　95 000

　　筹资费用　　5 000

　　贷：应收账款　　100 000

【解析】 收到款项时，银行存款增加，借记“银行存款”95 000 元；冲减应收账款，贷记“应收账款”100 000 元；现金折扣视为提前收回款项代价，计入筹资费用，借记“筹资费用”5 000 元。

【做中学 10—28】 承接【做中学 10—26】，若上述销售图书的款项在 30 天以后（现金折扣期外）收到。

借：银行存款　　100 000

　　贷：应收账款　　100 000

【解析】 收到款项时，银行存款增加，借记“银行存款”100 000 元；冲减应收账款，贷记“应收账款”100 000 元。

【做中学 10—29】 某民间非营利组织为杂志社，通过征订方式预收刊物订阅费 20 000 元，存入银行。

借：银行存款　　20 000

　　贷：预收账款　　20 000

【解析】 预收款项时，银行存款增加，借记“银行存款”20 000 元；因未提供服务，不确认收入，确认为预收账款，贷记“预收账款”20 000 元。

【做中学 10—30】 某民间非营利组织为出版社，上月销售的一批图书因质量问题被退回。该批图书取得的销售收入 50 000 元已经入账，销售成本 40 000 元也已经结转。退货的款项已经支付给书店。

借：商品销售收入——非限定性收入　　50 000

　　贷：银行存款　　50 000

借：存货　　40 000

　　贷：业务活动成本　　40 000

【解析】 销售退回时，冲减商品销售收入，借记“商品销售收入——非限定性收入”50 000 元；退还货款，银行存款减少，贷记“银行存款”50 000 元；转回销售成本，存货增加，借记“存货”40 000 元，冲减业务活动成本，贷记“业务活动成本”40 000 元。

（三）提供服务收入的核算

民间非营利组织会计应当设置“提供服务收入”科目，核算民间非营利组织因向服务对象提供服务取得的收入。提供服务收入是指民间非营利组织根据章程等的规定向其服务对象提供服务取得的收入，包括学费收入、医疗费收入、培训费收入等。一般情况下，民间非营利组织提供服务收入为非限定性收入，除非相关资产提供者对资产的使用设置了限制条件。

提供服务取得收入时，按照实际收到或应当收取的价款借记“现金”“银行存款”“应收账款”等科目，按照应当确认的提供服务收入金额，贷记本科目，按照预收的价款，贷记“预收账款”科目。在以后期间确认提供服务收入时，借记“预收账款”科目，贷记本科目“非限定性收入”明细科目，如果存在限定性提供服务收入，则应当贷记本科目“限定性收入”明细科目。期末，将本科目的余额转入非限定性净资产，借记本科目“非限定性收入”明细科目，贷记“非限定性净资产”科目。如果存在限定性提供服务收入，则将其金额转入限定性净资产，借记本科目“限定性收入”明细科目，贷记“限定性净资产”科目。期末结转后，本科目应无余额。

【注意】 如果提供劳务交易结果不能够可靠估计，则暂不确认收入。民间非营利组织应当在满足收入的确认条件时按实际收到或应当收到的金额计量。

【做中学 10—31】 某民间非营利组织为法律咨询机构，收取咨询服务费收入 3 000 元，存入银行。

借：银行存款　　3 000

　　贷：提供服务收入——非限定性收入　　3 000

【解析】“提供服务收入”核算提供服务取得的收入。收到款项时，银行存款增加，借记“银行存款”3 000 元；提供服务收入增加，贷记“提供服务收入——非限定性收入”3 000 元。

【做中学 10—32】 某民间非营利组织为培训机构，3 月 1 日与某单位签订培训协议，为该单位举办两期业务人员培训班，每期培训时间为 1 个月，每期培训费用 50 000 元，共计 100 000 元，同时，收到预付的培训费 80 000 元。

借：银行存款　　80 000

　　贷：预收账款　　80 000

【解析】预收款项时，银行存款增加，借记“银行存款”80 000 元；因未提供服务，不确认收入，确认为预收账款，贷记“预收账款”80 000 元。

【做中学 10—33】 承接【做中学 10—32】，4 月 10 日，完成上述培训协议中规定的第一期培训。

借：预收账款　　50 000

　　贷：提供服务收入——非限定性收入　　50 000

【解析】服务完成满足收入确认条件时，冲减预收账款，借记“预收账款”50 000 元；确认提供服务收入，贷记“提供服务收入——非限定性收入”50 000 元。

【做中学 10—34】 承接【做中学 10—32】，5 月 12 日，完成上述培训协议中规定的第二期培训，所欠的 20 000 元培训费用尚未收到。

借：预收账款　　30 000

　　应收账款　　20 000

　　贷：提供服务收入——非限定性收入　　50 000

【解析】冲减剩余预收账款，借记“预收账款”30 000 元；确认未收到款项为应收账款，借记“应收账款”20 000 元；确认提供服务收入，贷记“提供服务收入——非限定性收入”50 000 元。

【做中学 10—35】 某民间非营利组织为外语考试培训机构，与学员签订一项培训期为 1 年的培训协议，培训期是从当年 4 月 1 日到次年 3 月 31 日。4 月 10 日收到学员缴纳的全部学费 120 000 元，存入银行。

借：银行存款　　120 000

　　贷：预收账款　　120 000

【解析】预收款项时，银行存款增加，借记“银行存款”120 000 元；因未提供全部服务，不确认收入，确认为预收账款，贷记“预收账款”120 000 元。

【做中学 10—36】 承接【做中学 10—35】，12 月 31 日，上述培训机构按培训任务的完成进度确认本年提供服务收入 90 000 元。

借：预收账款　　90 000

　　贷：提供服务收入——非限定性收入　　90 000

【解析】根据完工进度确认收入时，冲减预收账款，借记“预收账款”90 000 元；确认提供服务收入，贷记“提供服务收入——非限定性收入”90 000 元。

(四)投资收益的核算

投资收益是指民间非营利组织因对外投资取得的投资净损益。一般情况下,民间非营利组织的投资收益为非限定性收入,相关资产提供者对资产的使用设置了限制的除外。

民间非营利组织会计应当设置"投资收益"科目,核算民间非营利组织因对外投资取得的投资净损益。民间非营利组织应当在满足规定的收入确认条件时确认投资收益,并区分短期投资、长期股权投资和长期债权投资三种情况进行核算。

(1)短期投资收益在实际取得时确认。

(2)长期股权投资收益的确认方法包括成本法和权益法两种。采用成本法核算的,被投资单位宣告发放现金股利或利润时,将宣告发放的现金股利或利润中属于民间非营利组织应享有的部分,确认为当期的投资收益;采用权益法核算的,在会计期末按照应当享有或应当分担的被投资单位当年实现的净利润或发生的净亏损的份额,调整长期股权投资账面价值。

(3)长期债权投资的收益应当在其持有期间和处置时确认。长期债权投资的持有期间,应当按照票面价值与票面利率按期计算并确认利息收入。

【做中学 10－37】 某民间非营利组织出售其持有的短期债券,债券的账面余额为 100 000 元,已计提的减值准备为 10 000 元,出售价格为 120 000 元。

借:银行存款　　120 000
　短期投资跌价准备　　10 000
　贷:短期投资　　100 000
　　投资收益　　30 000

【解析】 收到款项时,银行存款增加,借记"银行存款"120 000 元;冲减短期投资账面余额,贷记"短期投资"100 000 元;冲减已计提的减值准备,借记"短期投资跌价准备"10 000 元;确认投资收益,贷记"投资收益"30 000 元。

【做中学 10－38】 某民间非营利组织对某企业投资,采用成本法核算。被投资企业宣告股利分配方案,民间非营利组织分得的股利为 100 000 元,款项尚未收到。

借:其他应收款　　100 000
　贷:投资收益　　100 000

【解析】 在成本法下,被投资单位宣告发放现金股利时,确认应收股利,借记"其他应收款"100 000 元;确认投资收益,贷记"投资收益"100 000 元。

【做中学 10－39】 某民间非营利组织对某企业投资,占其股份的 40%,采用权益法核算投资收益。该企业报表显示本年实现净利润 1 000 000 元,民间非营利组织应享有的收益份额为 400 000 元。

借:长期股权投资　　400 000
　贷:投资收益　　400 000

【解析】 在权益法下,会计期末按应享有的被投资单位净利润份额,借记"长期股权投资"400 000 元;确认投资收益,贷记"投资收益"400 000 元。

【做中学 10－40】 某民间非营利组织对某企业投资,"长期股权投资"账面余额为 100 000 元,未提跌价准备。现转让投资,取得转让款 120 000 元。

借:银行存款　　120 000
　贷:投资收益　　20 000
　　长期股权投资　　100 000

【解析】收到款项时，银行存款增加，借记"银行存款"120 000 元；冲减长期股权投资账面余额，贷记"长期股权投资"100 000 元；确认投资收益，贷记"投资收益"20 000 元。

【做中学 10－41】 某民间非营利组织持有期限为 3 年、年利率为 5%、票面价值为 200 000 元的债券，该债券到期一次还本付息。经过计算，本年应计利息为 10 000 元。

借：长期债权投资——债券投资——应收利息 10 000

　　贷：投资收益 10 000

【解析】长期债权投资持有期间，按票面利率计算利息，借记"长期债权投资——债券投资——应收利息"10 000 元；确认投资收益，贷记"投资收益"10 000 元。

【做中学 10－42】 承接【做中学 10－41】，1 年后，该民间非营利组织转让上述债券。转让时，债券的账面价值为 200 000 元，应收利息为 10 000 元。收到转让价款 215 000 元。

借：银行存款 215 000

　　贷：投资收益 5 000

　　　　长期债权投资——债券投资——面值 200 000

　　　　　　　　　　——债券投资——应收利息 10 000

【解析】收到转让价款时，银行存款增加，借记"银行存款"215 000 元；冲减长期债权投资的面值，贷记"长期债权投资——债券投资——面值"200 000 元；冲减已确认的应收利息，贷记"长期债权投资——债券投资——应收利息"10 000 元；实际收到价款高于账面价值的部分，确认为投资收益，贷记"投资收益"5 000 元。

四、其他收入

（一）其他收入的内容

其他收入是指民间非营利组织除捐赠收入、会费收入、政府补助收入、提供服务收入、商品销售收入、投资收益等主要业务活动收入以外的收入，如确实无法支付的应付款项、存货盘盈、固定资产盘盈、固定资产处置净收入、无形资产处置净收入等。一般情况下，民间非营利组织的其他收入为非限定性收入，除非相关资产提供者对资产的使用设置了限制。

（二）其他收入核算

民间非营利组织会计应当设置"其他收入"科目，核算民间非营利组织主要业务活动收入以外的收入。其他收入在确信经济利益能够流入民间非营利组织，且收入的金额能够可靠地计量的条件下确认。

【做中学 10－43】 某民间非营利组织报废一台设备，转入固定资产清理。清理结束后，固定资产清理账户存在贷方余额 3 000 元，转为其他收入。

借：固定资产清理 3 000

　　贷：其他收入——非限定性收入 3 000

【解析】"固定资产清理"科目用于核算固定资产处置过程中的收支，贷方余额表示处置净收益。当清理结束，将净收益转出时，借记"固定资产清理"3 000 元；"其他收入"科目核算主要业务活动以外的收入，将处置净收益确认为其他收入，贷记"其他收入——非限定性收入"3 000 元。

【做中学 10－44】 某民间非营利组织确认一项无法支付的应付款项 50 000 元。

借：应付账款 50 000

　　贷：其他收入——非限定性收入 50 000

【解析】“应付账款”是负债类科目，当确定无法支付时，冲减应付账款，借记“应付账款”50 000元；“其他收入”核算除主要业务活动收入以外的收入，将无法支付的款项确认为其他收入，贷记“其他收入——非限定性收入”50 000元。

五、收入退回

一般情况下，退回属于本年度的收入，借记相关收入科目，贷记“现金”“银行存款”等科目；退回属于以前年度的收入，借记“以前年度净资产调整”科目，贷记“现金”“银行存款”等科目。

对于接受的附条件捐赠，如果存在需要偿还全部或部分捐赠资产或者相应金额的现时义务时（比如因无法满足捐赠所附条件而必须将部分捐赠款退还给捐赠人时），应当区分情况进行处理：因管理不善造成的收入退回应当记入“管理费用”科目，并非因管理不善造成的收入退回（比如具体捐助对象不再满足捐助条件、执行捐助项目节约资金等）应当按照前款（一）进行会计处理。

第六节　民间非营利组织费用的核算

民间非营利组织费用是指民间非营利组织为开展业务活动所发生的、导致本期净资产减少的经济利益或者服务潜力的流出。费用有广义和狭义之分。广义的费用泛指民间非营利组织在业务活动中所发生的各种耗费；狭义的费用仅指按配比性原则确认的与本期收入配比的耗费。民间非营利组织会计核算上所讲的费用是指狭义的费用。

一、费用的内容及分类

（一）费用的内容

费用是指民间非营利组织为开展业务活动所发生的、能够导致本期净资产减少的经济利益或者服务潜力的流出。民间非营利组织会计应当严格按照费用的概念确认各项费用。费用具有以下两项主要特征：第一，费用是民间非营利组织经济利益或者服务潜力的流出；第二，费用会导致民间非营利组织本期净资产的减少。

民间非营利组织的费用按照其功能分为业务活动成本、管理费用、筹资费用和其他费用。

（二）费用的分类

按照归属的对象不同，民间非营利组织的费用分为成本费用和期间费用。

1. 成本费用

成本费用是民间非营利组织开展项目活动所发生的费用，主要包括业务活动成本。成本费用应当按照所开展的业务活动项目进行归集，以便进行成本核算与管理。民间非营利组织的某些费用如果属于多项业务活动或者属于业务活动、管理活动和筹资活动等共同发生的，而且不能直接归属于某一类活动，则应当按照合理的方法在各项活动中进行分配。

2. 期间费用

期间费用是民间非营利组织本期发生的、不能直接或间接归入业务活动成本的各项费用，包括管理费用、筹资费用和其他费用。期间费用应当按照会计期间进行归集，不计入所开展的项目活动成本。

【注意】民间非营利组织的业务活动成本应当按照是否存在限定区分为非限定性费用和限定性费用，设置“非限定性费用”“限定性费用”明细科目，进行明细核算。民间非营利组织作为委托人设立慈善信托的，应当在本科目下设置“设立慈善信托支出”明细科目，进行明细核算。

二、业务活动成本

（一）业务活动成本的内容

业务活动成本是指民间非营利组织为了实现其业务活动目标、开展其项目活动或者提供服务所发生的费用。与管理费用相比，业务活动成本的特点是民间非营利组织直接为服务对象发生的费用；而管理费用是民间非营利组织为组织和管理业务活动而发生的费用。业务活动成本可以分为提供服务成本和商品销售成本。如民办学校的教学成本、医疗机构的医疗成本等是提供服务成本，而刊物发行成本、药品成本则为商品销售成本。业务活动成本的构成内容，主要包括业务活动中发生的人工费用、材料费用和其他费用。

（二）业务活动成本的核算

民间非营利组织会计应当设置"业务活动成本"科目，核算民间非营利组织为了实现其业务活动目标、开展其项目活动或者提供服务所发生的费用。民间非营利组织应当根据单位的业务实际情况和管理的要求，设置业务活动成本项目。发生的业务活动成本，借记本科目，贷记"现金""银行存款""存货""应付账款"等科目。民间非营利组织收到退回的捐赠资产，按照退回的金额，借记"现金""银行存款""存货"等科目，贷记本科目。期末，将本科目各明细科目的余额分别转入限定性净资产和非限定性净资产，借记"限定性净资产"科目，贷记本科目"限定性费用"明细科目，借记"非限定性净资产"科目，贷记本科目"非限定性费用"明细科目。期末结转后，本科目应无余额

【做中学 10－45】 某民间非营利组织为培训学校举办初级会计师考试的考前辅导班，发生业务费用 5 000 元，以存款支付。

借：业务活动成本——初级会计师培训项目	5 000	
贷：银行存款		5 000

【解析】"业务活动成本"科目核算为实现业务活动目标而发生的费用。费用发生时，借记"业务活动成本——初级会计师培训项目"5 000 元，明确费用归属项目；银行存款减少，贷记"银行存款"5 000 元。

【做中学 10－46】 某民间非营利组织为民营医院，月末结转已销药品进价成本 30 000 元。

借：业务活动成本——药品进价成本	30 000	
贷：存货		30 000

【解析】已销商品成本应从存货中转出，计入业务活动成本。"业务活动成本——药品进价成本"用于核算药品销售成本，借记"业务活动成本——药品进价成本"30 000 元；"存货"是资产类科目，减少记贷方，贷记"存货"30 000 元。

【做中学 10－47】 某民间非营利组织为行业协会，为会员提供服务发生费用 4 000 元，款项尚未支付。

借：业务活动成本——提供服务成本	4 000	
贷：应付账款		4 000

【解析】费用发生时，借记"业务活动成本——提供服务成本"4 000 元，明确费用性质；因未付款，形成应付账款，贷记"应付账款"4 000 元。

三、管理费用

（一）管理费用的内容

管理费用是指民间非营利组织为组织和管理其业务活动所发生的各项费用。管理费用是主要业务活动以外的耗费，主要发生在民间非营利组织的管理活动中，在发生时作为期间费用计入当期费用，不要求进行成本核算。

管理费用的内容包括民间非营利组织的董事会（理事会或者类似权力机构）经费和行政管理人员的工资、奖金、福利费、住房公积金、住房补贴、社会保障费、离退休人员工资及补助，以及办公费、水电费、邮电费、物业管理费、差旅费、折旧费、修理费、租赁费、无形资产摊销费、资产盘亏损失、资产减值损失、因预计负债所产生的损失、聘请中介机构费和应偿还的受赠资产等。工资、奖金、办公费、水电费等费用应当按实际支出的数额列支，折旧费、无形资产摊销费、资产减值损失等在按规定的标准提取时列支，福利费应当按照董事会、理事会或类似权力机构规定的标准列支。

（二）管理费用核算

民间非营利组织会计应当设置"管理费用"科目，核算民间非营利组织为组织和管理其业务活动所发生的各项费用。"管理费用"科目应当按照管理费用的种类设置明细账，进行明细核算。民间非营利组织可以根据具体情况编制管理费用明细表，以满足内部管理等有关方面的信息需要。

【做中学 10－48】 某民间非营利组织为民办学校，经计算，本月应付工资为 100 000 元，其中，管理人员工资为 30 000 元，初级会计师考试项目培训教师工资为 70 000 元。

借：管理费用——工资　　30 000
　　业务活动成本——初级会计师考试项目　　70 000
　贷：应付职工薪酬　　100 000

【解析】"管理费用——工资"用于核算管理人员的薪酬费用，借记"管理费用——工资"30 000 元；"业务活动成本——初级会计师考试项目"核算与该项目相关的成本，包括教师工资，借记"业务活动成本——初级会计师考试项目"70 000 元；"应付职工薪酬"是负债类科目，增加记贷方，贷记"应付职工薪酬"100 000 元。

【做中学 10－49】 某民间非营利组织为民办医院，医院管理部门发生办公费用 2 000 元，以存款支付。

借：管理费用——办公费用　　2 000
　贷：银行存款　　2 000

【解析】"管理费用——办公费用"用于核算管理部门的办公支出，费用发生时，借记"管理费用——办公费用"2 000 元；银行存款减少，贷记"银行存款"2 000 元。

【做中学 10－50】 某民间非营利组织月末根据应收账款的余额，按规定比率计提坏账准备 6 000 元。

借：管理费用——坏账准备　　6 000
　贷：坏账准备　　6 000

【解析】"管理费用——坏账准备"核算因计提坏账准备而增加的费用，借记"管理费用——坏账准备"6 000 元；"坏账准备"是应收账款的备抵科目，增加记贷方，贷记"坏账准备"6 000 元。

四、筹资费用

(一)筹资费用的内容

筹资费用是指民间非营利组织为筹集业务活动所需资金而发生的费用。民间非营利组织从事公益服务活动,需要通过一定方式筹集资金,在筹集资金的过程中会发生一定的费用支出。筹资费用是民间非营利组织的一项期间费用,在发生时计入当期费用。

民间非营利组织的筹资费用,包括在筹资过程中发生的各种耗费,主要内容有:

(1)为了获得捐赠资产而发生的费用,包括举办募款活动费,准备、印刷和发放募款宣传资料费,以及其他与募款或者争取捐赠资产有关的费用。民间非营利组织取得代理资产所发生的费用不计入筹资费用。

(2)应当计入当期费用的借款费用。借款费用是民间非营利组织因借款而发生的利息费用、手续费等。筹资费用仅包括计入当期费用的借款费用。与购建固定资产有关的借款费用,在办理竣工决算之前发生的应当计入资产价值,不计入筹资费用。

民间非营利组织取得的存款利息,属于在借款费用应予资本化的期间内发生的与购建固定资产专门借款有关的存款利息,应当冲减在建工程成本;除此以外的存款利息应当计入其他收入,不再冲减筹资费用。

(3)汇兑损失。如果民间非营利组织有外币业务,购入或出售外汇因汇率不同所产生的价差,以及期末按规定汇率折算外币账户余额所产生的价差,为汇兑损失或汇兑收益。若为汇兑收益,则冲减筹资费用。

(二)筹资费用核算

民间非营利组织会计应当设置“筹资费用”科目,核算民间非营利组织为筹集业务活动所需资金而发生的费用。筹资费用应当在发生时按其发生额计入当期费用。“筹资费用”科目应当按照筹资费用的种类设置明细账,进行明细核算。

【做中学 10-51】 某民间非营利组织为慈善基金会,该基金会为募集善款进行宣传活动,发生费用 4 000 元,以银行存款支付。

借:筹资费用——宣传费用　　4 000

　　贷:银行存款　　4 000

【解析】“筹资费用——宣传费用”用于核算为筹集资金而发生的宣传费用。费用发生时,借记“筹资费用——宣传费用”4 000 元;银行存款减少,贷记“银行存款”4 000 元。

【做中学 10-52】 某民间非营利组织长期借款本期应计利息 6 000 元,进行预提。

借:筹资费用——利息费用　　6 000

　　贷:预提费用　　6 000

【解析】“筹资费用——利息费用”核算借款利息费用,借记“筹资费用——利息费用”6 000 元;“预提费用”是负债类科目,用于核算预先提取的费用,贷记“预提费用”6 000 元。

【做中学 10-53】 某民间非营利组织月末按银行公布的外币汇率调整外币存款账户余额,产生汇兑收益 5 000 元。

借:银行存款——外币　　5 000

　　贷:筹资费用——汇兑收益　　5 000

【解析】“银行存款——外币”是资产类科目,汇兑收益使银行存款增加,借记“银行存款——外币”5 000 元;汇兑收益冲减筹资费用,贷记“筹资费用——汇兑收益”5 000 元,反映了资产的增加和费用的减少。

五、其他费用

（一）其他费用的内容

其他费用是指民间非营利组织发生的、无法归属到上述业务活动成本、管理费用或者筹资费用中的费用，包括固定资产处置净损失、无形资产处置净损失等。

【注意】 固定资产处置净收入、无形资产处置净收入计入其他收入。

（二）其他费用的核算

民间非营利组织会计应当设置“其他费用”科目，核算民间非营利组织发生的各项其他费用。其他费用应当在发生时按其发生额计入当期费用。

【做中学 10－54】 某民间非营利组织进行某项固定资产清理，清理结束后，“固定资产清理”科目借方余额为 4 000 元。

借：其他费用——固定资产清理损失　　4 000

　　贷：固定资产清理　　4 000

【解析】“其他费用——固定资产清理损失”用于核算固定资产处置净损失，借记“其他费用——固定资产清理损失”4 000 元；“固定资产清理”科目余额转出，贷记“固定资产清理”4 000 元。

六、涉税业务

民间非营利组织应当设置“税金及附加”一级科目，核算其业务活动发生的消费税、城市维护建设税、资源税、教育费附加、房产税、城镇土地使用税、车船税、印花税等相关税费。发生相关纳税义务时，借记本科目，贷记“应交税费”等科目。期末，将本科目本期发生额转入非限定性净资产，借记“非限定性净资产”科目，贷记本科目。

民间非营利组织应当设置“所得税费用”一级科目，核算有企业所得税缴纳义务的民间非营利组织按规定缴纳企业所得税所形成的费用。发生所得税缴纳义务时，借记本科目，贷记“应交税金”等科目。期末，将本科目本期发生额转入非限定性净资产，借记“非限定性净资产”科目，贷记本科目。

民间非营利组织应当在业务活动表费用部分“业务活动成本”项目与“管理费用”项目之间增加“税金及附加”项目。本项目应当根据“税金及附加”科目的本期发生额分析填列。

民间非营利组织应当在业务活动表费用部分“其他费用”项目与“费用合计”项目之间增加“所得税费用”项目。本项目应当根据“所得税费用”科目的本期发生额分析填列。

应知考核

一、单项选择题

1. 下列属于民间非营利组织的是（　　）。

A. 国有企业　　B. 政府机关

C. 基金会　　D. 有限责任公司

2. 民间非营利组织会计的核算基础是（　　）。

A. 收付实现制　　B. 权责发生制
C. 修正的收付实现制　　D. 修正的权责发生制
3. 民间非营利组织接受捐赠的固定资产，应按照(　　)入账。
A. 公允价值　　B. 名义金额
C. 历史成本　　D. 重置成本
4. 民间非营利组织的收入不包括(　　)。
A. 捐赠收入　　B. 会费收入
C. 投资收益　　D. 销售商品收入
5. 民间非营利组织对固定资产计提折旧时，应借记的科目是(　　)。
A.“管理费用”　　B.“业务活动成本”
C.“其他费用”　　D.“累计折旧”

二、多项选择题

1. 下列属于民间非营利组织特征的有(　　)。
A. 不以营利为宗旨和目的
B. 资源提供者向该组织投入资源不取得经济回报
C. 资源提供者不享有该组织的所有权
D. 以获取利润为目的
2. 民间非营利组织的会计要素包括(　　)。
A. 资产　　B. 负债
C. 所有者权益　　D. 净资产
3. 民间非营利组织的费用包括(　　)。
A. 业务活动成本　　B. 管理费用
C. 筹资费用　　D. 其他费用
4. 下列各项中，会引起民间非营利组织非限定性净资产减少的有(　　)。
A. 计提固定资产折旧　　B. 支付业务活动成本
C. 收到限定性捐赠收入　　D. 限定性净资产的限制在本期得以解除
5. 民间非营利组织的下列会计处理中，正确的有(　　)。
A. 接受捐赠的固定资产，捐赠方没有提供有关凭据的，按照公允价值计量
B. 接受捐赠的无形资产，捐赠方没有提供有关凭据的，无法可靠取得公允价值的，按照名义金额计量
C. 出售固定资产，实际收到的价款与固定资产账面价值的差额，计入其他收入
D. 盘盈的固定资产，按照其公允价值，计入其他收入

三、判断题

1. 民间非营利组织对于一些特殊的交易事项可按公允价值计量。(　　)
2. 民间非营利组织的会费收入通常属于非交换交易收入。(　　)
3. 民间非营利组织的限定性净资产的限制如果已经解除，则应当对净资产进行重新分类，将限定性净资产转为非限定性净资产。(　　)
4. 民间非营利组织的业务活动成本是指为了实现其业务活动目标、开展其项目活动或者提供服务所发生的费用。(　　)

5. 民间非营利组织的净资产满足条件时，只能从限定性净资产转为非限定性净资产，不可以由非限定性净资产转为限定性净资产。 （　　）

应会考核

■ 观念应用

【背景资料】

爱心救助基金会的财务运营与会计实务

爱心救助基金会主要致力于救助贫困地区的失学儿童和受灾群众。近期，基金会开展了一系列活动，在救助失学儿童方面，与多地教育部门合作，资助了500名儿童一学年的学费和学习用品费用；在受灾群众救助上，为遭受洪涝灾害的地区捐赠了价值200万元的救灾物资和100万元现金。资金来源包括企业大额定向捐赠、公众小额非定向捐款以及政府的专项救灾补助。此外，基金会还购置了一批用于物资运输和活动宣传的设备。

【考核要求】

(1)阐述在该基金会的业务中如何确认不同来源资金的收入类别（限定性收入或非限定性收入），并编制相应的会计分录。

(2)分析基金会在核算救助活动成本时如何合理归集和分配各项费用，以确保成本核算的准确性和合规性。

(3)探讨基金会对购置设备进行会计处理的方法，包括初始入账价值确定、折旧计提以及处置时的账务处理，说明这些处理对基金会净资产的影响。

■ 技能应用

民间非营利组织会计分录特训

假设你任职于一家名为“希望之光”的民间非营利组织，该组织主要开展教育扶持、扶贫助困等公益项目，在近期的运营中发生了以下经济业务：

(1)收到企业捐赠的一批全新教学设备，公允价值为50万元，捐赠协议规定该设备专门用于山区学校的教学活动。

(2)与当地银行签订借款合同，取得为期半年的短期借款30万元，年利率为4%，款项已存入银行账户。

(3)组织一场公益义卖活动，销售自制的手工艺品，共取得收入8万元，款项已全部存入银行，活动成本为3万元，以银行存款支付。

(4)为贫困家庭发放生活补贴，共计15万元，通过银行转账方式支付。

(5)用银行存款购买了一批价值10万元的文具，准备捐赠给偏远地区的学生。

(6)收到政府补助资金20万元，用于支持贫困地区的教育项目，资金已到账。

(7)出租部分闲置办公场地，获得租金收入5万元，款项存入银行，同时计提该场地本月折旧1万元。

(8)以现金支付本月水电费共计8 000元。

(9)经批准将一批账面价值为6万元的旧物资进行处置，取得处置收入1万元，款项存入银行，处置过程中发生相关费用5 000元，以银行存款支付。

(10)年末，将“捐赠收入——限定性收入”科目余额100万元，“捐赠收入——非限定性收入”科目余额80万元，“政府补助收入——限定性收入”科目余额50万元，“业务活动成本”科目余额

120 万元,“管理费用”科目余额 30 万元,“筹资费用”科目余额 5 万元,进行期末结转。

【技能要求】

根据上述经济业务,编制相应的会计分录,要求准确运用会计科目,清晰反映经济业务的实质。

■ 案例分析

【情景与背景】

捐赠物资管理失序,民间非营利组织如何“自救”?

“爱心帮扶协会”是一家致力于为贫困地区儿童提供学习用品和衣物捐赠的民间非营利组织。在一次对贫困山区小学的捐赠活动中,协会收到了来自多家企业和个人捐赠的大量物资,然而,在物资发放过程中,却出现了一系列问题。

捐赠物资到达协会仓库后,由于缺乏完善的物资管理流程,工作人员只是简单地将物资堆放在仓库,没有进行详细的分类登记和盘点。当准备将物资运往山区小学时,工作人员才发现部分学习用品出现了损坏,一些衣物也存在尺码混淆的情况。同时,由于没有建立规范的捐赠物资领取纪录,导致无法准确统计实际发放的物资数量,引起了捐赠者和受助学校的不满。

【分析要求】

(1)分析“爱心帮扶协会”在捐赠物资管理方面存在的问题,从会计核算角度说明规范物资管理对财务信息准确性的重要性。

(2)针对上述问题,提出一套完善的捐赠物资管理流程,包括物资入库、保管、出库以及盘点等环节,同时阐述每个环节应如何进行会计处理。

(3)探讨如何建立有效的捐赠物资监督机制,确保捐赠物资能够合理、合规地使用,以及如何通过财务报表披露捐赠物资的相关信息,增强组织的透明度和公信力。

本章实训

【实训内容】

民间非营利组织会计

【实训情境】

假设你是阳光社区公益组织的会计人员,该组织主要开展关爱孤寡老人、社区环保等公益活动。组织资金来源丰富多样,包括政府补贴、社会捐赠以及会员会费。近期,组织开展了一系列活动;举办关爱孤寡老人的慰问演出,不仅需要租赁场地、采购表演道具,还邀请了专业的文艺团队进行义务表演,但交通和餐饮费用需组织承担;在开展社区垃圾分类宣传活动中,制作了大量宣传海报、手册,还购置了分类垃圾桶用于现场展示和赠送;此外,购置了一批用于活动的设备,其中一辆用于物资运输的小型货车,是接受企业捐赠但附带条件,要求车辆仅用于孤寡老人物资配送,且需定期向捐赠企业汇报使用情况;还有一批办公电脑,用于组织日常办公和活动策划。同时,政府补贴分为两个部分:一部分是年初一次性拨付的用于支持全年公益活动的基础补贴,另一部分是根据活动开展效果,在年末经考核后发放的奖励性补贴。捐赠记录中,有个人匿名捐赠的现金,也有企业定向捐赠用于特定社区环保项目的物资。会员会费则按年度缴纳,部分会员还会额外捐赠资金支持特定活动。

【实训任务】

任务一:收入确认

(1)根据给定的政府补贴协议、捐赠记录和会费缴纳明细,准确判断收入的性质(限定性或非限定性)，并确定收入确认的时间点。

(2)编制正确的会计分录确认收入，要求详细说明每笔分录的编制依据和所涉及的会计科目原理。

任务二：费用核算

(1)对活动费用和设备购置相关业务进行账务处理，明确规定设备折旧采用直线法，计算每类设备的月折旧额，并编制折旧计提的会计分录。

(2)准确进行费用的归集、分配，如慰问演出活动中将场地租赁、道具采购、文艺团队交通餐饮等费用合理归集到“业务活动成本——关爱孤寡老人活动”明细科目；宣传活动中，将海报制作、手册印刷、垃圾桶购置费用归集到“业务活动成本——社区环保活动”明细科目。

(3)要求详细列出计算过程，账务处理符合民间非营利组织会计制度规范。

任务三：净资产分析

(1)根据组织一年度内的财务数据，分析限定性净资产和非限定性净资产的变动情况；撰写一篇不少于 800 字的分析报告，报告需包含变动金额、变动原因分析以及对组织运营策略的影响。

(2)原因分析要深入具体业务活动，如某笔限定性捐赠收入增加了限定性净资产，某项目活动成本的支出减少了非限定性净资产等。

(3)阐述净资产变动对组织未来开展公益活动的资源配置、项目规划等方面的影响。

任务四：综合业务处理

(1)结合组织的一系列业务活动，编制资产负债表、业务活动表和现金流量表；提供统一的报表模板框架，明确各项目的填列要求和勾稽关系。

(2)完成报表编制后，进行勾稽关系的自查与验证，确保报表数据准确无误。

<table>
<tr><th colspan="3">《民间非营利组织会计》实训报告</th></tr>
<tr><td>实训班级：</td><td>实训小组：</td><td>实训组成员：</td></tr>
<tr><td>实训时间：　　年　　月　　日</td><td>实训地点：</td><td>实训成绩：</td></tr>
<tr><td colspan="3">实训目的：</td></tr>
<tr><td colspan="3">实训步骤：</td></tr>
<tr><td colspan="3">实训结果：</td></tr>
<tr><td colspan="3">实训感言：</td></tr>
</table>

参考文献

[1] 企业会计准则编审委员会. 企业会计准则[M]. 上海:立信会计出版社,2024.
[2] 中华人民共和国财政部. 政府会计准则制度[M]. 上海:立信会计出版社,2024.
[3] 中华人民共和国财政部. 小企业会计准则[M]. 上海:立信会计出版社,2024.
[4] 企业会计准则编审委员会. 小企业会计准则解读[M]. 上海:立信会计出版社,2025.
[5] 小企业会计准则编审委员会. 小企业会计准则讲解[M]. 上海:立信会计出版社,2025.
[6] 李贺. 金融企业会计[M]. 2 版. 上海:上海财经大学出版社,2022.
[7] 李贺. 外贸会计实务[M]. 上海:上海财经大学出版社,2022.
[8] 李贺,徐雯. 外贸会计[M]. 大连:东北财经大学出版社,2022.
[9] 李贺. 政府与非营利组织会计[M]. 2 版. 上海:上海财经大学出版社,2024.
[10] 李贺. 初级会计实务[M]. 3 版. 上海:立信会计出版社,2023.
[11] 蒋晓凤. 行业会计比较[M]. 2 版,北京:人民邮电出版社,2017.
[12] 洑建红、丛培华. 行业会计比较[M]. 2 版. 北京:人民邮电出版社,2022.
[13] 韩兴国. 行业会计比较[M]. 2 版. 北京: 清华大学出版社,2022.
[14] 傅胜. 行业会计比较[M]. 9 版. 大连:东北财经大学出版社,2024.
[15] 李雪. 行业会计比较[M]. 2 版. 上海:立信会计出版社,2023.
[16] 王忠孝,赵筠. 行业会计比较[M]. 2 版. 北京:中国人民大学出版社,2024.
[17] 丁增稳,王芳. 行业会计比较[M]. 北京:高等教育出版社,2023.
[18] 张流柱,周艳. 行业会计比较[M]. 4 版. 北京:高等教育出版社,2022.
[19] 黄启国. 行业会计比较[M]. 6 版. 北京:高等教育出版社,2020.
[20] 严玉康,董兆明. 物流企业会计[M]. 5 版. 上海:立信会计出版社,2021.
[21] 李贺. 中级财务会计[M]. 上海:上海财经大学出版社,2022.
[22] 李贺. 财务会计[M]. 上海:上海财经大学出版社,2020.
[23] 丁元霖. 旅游餐饮服务业会计[M]. 上海:立信会计出版社,2020.
[24] 李贺. 财务会计[M]. 2 版. 上海:立信会计出版社,2024.